HEMELSE AUTEURS

HET
BEWOONDE
UNIVERSUM

I0149500

Geselecteerde verhandelingen
uit de Urantia openbaring

Samengesteld door Saskia Praamsma

SQUARE
CIRCLES
PUBLISHING

HET BEWOONDE UNIVERSUM

Door Hemelse Auteurs

Samengesteld door Saskia Praamsma

Geselecteerde verhandelingen uit de Urantia openbaring,
voor het eerst gepubliceerd door Urantia Foundation
als *The Urantia Book* (Chicago, 1955).

Verhandelingen 11, 12, 13, 14, 15 en 30 zijn opnieuw vertaald
vanuit het Engels door N. Begemann en N. Martens (2009).
Verdere verhandelingen opnieuw gepubliceerd met toestemming van
de Urantia Foundation, houder van het auteursrecht van
Het Urantia Boek, gepubliceerd in 1997.

Omslag: Syrp & Co.
Beeld: www.nasa.gov / copyright Triff, 2014
Gebruikt onder licentie van Shutterstock.com

ISBN: 978-1-7336979-7-2

SQUARE CIRCLES PUBLISHING
SquareCirclesPublishing.com
HetUrantiaBoek.com
LifeOnOtherWorlds.com
SquareCircles.com

INHOUD

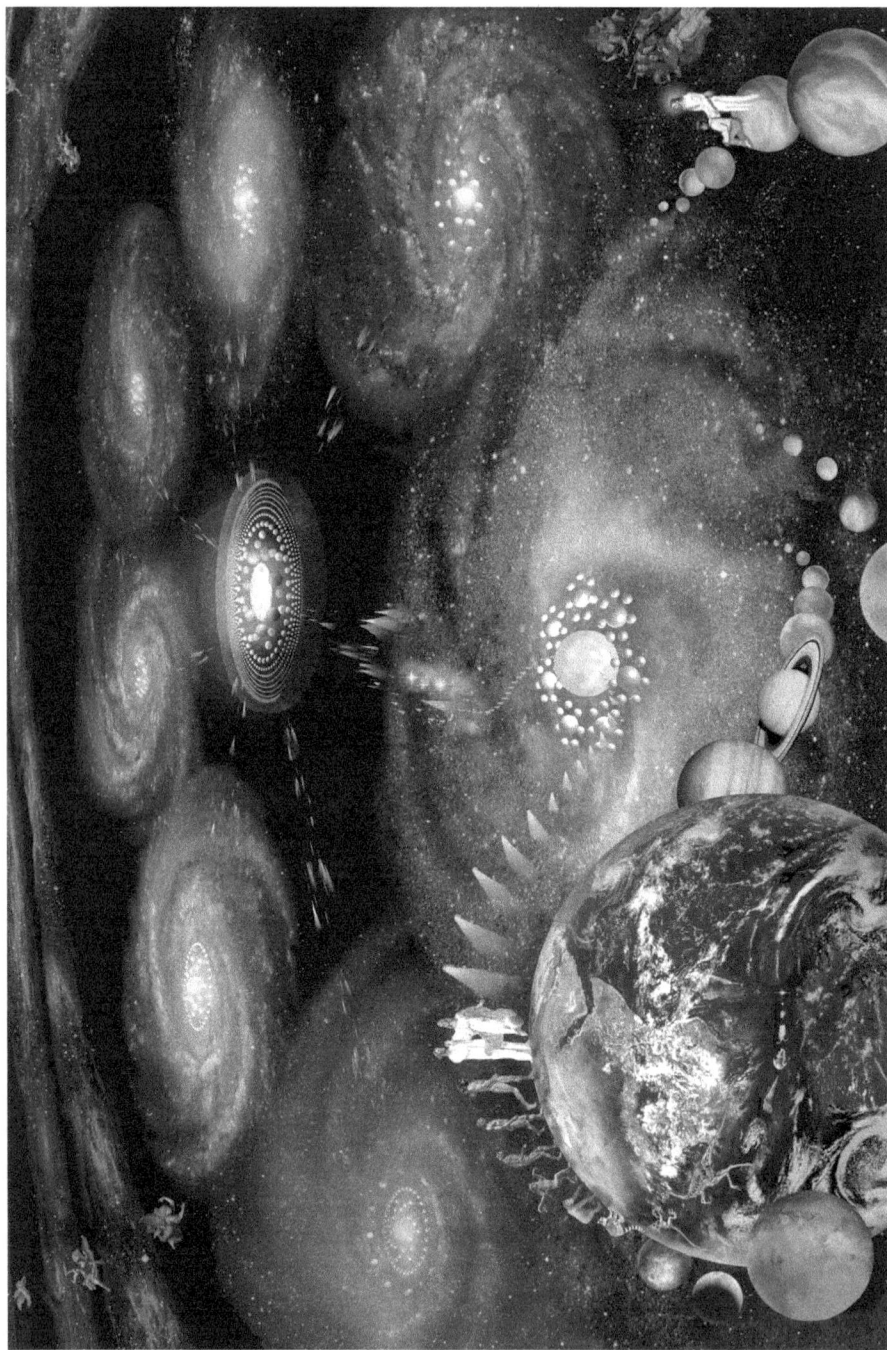

Een afbeelding van het meester-universum, zoals beschreven in de openbaring van Urantia. (© CHICK MONTGOMERY 1999)

INTRODUCTIE

DE Urantia-openbaring werd aan onze wereld gepresenteerd door hemelse auteurs via een anonieme menselijke ontvanger. Deze werd gepubliceerd in 1955 als *The Urantia Book,* een volume van 2097 pagina's verdeeld in 196 verhandelingen. Deze hoofdstukken beschrijven God, het groot universum en zijn vele inwoners, ons deel van de kosmos, leven na de dood, de oorsprong en geschiedenis van onze planeet, het leven en de leer van Jezus, en de glorieuze lotsbestemming die God heeft gepland voor ieder schepsel in al zijn ontzaglijke domeinen - een eindeloos leven met onbegrensde kansen en onbeperkte vooruitgang.

De volgende passages uit het voorwoord van het boek—door een bovenmenselijke persoonlijkheid die zichzelf noemt 'een Goddelijk Raadsman van Orvonton, Hoofd van het Korps Superuniversum-Persoonlijkheden dat is aangesteld om op Urantia de waarheid aangaande de Paradijs-Godheden en het universum van universa te beschrijven'—geven ons een snel beeld van de layout van het Groot Universum:

> Uw wereld, Urantia, is één van vele soortgelijke bewoonde planeten die samen het plaatselijk universum *Nebadon* vormen. Tezamen met soortgelijke scheppingen vormt dit universum het superuniversum *Orvonton,* uit welks hoofdwereld, Uversa, onze commissie afkomstig is. Orvonton is één van de zeven evoluerende superuniversa in tijd en ruimte, die cirkelen rond de goddelijk volmaakte schepping die aanvang noch einde kent – het centrale universum *Havona.* In het hart van dit eeuwige, centrale universum bevindt zich het stationaire Paradijs-Eiland, het geografische centrum der oneindigheid en de woonplaats van de eeuwige God.
>
> De zeven evoluerende superuniversa, tezamen met het centrale, goddelijke universum, worden door ons gewoonlijk

aangeduid als het *groot universum;* dit zijn de scheppingen die thans georganiseerd en bewoond zijn. Deze maken alle deel uit van het *meester-universum,* dat tevens de nog onbewoonde maar reeds in beweging komende universa der buiten-ruimte omvat.

Deze selectie van verhandelingen richt zich op de vele werelden die we zullen tegenkomen tijdens onze reis door het universum, werelden vol met leven, zowel menselijk als bovenmenselijk.

Saskia Praamsma
Samensteller

OVERZICHT VAN DE VERHANDELINGEN

Deze verhandelingen kunnen u zelfs niet bij benadering het gehele relaas doen van de levende schepselen, scheppers, resulteerders en op nog andere wijze bestaande wezens die wonen, aanbidden en dienen in de wemelende universa van de tijd en in het centrale universum van de eeuwigheid. (334)[1]

* * *

Het Paradijs is het geografische centrum der oneindigheid; (126) . . . het centrum der ganse schepping, de bron van alle energieën en de plaats waar alle persoonlijkheden hun eerste oorsprong hebben. . . . [V]oor stervelingen het belangrijkste aspect van het eeuwige Paradijs [is] het feit dat dit volmaakte verblijf van de Universele Vader de reële, verre bestemming is van de onsterfelijke zielen van de sterfelijke, materiële zonen van God, de opklimmende schepselen van de evolutionaire werelden in tijd en ruimte. (127)

* * *

Zwaartekracht is de almachtige greep van de fysische aanwezigheid van het Paradijs[,] . . . het alvermogende snoer waaraan de schitterende sterren, de vlammende zonnen en de wervelende werelden zijn geregen die het universele fysische sieraad vormen van de eeuwige God die alles is, alles vervult, en in wie alles bestaat. (125)

* * *

De Vader verblijft inderdaad op het Paradijs, maar zijn goddelijke tegenwoordigheid woont ook in het bewustzijn van mensen. (139)

* * *

---

[1] Het paginanummer van de Nederlandse editie van *Het Urantia Boek*.

'God is geest,' maar het Paradijs is dat niet. Het materiële universum is altijd de arena waar alle geestelijke activiteiten plaatsvinden: geest wezens en geest-opklimmenden leven en werken op fysische werelden die materiële realiteit bezitten. (139)

* * *

De universa in de ruimte en hun samenstellende stelsels en werelden zijn alle roterende bollen die zich voortbewegen over de eindeloze circuits van de ruimteniveaus van het meester universum. Er is absoluut niets stationair in het gehele meester universum behalve het eigenlijke centrum van Havona, het eeuwige Paradijs Eiland, het centrum der zwaartekracht. (133)

* * *

Geest wezens wonen niet in een nevelachtige ruimte, zij bewonen geen etherische werelden – zij houden verblijf op echte werelden van materiële aard, werelden die even reëel zijn als die waarop stervelingen wonen. De Havona-werelden zijn reële, concrete werelden, ook al verschilt hun concrete substantie van de materiële organisatie van de planeten in de zeven superuniversa. (154)

* * *

Uw planeet is lid van een enorme kosmos; ge behoort tot een welhaast oneindige familie van werelden . . . (183) Uw wereld heet Urantia, en is nummer 606 in de planetaire groep of het planetaire stelsel Satania. Dit stelsel telt momenteel 619 bewoonde werelden, en meer dan tweehonderd andere planeten ontwikkelen zich gunstig, zodat zij in de toekomst bewoonde werelden kunnen worden. (182) Het nummer van uw wereld, Urantia, in het groot universum is 5.342.482.337.666. Dit is het registratienummer op Uversa en op het Paradijs, uw nummer in de catalogus van bewoonde werelden. (183)

* * *

Leven ontstaat niet spontaan. Leven wordt geconstrueerd volgens plannen die zijn opgesteld door de (niet geopenbaarde) Architecten van het Zijn en verschijnt op de bewoonde planeten hetzij door rechtstreekse invoer, of tengevolge van de verrichtingen van de Levendragers van de plaatselijke universa. Deze expediteurs van het leven behoren tot de interessantste en veelzijdigste leden van de gevarieerde familie der universum-Zonen. Het ontwerpen van leven en het vervoer van het geschapen leven naar de planetaire werelden is aan hen toevertrouwd. Nadat ze dit leven op zulke nieuwe werelden hebben geplant, blijven zij daar dan ook lange tijd om de ontwikkeling ervan te bevorderen. (396)

* * *

De lust tot avontuur, nieuwsgierigheid, en de vrees voor eentonigheid – deze trekken die eigen zijn aan de evoluerende menselijke natuur – zijn daar niet zo maar ingelegd om het u tijdens uw korte verblijf op aarde moeilijk te maken en u te ergeren, doch veeleer om u in te fluisteren dat de dood slechts het begin is van een eindeloze loopbaan van avontuur, een eeuwig leven vol verwachting, een eeuwige ontdekkingsreis. (159)

* * *

Op de woningwerelden hervatten de verrezen, tot overleving gekomen stervelingen hun leven precies daar waar zij ophielden toen zij door de dood werden overvallen. Wanneer ge van Urantia naar de eerste woningwereld gaat, zult ge een aanzienlijke verandering opmerken, maar indien ge van een meer normale en vooruitstrevende wereld uit de tijd zoudt zijn gekomen, zoudt ge nauwelijke het verschil opmerken, behalve dat ge een ander lichaam zoudt hebben; de tabernakel van vlees en bloed is op uw geboortewereld achtergebleven. (532)

* * *

De mars der universa door de ruimte heeft een grootse, luisterrijke bedoeling. Al uw strijd als sterveling is niet tevergeefs. Wij maken allen deel uit van een immens plan, een gigantische onderneming, en het is de ontzaglijke omvang van de onderneming die het onmogelijk maakt om er op een bepaald moment en gedurende één leven heel veel van te zien. Wij maken allen deel uit van een eeuwig project, dat onder toezicht staat van de Goden en door hen wordt uitgewerkt. Het gehele wonderbaarlijke, universele mechanisme beweegt zich majesteitelijk door de ruimte voort op de muziek en de maat van het oneindig denken en het eeuwig voornemen van de Eerste Grote Bron en Centrum. (364)

EEN

HET EEUWIGE
PARADIJS EILAND

(VERHANDELING 11)

HET Paradijs is het eeuwige centrum van het universum van universa en de plaats waar de Universele Vader, de Eeuwige Zoon, de Oneindige Geest en hun goddelijke soortgenoten en medewerkers verblijven. Dit centrale Eiland is het meest gigantische, georganiseerde lichaam van kosmische realiteit in het ganse meester-universum. Het Paradijs is zowel een materieel hemellichaam als een geestelijke woonplaats. De gehele intelligente schepping van de Universele Vader is gehuisvest in materiële verblijfplaatsen, vandaar dat het absolute centrum dat alles beheerst ook materieel, concreet moet zijn. En nogmaals moeten wij hier herhalen dat geest-dingen en geestelijke wezens *reëel* zijn.

De materiële schoonheid van het Paradijs bestaat in de pracht van zijn fysische volmaaktheid; de grootsheid van het Eiland van God blijkt uit de luisterrijke verstandelijke bekwaamheden en bewustzijnsontwikkeling van zijn inwoners; de glorie van het centrale Eiland openbaart zich in de oneindige gave van goddelijke geest-persoonlijkheid – het licht des levens. Doch de diepten van de geestelijke schoonheid en de wonderen van dit schitterende geheel gaan het begrip van het eindige bewustzijn van materiële schepselen verre te boven. De glorie en geestelijke luister van de goddelijke verblijfplaats kunnen door het eindige bewustzijn van materiële schepselen onmogelijk worden begrepen. En het Paradijs is sinds de eeuwigheid; er bestaan verslagen noch overleveringen betreffende de oorsprong van dit kern Eiland van Licht en Leven.

1. DE GODDELIJKE RESIDENTIE

Het Paradijs dient vele doeleinden in het bestuur van de universele gebieden, maar voor geschapen wezens bestaat het in de eerste plaats als de woonplaats van de Godheid. De persoonlijke tegenwoordigheid van de Universele Vader zetelt precies in het midden van de bovenzijde van dit bijna cirkelvormige, maar niet bolvormige, verblijf van de Godheden. Deze Paradijs-tegenwoordigheid van de Universele Vader wordt direct omgeven door de persoonlijke tegenwoordigheid van de Eeuwige Zoon, terwijl zij beiden omkleed zijn met de onuitsprekelijke glorie van de Oneindige Geest.

God woont, heeft gewoond en zal eeuwig wonen in ditzelfde centrale, eeuwige verblijf. Wij hebben hem daar altijd gevonden en zullen hem daar ook altijd vinden. In dit centrum van het universum van universa is de Universele Vader kosmisch gefocaliseerd, geestelijk gepersonaliseerd en resideert hij geografisch.

Wij weten allen welke rechtstreekse koers wij moeten volgen om de Universele Vader te vinden. Gij kunt niet veel van de goddelijke residentie begrijpen omdat zij zo ver van u afligt en omdat de ruimte tussen u en de goddelijke residentie zo immens is, maar zij die de betekenis van deze enorme afstanden wel kunnen begrijpen, weten Gods plaats en residentie even zeker en concreet als gij weet waar New York, Londen, Rome, of Singapore liggen, steden die een duidelijke, geografische locatie hebben op Urantia. Als ge een intelligente navigator zoudt zijn, toegerust met een schip, kaarten en kompas, zoudt ge deze steden gemakkelijk kunnen vinden. Zo ook zoudt ge, indien ge over de tijd en de middelen van vervoer zoudt beschikken, indien ge daartoe geestelijk bevoegd zoudt zijn en de noodzakelijke leiding zoudt krijgen, door universum na universum en van circuit tot circuit geloodst kunnen worden, steeds verder naar binnen reizend door de sterrengebieden, totdat ge ten laatste voor de centrale schittering van de geestelijke heerlijkheid van de Universele Vader zoudt staan. Indien ge voorzien zijt van alle noodzakelijke middelen voor de reis, is het niet moeilijker om de persoonlijke tegenwoordigheid van God te vinden in het centrum van alle dingen, dan verre steden op uw eigen planeet. Dat ge deze plaatsen niet bezocht hebt, bewijst geenszins dat zij niet reëel zijn of niet daadwerkelijk bestaan. Dat maar zo weinigen van de universum-schepselen God op het Paradijs hebben gevonden, weerlegt geenszins de realiteit van zijn bestaan, noch de actualiteit van zijn geestelijke persoon in het centrum van alle dingen.

De Vader kan altijd in deze centrale plaats worden aangetroffen. Indien hij zich zou verplaatsen, zou er een universeel pandemonium losbarsten, want in hem convergeren daar, in het centrum van zijn residentie, de universele zwaartekrachtlijnen vanuit de einden der schepping. Of wij nu het persoonlijkheidscircuit traceren door de universa, dan wel de opklimmende persoonlijkheden volgen op hun binnenwaartse reis naar de Vader, of wij de materiële zwaartekrachtlijnen traceren naar de onderzijde van het Paradijs dan wel de binnenwaarts wellende cycli van kosmische kracht volgen, of wij de geestelijke zwaartekrachtlijnen traceren naar de Eeuwige Zoon dan wel de inkomende processie van de Paradijs Zonen van God volgen; of wij de bewustzijnscircuits traceren of de vele triljoenen hemelse wezens volgen die afstammen van de Oneindige Geest – elk van deze waarnemingen en deze alle tezamen, voeren ons rechtstreeks terug naar de tegenwoordigheid van de Vader, naar zijn centrale verblijfplaats. Hier is God persoonlijk, concreet en daadwerkelijk tegenwoordig. En vanuit zijn oneindig wezen stromen de rivieren van leven, energie, en persoonlijkheid uit naar alle universa.

2. DE NATUUR VAN HET EEUWIGE EILAND

Nu ge een vage indruk begint te krijgen van de immense grootte van het materiële universum dat waarneembaar is zelfs vanuit uw astronomische locatie, uw ruimtepositie in de sterrenstelsels, moet het u wel duidelijk worden dat zo'n geweldig materieel universum een geschikte, waardige hoofdwereld moet hebben, een hoofdkwartier dat in overeenstemming is met de waardigheid en oneindigheid van de universele Regeerder over deze ontzaglijke, wijdverbreide schepping van materiële gebieden en levende wezens.

In vorm verschilt het Paradijs van de bewoonde hemellichamen in de ruimte: het is niet bolvormig. Het is duidelijk ellipsoïde, want de noord-zuid-diameter is een zesde langer dan de oost-west-diameter. Het centrale Eiland is in wezen plat, en de afstand van de bovenzijde tot het ondervlak is een tiende van de oost west-diameter.

Deze verschillen in de dimensies van het Eiland, gezien in verband met de stationaire status en de grotere buitenwaartse druk van de kracht energie aan het noodelijke eind, maken het mogelijk om absolute richting vast te stellen in het meester-universum.

Het centrale Eiland is geografisch verdeeld in drie gebieden van activiteit:

1. de bovenzijde van het Paradijs;
2. de buitenrand van het Paradijs;
3. de onderzijde van het Paradijs.

Wij noemen het oppervlak van het Paradijs dat in beslag wordt genomen door persoonlijkheidsactiviteiten de bovenzijde, en het tegenoverliggende oppervlak de onderzijde. De buitenrand van het Paradijs biedt gelegenheid tot activiteiten die niet strikt persoonlijk of niet-persoonlijk zijn. De Triniteit lijkt het persoonlijke of bovenvlak te beheersen en het Ongekwalificeerd Absolute het onpersoonlijke of ondervlak. Wij stellen ons het Ongekwalificeerd Absolute eigenlijk niet voor als een persoon, maar wij denken wel dat de functionele ruimteaanwezigheid van dit Absolute gefocaliseerd is op de onderzijde van het Paradijs.

Het eeuwige Eiland bestaat uit een enkelvoudige vorm van materialisatie – stationaire systemen van realiteit. Deze concrete substantie van het Paradijs is een homogene organisatie van ruimtepotentie, die nergens anders in het ganse uitgestrekte universum van universa wordt aangetroffen. In de verschillende universa wordt deze substantie met vele namen aangeduid, en de Melchizedeks van Nebadon hebben haar al lang geleden *absolutum* genoemd. Deze oorspronkelijke materie van het Paradijs is dood noch levend: het is de oorspronkelijke niet geestelijke uitdrukking van de Eerste Bron en Centrum. Het is *Paradijs* en Paradijs is zonder duplicaat.

Het lijkt ons toe dat de Eerste Bron en Centrum al het absolute potentieel voor de kosmische realiteit in het Paradijs heeft geconcentreerd, als onderdeel van zijn techniek van zelfbevrijding uit de beperkingen van oneindigheid, als een middel om suboneindige en zelfs tijd ruimtelijke schepping mogelijk te maken. Maar hieruit volgt niet dat het Paradijs tijd ruimtelijk begrensd zou zijn, eenvoudig omdat het universum van universa deze eigenschappen vertoont. Het Paradijs bestaat zonder tijd en heeft geen locatie in de ruimte.

Het is ongeveer zo: de ruimte ontstaat ogenschijnlijk vlak onder de onderzijde van het Paradijs en de tijd vlak boven de bovenzijde van het Paradijs. De tijd zoals gij deze verstaat, is geen kenmerk van het Paradijs-bestaan, ofschoon de burgers van het centrale Eiland zich volledig bewust zijn van een niet in de tijd vallende opeenvolging van gebeurtenissen. Beweging is niet inherent op het Paradijs: beweging is volitioneel. Doch het begrip afstand, zelfs absolute afstand, heeft zeer veel betekenis, aangezien het gebruikt kan worden voor relatieve locaties op het Paradijs. Het Paradijs is niet ruimtelijk; hieruit volgt dat de verschillende gebieden van het Paradijs absoluut zijn en daarom benut kunnen worden op vele manieren die het voorstellingsvermogen van het sterfelijk bewustzijn te boven gaan.

3. DE BOVENZIJDE VAN HET PARADIJS

Op de bovenzijde van het Paradijs bevinden zich drie hoge sferen van activiteit, de *tegenwoordigheid van de Godheid*, de *Allerheiligste Sfeer* en het *Heilige Gebied*. Het ontzaglijke domein dat de tegenwoordigheid van de Godheden direct omringt, is afgezonderd als de Allerheiligste Sfeer en gereserveerd voor de functies van godsverering, trinitisatie en hoge geestelijke prestaties. Er zijn geen materiële structuren of zuiver verstandelijke scheppingen in deze zone – deze zouden daar niet kunnen bestaan. Het zou geen zin hebben te proberen aan het menselijke bewustzijn de goddelijke natuur en de schone grootsheid van de Allerheiligste sfeer af te schilderen. Dit gebied is geheel geestelijk, en gij zijt bijna geheel materieel. Een zuiver geestelijke realiteit is voor een zuiver materieel wezen klaarblijkelijk niet bestaand.

Hoewel er geen fysische materialisaties zijn in de ruimte van het Allerheiligste, bestaat er in de sectoren van het Heilige Land wel een overvloed aan herinneringen aan uw materiële dagen, en nog meer in de herinneringen oproepende historische terreinen op de buitenrand van het Paradijs.

Het Heilige Gebied, het meer naar buiten gelegen terrein of woongebied, is verdeeld in zeven concentrische zones. Het Paradijs wordt soms 'het Huis van de Vader' genoemd aangezien het zijn eeuwige residentie is, en deze zeven zones worden dikwijls aangeduid als 'de Paradijs-woningen van de Vader.' De binnenste of eerste zone wordt bewoond door de Burgers van het Paradijs en door ingeborenen van Havona die toevallig op het Paradijs verblijven. De volgende of tweede zone is het woongebied van de ingeborenen van de zeven superuniversa in tijd en ruimte. Deze tweede zone is

gedeeltelijk onderverdeeld in zeven immense afdelingen, het Para-
dijs-thuis van de geest wezens en opklimmende schepselen die uit
de universa van evolutionaire voortgang afkomstig zijn. Elk van
deze sectoren is uitsluitend gewijd aan het welzijn en de vooruitgang
van de persoonlijkheden van een enkel superuniversum, maar deze
voorzieningen overtreffen in bijna oneindige mate de behoeften van
de huidige zeven superuniversa.

Elk van de zeven sectoren van het Paradijs is onderverdeeld
in residentiële eenheden die geschikte accommodatie bieden
aan de hoofdkwartieren van een miljard verheerlijkte individuele werkgroepen. Duizend van deze eenheden vormen een divisie.
Honderdduizend divisies staan gelijk aan een congregatie. Tien miljoen congregaties vormen een assemblee. Een miljard assemblees
vormen samen een grooteenheid. En deze opklimmende reeks zet
zich voort als de tweede grooteenheid, de derde, enzovoorts, tot de
zevende grooteenheid. Zeven grooteenheden vormen een meester
eenheid, en zeven meester eenheden vormen een superieure eenheid; en zo breidt de opklimmende reeks zich in zevenvouden uit via
de superieure, bovensuperieure, hemelse, bovenhemelse, tot en met
de allerhoogste eenheden. Maar alle beschikbare ruimte wordt zelfs
hierdoor nog niet benut. Dit duizelingwekkende aantal residentiële
bestemmingen op het Paradijs, een aantal dat gij u niet kunt voorstellen, neemt aanzienlijk minder dan één procent van het hiertoe
aangewezen gebied van het Heilige Land in beslag. Er is nog een
overvloed aan ruimte voor hen die op weg zijn naar binnen, zelfs
voor degenen die hun opklimming naar het Paradijs pas zullen aanvangen in de dagen van de eeuwige toekomst.

4. DE BUITENRAND VAN HET PARADIJS

Het centrale Eiland eindigt abrupt aan de buitenrand, maar de
afmetingen van het Eiland zijn zo enorm, dat deze eindhoek binnen
ieder gedefinieerd terrein betrekkelijk onzichtbaar is. De buitenrand
van het Paradijs wordt ten dele in beslag genomen door de velden
voor landing en vertrek van verschillende groepen geest persoonlijkheden. Aangezien de niet-doordrongen ruimtezones bijna de
buitenrand raken, landen alle persoonlijkheidstransporten bestemd
voor het Paradijs in deze streken. Noch de bovenzijde, noch de
onderzijde van het Paradijs kan worden benaderd door transport supernafijnen of wezens van andere typen die de ruimte doorkruisen.

De Zeven Meester-Geesten hebben hun persoonlijke zetels van macht en gezag op de zeven werelden van de Geest, die rond het Paradijs cirkelen in de ruimte tussen de stralende hemellichamen van de Zoon en het binnenste circuit der Havona-werelden, maar op de buitenrand van het Paradijs hebben zij hoofdkwartieren waar kracht wordt gefocaliseerd. Hier geven de langzaam circulerende tegenwoordigheden van de Zeven Allerhoogste Krachtdirigenten de plaats aan van de zeven stations van waaruit bepaalde Paradijs-energieën naar de zeven superuniversa worden geflitst.

Hier op de buitenrand van het Paradijs bevinden zich de enorme historische en profetische tentoonstellingsgebieden die aan de Schepper-Zonen zijn toegewezen en gewijd zijn aan de plaatselijke universa in tijd en ruimte. Er zijn thans precies zevenduizend miljard van deze historische reservaten ingericht of in reserve, maar deze voorzieningen beslaan alle tezamen slechts ongeveer vier procent van het gedeelte van de buitenrand dat hiervoor is bestemd. Wij leiden hieruit af dat deze enorme reserves bestemd zijn voor scheppingen die te eniger tijd buiten de grenzen zullen liggen van de zeven superuniversa die thans bekend en bewoond zijn.

Het gedeelte van het Paradijs dat is aangewezen voor gebruik door de thans bestaande universa, wordt slechts voor één tot vier procent benut, terwijl het gebied dat voor deze activiteiten is bestemd minstens een miljoen maal groter is dan daadwerkelijk voor deze doeleinden nodig is. Het Paradijs is groot genoeg om plaats te bieden aan de activiteiten van een bijna oneindige schepping.

Doch verdere pogingen om u een beeld te geven van de heerlijkheden van het Paradijs zouden tevergeefs zijn. Ge moet wachten en opklimmen terwijl ge wacht, want waarlijk: 'Geen oog heeft gezien, geen oor gehoord, noch is in het denken van de sterfelijke mens opgekomen wat de Universele Vader heeft bereid voor hen die het leven in het vlees op de werelden in tijd en ruimte overleven.'

5. DE ONDERZIJDE VAN HET PARADIJS

Met betrekking tot de onderzijde van het Paradijs weten wij slechts hetgeen geopenbaard is; persoonlijkheden verblijven daar niet. Deze zijde heeft hoegenaamd niets te maken met de aangelegenheden van geest intelligenties en evenmin functioneert daar het Godheid-Absolute. Ons is medegedeeld dat alle circuits van fysische energie en kosmische kracht hun oorsprong hebben op de onderzijde van het Paradijs, en dat deze als volgt is gevormd:

1. Recht onder de locatie van de Triniteit, in het centrale gedeelte van de onderzijde van het Paradijs, ligt de onbekende, niet geopenbaarde Zone der Oneindigheid.

2. Deze Zone wordt direct omringd door een naamloos gebied.

3. Langs de buitenrand van de onderzijde ligt een gebied dat voornamelijk te maken heeft met ruimtepotentie en kracht energie. De activiteiten van dit enorme elliptische krachtcentrum kunnen niet in verband worden gebracht met de bekende functies van enige drieënigheid, maar wel lijkt de primordiale krachtlading van de ruimte in dit gebied gefocaliseerd te zijn. Dit centrum bestaat uit drie concentrische, elliptische zones: de binnenste is het middelpunt van de kracht energie-activiteiten van het Paradijs zelf; de buitenste kan mogelijk in verband worden gebracht met de functies van het Ongekwalificeerd Absolute, maar wij weten niet zeker wat de ruimtefuncties van de middenzone zijn.

De binnenste zone van dit krachtcentrum lijkt te fungeren als een gigantisch hart, door welks pulsaties er stromen tot aan de verstgelegen grenzen der fysische ruimte worden gestuurd. Deze zone geleidt en modificeert wel kracht energieën, maar drijft deze eigenlijk niet aan. De druk-aanwezigheid van de realiteit van deze oerkracht is aan de noordzijde van het Paradijs centrum beslist groter dan in de zuidelijke regionen; dit verschil wordt overal vastgesteld. De moederkracht van de ruimte lijkt in het Zuiden naar binnen en in het Noorden naar buiten te stromen door de werking van een onbekend circulatiesysteem, dat zorgt voor diffusie van deze grondvorm van kracht energie. Van tijd tot tijd zijn er ook aanmerkelijke verschillen in de oost west-druk. De krachten die van deze zone uitgaan, reageren niet op waarneembare fysische zwaartekracht, maar gehoorzamen altijd de zwaartekracht van het Paradijs.

De middenzone van het krachtcentrum ligt direct om dit gebied heen. Deze middenzone lijkt statisch te zijn, behalve dat zij zich uitzet en samentrekt in drie cycli van activiteit. De kleinste van deze pulsaties is die in oost-westelijke richting, de daaropvolgende in noord zuidelijke richting, terwijl de grootste fluctuatie in alle richtingen tegelijk plaatsvindt, een uitzetting en samentrekking over de gehele linie. De functie van dit middengebied is nooit werkelijk vastgesteld, maar moet iets te maken hebben met de reciproque aanpassing van de binnenste en buitenste zones van het krachtcentrum. Velen geloven dat de middenzone het beheersingsmechanisme is van de middenruimte of stille zones die een scheiding vormen tussen de opeenvolgende ruimteniveaus van het meester universum, doch dit wordt door geen bewijs of openbaring gestaafd. Deze conclusie wordt ontleend aan de wetenschap dat dit middengebied op de een of andere wijze verband houdt met het functioneren van het mechanisme van de niet doordrongen ruimte van het meester universum.

De buitenste zone is de grootste en actiefste van de drie concentrische, elliptische gordels van niet geïdentificeerd ruimtepotentieel. In dit gebied vinden onvoorstelbare activiteiten plaats: het is het centrale punt van het circuit van emanaties die in alle richtingen de ruimte ingaan, tot de uiterste grenzen van de zeven superuniversa en nog verder, waar zij zich verbreiden door de enorme, ondoorgrondelijke gebieden van de gehele buiten-ruimte. Deze aanwezigheid in de ruimte is geheel onpersoonlijk, ondanks het feit dat zij op een niet onthulde wijze indirect lijkt te reageren op de wil en opdrachten van de oneindige Godheden wanneer dezen optreden als de Triniteit. Men neemt aan dat dit de centrale focalisering, het Paradijs-centrum, is van de ruimteaanwezigheid van het Ongekwalificeerd Absolute.

Alle vormen van kracht en alle fasen van energie lijken circuits te vormen; zij circuleren door alle universa en keren langs bepaalde routes terug. Maar in het geval van de emanaties van de geactiveerde zone van het Ongekwalificeerd Absolute schijnt er óf een uitgaan óf een ingaan plaats te vinden – nooit beide tegelijk. Deze buitenste zone pulseert in eeuwenlange cycli van gigantische proporties. Gedurende iets meer dan een miljard Urantia-jaren stroomt de ruimtekracht van dit centrum naar buiten, vervolgens stroomt zij gedurende een zelfde tijdsduur weer naar binnen. En de manifestaties van ruimtekracht van dit centrum zijn universeel: zij gaan door alle doordringbare ruimte heen.

Alle fysische kracht, energie en materie zijn één. Alle kracht energie is oorspronkelijk uit de onderzijde van het Paradijs uitgegaan en zal daar uiteindelijk weer terugkeren nadat zij haar ruimtecircuit heeft voltooid. Maar de energieën en materiële organisatievormen van het universum van universa zijn niet alle in hun huidige verschijningsvorm uit de onderzijde van het Paradijs voortgekomen: de ruimte is de schoot van verscheidene vormen van materie en pre materie. Ofschoon de buitenste zone van het Paradijs-krachtcentrum de bron is van ruimte-energieën, ontstaat de ruimte daar niet. De ruimte is niet kracht, energie, of universum-kracht. De pulsaties van deze zone zijn ook niet de verklaring voor de ademhaling van de ruimte, maar de inkomende en uitgaande fasen van deze zone zijn gesynchroniseerd met de cycli van uitzetting en samentrekking der ruimte, die twee miljard jaar beslaan.

6. DE ADEMHALING DER RUIMTE

Wij kennen het feitelijke mechanisme van de ademhaling der ruimte niet; wij zien alleen dat alle ruimte afwisselend samentrekt en uitdijt. Deze ademhaling heeft zowel betrekking op de horizontale uitgestrektheid van de doordrongen ruimte, als de verticale uitgestrektheden van de ondoordrongen ruimte, die in de geweldige ruimtereservoirs boven en onder het Paradijs bestaan. Wanneer ge u een beeld wilt vormen van de omtrekken van de volumes van deze ruimtereservoirs, kunt ge u het beste een zandloper voorstellen.

Wanneer de universa in de horizontale uitgestrektheid van de doordrongen ruimte uitdijen, trekken de reservoirs van de verticale uitgestrektheid van de ondoordrongen ruimte samen, en omgekeerd. De doordrongen en ondoordrongen ruimte vloeien precies onder de onderzijde van het Paradijs samen. Beide soorten ruimte stromen daar door de transmuterende reguleringskanalen, waar veranderingen bewerkstelligd worden welke, in de cycli samentrekking en uitdijing van de kosmos, de doordringbare ruimte ondoordringbaar maken en vice versa.

'Ondoordrongen' ruimte betekent: ondoordrongen door die kosmische krachten, universum-krachten en presenties waarvan bekend is dat zij in de doordrongen ruimte voorkomen. Wij weten niet of de verticale (reservoir)ruimte bestemd is om altijd als tegenwicht te functioneren voor de horizontale (universum)ruimte; wij weten niet of er een creatieve bedoeling bestaat met betrekking tot de ondoordrongen ruimte; wij weten werkelijk maar zeer weinig aangaande de ruimtereservoirs, alleen dat zij bestaan en dat zij het tegenwicht lijken te vormen voor de cycli van uitdijing en samentrekking van de ruimte van het universum van universa.

De cycli van de ruimte-ademhaling duren in beide fasen iets meer dan een miljard Urantia-jaren. Gedurende de ene fase dijen de universa uit en tijdens de volgende trekken zij samen. De doordrongen ruimte nadert thans het midden van de uitdijingsfase, terwijl de ondoordrongen ruimte het midden nadert van de samentrekkingsfase, en ons is meegedeeld dat de uiterste grenzen van de beide uitgestrektheden der ruimte thans, theoretisch, ongeveer evenver van het Paradijs verwijderd zijn. De reservoirs der ondoordrongen ruimte strekken zich nu verticaal precies even ver uit boven de bovenzijde van het Paradijs en onder de onderzijde van het Paradijs, als de doordrongen ruimte van het universum zich horizontaal vanaf de buitenrand van het Paradijs uitstrekt tot aan, en zelfs voorbij het vierde niveau van de buiten ruimte.

Gedurende een miljard jaar Urantia-tijd trekken de ruimtereservoirs samen, terwijl het meester universum en de krachtactiviteiten van de gehele horizontale ruimte uitdijen. Er zijn dus iets meer dan twee miljard Urantia-jaren nodig om de gehele cyclus van uitdijing en samentrekking te voltooien.

7. DE RUIMTEFUNCTIES VAN HET PARADIJS

Op geen der oppervlakken van het Paradijs bestaat de ruimte. Indien men vanaf het bovenvlak van het Paradijs recht omhoog zou 'kijken' zou men niets anders 'zien' dan de uitgaande of inkomende ondoordrongen ruimte – op dit moment inkomend. De ruimte raakt het Paradijs niet; alleen de stille *middenruimtezones* komen in contact met het centrale Eiland.

Het Paradijs is de daadwerkelijk bewegingloze kern van de betrekkelijk stille zones die tussen de doordrongen en de ondoordrongen ruimte liggen. Geografisch lijken deze zones een relatieve uitbreiding van het Paradijs te zijn, maar er vindt waarschijnlijk wel enige beweging in deze zones plaats. Wij weten er heel weinig van af, maar wij zien dat deze zones van verminderde ruimtebeweging de doordrongen en ondoordrongen ruimte scheiden. Overeenkomstige zones hebben eens bestaan tussen de niveaus van de doordrongen ruimte, doch deze zijn nu minder stil.

Een verticale doorsnede van de totale ruimte zou enigszins op een Maltezer kruis lijken, waarbij de horizontale armen de doordrongen (universum)ruimte zouden voorstellen en de verticale armen de ondoordrongen (reservoir)ruimte. De gebieden tussen de vier armen zouden deze enigszins van elkaar scheiden, zoals de middenruimtezones de doordrongen en de ondoordrongen ruimte scheiden. Deze stille middenruimtezones worden steeds groter naarmate ze verder van het Paradijs verwijderd zijn, omvatten uiteindelijk de grenzen van alle ruimte en kapselen zowel de ruimtereservoirs als de gehele horizontale uitgestrektheid van de doordrongen ruimte in.

De ruimte is noch een subabsolute toestand binnen het Ongekwalificeerd Absolute noch de aanwezigheid ervan, en evenmin is zij een functie van de Ultieme. De ruimte is een schenking van het Paradijs, en wij nemen aan dat de ruimte van het groot universum en die van alle buitenregionen daadwerkelijk wordt doordrongen door de ruimtepotentie van het Ongekwalificeerd Absolute, waaruit de ruimte is ontstaan. Deze doordrongen ruimte strekt zich horizontaal van nabij de buitenrand van het Paradijs naar buiten uit door het vierde ruimteniveau heen en nog voorbij de buitenzijde van het meester universum, maar hoe ver daar voorbij weten wij niet.

Wanneer ge u een eindig doch onvoorstelbaar groot V vormig vlak voorstelt, loodrecht zowel op de boven- als onderzijde van het Paradijs, dat met zijn punt bijna de buitenrand van het Paradijs raakt, en ge u vervolgens dit vlak voorstelt als in elliptische omwenteling rond het Paradijs, zou deze omwenteling ongeveer het volume van de doordrongen ruimte aangeven.

Er is een boven en een ondergrens aan de horizontale ruimte met betrekking tot iedere gegeven locatie in de universa. Indien men zich ver genoeg loodrecht op het vlak van Orvonton omhoog of omlaag zou kunnen verplaatsen, zou men uiteindelijk de boven of de ondergrens van de doordrongen ruimte bereiken. Binnen de bekende dimensies van het meester universum wijken deze grenzen steeds verder uiteen op steeds grotere afstanden van het Paradijs; de ruimte verdicht zich en zij verdicht zich iets sneller dan het vlak van de schepping – de universa.

De betrekkelijk rustige zones tussen de ruimteniveaus, zoals de zone die de zeven superuniversa scheidt van het eerste niveau van de buiten ruimte, zijn enorme elliptische gebieden van ruimteactiviteiten in rusttoestand. Door deze zones worden de enorme sterrenstelsels die in ordelijke processie rond het Paradijs snellen, van elkaar gescheiden. Het eerste niveau van de buiten-ruimte, waar een onnoemelijk aantal universa nu bezig is zich te formeren, kunt ge u voorstellen als een enorme processie van sterrenstelsels die rond het Paradijs wentelen, boven en onder begrensd door de stille middenruimtezones en aan de binnen en buitenranden door betrekkelijk rustige ruimtezones.

Een ruimteniveau functioneert aldus als een ellipsvormig gebied van beweging, dat aan alle zijden omringd wordt door betrekkelijke bewegingloosheid. Dergelijke betrekkingen tussen beweging en rust vormen een gebogen ruimtepad van verminderde weerstand tegen beweging, en dit pad wordt universeel door de kosmische kracht en wordende energie gevolgd bij hun eeuwige cirkelgang rond het Paradijs-Eiland.

Deze indeling van het meester-universum in afwisselende zones, met de vloed der sterrenstelsels die afwisselend met de klok mee of tegen de klok in gaan, is een factor in de stabilisatie van de fysische zwaartekracht ontworpen met de bedoeling te voorkomen dat de druk der zwaartekracht dusdanig geaccentueerd wordt, dat zich uiteenscheurende en uiteendrijvende werkingen zouden voordoen. Deze indeling oefent een anti zwaartekrachtinvloed uit, en werkt als een rem op snelheden die anders gevaarlijk zouden worden.

8. DE ZWAARTEKRACHT VAN HET PARADIJS

De onontkoombare aantrekking van de zwaartekracht grijpt alle werelden van alle universa in alle ruimte doeltreffend aan. Zwaartekracht is de almachtige greep van de fysische aanwezigheid van het Paradijs. Zwaartekracht is het alvermogende snoer waaraan de schitterende sterren, de vlammende zonnen en de wervelende werelden zijn geregen die het universele fysische sieraad vormen van de eeuwige God die alles is, alles vervult, en in wie alles bestaat.

Het centrum en brandpunt van de absolute materiële zwaartekracht is het Paradijs-Eiland, gecomplementeerd door de donkere zwaartekrachtlichamen die Havona omcirkelen en in evenwicht gehouden door de bovenste en onderste ruimtereservoirs. Alle bekende emanaties van de onderzijde van het Paradijs reageren onveranderlijk en feilloos op de centrale aantrekkingskracht die inwerkt op de eindeloze circuits der elliptische ruimteniveaus van het meester universum. Iedere bekende vorm van kosmische realiteit vertoont de kromming der tijdperken, de tendens van de cirkel, de rondwenteling van de grote ellips.

De ruimte reageert niet op de zwaartekracht, maar zij werkt als een equilibrerende kracht op de zwaartekracht in. Zonder het ruimtekussen zou explosieve activiteit de nabijgelegen ruimtelichamen van elkaar wegslingeren. De doordrongen ruimte oefent ook een anti zwaartekrachtinvloed uit op fysische of lineaire zwaartekracht; de ruimte kan deze zwaartekrachtwerking daadwerkelijk neutraliseren, ook al kan zij haar niet vertragen. Absolute zwaartekracht is Paradijs-zwaartekracht. Plaatselijke of lineaire zwaartekracht heeft betrekking op het elektrische stadium van energie of materie; deze werkt binnen het centrale universum, de superuniversa en de universa in de buiten-ruimte, overal waar daartoe geschikte materialisatie heeft plaatsgevonden.

De talrijke vormen van kosmische kracht, fysische energie, universum-kracht en uiteenlopende materialisaties onthullen drie algemene, ofschoon niet volmaakt scherp omlijnde stadia van respons op de Paradijs-zwaartekracht:

1. *Pre-zwaartekrachtstadia (kracht)*. Dit is de eerste stap in de individuatie van ruimtepotentie tot de preënergievormen van kosmische kracht. Deze toestand is analoog aan het begrip der primordiale krachtlading der ruimte, die soms *pure energie* of *segregata* wordt genoemd.

2. *Zwaartekrachtstadia (Energie)*. Deze modificatie van de krachtlading der ruimte wordt teweeggebracht door de activiteit van de Paradijs-krachtorganisatoren. Deze modificatie markeert het verschijnen van energiesystemen die reageren op de aantrekking van de Paradijs-zwaartekracht. Deze wordende energie is oorspronkelijk neutraal, doch zal tengevolge van verdere metamorfose de zogenoemde negatieve en positieve eigenschappen gaan vertonen. Wij duiden deze stadia aan als *ultimata*.

3. *Post zwaartekrachtstadia (Universum-kracht)*. In dit stadium vertoont energie materie respons op de beheersing door de lineaire zwaartekracht. In het centrale universum zijn deze fysische systemen drievoudige organisatievormen die bekend staan als *triata*. Dit zijn de superkracht-moedersystemen van de scheppingen in tijd en

ruimte. De fysische systemen van de superuniversa worden gemobiliseerd door de Universum Krachtdirigenten en hun medewerkers. Deze materiële organisatievormen zijn tweevoudig in samenstelling en staan bekend als *gravita*. De donkere zwaartekrachtlichamen die Havona omringen, zijn triata noch gravita, en hun aantrekkingskracht vertoont beide vormen van fysische zwaartekracht, de lineaire en de absolute.

Ruimtepotentie is niet onderhevig aan de interacties van enige vorm van gravitatie. Deze oerschenking van het Paradijs is geen daadwerkelijk niveau van de realiteit, maar is de voorloper van alle relatieve functionele realiteiten die niet geest zijn – alle manifestaties van kosmische kracht energie en de organisatie van universumkracht en materie. Ruimtepotentie is een term die moeilijk valt te definiëren. Ruimtepotentie betekent niet datgene waaruit de ruimte ontstaat; wat ge er onder moet verstaan is het idee van de potenties en de potentialiteiten die binnen de ruimte existent zijn. Ge kunt u ruimtepotentie ongeveer voorstellen als al die absolute invloeden en capaciteiten omvattend die van het Paradijs uitgaan en de ruimteaanwezigheid van het Ongekwalificeerd Absolute vormen.

Het Paradijs is de absolute oorsprong en het eeuwige brandpunt van alle energie materie in het universum van universa. Het Ongekwalificeerd Absolute is de onthuller, regulator en repositorium van datgene wat het Paradijs als bron en oorsprong heeft. De universele aanwezigheid van het Ongekwalificeerd Absolute lijkt equivalent aan het idee van een potentiële oneindigheid van zwaartekrachtuitgestrektheid, een elastische spanning van Paradijs-aanwezigheid. Dit begrip helpt ons het feit te vatten dat alles binnenwaarts, naar het Paradijs, getrokken wordt. Deze illustratie is weliswaar primitief, maar toch nuttig. Zij verklaart ook waarom de zwaartekracht steeds bij voorkeur werkt in het vlak loodrecht op de massa, een verschijnsel dat wijst op de differentiële dimensies van het Paradijs en de scheppingen daaromheen.

9. DE UNICITEIT VAN HET PARADIJS

Het Paradijs is uniek in de zin dat het het gebied is van de eerste oorsprong en het finale bestemmingsdoel van alle geest persoonlijkheden. Ofschoon het waar is dat niet alle lagere geest-wezens van de plaatselijke universa het Paradijs als rechtstreekse bestemming heb-

ben, blijft het Paradijs toch het doel waarnaar het verlangen van alle
bovenmateriële persoonlijkheden uitgaat.

Het Paradijs is het geografische centrum der oneindigheid; het
is geen deel van de universele schepping, zelfs geen werkelijk deel
van het eeuwige Havona-universum. Wij spreken gewoonlijk over
het centrale Eiland als behorend tot het goddelijke universum, maar
eigenlijk is dit niet het geval. Het Paradijs bestaat eeuwig en uitsluitend op zichzelf.

In de eeuwigheid van het verleden, toen de Universele Vader
oneindige persoonlijkheidsuitdrukking aan zijn geest-zelf gaf in
het wezen van de Eeuwige Zoon, onthulde hij tegelijk het oneindig-
heidspotentieel van zijn niet persoonlijke zelf als het Paradijs. Het
niet persoonlijke en niet geestelijke Paradijs lijkt de onvermijdelijke
repercussie te zijn geweest van het willen en handelen van de Vader
waardoor de Oorspronkelijke Zoon werd vereeuwigd. Aldus projec-
teerde de Vader de realiteit in twee actuele fasen – het persoonlijke
en het niet persoonlijke, het geestelijke en het niet geestelijke. De
spanning daartussen, gezien de wil tot handelen van de Vader en de
Zoon, deed de Vereend Handelende Geest ontstaan alsook het centrale universum van materiële werelden en geestelijke wezens.

Wanneer de realiteit wordt onderkend als het persoonlijke en
het niet persoonlijke (Eeuwige Zoon en Paradijs), is het minder juist
om datgene wat niet persoonlijk is 'Godheid' te noemen, tenzij dit op
de een of andere wijze nader wordt bepaald. De energie en materiële
repercussies van de daden van de Godheid kan men moeilijk Godheid noemen. De Godheid kan veel veroorzaken dat geen Godheid
is, en het Paradijs is geen Godheid; evenmin is het bewust, zoals de
sterfelijke mens deze term ooit zou kunnen begrijpen.

Het Paradijs is niet de voorzaat van enig wezen of levende
entiteit: het is geen schepper. Persoonlijkheid en bewustzijn-geest-
betrekkingen zijn *overdraagbaar*, maar een patroon is dit niet.
Patronen zijn nooit weerspiegelingen; het zijn duplicaten – repro-
ducties. Het Paradijs is het absolutum van patronen; Havona is een
expositie van dit potentieel in actualiteit.

Gods residentie is centraal en eeuwig, heerlijk en ideaal. Zijn
huis is het prachtige patroon voor de hoofdkwartierwerelden van
alle universa en het centrale universum dat hij onmiddellijk be-

woont, is het patroon voor alle universa wat betreft hun idealen, organisatie en uiteindelijke bestemming.

Het Paradijs is het universele hoofdkwartier van alle persoonlijkheidsactiviteiten en de bron en het centrum van alle kracht ruimte- en energiemanifestaties. Alles wat geweest is, nu is, en nog zal zijn, is uit deze centrale residentie van de eeuwige Goden voortgekomen, komt daar nu uit voort, of zal daaruit voortkomen. Het Paradijs is het centrum der ganse schepping, de bron van alle energieën en de plaats waar alle persoonlijkheden hun eerste oorsprong hebben.

Per slot van rekening is voor stervelingen het belangrijkste aspect van het eeuwige Paradijs het feit dat dit volmaakte verblijf van de Universele Vader de reële, verre bestemming is van de onsterfelijke zielen van de sterfelijke, materiële zonen van God, de opklimmende schepselen van de evolutionaire werelden in tijd en ruimte. Iedere Godkennende sterveling die het doen van de wil van de Vader als zijn levensweg heeft gekozen, heeft reeds de eerste stap gezet op het zeer, zeer lange Paradijs-spoor van het najagen van goddelijkheid en het bereiken van volmaaktheid. En wanneer zulk een van de dieren afstammend wezen voor de Goden op het Paradijs staat, zoals tallozen thans doen na te zijn opgeklommen van de nederige werelden in de ruimte, vertegenwoordigt deze prestatie de realiteit van een geestelijke transformatie die de limieten van de allerhoogste macht benadert.

[Aangeboden door een Volmaker der Wijsheid aan wie zulks is opgedragen door de Ouden der Dagen op Uversa.]

TWEE

HET UNIVERSUM
VAN UNIVERSA

(VERHANDELING 12)

D E onmetelijkheid van de wijdverbreide schepping van de Universele Vader gaat het eindige voorstellingsvermogen volslagen te boven: de enorme omvang van het meester universum is zelfs voor het begrip van wezens van de orde waartoe ik behoor duizelingwekkend. Maar het sterfelijke bewustzijn kan veel worden bijgebracht aangaande het plan en de ordening van de universa; ge kunt iets weten over hun fysische organisatie en hun wonderbaar bestuur; ge kunt veel te weten komen over de verschillende groepen intelligente wezens die in de zeven superuniversa in de tijd en het centrale universum in de eeuwigheid wonen.

In beginsel, dat wil zeggen, in eeuwig potentieel, stellen wij ons de materiële schepping als oneindig voor omdat de Universele Vader daadwerkelijk oneindig is, maar wanneer wij de totale materiële schepping bestuderen en observeren, weten wij dat deze op ieder gegeven ogenblik in de tijd begrensd is, ofschoon ze voor uw eindige denken betrekkelijk grenzeloos, praktisch eindeloos is.

Op grond van onze bestudering van de fysische wetten en onze waarnemingen van de sterrengebieden, zijn wij ervan overtuigd dat de oneindige Schepper nog niet in finaliteit van kosmische uitdrukking manifest is, dat veel van het kosmische potentieel van de Oneindige nog in hemzelf besloten en ongeopenbaard is. Voor geschapen wezens zou het meester-universum bijna oneindig kunnen lijken, maar het is verre van voltooid: er zijn nog steeds fysische

A

grenzen aan de materiële schepping en de experiëntiële openbaring van het eeuwige voornemen gaat nog steeds voort.

1. RUIMTENIVEAUS VAN HET MEESTER-UNIVERSUM

Het universum van universa is geen oneindig vlak, noch een grenzeloze kubus of een onbeperkte cirkel: het heeft stellig afmetingen. De wetten van fysische organisatie en bestuur bewijzen afdoend dat het gehele enorme aggregaat van kosmische kracht-energie en materie kracht uiteindelijk functioneert als een ruimte-eenheid, als een georganiseerd en gecoördineerd geheel. Het waarneembare gedrag van de materiële schepping vormt het bewijs voor het bestaan van een fysisch universum van welbepaalde afmetingen. Het definitieve bewijs voor het bestaan van een zowel rond als begrensd universum wordt geleverd door het ons welbekende feit dat alle vormen van fundamentele energie immer rondgaan langs het gekromde pad der ruimteniveaus van het meester universum, gehoorgevend aan de niet aflatende, absolute aantrekking van de zwaartekracht van het Paradijs.

De opeenvolgende ruimteniveaus van het meester universum vormen de hoofdafdelingen van de doordrongen ruimte – de totale schepping, georganiseerd en gedeeltelijk bewoond, of nog te organiseren en te bewonen. Indien het meester universum niet een reeks ellipsvormige ruimteniveaus van verminderde weerstand tegen beweging zou zijn, afgewisseld door zones in betrekkelijke rusttoestand, dan denken wij dat wij sommige kosmische energieën zouden zien wegschieten naar een oneindige verte, langs een recht pad de ongebaande ruimte in; wij hebben echter nooit bevonden dat kracht, energie of materie zich zo gedragen; zij draaien altijd rond en zeilen immer voort langs de banen van de grote ruimtecircuits.

Het meester universum dat zich vanuit het Paradijs door de horizontale uitgebreidheid van de doordrongen ruimte heen naar buiten uitstrekt, bestaat uit zes concentrische ellipsen, de ruimteniveaus die het centrale Eiland omringen:

1. het centrale universum Havona;
2. de zeven superuniversa;
3. het eerste niveau van de buiten-ruimte;

4. het tweede niveau van de buiten ruimte;

5. het derde niveau van de buiten ruimte;

6. het vierde, buitenste ruimteniveau.

Havona, het centrale universum, is niet een schepping in de tijd: het is een eeuwige bestaansvorm. Dit universum dat nooit is begonnen en nooit zal eindigen, bestaat uit een miljard werelden van sublieme volmaaktheid en wordt omringd door de enorme donkere zwaartekrachtlichamen. In het centrum van Havona bevindt zich het stationaire, absoluut gestabiliseerde Paradijs Eiland, omringd door zijn eenentwintig satellieten. Dankzij de enorme omringende massa's van de donkere zwaartekrachtlichamen in het randgebied van het centrale universum, overtreft de massa-inhoud van deze centrale schepping verre de totale bekende massa van alle zeven sectoren van het groot universum.

Het Paradijs Havona-stelsel, het eeuwige universum dat het eeuwige Eiland omringt, vormt de volmaakte, eeuwige kern van het meester universum; alle zeven superuniversa en alle regionen van de buiten ruimte wentelen in vaste kringlopen rond het gigantische centrale aggregaat van de Paradijs satellieten en de Havona werelden.

De zeven superuniversa zijn geen primaire fysische organisaties: nergens verdelen hun grenzen een nevelfamilie of kruisen zij de begrenzingen van een plaatselijk universum, een primaire scheppingseenheid. Elk superuniversum is eenvoudig een geografisch ruimtecomplex van ongeveer een zevende deel van de georganiseerde en gedeeltelijk bewoonde post-Havona schepping, en alle omvatten ongeveer eenzelfde aantal plaatselijke universa en eenzelfde deel van de ruimte. *Nebadon,* uw plaatselijk universum, is een van de nieuwere scheppingen in *Orvonton,* het zevende superuniversum.

Het groot universum is de huidige georganiseerde en bewoonde schepping. Het bestaat uit de zeven superuniversa met een gezamenlijk evolutionair potentieel van ongeveer zevenduizend triljoen bewoonde planeten, de eeuwige werelden van de centrale schepping buiten beschouwing gelaten. In deze voorzichtige raming houden wij evenwel geen rekening met de architectonische bestuurswerelden, en de groepen der ongeorganiseerde universa in de buiten ruimte zijn hier evenmin bij inbegrepen. De huidige gerafelde rand van het groot universum, zijn ongelijkmatige, onvoltooide periferie, alsmede de uiterst onbestendige toestand van het gehele astronomische samenstel, geven onze sterrenkundigen de indruk dat zelfs de zeven superuniversa momenteel nog niet voltooid zijn. Als wij ons van binnenuit, vanuit het goddelijke centrum, buitenwaarts begeven in welke richting dan ook, bereiken wij uiteindelijk de buitenste grenzen van de georganiseerde, bewoonde schepping: wij komen bij de buitengrenzen van het groot universum. En dicht bij de buitenste grens, in een verafgelegen uithoek van deze prachtige schepping, leidt uw plaatselijk universum zijn veelbewogen bestaan.

De buiten ruimteniveaus. Ver in de ruimte, op een enorme afstand van de zeven bewoonde superuniversa, verzamelen zich uitgestrekte en ongelooflijk ontzagwekkende circuits van kosmische kracht en materialiserende energieën. Tussen de energiecircuits van de zeven superuniversa en deze gigantische buitengordel van oerkracht-activiteit, ligt een ruimtezone van betrekkelijke rust, die in breedte varieert, maar gemiddeld circa vierhonderdduizend lichtjaren breed is. Dergelijke ruimtezones zijn vrij van kosmisch stof – kosmische mist. Onze bestudeerders van deze verschijnselen zijn in onzekerheid ten aanzien van de precieze toestand van de ruimtekrachten die voorkomen in deze zone van betrekkelijke rust, waardoor de zeven superuniversa worden omgeven. Doch ongeveer een half miljoen lichtjaren voorbij de buitenomtrek van het huidige groot universum nemen wij het prille begin waar van een zone van een ongelooflijke energieactiviteit die over een afstand van meer dan vijfentwintig miljoen lichtjaren in omvang en intensiteit toeneemt. Deze geweldige wielen van energie toevoerende krachten bevinden zich in het eerste niveau van de buiten ruimte, een ononderbroken gordel van kosmische activiteit die de gehele bekende, georganiseerde en bewoonde schepping omringt.

Voorbij deze regionen vinden nog grotere activiteiten plaats, want de fysici van Uversa hebben eerste tekenen ontdekt van kosmische krachtmanifestaties op een afstand van meer dan vijftig miljoen lichtjaren voorbij de buitenste ringen van de verschijnselen in het eerste niveau der buiten ruimte. Deze activiteiten zijn ongetwijfeld voorboden van de organisatie van materiële scheppingen in het tweede niveau der buiten ruimte van het meester universum.

Het centrale universum is de schepping der eeuwigheid; de zeven superuniversa zijn de scheppingen in de tijd; de vier niveaus der buiten ruimte zijn ongetwijfeld bestemd om de ultimiteit der schepping te doen resulteren-evolueren. Sommigen stellen zelfs dat de Oneindige zich nimmer volledig kan uitdrukken zonder oneindigheid; daarom postuleren zij dan ook een additionele, niet-geopenbaarde schepping voorbij het vierde, buitenste ruimteniveau – een mogelijk universum dat zich steeds zal uitbreiden en geen einde zal kennen, een universum der oneindigheid. In theorie kunnen wij de oneindigheid van de Schepper of de potentiële oneindigheid van de schepping niet beperken, maar zoals het meester-universum be-staat en bestuurd wordt, beschouwen wij het als grenzen hebbend, als duidelijk afgebakend en en aan de buitenranden begrensd door de open ruimte.

2. DE DOMEINEN VAN HET NIET-GEKWALIFICEERD ABSOLUTE

Wanneer de astronomen van Urantia door hun steeds ster-kere telescopen in de geheimzinnige uitgestrektheden van de buiten ruimte kijken en daar de verbazingwekkende evolutie van welhaast talloze fysische universa aanschouwen, zouden zij moeten beseffen dat zij turen naar de machtige uitwerking van de ondoorgrondelijke plannen van de Architecten van het Meester-Universum. Weliswaar hebben wij aanwijzingen die duiden op de aanwezigheid van be-paalde invloeden van Paradijs-persoonlijkheden, hier en daar in de gehele uitgestrektheid der ontzaglijke energiemanifestaties die deze buitenregionen thans kenmerken, maar vanuit het ruimere gezichts-punt worden de ruimteregionen voorbij de buitenste grenzen van de zeven superuniversa algemeen aangemerkt als de domeinen van het Ongekwalificeerd Absolute.

Ofschoon de mens met het blote oog slechts twee of drie galac-tische nevels buiten de grenzen van het superuniversum Orvonton kan zien, onthullen uw telescopen letterlijk vele miljoenen van deze fysische universa die bezig zijn zich te formeren. De meeste sterren-gebieden die visueel opgespeurd kunnen worden met uw moderne telescopen bevinden zich in Orvonton, maar met behulp van de fotografische techniek dringen de grotere telescopen tot ver voor-bij de grenzen van het groot universum door in de domeinen van de buiten ruimte, waar de organisatie van talloos vele universa nu plaatsvindt. En er zijn nog vele miljoenen andere universa die buiten het bereik liggen van uw huidige instrumenten.

In de niet zo verre toekomst zullen nieuwe telescopen aan de verwonderde blik van astronomen van Urantia wel 375 miljoen nieuwe melkwegstelsels onthullen, die zich in de verre uitgestrektheden van de buiten ruimte bevinden. Tegelijkertijd zullen deze sterkere telescopen laten zien dat vele eiland-universa waarvan men vroeger dacht dat ze in de buiten ruimte gelegen waren, in werkelijkheid deel uitmaken van het galactische stelsel Orvonton. De zeven superuniversa groeien nog steeds; de buitenomtrek van elk van hen zet geleidelijk uit, er worden voortdurend nieuwe nevels gestabiliseerd en georganiseerd en sommige nevels die door de astronomen van Urantia als buitengalactisch worden beschouwd, bevinden zich in werkelijkheid in het randgebied van Orvonton en reizen met ons mee.

De sterrenkundigen van Uversa nemen waar dat het groot universum wordt omringd door de voorlopers van een serie clusters van sterren en planeten, die de huidige bewoonde schepping volledig omringen als concentrische gordels van ontelbare buitengelegen universa. De fysici van Uversa berekenen dat de energie en materie van deze buitengelegen, niet in kaart gebrachte gebieden reeds vele malen de totale materiële massa en energielading van alle zeven superuniversa overtreffen. Ons is medegedeeld dat de metamorfose van kosmische kracht in deze niveaus van de buiten-ruimte de taak is van de krachtorganisatoren van het Paradijs. Wij weten ook dat deze krachten de voorlopers zijn van de fysische energieën die nu het groot universum activeren. De krachtdirigenten van Orvonton hebben echter niets te maken met deze verafgelegen gebieden, en evenmin bestaat er een waarneembaar verband tussen de bewegingen van de energie daar en de universumkrachtcircuits van de georganiseerde en bewoonde scheppingen.

Wij weten heel weinig over de betekenis van deze ontzagwekkende verschijnselen in de buiten ruimte. Een grotere schepping van de toekomst wordt thans geformeerd. Wij kunnen de onmetelijkheid ervan waarnemen, wij kunnen de uitgebreidheid bespeuren en een indruk krijgen van de majesteitelijke afmetingen, maar voor het overige weten wij weinig meer van deze gebieden af dan de astronomen van Urantia. Voor zover wij weten, leven er geen materiële

wezens van de orde der mensen, geen engelen of andere geest schepselen, in deze buitenste gordel van galactische nevels, zonnen en
planeten. Dit vergelegen domein valt buiten de jurisdictie en het bestuur van de regeringen der superuniversa.

In heel Orvonton wordt aangenomen dat er een nieuw soort
schepping aan de gang is, universa van een orde die bestemd is het
toneel te worden van de toekomstige activiteiten van het zich ver-
zamelende Korps der Volkomenheid, en indien onze gissingen juist
zijn, dan zult u allen in de eindeloze toekomst dezelfde boeiende
taferelen kunnen aanschouwen die het eindeloze verleden aan uw
vaderen en voorgangers heeft geboden.

3. UNIVERSELE ZWAARTEKRACHT

Alle vormen van kracht energie – materiële, mentale en geestelijke – zijn gelijkelijk onderhevig aan die grepen, die universele
aanwezigheden, welke wij zwaartekracht noemen. Persoonlijkheid
reageert ook op zwaartekracht – op het exclusieve circuit van de
Vader; maar al is dit circuit uitsluitend van de Vader, hij is niet uit-
gesloten van de andere circuits: de Universele Vader is oneindig en
handelt via *alle* vier de absolute zwaartekrachtcircuits in het meester-universum:

1. de persoonlijkheidszwaartekracht van de Universele Vader;

2. de geest zwaartekracht van de Eeuwige Zoon;

3. de bewustzijnszwaartekracht van de Vereend Handelende
Geest;

4. de kosmische zwaartekracht van het Paradijs Eiland.

Deze vier circuits staan niet in verband met het kosmische
krachtcentrum aan de onderzijde van het Paradijs; het zijn geen
kosmische kracht , energie of universumkrachtcircuits. Het zijn absolute *aanwezigheids*circuits en, zoals God, zijn zij onafhankelijk van
tijd en ruimte.

In verband hiermee is het interessant enkele waarnemingen
te vermelden die gedurende recente millennia op Uversa zijn gedaan door het korps der zwaartekrachtonderzoekers. Deze groep
deskundigen heeft met betrekking tot de verschillende zwaarte-
krachtsystemen van het meester universum de volgende conclusies
bereikt:

1. *Fysische zwaartekracht.* Na een schatting van het totaal der fysische zwaartekrachtcapaciteit van het groot universum, hebben zij met grote inspanning een uitvoerige vergelijking opgesteld tussen deze uitkomst en het geschatte totaal der absolute zwaartekracht-aanwezigheid die thans werkzaam is. Deze berekeningen geven aan dat de totale zwaartekrachtwerking op het groot universum maar een zeer klein deel is van de geschatte zwaartekrachtaantrekking van het Paradijs, berekend op basis van de zwaartekrachtrespons van fundamentele fysische eenheden der universum-materie. Deze onderzoekers komen tot de verbazingwekkende conclusie dat het centrale universum en de zeven superuniversa die het omringen, thans slechts ongeveer vijf procent van de actieve werking van de absolute zwaartekrachtgreep van het Paradijs benutten. Met andere woorden: momenteel wordt omstreeks vijfennegentig procent van de actieve kosmische zwaartekrachtwerking van het Paradijs Ei-land, berekend op basis van deze totaliteitstheorie, gebruikt voor het beheersen van materiële stelsels voorbij de grenzen van de huidige georganiseerde universa. Deze berekeningen hebben alle betrekking op absolute zwaartekracht; lineaire zwaartekracht is een interactief verschijnsel dat alleen beraamd kan worden wanneer men de actu-ele Paradijs zwaartekracht kent.

2. *Geestelijke zwaartekracht.* Volgens dezelfde methode van vergelijkende schatting en berekening hebben deze onderzoekers de huidige reactiecapaciteit der geest-zwaartekracht onderzocht en met medewerking van Solitaire Boodschappers en andere geest-persoon-lijkheden het totaal berekend van de actieve geest-zwaartekracht van de Tweede Bron en Centrum. Het is hoogst leerzaam te zien dat zij tot ongeveer dezelfde waarde komen voor de actuele functio-nele aanwezigheid van geest-zwaartekracht in het groot universum, als door hen wordt gepostuleerd voor het huidige totaal van actieve geest-zwaartekracht. Met andere woorden: op dit moment is prak-tisch de gehele geest-zwaartekracht van de Eeuwige Zoon, berekend op basis van deze totaliteitstheorie, waarneembaar als functionerend in het groot universum. Indien deze uitkomsten betrouwbaar zijn, mogen wij concluderen dat de universa die nu in de buiten ruimte tot ontwikkeling komen, thans geheel niet geestelijk zijn. En als dit waar is, zou het een bevredigende verklaring vormen voor het feit dat met geest begiftigde wezens over weinig of geen informatie be-

schikken omtrent deze enorme energiemanifestaties, behalve dat zij bekend zijn met het feit van hun fysische bestaan.

3. *Bewustzijnszwaartekracht.* Volgens dezelfde principes van vergelijkende berekening hebben deze experts het probleem aangepakt van de aanwezigheid van bewustzijnszwaartekracht en de respons daarop. Zij zijn tot een schattingseenheid van bewustzijn gekomen door het gemiddelde te nemen van drie materiële en drie geestelijke typen mentaliteit, al was het type bewustzijn dat in de krachtdirigenten en hun medewerkers werd aangetroffen een storende factor bij de inspanning een basiseenheid te vinden voor het schatten van bewustzijnszwaartekracht. Er waren weinig problemen met de raming van de huidige capaciteit van de bewustzijnszwaartekrachtfunctie van de Derde Bron en Centrum volgens deze totaliteitstheorie. Ofschoon de uitkomsten in dit geval niet zo overtuigend zijn als bij de schatting van de fysische en geestzwaartekracht, zijn ze vergelijkenderwijs zeer leerzaam en zelfs intrigerend. Deze onderzoekers komen tot de conclusie dat ongeveer vijfentachtig procent van de bewustzijnszwaartekrachtrespons op de verstandelijke aantrekking van de Vereend Handelende Geest afkomstig is uit het bestaande groot universum. Dit wijst op de mogelijkheid dat er bewustzijnsactiviteiten betrokken zijn bij de waarneembare fysische activiteiten die nu overal in de gebieden der buiten-ruimte gaande zijn. Hoewel deze raming waarschijnlijk verre van nauwkeurig is, komt zij in principe overeen met onze overtuiging dat intelligente kosmische krachtorganisatoren thans de evolutie van universa in de ruimteniveaus voorbij de huidige buitenste grenzen van het groot universum dirigeren. Wat de natuur van deze gepostuleerde intelligentie ook moge zijn, zij reageert klaarblijkelijk niet op geest-zwaartekracht.

Doch al deze berekeningen zijn op hun best ramingen, gebaseerd op veronderstelde wetten. Wij denken dat ze redelijk betrouwbaar zijn. Zelfs indien er enkele geestelijke wezens in de buiten ruimte gestationeerd zouden zijn, zou hun gezamenlijke aanwezigheid niet van merkbare invloed zijn op berekeningen waarin zulke enorme afmetingen zijn betrokken.

Persoonlijkheidszwaartekracht kan niet berekend worden. Wij onderkennen het circuit, maar kunnen noch kwalitatieve, noch kwantitatieve realiteiten meten die erop reageren.

4. RUIMTE EN BEWEGING

Alle eenheden van kosmische energie bevinden zich in primaire omwenteling, zijn bezig hun missie uit te voeren terwijl zij voortwentelen langs de universele baan. De universa in de ruimte en hun samenstellende stelsels en werelden zijn alle roterende bollen die zich voortbewegen over de eindeloze circuits van de ruimteniveaus van het meester universum. Er is absoluut niets stationair in het gehele meester universum behalve het eigenlijke centrum van Havona, het eeuwige Paradijs Eiland, het centrum der zwaartekracht.

Het Ongekwalificeerd Absolute is functioneel beperkt tot de ruimte, maar wij weten niet zeker hoe dit Absolute zich verhoudt tot beweging. Is beweging daaraan inherent? Wij weten het niet. Wij weten wel dat beweging niet inherent is aan de ruimte; zelfs de bewegingen van de ruimte zijn niet eigen daaraan. Wij zijn echter niet zo zeker ten aanzien van de betrekking van het Ongekwalificeerde tot beweging. Wie, of wat, is werkelijk verantwoordelijk voor de gigantische activiteiten van de kosmische kracht energietransmutaties die thans gaande zijn voorbij de grenzen van de huidige zeven superuniversa? Met betrekking tot de oorsprong van beweging zijn wij de volgende meningen toegedaan:

1. wij denken dat de Vereend Handelende Geest de aanzet geeft tot beweging in de ruimte;

2. indien de Vereend Handelende Geest de bewegingen van de ruimte teweegbrengt, kunnen wij dit niet bewijzen;

3. het Universeel Absolute geeft niet de allereerste aanzet tot beweging, maar vereffent en beheerst alle spanningen die door beweging ontstaan.

In de buiten ruimte zijn de krachtorganisatoren blijkbaar verantwoordelijk voor de productie van de gigantische universumwielen die nu in stellaire evolutie zijn, maar dat zij zo kunnen functioneren moet mogelijk zijn gemaakt door een modificatie in de ruimteaanwezigheid van het Ongekwalificeerd Absolute.

De ruimte is vanuit het menselijke standpunt gezien niets – negatief; zij bestaat slechts in betrekking tot iets positiefs en nietruimtelijks. De ruimte is echter reëel. Zij bevat en bepaalt beweging.

Zij beweegt zelfs. Ruimtebewegingen kunnen in grote trekken als volgt worden geclassificeerd:

1. primaire beweging – de ademhaling der ruimte, de beweging van de ruimte zelf;

2. secundaire beweging – de draaiingen in afwisselende richting van de opeenvolgende ruimteniveaus;

3. relatieve bewegingen – relatief in de zin dat zij niet geëvalueerd worden met het Paradijs als basispunt. Primaire en secundaire bewegingen zijn absoluut, zij zijn beweging met betrekking tot het Paradijs dat onbeweeglijk is;

4. compenserende of correlerende beweging die is ontworpen om alle andere bewegingen te coördineren.

Hoewel de huidige betrekking van uw zon tot de planeten die met haar zijn verbonden, veel relatieve en absolute bewegingen in de ruimte te zien geeft, wekt zij bij vele astronomische waarnemers de indruk dat ge u betrekkelijk stationair in de ruimte bevindt en dat de omringende sterrenclusters en stromen naar buiten vliegen met snelheden die steeds toenemen naarmate ge u met uw berekeningen verder in de ruimte begeeft. Dit is echter niet het geval. Ge ziet niet dat de fysische scheppingen in de gehele doordrongen ruimte thans uniform naar buiten uitzetten. Uw eigen plaatselijke schepping (Nebadon) neemt deel in deze beweging van universele expansie naar buiten. Het geheel der zeven superuniversa doet mee met de twee miljard jaar durende cycli van de ademhaling der ruimte, samen met de gebieden der buiten ruimte van het meester universum.

Wanneer de universa uitzetten en samentrekken, bewegen de materiële massa's in de doordrongen ruimte zich afwisselend tegen de aantrekking van de zwaartekracht van het Paradijs in, of gaan daarmee mede. De arbeid die verricht wordt om de materiële energie-massa van de schepping te bewegen is *ruimte*-arbeid, maar geen arbeid van *kracht-energie*.

Ofschoon uw spectroscopische schattingen van astronomische snelheden tamelijk betrouwbaar zijn wanneer toegepast op de sterrengebieden die behoren tot uw superuniversum en zijn medesuperuniversa, zijn dergelijke berekeningen geheel onbetrouwbaar met betrekking tot de gebieden der buiten-ruimte. Spectraallijnen verschuiven van normaal naar violet door een naderende ster; evenzo verschuiven deze lijnen naar rood door een zich verwijderende ster. Door de tussenkomst van vele invloeden lijkt het dat de snelheid waarmee de buitengelegen universa zich verwijderen, toeneemt met meer dan honderdzestig kilometer per seconde voor elk miljoen lichtjaren waarmee de afstand groter wordt. Wanneer ge krachtiger telescopen geperfectioneerd zult hebben, zal het volgens deze berekeningswijze lijken alsof deze verre stelsels zich van dit deel van het universum verwijderen met de ongelooflijke snelheid van meer dan achtenveertigduizend kilometer per seconde. Maar deze schijnbare verwijderingssnelheid is niet reëel: zij is het resultaat van talrijke factoren van onjuistheid, waaronder hoeken van waarneming en andere tijd ruimtelijke vervormingen.

De grootste van al deze vervormingen treedt echter op doordat de enorme universa in de buiten ruimte, in de gebieden die volgen op de domeinen van de zeven superuniversa, lijken rond te wentelen in een richting die tegengesteld is aan die van het groot universum. Dat wil zeggen dat deze tienduizenden nevels en de zonnen en werelden die hen vergezellen, thans met de klok mee rond de centrale schepping wentelen. De zeven superuniversa wentelen rond het Paradijs tegen de klok in. Het tweede buitengelegen universum van melkwegstelsels lijkt, net als de zeven superuniversa, tegen de klok in rond het Paradijs te wentelen. En de sterrenkundige waarnemers van Uversa menen aanwijzingen te bespeuren van rondwentelende bewegingen in een derde gordel van de verre buiten-ruimte, die tekenen beginnen te vertonen dat zij met de wijzers van de klok meegaan.

Het is waarschijnlijk dat deze afwisselende richtingen van de elkaar opvolgende ruimteprocessies van de universa iets te maken hebben met de zwaartekrachttechniek van het Universeel Absolute binnen het meester universum, een techniek die bestaat uit een coordinatie van krachten en een vereffening van ruimtespanningen. Zowel beweging als ruimte is een complement ofwel tegenwicht tegen zwaartekracht.

5. RUIMTE EN TIJD

Evenals de ruimte is de tijd een schenking van het Paradijs, echter niet in dezelfde zin, maar indirect. De tijd doet zich voor ingevolge beweging en doordat bewustzijn intrinsiek bewust is van opeenvolging. Vanuit een praktisch oogpunt is beweging van essentieel belang voor tijd, maar er is geen universele tijdseenheid die gebaseerd is op beweging, behalve voorzover de standaarddag van het Paradijs en Havona willekeurig als zodanig wordt aangenomen. De totaliteit van de ademhaling der ruimte doet haar plaatselijke waarde als tijdsbron teniet.

De ruimte is niet oneindig, ook al is haar oorsprong het Paradijs; de ruimte is niet absoluut, want zij wordt doordrongen door het Ongekwalificeerd Absolute. Wij kennen de absolute grenzen van de ruimte niet, maar weten wel dat het absolute van de tijd de eeuwigheid is.

Tijd en ruimte zijn alleen onscheidbaar in de tijd ruimtescheppingen, de zeven superuniversa. Niet tijdelijke ruimte (ruimte zonder tijd) bestaat theoretisch wel, doch de enige plaats die waarlijk niet tijdelijk is, is het Paradijs-*gebied*. Niet ruimtelijke tijd (tijd zonder ruimte) bestaat in bewustzijn dat functioneert op het Paradijs-niveau.

De betrekkelijk bewegingloze zones der middenruimte die het Paradijs raken en de doordrongen ruimte scheiden van de ondoordrongen ruimte, zijn de overgangszones van de tijd naar de eeuwigheid, vandaar dat het voor de pelgrims naar het Paradijs noodzakelijk is om gedurende deze overgang bewusteloos te worden, wil de overgang culmineren in het burgerschap van het Paradijs. Tijdbewuste *bezoekers* kunnen wel naar het Paradijs gaan zonder deze slaap, maar zij blijven schepselen van de tijd.

Betrekkingen tot de tijd bestaan niet zonder beweging in de ruimte, maar bewustheid van tijd wel. Opeenvolgendheid kan tijdbewust maken, zelfs wanneer er geen beweging is. Het bewustzijn van de mens is vanwege de intrinsieke natuur van bewustzijn minder aan de tijd dan aan de ruimte gebonden. Zelfs tijdens de dagen van het aardse leven in het vlees is de creatieve menselijke verbeelding betrekkelijk vrij van de tijd, ook al is 's mensen bewustzijn strikt aan de ruimte gebonden. Maar de tijd zelf is niet een genetische eigenschap van bewustzijn.

Er zijn drie verschillende niveaus van tijdwaarneming:

1. door bewustzijn waargenomen tijd – bewustheid van opeenvolging, beweging en een gevoel van duur;

2. door geest waargenomen tijd – inzicht in beweging naar God toe en het besef van opgaande beweging naar niveaus van toenemende goddelijkheid;

3. persoonlijkheid *schept* een uniek tijdsgevoel uit inzicht in Realiteit plus een bewustheid van tegenwoordigheid en besef van duur.

Ongeestelijke dieren kennen alleen het verleden en leven in het heden. De mens, in wie een geest woont, bezit vooruitziende vermogens (inzicht): hij kan zich een beeld vormen van de toekomst. Alleen vooruitziende en progressieve attitudes zijn persoonlijk werkelijk. Statische ethiek en traditionele moraliteit komen maar net boven het dierlijke uit. Een stoïcijnse instelling is evenmin een hoge vorm van zelfverwezenlijking. Ethiek en moraliteit worden waarlijk menselijk wanneer ze dynamisch en progressief zijn, springlevend van universum-realiteit.

De menselijke persoonlijkheid is niet slechts een bijverschijnsel van gebeurtenissen in tijd en ruimte: de menselijke persoonlijkheid kan ook optreden als de kosmische oorzaak van deze gebeurtenissen.

6. UNIVERSELE ALBEHEERSING

Het universum is niet statisch. Stabiliteit is niet het gevolg van traagheid, maar veeleer het product van uitgebalanceerde energieën, van samenwerking van denkende wezens, gecoördineerde morontia's, van albeheersing door geest, en van persoonlijkheidsunificatie. Stabiliteit is geheel en altijd evenredig aan goddelijkheid.

Bij de fysische beheersing van het meester universum oefent de Universele Vader zijn prioriteit en primaat uit door het Paradijs Eiland; in het geestelijke bestuur van de kosmos is God absoluut in de persoon van de Eeuwige Zoon. Wat de domeinen van bewustzijn aangaat, functioneren de Vader en de Zoon gecoördineerd in de Vereend Handelende Geest.

De Derde Bron en Centrum helpt het evenwicht en de coördinatie van de gecombineerde fysische en geestelijke energieën en organisaties te bewaren door de absoluutheid van zijn greep op het kosmische bewustzijn en door de werking van zijn inherente, universele complementen van de fysische en geestelijke zwaartekracht. Telkens wanneer zich ook maar ergens een verbinding voordoet tussen het materiële en het geestelijke, is dit bewustzijnsverschijnsel een handeling van de Oneindige Geest. Alleen bewustzijn kan de fysische krachten en energieën van het materiële niveau en de geestelijke krachten en wezens van het geest niveau onderling verbinden.

Bij al uw overdenkingen van universele verschijnselen dient ge u ervan te vergewissen dat ge de onderlinge betrekking tussen fysische, verstandelijke en geestelijke energieën in aanmerking neemt en rekening houdt met de onverwachte verschijnselen die zich voordoen bij hun unificatie door persoonlijkheid, en met de onvoorspelbare verschijnselen die het gevolg zijn van de acties en reacties van de experiëntiële Godheid en de Absoluten.

Het universum is alleen in hoge mate voorspelbaar in de kwantitatieve zin, ofwel in de zin van de meting van de zwaartekracht; zelfs de oorspronkelijke fysische krachten reageren niet op de lineaire zwaartekracht, en evenmin is dit het geval met de hogere bewustzijnsbedoelingen en de ware geestelijke waarden van ultieme universum-realiteiten. Kwalitatief is het universum niet zeer voorspelbaar wat betreft nieuwe associaties van fysische, mentale of geestelijke krachten, ofschoon veel van dergelijke combinaties van energieën of krachten ten dele voorspelbaar worden wanneer zij aan kritische observatie worden onderworpen. Wanneer materie, bewustzijn en geest door de persoonlijkheid van een geschapen wezen tot eenheid worden gebracht, kunnen wij de beslissingen van een dergelijk wezen met vrije wil niet geheel voorspellen.

Alle verschijningsvormen van primordiale kosmische kracht, ontluikende geest en andere niet-persoonlijke ultieme realiteiten blijken te reageren overeenkomstig bepaalde betrekkelijk stabiele doch onbekende wetten, en worden gekenmerkt door een vrijheid van optreden en elasticiteit van reactie, die dikwijls verwarrend zijn wanneer men ermee wordt geconfronteerd in de verschijnselen van een welbepaalde, op zichzelf staande situatie. Wat is de verklaring voor deze onvoorspelbare vrijheid van reactie die door deze wordende universum-actualiteiten wordt onthuld? Deze onbekende, ondoorgrondelijke onvoorspelbaarheden – of zij nu betrekking hebben op het gedrag van een primordiale eenheid van kosmische kracht, de reactie van een niet geïdentificeerd bewustzijnsniveau, of het verschijnsel van een ontzaglijk pre-universum in ontwikkeling in de gebieden der buiten ruimte – onthullen waarschijnlijk de activiteiten van de Ultieme en de aanwezigheidsverrichtingen van de Absoluten die aan het functioneren van alle Scheppers van universa voorafgaan.

Wij weten het niet zeker, doch wij vermoeden dat deze verbazingwekkende veelzijdigheid en diepgaande coördinatie wijzen op de aanwezigheid en het optreden van de Absoluten en dat zulk een verscheidenheid van respons bij klaarblijkelijk uniforme veroorzaking, de reactie van de Absoluten laat zien, niet alleen op de onmiddellijke, situationele veroorzaking, maar ook op alle andere verwante vormen van veroorzaking in het gehele meester universum.

Individuele mensen hebben hun bestemmingsbehoeders; planeten, stelsels, constellaties, universa en superuniversa hebben alle hun respectieve regeerders die arbeiden voor het welzijn van hun domeinen. Over Havona, en zelfs over het groot universum, wordt gewaakt door degenen aan wie deze hoge verantwoordelijkheid is toevertrouwd. Maar wie zorgt voor en voorziet in de fundamentele behoeften van het meester universum in zijn geheel – van het Paradijs tot en met het vierde en buitenste, ruimteniveau? In existentiële zin berust deze zorg voor het geheel waarschijnlijk bij de Paradijs-Triniteit, maar vanuit een experiëntieel oogpunt is de verschijning van de universa na Havona afhankelijk van:

1. de Absoluten wat betreft het potentieel;

2. de Ultieme wat betreft de richting;

3. de Allerhoogste wat betreft de evolutionaire coördinatie;

4. de Architecten van het Meester Universum wat betreft het beheer vóór het verschijnen van specifieke bestuurders.

Het Ongekwalificeerd Absolute doordringt alle ruimte. De exacte status van het Godheid Absolute en het Universeel Absolute is ons niet geheel duidelijk, maar wij weten dat het laatste overal functioneert waar het Godheid Absolute en het Ongekwalificeerd Absolute functioneren. Het Godheid-Absolute is wellicht universeel tegenwoordig, maar nauwelijks ruimte-tegenwoordig. De Ultieme is ruimte-tegenwoordig, of zal dit eens zijn, tot de uiterste grenzen van het vierde ruimteniveau. Wij betwijfelen of de Ultieme ooit een ruimte-tegenwoordigheid zal hebben voorbij de buitenrand van het meester universum, maar binnen deze begrenzing integreert de Ultieme in toenemende mate de creatieve organisatie van het potentieel van de drie Absoluten.

7. HET DEEL EN HET GEHEEL

In alle tijd en ruimte en met betrekking tot alle realiteit, van welke aard dan ook, is er een onverbiddelijke, onpersoonlijke wet van kracht, die gelijkstaat aan het functioneren van een kosmische voorzienigheid. Barmhartigheid kenmerkt Gods houding van liefde voor het individu; onpartijdigheid motiveert Gods houding jegens het totaal. De wil van God zegeviert niet noodzakelijkerwijs in het deel – het hart van iedere persoonlijkheid – maar zijn wil regeert daadwerkelijk het geheel, het universum van universa.

In al zijn handelen met al zijn wezens geldt dat Gods wetten niet intrinsiek arbitrair zijn. U, met uw beperkte visie en uw eindige gezichtspunt, moeten de daden van God wel dikwijls dictatoriaal en willekeurig toeschijnen. De wetten van God zijn niet anders dan de gewoonten van God, zijn manier om de dingen steeds weer te doen – en hij doet alle dingen altijd goed. Ge ziet dat God hetzelfde telkens weer op dezelfde manier doet, eenvoudig omdat dit de beste manier is om dat ding in de gegeven omstandigheden te doen; en de beste manier is de juiste manier, en daarom verordent de oneindige wijsheid dat het altijd precies zo, en volmaakt gedaan moet worden. Ge dient ook in gedachten te houden dat de natuur niet uitsluitend het handelen van de Godheid is: er zijn ook andere invloeden werkzaam in de verschijnselen die de mens de natuur noemt.

Het is weerzinwekkend voor de goddelijke natuur om enigerlei vorm van achteruitgang te ondergaan of om ooit toe te staan dat een zuiver persoonlijke handeling op een minderwaardige wijze wordt uitgevoerd. Wij moeten hier echter duidelijk zeggen dat indien in de goddelijkheid van een situatie, in uiterste omstandigheden, in enig geval waar de koers der allerhoogste wijsheid zou kunnen aangeven dat een ander gedrag vereist is – *indien* de eisen der volmaaktheid om de een of andere reden een andere, betere methode van reageren zouden voorschrijven – de alwijze God onmiddellijk op die betere en meer passende wijze zou functioneren. Dit zou dan de uitdrukking zijn van een hogere wet, niet de vernietiging van een lagere wet.

God is niet een aan gewoonten gebonden slaaf van de chronische herhaling van zijn eigen vrijwillige daden. De wetten van de Oneindige zijn niet met elkaar in strijd; het zijn alle volmaaktheden van de onfeilbare natuur; het zijn alle onbetwiste daden die foutloze beslissingen uitdrukken. De wet is de onveranderlijke reactie van een oneindig, volmaakt en goddelijk bewustzijn. De daden van God zijn alle volitioneel, ondanks het feit dat zij klaarblijkelijk altijd dezelfde zijn. In God 'is geen verandering of zweem van ommekeer.' Dit alles echter, wat naar waarheid gezegd kan worden van de Universele Vader, kan niet met even grote zekerheid gezegd worden van al zijn ondergeschikte verstandelijke wezens of van zijn evolutionaire schepselen.

Omdat God onveranderlijk is, kunt ge er in alle normale omstandigheden op rekenen dat hij hetzelfde ding op dezelfde identieke, gewone manier zal doen. God is de verzekering van stabiliteit voor alle geschapen dingen en wezens. Hij is God: daarom verandert hij niet.

En al deze bestendigheid in zijn gedrag en uniformiteit in zijn handelen is persoonlijk, bewust, en hogelijk volitioneel, want de grote God is niet een hulpeloze slaaf van zijn eigen volmaaktheid en oneindigheid. God is niet een zelfwerkende automatische kracht; hij is niet een slaafs aan wetten gebonden macht. God is noch een wiskundige vergelijking noch een chemische formule. Hij is een oerpersoonlijkheid met vrije wil. Hij is de Universele Vader, een wezen dat overvloeit van persoonlijkheid en de universele bron van alle geschapen persoonlijkheid.

De wil van God zegeviert niet op uniforme wijze in het hart van de Godzoekende materiële sterveling, maar als men het tijdskader ruimer neemt dan het moment en het het gehele eerste leven laat omvatten, dan wordt Gods wil steeds duidelijker zichtbaar in de geestelijke vruchten die worden voortgebracht in de levens van de door de geest geleide kinderen van God. En wanneer het menselijke leven vervolgens nog ruimer genomen wordt zodat het ook de morontia-ervaring omvat, dan ziet men dat de goddelijke wil steeds helderder aan de dag treedt in de vergeestelijkende daden van de schepselen uit de tijd, die de goddelijke heerlijkheden zijn gaan smaken van het ervaren van de verwantschap van de persoonlijkheid van de mens met de persoonlijkheid van de Universele Vader.

Het Vaderschap van God en de broederschap der mensen geven de paradox te zien van het deel en het geheel op het niveau van persoonlijkheid. God heeft *elk* individu lief als een individueel kind in het hemelse gezin. Toch heeft God *alle* individuele mensen aldus lief; hij kent geen aanzien des persoons, en de universaliteit van zijn liefde doet een verwantschap van het geheel ontstaan, de universele broederschap.

De liefde van de Vader individualiseert iedere persoonlijkheid op absolute wijze als een uniek kind van de Universele Vader, een kind zonder duplicaat tot in de oneindigheid, een wilsschepsel dat in alle eeuwigheid onvervangbaar is. De liefde van de Vader verheerlijkt ieder kind van God, verlicht ieder lid van de hemelse familie, tekent de unieke natuur van ieder persoonlijk wezen scherp af tegen de onpersoonlijke niveaus die buiten het broederlijke circuit liggen van de Vader van allen. De liefde van God geeft een treffend beeld van de transcendente waarde van ieder wilsschepsel, openbaart onmiskenbaar de hoge waarde die de Universele Vader aan een ieder van zijn kinderen heeft toegekend, van de hoogste schepper persoonlijkheid met Paradijs status tot en met de laagste persoonlijkheid met de waardigheid van wil bij de primitieve stammen in de dageraad van de menselijke soort op een evolutionaire wereld in tijd en ruimte.

Het is deze liefde van God voor het individu die de goddelijke familie van alle individuele wezens doet ontstaan, de universele broederschap van de vrijwillige kinderen van de Paradijs-Vader. En deze broederschap die universeel is, is een verwantschap van het geheel. Broederschap onthult wanneer zij universeel is niet de betrekking daartoe van *elk apart*, maar de verwantschap van *allen*. Broederschap is een realiteit van het totaal en onthult daarom kwaliteiten van het geheel, in tegenstelling tot kwaliteiten van het deel.

Broederschap vormt een feit van betrekking tussen alle persoonlijkheden die in het universum leven. Geen enkele persoon kan de weldaden of straffen ontgaan die het gevolg kunnen zijn van zijn betrekking tot andere personen. Het deel gedijt of lijdt in de maat met het geheel. De goede inspanning van ieder mens strekt alle mensen ten voordeel; de dwaling of het kwaad van ieder mens vermeerdert de ellende van alle mensen. Zoals het deel zich beweegt, zo beweegt zich het geheel. Zoals het geheel vooruitgaat, zo gaat ook het deel vooruit. De relatieve snelheden van deel en geheel bepalen of het deel wordt vertraagd door de traagheid van het geheel, of wordt voortgestuwd door de vaart van de kosmische broederschap.

Het is een mysterie dat God een zeer persoonlijk, van zichzelf bewust wezen is met een residentieel hoofdkwartier, en tegelijkertijd persoonlijk tegenwoordig is in zulk een ontzaglijk uitgestrekt universum en persoonlijk in contact staat met zulk een welhaast oneindig aantal wezens. Dat zo'n verschijnsel een mysterie is dat uw menselijke bevatting te boven gaat, zou uw geloof niet in het minst moeten verzwakken. Laat u door de omvang van de oneindigheid, de onmetelijkheid van de eeuwigheid, en de grootsheid en glorie van het onvergelijkelijke karakter van God, niet intimideren, onthutsen of ontmoedigen; de Vader is immers niet zeer ver van een ieder van u: hij woont binnen in u, en in hem bewegen wij ons allen letterlijk, leven wij daadwerkelijk, en bestaan wij waarlijk.

Ook al functioneert de Paradijs-Vader door zijn goddelijke scheppers en zijn geschapen kinderen, hij geniet ook het innigste innerlijke contact met u, een contact zo subliem, zo hoogst persoonlijk, dat het zelfs mijn begrip te boven gaat – de geheimnisvolle gemeenschap van het Vader-fragment met de menselijke ziel en met het sterfelijke bewustzijn waarin het daadwerkelijk woont. Wetende wat ge weet van deze Godsgeschenken, weet ge ook dat de Vader niet alleen met zijn goddelijke deelgenoten in intiem contact staat, maar ook met zijn evolutionaire sterfelijke kinderen in de tijd. De Vader verblijft inderdaad op het Paradijs, maar zijn goddelijke tegenwoordigheid woont ook in het bewustzijn van mensen.

Al wordt de geest van een Zoon uitgestort over alle vlees, al heeft een Zoon eens bij u gewoond in de gelijkenis van het sterfelijk vlees, al behoeden en leiden de serafijnen u persoonlijk, toch kan niet één van deze goddelijke wezens van het Tweede Centrum en van het Derde ooit hopen u zo dicht te naderen of u zo volledig te begrijpen als de Vader die een deel van zichzelf gegeven heeft om in u te zijn, om uw werkelijk en goddelijk, ja, uw eeuwig zelf te zijn.

8. MATERIE, BEWUSTZIJN, EN GEEST

'God is geest,' maar het Paradijs is dat niet. Het materiële universum is altijd de arena waar alle geestelijke activiteiten plaatsvinden: geest wezens en geest-opklimmenden leven en werken op fysische werelden die materiële realiteit bezitten.

Het schenken van kosmische kracht, het domein der kosmische zwaartekracht, is de functie van het Paradijs Eiland. Alle oorspronkelijke kosmische kracht energie gaat uit van het Paradijs, en de materie voor het vormen van talloze universa circuleert thans door het gehele meester universum in de vorm van een superzwaartekracht-aanwezigheid die de kosmische krachtlading van de doordrongen ruimte is.

Wat de transformaties van kosmische kracht in de buitenliggende universa ook mogen zijn, wanneer deze kracht eenmaal van het Paradijs is uitgegaan, trekt zij voort, onderhevig aan de nimmer eindigende, immer aanwezige, nooit aflatende aantrekking van het eeuwige Eiland, voor immer gehoorzaam en op haar eigen wijze voortbewegend langs de eeuwige ruimtepaden van de universa. Fysische energie is de enige realiteit die altijd trouw en vast gehoorzaamt aan de universele wet. Alleen in de gebieden van het wilsvermogen van het schepsel is er afwijking van de goddelijke wegen en de oorspronkelijke plannen voorgekomen. Kracht en energie vormen de universele bewijsstukken van de stabiliteit, bestendigheid en eeuwigheid van het centrale Paradijs Eiland.

De schenking van geest en de vergeestelijking van persoonlijkheden, het domein der geestelijke zwaartekracht, is het gebied van de Eeuwige Zoon. En deze geest zwaartekracht van de Zoon, die immer alle geestelijke realiteiten tot zich trekt, is even werkelijk en absoluut als de alvermogende materiële greep van het Paradijs Eiland. De mens met zijn materiële bewustzijn is echter van nature meer vertrouwd met de materiële manifestaties van fysische aard dan met de even werkelijke en machtige activiteiten van geestelijke aard, die alleen door het geestelijk inzicht van de ziel worden bespeurd.

Naarmate het bewustzijn van om het even welke persoonlijkheid in het universum geestelijker wordt – meer wordt zoals God – reageert het minder op de materiële zwaartekracht. De realiteit die gemeten wordt naar de respons op de fysische zwaartekracht, is de antithese van realiteit zoals deze wordt bepaald door de kwaliteit van de geest-inhoud. De werking van fysische zwaartekracht is een kwantitatief determinerend element van niet-geestelijke energie; de geestelijke zwaartekrachtswerking is de kwalitatieve maat van de levende energie van goddelijkheid.

Wat het Paradijs is voor de materiële schepping en de Eeuwige Zoon voor het geestelijke universum, is de Vereend Handelende Geest voor de gebieden van het bewustzijn – het intelligente universum van materiële, morontiale en geestelijke wezens en persoonlijkheden.

De Vereend Handelende Geest reageert op zowel materiële als geestelijke realiteiten en het is daarom eigen aan zijn natuur dat hij de universele helper wordt van alle denkende wezens, wezens die een vereniging van de materiële en de geestelijke verschijningsvormen van de schepping kunnen vertegenwoordigen. De begiftiging met intelligentie, de dienstverlening aan het materiële en het geestelijke in het verschijnsel van bewustzijn, is het exclusieve domein van de Vereend Handelende Geest, die aldus de partner wordt van het geestelijke bewustzijn, de essentie van het morontia-bewustzijn en de substantie van het materiële bewustzijn van de evolutionaire schepselen in de tijd.

Bewustzijn is de techniek waardoor de geest-realiteiten experiëntieel worden voor geschapen persoonlijkheden. En per slot van rekening zijn de mogelijkheden van zelfs het menselijke bewustzijn om eenheid te bewerkstelligen, het vermogen om dingen, ideeën en waarden te coördineren, bovenmaterieel.

Ofschoon het voor het sterfelijke bewustzijn nauwelijks mogelijk is om de zeven niveaus van relatieve kosmische realiteit te begrijpen, moet het menselijk verstand wel in staat zijn om een groot deel van de betekenis van drie functionerende niveaus der eindige realiteit te vatten:

1. *Materie*. Georganiseerde energie die onderhevig is aan de lineaire zwaartekracht, behalve voorzover zij gemodificeerd wordt door beweging en door bewustzijn wordt bepaald.

2. *Bewustzijn*. Georganiseerde bewustheid die niet geheel onderhevig is aan de materiële zwaartekracht, en waarlijk vrij wordt wanneer zij wordt gemodificeerd door geest.

3. *Geest*. De hoogste persoonlijke werkelijkheid. Ware geest is niet onderhevig aan de fysische zwaartekracht, maar wordt uiteindelijk de motiverende invloed van alle evoluerende energiesystemen die de waardigheid van persoonlijkheid hebben.

Het bestaansdoel van alle persoonlijkheden is geest; materiële manifestaties zijn relatief, en het kosmische bewustzijn bemiddelt tussen deze universele tegengestelden. De schenking van bewustzijn en de bijstand van geest zijn het werk van de mede-personen der Godheid, de Oneindige Geest en de Eeuwige Zoon. Totale Godheidsrealiteit is niet bewustzijn, maar geest bewustzijn – bewustzijn geest verenigd door persoonlijkheid. Niettemin convergeren de absoluten van zowel de geest als van het ding in de persoon van de Universele Vader.

Op het Paradijs zijn de drie energieën, de fysische, de mentale en de geestelijke, van gelijke orde. In de evolutionaire kosmos is energie materie dominant, behalve in persoonlijkheid, waar geest naar de overhand streeft door de bemiddeling van het bewustzijn. Geest is de fundamentele realiteit van de persoonlijkheidservaring van alle schepselen, omdat God geest is. Geest is onveranderlijk en daarom transcendeert zij in alle persoonlijkheidsbetrekkingen bewustzijn en materie, die experiëntiële variabelen zijn bij het bereiken van vooruitgang.

In de kosmische evolutie wordt materie een filosofische schaduw die door bewustzijn wordt afgeworpen in de aanwezigheid van de geestesglans der goddelijke verlichting, maar dit ontkracht de realiteit van materie energie niet. Bewustzijn, materie en geest zijn alledrie even werkelijk, maar zij zijn voor de persoonlijkheid niet van gelijke waarde bij het verwerven van goddelijkheid. Het zich bewust zijn van goddelijkheid is een progressieve geestelijke ervaring.

Hoe helderder de vergeestelijkte persoonlijkheid straalt (de Vader in het universum, het fragment van potentiële geest persoonlijkheid in het individuele schepsel), des te groter wordt de schaduw die het bemiddelende bewustzijn op haar materiële omhulsel werpt. In de tijd is 's mensen lichaam even reëel als zijn bewustzijn of zijn geest, maar in de dood blijven zowel het bewustzijn (de identiteit) als de geest voortbestaan, doch het lichaam niet. Een kosmische realiteit kan niet bestaand zijn in de persoonlijkheidservaring. En dus is uw Griekse zegswijze – het materiële als de schaduw van de meer reële geest substantie – inderdaad van filosofische betekenis.

9. PERSOONLIJKE REALITEITEN

Geest is de fundamentele persoonlijke realiteit in de universa, en persoonlijkheid is fundamenteel voor alle toenemende ervaring met geestelijke realiteit. Iedere fase van de persoonlijkheidservaring op ieder successief niveau van voortgang in het universum wemelt van aanwijzingen die kunnen leiden tot het ontdekken van aanlokkelijke persoonlijke realiteiten. 's Mensen ware bestemming bestaat in het scheppen van nieuwe doeleinden van geest en vervolgens in het reageren op de kosmische verlokkingen van dergelijke verheven doeleinden van niet materiële waarde.

Liefde is het geheim van de weldadige omgang tussen persoonlijkheden. Ge kunt iemand niet werkelijk kennen tengevolge van een eenmalig contact. Door wiskundige deductie kunt ge muziek niet leren kennen of waarderen, ook al is muziek een vorm van wiskundig ritme. Het nummer dat aan een telefoonabonnee is toegewezen identificeert op geen enkele wijze de persoonlijkheid van die abonnee en zegt niets over zijn karakter.

De wiskunde, de materiële wetenschap, is onmisbaar voor de intelligente discussie over de materiële aspecten van het universum, maar deze kennis maakt niet noodzakelijkerwijze deel uit van de hogere bewustwording van waarheid of van de persoonlijke waardering van geestelijke realiteiten. Niet alleen in de domeinen van het leven, maar zelfs in de wereld van fysische energie is de som van twee of meer dingen zeer dikwijls iets *meer* dan, of iets *anders* dan, de voorspelbare, bijkomende consequenties van zulke samenvoegingen. De gehele wetenschap van de wiskunde, het gehele gebied van de filosofie, de hoogste fysica of chemie, hadden niet kunnen voorspellen of weten dat de verbinding van twee gasvormige waterstofatomen met één gasvormig zuurstofatoom zou resulteren in een nieuwe substantie met bijzondere additionele eigenschappen – vloeibaar water. Een begripvol kennen van dit ene fysico-chemische verschijnsel zou de ontwikkeling van een materialistische filosofie en mechanistische kosmologie hebben moeten voorkomen.

Technische analyse onthult niet wat een persoon of ding kan doen. Bijvoorbeeld: water wordt doeltreffend gebruikt om vuur te doven. Dat water vuur dooft is een feit van de alledaagse ervaring, maar geen enkele analyse van water zou deze eigenschap ooit hebben kunnen onthullen. Door analyse kan worden vastgesteld dat water is samengesteld uit waterstof en zuurstof; een verdere studie van deze elementen onthult dat zuurstof in werkelijkheid verbranding bevordert en dat waterstof zelf gemakkelijk brandt.

Uw religie wordt thans reëel omdat zij zich bevrijdt uit de slavernij van vrees en uit de boeien van bijgeloof. Uw filosofie worstelt om zich vrij te maken van dogma en traditie. Uw wetenschap is verwikkeld in de eeuwenlange krachtmeting tussen waarheid en dwaling terwijl zij vecht om zich te bevrijden uit de onderworpenheid aan abstractie, de slavernij der wiskunde en de relatieve blindheid van het mechanistisch materialisme.

De sterfelijke mens heeft een geest-kern. Het bewustzijn is een systeem van persoonlijke energie dat rond een goddelijke geest-kern existeert en functioneert in een materiële omgeving. Zulk een levende betrekking tussen persoonlijk bewustzijn en geest vormt het universum-potentieel voor eeuwige persoonlijkheid. Werkelijke moeilijkheden, blijvende teleurstellingen, ernstige nederlagen of een onvermijdelijke dood kunnen zich pas voordoen wanneer ideeën over het zelf zich aanmatigen om de centrale geest-kern geheel uit zijn leidinggevende macht te ontzetten, en hierdoor het kosmische plan voor de persoonlijkheidsidentiteit ontwrichten.

[Aangeboden door een Volmaker van Wijsheid, handelend op gezag van de Ouden der Dagen.]

DRIE

DE HEILIGE WERELDEN
VAN HET PARADIJS

(VERHANDELING 13)

TUSSEN het centrale Paradijs Eiland en het binnenste circuit van de Havona-planeten bevinden zich in de ruimte drie kleinere circuits van speciale hemellichamen. Het binnenste circuit bestaat uit de zeven geheime werelden van de Universele Vader; de tweede groep wordt gevormd door de zeven lichtende werelden van de Eeuwige Zoon en in het buitenste circuit bevinden zich de zeven immense werelden van de Oneindige Geest, de werelden die als bestuurlijk hoofdkwartier dienen van de Zeven Meester-Geesten.

Deze drie circuits van de Vader, de Zoon en de Geest, elk zeven werelden omvattend, zijn sferen van onovertroffen grootsheid en onvoorstelbare heerlijkheid. Zelfs hun materiële of fysische samenstelling is van een u niet geopenbaarde orde. Elk circuit is verschillend van materiaal en iedere wereld van elk circuit is anders, behalve de zeven werelden van de Zoon, die in fysische samenstelling gelijk zijn. Alle eenentwintig zijn immense hemellichamen en elke groep van zeven is op een andere wijze vereeuwigd. Voor zover ons bekend zijn zij altijd geweest: evenals het Paradijs zijn zij eeuwig. Er bestaat geen verslag of overlevering aangaande hun oorsprong.

De zeven geheime werelden van de Universele Vader die op korte afstand van het eeuwige Eiland rond het Paradijs cirkelen, reflecteren in hoge mate het geestelijk lichten van de centrale schittering der eeuwige Godheden, en stralen dit licht van goddelijke heerlijkheid uit over geheel het Paradijs en zelfs over de zeven circuits van Havona.

Op de zeven heilige werelden van de Eeuwige Zoon lijken de onpersoonlijke energieën van het geest-lichten te ontstaan. Geen enkel persoonlijk wezen mag in een van deze zeven lichtende domeinen verblijven. Met geestelijke glorie verlichten zij het gehele Paradijs en Havona, en zij geleiden zuiver geest-lichten naar de zeven superuniversa. Deze schitterende werelden van het tweede circuit stralen ook hun licht (licht zonder hitte) uit naar het Paradijs en naar het miljard werelden in de zeven circuits van het centrale universum.

Op de zeven werelden van de Oneindige Geest zetelen de Zeven Meester-Geesten die toezicht houden over de voorbestemde ontwikkelingen in de zeven superuniversa en de geestelijke verlichting van de Derde Persoon der Godheid naar deze scheppingen in tijd en ruimte uitzenden. En geheel Havona baadt zich in deze vergeestelijkende invloeden, maar het Paradijs Eiland niet.

Ofschoon de werelden van de Vader de ultieme status werelden zijn voor alle persoonlijkheden die met de Vader begiftigd zijn, is dit niet hun enige functie. Ook vele wezens en entiteiten die anders dan persoonlijk zijn, verblijven op deze werelden. Elke wereld in het circuit van de Vader en in dat van de Geest heeft een bepaald type permanente bewoners, maar wij denken dat de werelden van de Zoon bewoond worden door uniforme soorten wezens die anders dan persoonlijk zijn. Vader-fragmenten behoren tot de ingeborenen van Divinington; de andere orden der permanente bewoners worden u niet geopenbaard.

De eenentwintig satellieten van het Paradijs dienen in zowel het centrale universum als in de superuniversa vele doeleinden die in deze verhandelingen niet worden onthuld. Ge kunt maar zo weinig begrijpen van het leven op deze werelden, dat ge niet kunt verwachten u een ook maar enigszins samenhangend beeld te kunnen vormen van hun natuur of hun functie; duizenden activiteiten vinden daar plaats die u niet worden geopenbaard. Deze eenentwintig werelden omvatten het *potentieel* van de functie van het meester universum. Deze verhandelingen geven slechts een vluchtige indruk van bepaalde afgebakende activiteiten die eigen zijn aan het huidige tijdperk van het groot universum – of beter gezegd, van een der zeven sectoren van het groot universum.

1. DE ZEVEN HEILIGE WERELDEN VAN DE VADER

Het circuit van de Vader der werelden van heilig leven bevat de enige intrinsieke persoonlijkheidsgeheimen in het universum van universa. Deze satellieten van het Paradijs, het binnenste van de drie circuits, zijn de enige verboden domeinen in het centrale universum die betrekking hebben op persoonlijkheid. De onderzijde van het Paradijs en de werelden van de Zoon zijn eveneens gesloten voor persoonlijkheden, maar geen van deze gebieden heeft in enig opzicht rechtstreeks te maken met persoonlijkheid.

De Paradijs werelden van de Vader worden bestuurd door de hoogste orde der Stationaire Zonen van de Triniteit, de Getrinitiseerde Geheimen van het Allerhoogst Bewind. Over deze werelden kan ik u weinig meedelen, en over hun veelvoudige activiteiten mag ik nog minder zeggen. Dergelijke informatie gaat alleen de wezens aan die daar functioneren en vandaar uitgaan. En ofschoon ik enigszins bekend ben met zes van deze speciale werelden, ben ik nooit op Divinington geland; de toegang tot die wereld is mij strikt verboden.

Een van de redenen waarom deze werelden geheim zijn, is dat elk van deze heilige hemellichamen zich mag verheugen in een gespecialiseerde vertegenwoordiging of manifestatie van de Godheden die de Paradijs-Triniteit vormen – geen persoonlijkheid, maar een unieke tegenwoordigheid van Goddelijkheid, die slechts gewaardeerd en begrepen kan worden door die specifieke groepen denkende wezens die op elk van die werelden residenen of daar toegang hebben. De Getrinitiseerde Geheimen van het Allerhoogst Bewind zijn de persoonlijke vertegenwoordigers van deze gespecialiseerde en onpersoonlijke tegenwoordigheden van Goddelijkheid. En de Geheimen van het Allerhoogst Bewind zijn hoogst persoonlijke wezens die in het bezit zijn van voortreffelijke gaven en wonderbaarlijk zijn toegerust voor hun verheven, veeleisende werk.

1. DIVININGTON. Deze wereld is in een unieke zin 'de boezem van de Vader', de wereld van persoonlijke gemeenschap met de Universele Vader, en hier bevindt zich een speciale manifestatie van zijn goddelijkheid. Divinington is het Paradijs-trefpunt van de Ge-

dachtenrichters, maar het is ook de thuiswereld van talrijke andere entiteiten, persoonlijkheden en andere wezens die hun oorsprong hebben in de Universele Vader. Er zijn vele persoonlijkheden naast de Eeuwige Zoon die rechtstreeks ontstaan door de handelingen van de Universele Vader alleen. En alleen de Vader-fragmenten en de persoonlijkheden en andere wezens die rechtstreeks en uitsluitend hun oorsprong hebben in de Universele Vader, verbroederen zich in deze verblijfplaats en functioneren aldaar.

De geheimen van Divinington omvatten ook het geheim van de schenking en missie van de Gedachtenrichters. Hun natuur, hun oorsprong en de methode waardoor zij in contact treden met de nederige schepselen op de evolutionaire werelden is een geheim van deze Paradijs wereld. Deze verbazingwekkende verrichtingen gaan de rest van ons niet persoonlijk aan en daarom achten de Godheden het juist om ons bepaalde aspecten van dit grootse, goddelijke dienstbetoon te onthouden, zodat wij het niet geheel kunnen begrijpen. Voorzover wij in aanraking komen met deze fase van goddelijke activiteit wordt ons volledige kennis van deze verrichtingen vergund, maar wij zijn niet geheel op de hoogte van de intieme details van deze grootse schenking.

Deze wereld bevat ook de geheimen van de aard, het doeleinde en de activiteiten van alle andere vormen van Vader-fragmenten, van de Zwaartekracht Boodschappers en van een menigte andere wezens die u niet geopenbaard zijn. Het is zeer waarschijnlijk dat indien die waarheden welke betrekking hebben op Divinington en mij worden onthouden, mij wel zouden worden geopenbaard, mij alleen maar zouden verwarren en belemmeren in mijn huidige werk, en nogmaals, misschien gaan zij het begripsvermogen van wezens van mijn orde te boven.

2. SONARINGTON. Deze wereld is de 'boezem van de Zoon,' de persoonlijke ontvangstwereld van de Eeuwige Zoon. Dit is het Paradijs hoofdkwartier van de neerdalende en opklimmende Zonen Gods als en nadat zij geheel zijn geaccrediteerd en definitief geapprobeerd. Deze wereld is de Paradijs thuiswereld voor alle Zonen van de Eeuwige Zoon en van diens gecoördineerde en geassocieerde Zonen. Aan dit verheven verblijf zijn talrijke orden van goddelijke Zonen verbonden die niet aan stervelingen zijn geopenbaard, aangezien zij niet te maken hebben met de plannen van het opklim-

mingsprogramma van geestelijke vooruitgang van de mens door de universa en naar het Paradijs.

De geheimen van Sonarington behelzen ook het geheim van de incarnatie van de goddelijke Zonen. Wanneer een Zoon van God een Zoon des Mensen wordt, letterlijk uit een vrouw geboren wordt, zoals dit negentienhonderd jaar geleden op uw wereld is gebeurd, is dit een universeel mysterie. Het vindt aldoor overal in de universa plaats en is een Sonarington geheim van het goddelijk zoonschap. De Richters zijn een mysterie van God de Vader. De incarnatie van de goddelijke Zonen is een mysterie van God de Zoon; het is een geheim dat is weggesloten in de zevende sector van Sonarington, een gebied waarin niemand kan doordringen dan degenen die deze unieke ervaring persoonlijk hebben doorgemaakt. Alleen die aspecten van incarnatie die te maken hebben met uw opklimmings-loopbaan zijn onder uw aandacht gebracht. Vele andere aspecten van het incarnatie-mysterie van u ongeopenbaarde typen Paradijs-Zonen, op missies van universum-dienstbetoon worden u niet onthuld. En er zijn nog andere Sonarington-mysteries.

3. SPIRITINGTON. Deze wereld is de 'boezem van de Geest', de Paradijs thuiswereld van de hoge wezens die uitsluitend de Oneindige Geest vertegenwoordigen. Hier komen de Zeven Mees-ter-Geesten en sommigen van hun afstammelingen uit alle universa bijeen. In dit hemelse verblijf kunnen ook talrijke ongeopenbaarde orden van geest persoonlijkheden worden aangetroffen, wezens die zijn aangesteld ten behoeve van de veelvuldige activiteiten in het universum die geen verband houden met de plannen om de sterfe-lijke schepselen uit de tijd te transformeren naar de Paradijs niveaus der eeuwigheid.

De geheimen van Spiritington hebben betrekking op de ondoor-grondelijke mysteries der reflectiviteit. Wij vertellen u wel over het ontzaglijke, universele verschijnsel der reflectiviteit, meer in het bij-zonder zoals het werkt op de hoofdkwartierwerelden van de zeven superuniversa, maar wij leggen dit verschijnsel nooit volledig uit, want wij begrijpen het niet geheel. Heel veel begrijpen wij wel, maar veel fundamentele details zijn nog steeds een mysterie voor ons. Re-flectiviteit is een geheim van God de Geest. Wij hebben u ingelicht over reflectiviteitsfuncties met betrekking tot het opklimmingsplan voor het voortbestaan van stervelingen, en de reflectiviteit werkt inderdaad op deze wijze, maar zij is ook een onmisbaar element in de normale werking van talrijke andere aspecten van universum-activiteiten. Deze schenking van de Oneindige Geest wordt ook langs andere kanalen gebruikt dan voor het verzamelen van inlichtingen en verspreiden van informatie. En Spiritington kent nog andere geheimen.

4. VICEGERINGTON. Deze planeet is de 'boezem van de Vader en de Zoon' en de geheime wereld van zekere ongeopenbaarde wezens die hun oorsprong hebben in de handelingen van de Vader en de Zoon. Zij is ook de Paradijs thuiswereld van vele verheerlijkte wezens van complexe afkomst, van hen wier oorsprong gecompliceerd is vanwege de vele verschillende technieken die in de zeven superuniversa gebezigd worden. Op deze wereld komen vele groepen wezens bijeen van wie de identiteit niet aan de stervelingen van Urantia is geopenbaard.

De geheimen van Vicegerington omvatten de geheimen van trinitisatie, en trinitisatie vormt het geheim van het gezag om de Triniteit te vertegenwoordigen, om als plaatsvervanger op te treden voor de Goden. Gezag om de Triniteit te vertegenwoordigen wordt alleen toegekend aan die wezens, geopenbaard en niet geopenbaard, die getrinitiseerd, geschapen, geresulteerd of vereeuwigd zijn door twee Godheden van de Paradijs-Triniteit of door alledrie. Persoonlijkheden die door de trinitisatie handelingen van bepaalde typen verheerlijkte schepselen tot aanzijn zijn gebracht, vertegenwoordigen niet meer dan het conceptuele potentieel dat in die trinitisatie gemobiliseerd is, ook al mogen zulke schepselen het pad omhoog gaan naar de omhelzing door de Godheid dat voor al hun soortgenoten openligt.

Niet getrinitiseerde wezens begrijpen de techniek van de trinitisatie door twee of door drie Scheppers of door bepaalde schepselen niet geheel. Ge zult een dergelijk verschijnsel nooit volkomen begrijpen tenzij ge u in de verre toekomst van uw verheerlijkte loopbaan aan een dergelijke avontuurlijke onderneming zoudt wagen en daarin zoudt slagen, aangezien de toegang tot deze geheimen van Vicegerington anders altijd voor u verboden blijft. Omdat ik echter van hoge Triniteitsafkomst ben, staan alle sectoren van Vicegerington voor mij open. Ik begrijp het geheim van mijn oorsprong en bestemming volledig en even volledig bewaar ik het plechtig.

Er zijn nog andere vormen en fasen van trinitisatie die de volkeren van Urantia niet ter kennis zijn gebracht, en deze ervaringen worden wat hun persoonlijke aspecten betreft, naar behoren beschermd in de geheime sector van Vicegerington.

5. SOLITARINGTON. Deze wereld is de 'boezem van de Vader en de Geest' en het trefpunt van een schitterende schare ongeopenbaarde wezens die hun oorsprong hebben in de gezamenlijke handelingen van de Universele Vader en de Oneindige Geest – wezens die naast hetgeen zij van de Geest hebben geërfd, ook karaktertrekken vertonen van de Vader.

Dit is ook de thuiswereld van de Solitaire Boodschappers en van andere persoonlijkheden die tot de orden der superengelen behoren. Ge kent maar zeer weinigen van deze wezens: er bestaan enorme aantallen orden die niet op Urantia geopenbaard zijn. Uit het feit dat zij hun domicilie op de vijfde wereld hebben, kan niet worden afgeleid dat de Vader noodzakelijkerwijs in enig opzicht betrokken was bij de schepping van de Solitaire Boodschappers of de superengelen die hun medewerkers zijn, maar in dit universum-tijdperk heeft hij wel te maken met hun functioneren. Gedurende het huidige universum-tijdperk is dit ook de status wereld van de Krachtdirigenten van het Universum.

Er zijn nog talrijke andere orden geest persoonlijkheden, wezens die de sterfelijke mens niet bekend zijn en die Solitarington als hun Paradijs-thuiswereld beschouwen. Vergeet niet dat alle afdelingen en niveaus van de activiteiten in het universum even volledig voorzien zijn van geest dienaren als het gebied dat zich bezighoudt met het helpen van de sterfelijke mens om op te klimmen naar zijn goddelijke Paradijs-bestemming.

De geheimen van Solitarington. Naast bepaalde trinitisatiegeheimen bevat deze wereld ook de geheimen van de persoonlijke verhouding van de Oneindige Geest tot bepaalde hogere afstammelingen van de Derde Bron en Centrum. Op Solitarington worden de mysteries bewaard van de intieme omgang van talrijke ongeopenbaarde orden met de geesten van de Vader, de Zoon en de Geest, met de drievoudige geest van de Triniteit, en met de geesten van de Allerhoogste, de Ultieme en de Allerhoogst-Ultieme.

6. SERAPHINGTON. Deze wereld is de 'boezem van de Zoon en de Geest' en de thuiswereld van de enorme scharen ongeopen-

baarde wezens die door de Zoon en de Geest zijn geschapen. Dit is ook de wereld die de bestemming is van alle dienende orden der engelenscharen, waaronder de supernafijnen, seconafijnen en serafijnen. In het centrale universum en in de verder naar buiten gelegen universa dienen ook luisterrijke geesten van vele orden die niet behoren tot 'de dienende geesten voor hen die het heil zullen beërven.' Al deze geest werkers op alle niveaus en terreinen van universumactiviteiten beschouwen Seraphington als hun Paradijs thuiswereld.

De geheimen van Seraphington omvatten een drieledig mysterie waarvan ik slechts één deel mag noemen – het mysterie van het serafijnse transport. Het vermogen van verschillende orden serafijnen en met hen samenwerkende geest wezens om binnen hun geestelijke gestalte niet materiële persoonlijkheden van alle orden te omhullen en hen mee te voeren op langdurige interplanetaire reizen, is een geheim dat is verborgen in de heilige sectoren van Seraphington. De transport serafijnen begrijpen dit mysterie wel, maar delen het niet aan ons mede, of misschien kunnen zij dat niet. De andere mysteries van Seraphington hebben betrekking op de persoonlijke ervaringen van geest dienaren van typen welke tot nu toe niet aan stervelingen zijn geopenbaard. En wij weerhouden ons ervan de geheimen te bespreken van wezens die u zozeer verwant zijn omdat ge levensorden die zo dicht bij u staan bijna kunt begrijpen, en het zou een schending van vertrouwen betekenen indien wij u zelfs maar onze gedeeltelijke kennis van deze verschijnselen zouden voorleggen.

7. ASCENDINGTON. Deze unieke wereld is de 'boezem van de Vader, Zoon en Geest,' het trefpunt van de opklimmende schepselen uit de ruimte, de ontvangstwereld van de pelgrims uit de tijd die door het Havona-universum trekken op weg naar het Paradijs. Ascendington is de werkelijke Paradijs thuiswereld van de opklimmende zielen uit tijd en ruimte voordat zij de Paradijs status bereiken. Gij stervelingen zult de meeste van uw Havona-'vakanties' op Ascendington doorbrengen. Gedurende uw leven in Havona zal Ascendington voor u zijn wat de reversiedirigenten voor u betekend hebben tijdens de opklimming door het plaatselijke universum en het superuniversum. Hier zult ge deelnemen aan duizenden activiteiten die het voorstellingsvermogen van stervelingen te boven gaan. En evenals dit bij iedere eerdere vordering in de opklimming naar

God het geval is geweest, zal uw menselijke zelf hier nieuwe betrekkingen aangaan met uw goddelijke zelf.

De geheimen van Ascendington behelzen ook het mysterie van het geleidelijke, zekere opbouwen in het materiële, sterfelijke bewustzijn van een geestelijke, potentieel onsterfelijke pendant van het karakter en de identiteit. Dit verschijnsel is een van de meest verbijsterende mysteries in de universa – de ontwikkeling van een onsterfelijke ziel binnen het bewustzijn van een sterfelijk, materieel schepsel.

Ge zult deze mysterieuze verrichting pas geheel begrijpen wanneer ge Ascendington hebt bereikt. En dit is de reden waarom geheel Ascendington open zal liggen voor uw verwonderde ogen. Een zevende gedeelte van Ascendington is voor mij verboden gebied – dit is de sector die betrokken is in het geheim dat uitsluitend de ervaring en het bezit is van uw type wezens (of dit zal zijn). Deze ervaring behoort aan uw menselijke orde van bestaan. Mijn orde van persoonlijkheid is niet rechtstreeks betrokken bij zulke verrichtingen. Daarom is dit geheim voor mij niet toegankelijk en zal het u uiteindelijk worden geopenbaard. Maar zelfs nadat het aan u is geopenbaard, blijft het om de een of andere reden altijd uw geheim. Ge openbaart het niet aan ons, noch aan wezens van enig andere orde. Wij weten van de eeuwige fusie van een goddelijke Richter en een onsterfelijke ziel van menselijke oorsprong, maar de opklimmende volkomenen kennen deze ervaring als een absolute werkelijkheid.

2. BETREKKINGEN TOT DE VADER-WERELDEN

Deze thuiswerelden van de verschillende orden der geestelijke wezens zijn ontzagwekkende, kolossale hemellichamen en evenaren het Paradijs in hun onvergelijkelijke schoonheid en schitterende heerlijkheid. Het zijn werelden die dienen als trefpunt, als plaats van samenkomst en als permanent kosmisch adres. Als volkomenen zult ge uw domicilie hebben op het Paradijs, maar Ascendington zal te allen tijde uw thuisadres zijn, zelfs wanneer ge dienst gaat doen in de buiten ruimte. In alle eeuwigheid zult ge Ascendington beschouwen als uw thuis waarmee ge in uw gevoel en herinneringen verbonden blijft. Wanneer ge geestwezens van het zevende stadium zijt, zult ge mogelijkerwijs uw residentiële status op het Paradijs opgeven.

Indien er in de buiten ruimte universa worden gemaakt, en indien deze bewoond zullen worden door tijdsschepselen met het potentieel tot opklimming, dan leiden wij hieruit af dat deze kinderen van de toekomst ook voorbestemd zullen zijn om Ascendington als hun Paradijs-thuiswereld te zien.

Ascendington is de enige heilige wereld die ge zonder enige restrictie zult mogen onderzoeken wanneer ge op het Paradijs zult zijn aangekomen. Vicegerington is de enige heilige wereld die ik geheel en zonder restricties mag onderzoeken. Ofschoon de geheimen van Vicegerington te maken hebben met mijn oorsprong, beschouw ik haar niet als mijn thuis in dit universum-tijdperk. Wezens die hun oorsprong hebben in de Triniteit en getrinitiseerde wezens zijn niet gelijk.

De wezens die de Triniteit als oorsprong hebben, hebben geen volledig aandeel in de werelden van de Vader; hun enige woonplaatsen zijn op het Paradijs Eiland, zeer dicht bij de Allerheiligste Sfeer. Zij verschijnen dikwijls op Ascendington, de 'boezem van de Vader Zoon Geest,' waar zij zich onderhouden met hun broeders die zijn opgeklommen vanuit de nederige werelden in de ruimte.

Wellicht veronderstelt ge dat de Schepper Zonen Vicegerington als hun thuiswereld beschouwen omdat zij van Vader Zoon- oorsprong zijn, maar dit is niet het geval in dit universum-tijdperk van de functie van God de Zevenvoudige. Er zijn vele vergelijkbare problemen die eveneens verwarrend voor u zullen zijn, want ge zult zeker op vele moeilijkheden stuiten wanneer ge deze dingen die zich zo dicht bij het Paradijs afspelen, tracht te begrijpen. Door redenering kunt ge deze kwesties evenmin oplossen, want ge weet zeer weinig. En ook als ge meer over de werelden van de Vader zoudt weten, zoudt ge eenvoudig nog meer moeilijkheden tegenkomen, totdat ge er *alles* over zoudt weten. Status op een van deze geheime werelden wordt verkregen zowel door dienstbetoon als door het type van oorsprong, en de achtereenvolgende tijdperken van het universum kunnen een herverdeling van bepaalde groeperingen persoonlijkheden te zien geven, hetgeen ook gebeurt.

De werelden van het binnenste circuit zijn in werkelijkheid meer broederlijke of status-werelden dan daadwerkelijke residentiële werelden. Stervelingen zullen een bepaalde status bereiken op elke wereld van de Vader, behalve op één. Wanneer gij stervelingen bijvoorbeeld Havona bereikt, zult ge toestemming krijgen om naar Ascendington te gaan waar ge hartelijk welkom zijt, maar ge krijgt geen toestemming om de andere zes heilige werelden te bezoeken. Wanneer ge de Paradijs-scholing hebt doorlopen en opgenomen zijt in het Korps der Volkomenen, is Sonarington toegankelijk voor u aangezien ge zowel zonen Gods als opgeklommen stervelingen zijt – ge zijt zelfs meer dan dat. Maar een zevende deel van Sonarington, de sector van de incarnatiegeheimen van de goddelijke Zonen, zult ge nooit kunnen onderzoeken. Nimmer zullen deze geheimen aan de opklimmende zonen van God geopenbaard worden.

Uiteindelijk zult ge volledige toegang hebben tot Ascendington en tot op zekere hoogte tot de andere werelden van de Vader, met uitzondering van Divinington. Maar zelfs als u vergunning wordt verleend om op nog vijf geheime werelden te landen wanneer ge een volkomene zijt geworden, zal het u niet toegestaan zijn alle sectoren van deze werelden te bezoeken. Evenmin zal het u veroorloofd zijn te landen op de kusten van Divinington, de 'boezem van de Vader', ofschoon ge zeker herhaaldelijk 'ter rechterhand van de Vader' zult staan. In alle eeuwigheid zal er zich voor u nooit enige noodzaak voordoen om aanwezig te zijn op de wereld van de Gedachten-richters.

Deze ontmoetingswerelden voor het geest leven zijn verboden gebied, zozeer dat ons wordt verzocht niet te trachten toegang te verkrijgen tot de aspecten van deze werelden die geheel buiten het gebied van onze ervaring liggen. Ge kunt volmaakt worden als schepsel, zoals de Universele Vader volmaakt is als godheid, maar ge moogt niet alle experiëntiële geheimen van alle andere orden universum-persoonlijkheden leren kennen. Wanneer de Schepper een experiëntieel persoonlijkheidsgeheim deelt met zijn schepsel, bewaart de Schepper dit in eeuwige confidentie.

Naar verondersteld wordt, zijn al deze geheimen bekend aan de collectiviteit van de Getrinitiseerde Geheimen van het Allerhoogst Bewind. Deze wezens worden alleen geheel gekend door de groepen op hun speciale werelden, andere orden begrijpen hen maar zeer ten dele. Wanneer ge het Paradijs hebt bereikt, zult ge de tien Geheimen van het Allerhoogst Bewind die Ascendington besturen, leren kennen en hen vurig liefhebben. Ge zult ook de Geheimen van het

Allerhoogst Bewind op de andere werelden van de Vader enigszins gaan begrijpen, met uitzondering van Divinington, ofschoon niet zo volkomen als op Ascendington.

De Getrinitiseerde Geheimen van het Allerhoogst Bewind zijn, zoals hun naam reeds aanduidt, verwant aan de Allerhoogste; zij zijn eveneens verwant aan de Ultieme en de toekomstige Allerhoogste-Ultieme. Deze Geheimen van het Allerhoogst Bewind zijn de geheimen van de Allerhoogste en ook de geheimen van de Ultieme, zelfs de geheimen van de Allerhoogste-Ultieme.

3. DE HEILIGE WERELDEN VAN DE EEUWIGE ZOON

De zeven lichtende werelden van de Eeuwige Zoon zijn de werelden van de zeven fasen van het zuivere-geest-bestaan. Deze stralende hemellichamen zijn de bron van het drievoudige licht van het Paradijs en Havona, want hun invloed is grotendeels, doch niet geheel, beperkt tot het centrale universum.

Persoonlijkheid is niet aanwezig op deze satellieten van het Paradijs, daarom valt er maar weinig over deze zuivere-geest verblijven te vertellen aan sterfelijke, materiële persoonlijkheden. Ons wordt geleerd dat deze werelden vol zijn van wezens van de Eeuwige Zoon wier leven anders dan persoonlijk is. Wij leiden hieruit af dat deze entiteiten worden verzameld om te gaan dienen in de ontworpen nieuwe universa in de buiten ruimte. De Paradijs-filosofen zijn van mening dat iedere cyclus van het Paradijs, ongeveer twee miljard jaar Urantia-tijd, getuige is van de schepping van aanvullende reserves van deze orden op de geheime werelden van de Eeuwige Zoon.

Voorzover ik ben ingelicht, is er nooit een persoonlijkheid op een van deze werelden van de Eeuwige Zoon geweest. In mijn hele, lange ervaring binnen en buiten het Paradijs is mij nooit opgedragen een van deze werelden te bezoeken. Zelfs de persoonlijkheden van wie de Eeuwige Zoon de medeschepper is, gaan niet naar deze werelden. Wij concluderen hieruit dat alle soorten onpersoonlijke geesten – ongeacht hun afstamming – tot deze geest thuiswerelden worden toegelaten. Daar ik een persoon ben en een geest gedaante heb, zou zo'n wereld mij ongetwijfeld leeg en verlaten voorkomen zelfs indien mij zou worden toegestaan daar een bezoek te brengen. Hoge geest persoonlijkheden hebben echter geen neiging tot bevrediging van zinloze nieuwsgierigheid of louter nutteloze avontuurlijkheid. Wij beleven te allen tijde teveel boeiend en zinvol avontuur dan dat wij ons kunnen permitteren grote belangstelling te ontwikkelen voor projecten die ofwel nutteloos, ofwel irreëel zijn.

4. DE WERELDEN VAN DE ONEINDIGE GEEST

Tussen het binnenste circuit van Havona en de lichtende werelden van de Eeuwige Zoon cirkelen de zeven hemellichamen van de Oneindige Geest, werelden die worden bewoond door de afstammelingen van de Oneindige Geest, door de getrinitiseerde zonen van verheerlijkte geschapen persoonlijkheden en door andere soorten ongeopenbaarde wezens die betrokken zijn bij het effectieve bestuur van de vele ondernemingen in de verschillende domeinen van universum-activiteit.

De Zeven Meester-Geesten zijn de allerhoogste en ultieme vertegenwoordigers van de Oneindige Geest. Zij hebben hun persoonlijke standplaats, hun kracht focus, op de buitenrand van het Paradijs, maar alle activiteiten die in verband staan met hun beheer en bestuur van het groot universum vinden plaats op en vanuit deze zeven speciale bestuurswerelden van de Oneindige Geest. De Zeven Meester-Geesten zijn in werkelijkheid de bewustzijn geeststabilisatoren van het universum van universa, een alomvattende, alomgevende en al-coördinerende kracht die centraal is gelocaliseerd.

Vanuit deze zeven speciale werelden opereren de Meester-Geesten teneinde de circuits van het kosmische bewustzijn van het groot universum te egaliseren en te stabiliseren. Zij hebben ook te maken met de differentiële geestelijke instelling en tegenwoordigheid van de Godheden overal in het groot universum. Fysische reacties zijn uniform, constant en altijd onmiddellijk en automatisch. De experiëntiële geestelijke tegenwoordigheid stemt echter overeen met de onderliggende toestand of staat van geestelijke ontvankelijkheid die inherent is aan het bewustzijn van de individuele wezens in ieder gebied.

Fysisch gezag, fysische tegenwoordigheid en functie zijn in alle universa, klein of groot, onveranderlijk. De factor die verschil uitmaakt in geestelijke tegenwoordigheid, of reactie, is de fluctuerende differentie in de herkenning en aanvaarding van die tegenwoordigheid door wilsschepselen. Hoewel de geestelijke tegenwoordigheid van de absolute, existentiële Godheid op geen enkele wijze wordt beïnvloed door de attitudes van trouw of ontrouw van geschapen wezens, is het tezelfdertijd waar dat de functionerende tegenwoordigheid van de subabsolute en experiëntiële Godheid beslist en rechtstreeks wordt beïnvloed door de beslissingen, keuzes en wilsattitudes van deze eindige schepselen – door de trouw en toewijding van individuele wezens, planeten, stelsels, constellaties of universa. Deze geestelijke tegenwoordigheid van goddelijkheid is echter niet grillig of willekeurig: de experiëntiële variantie is inherent aan het feit dat persoonlijke schepselen begiftigd zijn met vrije wil.

De bepaler van de differentie in de geestelijke tegenwoordigheid leeft in uw eigen hart en denken, en bestaat uit de wijze waarop ge uw keuzes maakt, uit de beslissingen van uw bewustzijn en de vastbeslotenheid van uw eigen wil. Deze differentie is inherent aan de reacties van de vrije wil van intelligente persoonlijke wezens, wezens aangaande wie de Universele Vader heeft verordend dat zij deze vrijheid van keuze zullen uitoefenen. En de Godheden houden immer rekening met de eb en vloed van hun geest bij hun tegemoetkomen aan, en het bevredigen van, de voorwaarden en eisen van deze differentie in de keuze van het schepsel – nu meer van hun tegenwoordigheid schenkend in antwoord op een oprecht verlangen daarnaar, en dan zich terugtrekkend van het toneel wanneer hun schepselen een ongunstige beslissing nemen bij de uitoefening van hun van godswege geschonken keuzevrijheid. En zo wordt de geest van goddelijkheid in nederigheid gehoorzaam aan de keuze van de schepselen in hun gebieden.

De bestuurswerelden van de Zeven Meester-Geesten zijn in werkelijkheid de Paradijs-hoofdkwartieren van de zeven superuniversa en de segmenten der buiten ruimte die daarmee zijn gecorreleerd. Iedere Meester-Geest staat aan het hoofd van één superuniversum, en elk van deze zeven werelden is uitsluitend toegewezen aan één van de Meester-Geesten. Er is letterlijk geen enkele fase van het sub Paradijs-bestuur van de zeven superuniversa waarin op deze bestuurswerelden niet wordt voorzien. Deze werelden zijn niet zo exclusief als de werelden van de Vader of die van de Zoon, en ofschoon alleen degenen die er geboren zijn en zij die er werken daar residentiële status hebben, staan deze zeven bestuursplaneten altijd open voor alle wezens die er een bezoek willen brengen en kunnen beschikken over het noodzakelijke middel om daarheen te worden overgebracht.

Voor mij zijn deze bestuurswerelden de interessantste en boeiendste oorden buiten het Paradijs. Nergens in het uitgestrekte universum valt er zo'n veelheid van activiteiten te zien waarin levende wezens van zo vele verschillende orden betrokken zijn, en die te maken hebben met werkzaamheden op zo vele uiteenlopende niveaus, werkzaamheden die tegelijk materieel, verstandelijk en geestelijk van aard zijn. Wanneer mij een periode verleend wordt waarin ik ben vrijgesteld van taken en ik toevallig op het Paradijs of in Havona ben, ga ik gewoonlijk naar een van deze drukke werelden van de Zeven Meester-Geesten om mij daar te laten inspireren door deze taferelen van ondernemingslust, toewijding, trouw, wijsheid en doeltreffendheid. Nergens anders kan ik zulk een verbazingwekkend onderling verband van persoonlijkheidsverrichtingen waarnemen, die zich op alle zeven niveaus van universum-realiteit afspelen. En ik word altijd gestimuleerd door de activiteiten van hen die goed weten hoe zij hun werk moeten doen, en die er zo'n intens genoegen in scheppen om het te doen.

[Aangeboden door een Volmaker van Wijsheid aan wie zulks is opgedragen door de Ouden der Dagen op Uversa.]

VIER

HET CENTRALE, GODDELIJKE UNIVERSUM

(VERHANDELING 14)

HET volmaakte en goddelijke universum beslaat het centrum der gehele schepping; het is de eeuwige kern om welke de enorme scheppingen in tijd en ruimte rondwentelen. Het Paradijs is het gigantische nucleaire Eiland van absolute stabiliteit dat bewegingloos rust in het hart van dit prachtige, eeuwige universum. Deze centrale planetenfamilie heet Havona en bevindt zich op zeer grote afstand van het plaatselijk universum Nebadon. Zij heeft enorme afmetingen en een bijna ongelooflijke massa en bestaat uit een miljard werelden van onvoorstelbare schoonheid en luisterrijke grootsheid, maar de ware omvang van deze enorme schepping gaat het bevattingsvermogen van het menselijk verstand werkelijk te boven.

Dit is de enige onveranderlijke, volmaakte en bestendigde aggregatie van werelden. Dit is een geheel geschapen en volmaakt universum: het is geen evolutionaire ontwikkeling. Dit is de eeuwige kern van volmaaktheid, en hieromheen wervelt de eindeloze processie van universa die het geweldige experiment der evolutie vormen, de dappere avontuurlijke onderneming van de Schepper-Zonen van God die ernaar streven het patroon-universum te dupliceren in de tijd en te reproduceren in de ruimte – het patroon-universum dat het ideaal is van goddelijke volledigheid, allerhoogste finaliteit, ultieme werkelijkheid en eeuwige volmaaktheid.

A

1. HET PARADIJS-HAVONA-STELSEL

Tussen de buitenrand van het Paradijs en de binnengrenzen van de zeven superuniversa bevinden zich de volgende zeven toestanden en bewegingen van de ruimte:

1. de stille midden ruimtezones die het Paradijs raken;

2. de met de klok meegaande processie van de drie circuits van het Paradijs en de zeven circuits van Havona;

3. de semi stille ruimtezone die de Havona-circuits scheidt van de donkere zwaartekrachtlichamen van het centrale universum;

4. de binnenste gordel van de donkere zwaartekrachtlichamen die tegen de wijzers van de klok in beweegt;

5. de tweede, unieke ruimtezone die de twee ruimtebanen van de donkere zwaartekrachtlichamen van elkaar scheidt;

6. de buitenste gordel van donkere zwaartekrachtlichamen, die met de klok mee rond het Paradijs draait;

7. een derde ruimtezone – een semi stille zone – die de buitenste gordel van donkere zwaartekrachtlichamen scheidt van de binnenste circuits van de zeven superuniversa.

Het miljard werelden van Havona is gerangschikt in zeven concentrische circuits welke de drie circuits van de satellieten van het Paradijs onmiddellijk omgeven. Er bevinden zich meer dan vijfendertig miljoen werelden in het binnenste Havona circuit, meer dan tweehonderdvijfenveertig miljoen in het buitenste en proportionele aantallen daar tussenin. Elk circuit is anders, maar ze zijn alle volkomen in evenwicht en voortreffelijk georganiseerd, en elk circuit is doordrongen van een gespecialiseerde vertegenwoordiging van de Oneindige Geest, één van de Zeven Geesten van de Circuits. Naast andere functies coördineert deze onpersoonlijke Geest het bestuur van hemelse zaken overal in elk circuit.

De planetaire circuits van Havona zijn niet gesuperponeerd, hun werelden volgen elkaar in een ordelijke lineaire processie. Het centrale universum wervelt rond het stationaire Paradijs Eiland in één ontzaglijk vlak dat bestaat uit tien concentrische, gestabiliseerde eenheden – de drie circuits van de Paradijs-werelden en de zeven circuits van de Havona-werelden. Fysisch beschouwd vormen de Havona en

Paradijs circuits alle één en hetzelfde stelsel; wij behandelen ze hier apart omdat ze functioneel en bestuurlijk gescheiden zijn.

Er bestaat geen tijdrekening op het Paradijs: de aaneenschakeling van successieve gebeurtenissen is inherent aan het concept daarvan bij degenen die op het centrale Eiland thuishoren. Maar tijd is wel relevant voor de Havona circuits en voor talrijke wezens van zowel hemelse als aardse oorsprong die daar verblijven. Elke Havona-wereld heeft haar eigen plaatselijke tijd die bepaald wordt door haar circuit. Alle werelden in een gegeven circuit kennen een jaar van dezelfde duur aangezien zij op uniforme wijze rond het Paradijs wentelen, en de duur van deze planetaire jaren neemt van het buitenste naar het binnenste circuit geleidelijk af.

Naast de tijd van het Havona circuit bestaat er de Paradijs Havona-standaarddag en andere tijdsbepalingen die vastgesteld worden op de zeven Paradijs satellieten van de Oneindige Geest en vandaar worden uitgezonden. De Paradijs Havona-standaarddag is gebaseerd op de tijd die de planetaire werelden van het eerste of binnenste Havona circuit nodig hebben om één omwenteling rond het Paradijs Eiland te voltooien, en ofschoon hun snelheid enorm is doordat zij tussen de donkere zwaartekrachtlichamen en het gigantische Paradijs in liggen, hebben deze werelden bijna duizend jaar nodig om hun rondgang te volbrengen. Zonder het te beseffen hebt ge de waarheid gelezen toen uw ogen bleven rusten op de uitspraak: 'Eén dag is als duizend jaar bij God, als slechts een nachtwake.' Een Paradijs Havona-dag is precies zeven minuten en drie en een achtste seconde korter dan duizend jaar van de huidige schrikkeljaarkalender van Urantia.

Deze Paradijs Havona-dag is de standaard-tijdrekening voor de zeven superuniversa, hoewel elk zijn eigen interne tijdstandaarden heeft.

Aan de zomen van dit geweldige centrale universum, ver voorbij de zevende gordel Havona werelden, wervelt een ongelooflijk aantal enorme, donkere zwaartekrachtlichamen rond. Deze talrijke donkere massa's zijn in veel opzichten geheel verschillend van andere lichamen in de ruimte – zelfs hun vorm is heel anders. Deze donkere zwaartekrachtlichamen reflecteren geen licht en evenmin absorberen zij dit; zij reageren niet op licht van fysische energie en omringen en omhullen Havona zo volledig, dat het zelfs voor nabijgelegen bewoonde universa in tijd en ruimte is verborgen.

De grote gordel der donkere zwaartekrachtlichamen is door een unieke ruimte-intrusie verdeeld in twee eendere ellipsvormige circuits. De binnenste gordel draait tegen de klok in, de buitenste met de klok mee. Door deze afwisselende richting in de beweging van de donkere lichamen, alsmede hun buitengewone massa, worden de zwaartekrachtlijnen van Havona dusdanig gelijkmatig verdeeld, dat het centrale universum een fysisch evenwichtige en volmaakt gestabiliseerde schepping is.

De binnenste processie van donkere zwaartekrachtlichamen is buisvormig gearrangeerd en bestaat uit drie kringvormige formaties. Een dwarsdoorsnede van dit circuit zou drie concentrische cirkels van ongeveer gelijke dichtheid vertonen. Het buitenste circuit van donkere zwaartekrachtlichamen is verticaal gearrangeerd, en is tienduizend maal hoger dan het binnenste circuit. De loodrecht gemeten middellijn van het buitenste circuit is vijftigduizend maal zo groot als de dwarsdoorsnede.

De tussenliggende ruimte die tussen deze twee circuits van zwaartekrachtlichamen bestaat, is *uniek* in de zin dat in heel het uitgestrekte universum niets soortgelijks wordt aangetroffen. Deze zone wordt gekenmerkt door enorme op en neer gaande golfbewegingen en wordt doordrongen door geweldige energie-activiteiten van een onbekende orde.

Naar onze mening zal niets wat lijkt op de donkere zwaartekrachtlichamen van het centrale universum de toekomstige evolutie van de niveaus der buiten ruimte kenmerken; wij beschouwen deze alternerende processies van ontzaglijke zwaartekracht-equilibrerende lichamen als uniek in het meester universum.

2. DE CONSTITUTIE VAN HAVONA

Geest wezens wonen niet in een nevelachtige ruimte, zij bewonen geen etherische werelden – zij houden verblijf op echte werelden van materiële aard, werelden die even reëel zijn als die waarop stervelingen wonen. De Havona-werelden zijn reële, concrete werelden, ook al verschilt hun concrete substantie van de materiële organisatie van de planeten in de zeven superuniversa.

De fysische realiteiten van Havona vormen een orde van energie-organisatie die radicaal verschilt van elke energie-organisatie die gangbaar is in de evolutionaire universa der ruimte. De energieën van Havona zijn drievoudig; eenheden van energie materie in de superuniversa bevatten een tweevoudige energielading, ofschoon één vorm van energie negatieve en positieve fasen kent. De schepping van het centrale universum is drievoudig (Triniteit); de schepping van een plaatselijk universum (in directe zin) is tweevoudig, door een Schepper-Zoon en een Scheppende Geest.

Het materiaal van Havona bestaat uit de organisatie van precies duizend chemische basiselementen en de uitgebalanceerde functie van de zeven vormen van Havona energie. Elk van deze basisenergieën vertoont zeven fasen van excitatie, zodat de inwoners van Havona reageren op negenenveertig verschillende prikkels van zintuiglijke gewaarwording. Met andere woorden: vanuit een zuiver fysisch standpunt beschouwd bezitten de inwoners van het centrale universum negenenveertig gespecialiseerde vormen van zintuiglijke gewaarwording. Er zijn zeventig morontia zintuigen, en de hogere geestelijke soorten reactie-respons variëren bij de verschillende typen wezens van zeventig tot tweehonderdtien.

Geen der fysieke wezens van het centrale universum zou voor Urantianen zichtbaar zijn. Evenmin zou ook maar één van de lichamelijke prikkels op die verre werelden een reactie oproepen van uw grove zintuigen. Indien een sterveling van Urantia naar Havona overgebracht zou kunnen worden, zou hij daar doof en blind zijn, en zouden alle andere zintuiglijke reacties volstrekt afwezig zijn; hij zou alleen kunnen functioneren als een beperkt zelf-bewust wezen, verstoken van alle prikkels uit de omgeving en alle reacties daarop.

In de centrale schepping doen zich talrijke fysische verschijnselen en geestelijke reacties voor die op werelden als Urantia onbekend zijn. De fundamentele organisatie van een drievoudige wereld gelijkt in niets op de tweevoudige samenstelling van de geschapen universa in tijd en ruimte.

Alle natuurwetten zijn hier op een geheel andere basis gecoördineerd dan in de tweevoudige energiesystemen van de evoluerende scheppingen. Het gehele centrale universum is georganiseerd volgens het drievoudige systeem van volmaakte en symmetrische beheersing. In het gehele Paradijs Havona-stelsel wordt een volmaakt evenwicht in stand gehouden tussen alle kosmische realiteiten en alle geestelijke krachten. Met een absolute greep op de materiële schepping, reguleert en onderhoudt het Paradijs de fysische energieën van dit centrale universum volmaakt; de Eeuwige Zoon ondersteunt, als een onderdeel van zijn alomvattende geest greep, op hoogst volmaakte wijze de geestelijke status van allen die Havona bewonen. Op het Paradijs is niets experimenteel, en het Paradijs Havona-stelsel is een eenheid van creatieve volmaaktheid.

De universele geestelijke zwaartekracht van de Eeuwige Zoon is verbazingwekkend actief in het ganse centrale universum. Alle geest-waarden en alle geestelijke persoonlijkheden worden onophoudelijk naar binnen getrokken naar het verblijf der Goden. Deze drang naar God is intens en onontkoombaar. De ambitie om God te bereiken is sterker in het centrale universum, niet omdat de geest-zwaarte-kracht daar sterker is dan in de buitengelegen universa, maar omdat de wezens die Havona hebben bereikt vollediger zijn vergeestelijkt en daarom een sterkere respons vertonen op de immer-aanwezige werking van de universele aantrekking der geest zwaartekracht van de Eeuwige Zoon.

Evenzo trekt de Oneindige Geest alle verstandelijke waarden naar het Paradijs. In het gehele centrale universum functioneert de bewustzijnszwaartekracht van de Oneindige Geest in verbinding met de geest zwaartekracht van de Eeuwige Zoon, en tezamen vor-men deze de gecombineerde innerlijke drang der opgaande zielen om God te zoeken, om de Godheid te bereiken, het Paradijs te vin-den en de Vader te leren kennen.

Havona is een geestelijk volmaakt en fysisch stabiel universum. De beheersing en uitgebalanceerde stabiliteit van het centrale uni-versum blijken volmaakt. Al het fysische en geestelijke is volmaakt voorspelbaar, maar bewustzijnsverschijnselen en het wilsvermogen van persoonlijkheid zijn dit niet. Wij concluderen weliswaar dat aangenomen mag worden dat zonde daar onmogelijk kan voor-komen, maar wij doen dit op grond van het feit dat de met vrije wil geschapen ingeborenen van Havona zich nooit schuldig heb-ben gemaakt aan het overtreden van de wil van de Godheid. In alle eeuwigheid zijn deze verheven wezens consequent trouw ge-weest aan de Eeuwigen der Dagen. Evenmin is er ooit zonde aan de dag getreden in enig schepsel dat als pelgrim Havona is inge-gaan. Er heeft zich nooit een geval voorgedaan van wangedrag van enig schepsel van enige groep van persoonlijkheden die ooit in het centrale Havona-universum zijn geschapen of daar zijn toegelaten. Zo volmaakt en goddelijk zijn de selectiemethoden en middelen

in de universa in de tijd, dat er in de archieven van Havona nimmer een dwaling is vermeld; er zijn nooit vergissingen gemaakt;
er is nooit een opgaande ziel voortijdig tot het centrale universum
toegelaten.

3. DE HAVONA-WERELDEN

Wat de regering van het centrale universum betreft, deze is er
niet. Havona is zo uitgelezen volmaakt, dat er geen verstandelijk
regeringsstelsel nodig is. Er zijn geen officiële gerechtshoven, noch
zijn er wetgevende lichamen; Havona heeft alleen administratieve
leiding nodig. Hier zijn de hoogste idealen van echt *zelf* bestuur te
zien.

Er bestaat geen behoefte aan een regering bij zulke volmaakte
en bijna volmaakte denkende wezens. Zij hebben geen voorschriften nodig, want het zijn volmaakt geboren wezens, afgewisseld met
evolutionaire schepselen die reeds lang geleden het nauwgezet onderzoek van de allerhoogste rechtbanken der superuniversa hebben
ondergaan.

Het bestuur van Havona is geen automatische aangelegenheid,
maar het is wonderbaarlijk volmaakt en goddelijk doelmatig. Het
is voornamelijk planetair en berust bij de residerende Eeuwige der
Dagen, want iedere Havona-wereld wordt bestuurd door één dezer
persoonlijkheden die uit de Triniteit zijn voortgekomen. Eeuwigen
der Dagen zijn geen scheppers, maar zij zijn volmaakte bestuurders. Zij onderrichten met allerhoogste bekwaamheid en leiden hun
planetaire kinderen met een volmaaktheid van wijsheid die aan absoluutheid grenst.

De miljard werelden van het centrale universum zijn de opleidingswerelden voor de hoge persoonlijkheden die in het Paradijs en
Havona zijn geboren en dienen voorts als laatste proefterrein voor de
schepselen die zijn opgeklommen vanuit de evolutionaire werelden
in de tijd. Bij de uitvoering van het grootse plan van de Universele
Vader voor de opklimming van schepselen, komen de pelgrims uit
de tijd aan op de ontvangstwerelden van het buitenste, zevende circuit, en wanneer zij verder zijn opgeleid en meer ervaring hebben
verworven, worden zij steeds verder naar binnen bevorderd, van
planeet naar planeet en van cirkel naar cirkel, totdat zij ten slotte de
Godheden bereiken en op het Paradijs mogen resideren.

Ofschoon de werelden van de zeven circuits in al hun verheven heerlijkheid in stand worden gehouden, wordt momenteel slechts ongeveer één procent van alle planetaire capaciteit benut voor het werk ter bevordering van het universele plan van de Vader voor de opklimming van stervelingen. Ongeveer een tiende gedeelte van één procent van het oppervlak van deze enorme werelden staat ten dienste van het leven en de activiteiten van het Korps der Volkomenheid, wezens die voor eeuwig in licht en leven zijn bestendigd en dikwijls op de werelden van Havona verblijven en daar hun diensten verrichten. Deze verheven wezens hebben hun persoonlijke residenties op het Paradijs.

De planetaire constructie van de Havona-werelden is geheel anders dan die van de evolutionaire werelden en stelsels in de ruimte. Nergens anders in heel het groot universum is het gunstig om zulke enorme planeten als bewoonde werelden te gebruiken. De fysische samenstelling uit triata, samen met het effect van de immense donkere zwaartekrachtlichamen die voor evenwicht zorgen, maakt het mogelijk de fysische krachten zo volmaakt te egaliseren en de verschillende aantrekkingskrachten van deze geweldige schepping zo voortreffelijk in evenwicht te houden. Ook anti zwaartekracht wordt toegepast bij de organisatie van de materiële functies en de geestelijke activiteiten van deze enorme werelden.

De architectuur, de verlichting en verwarming, en ook de biologische en artistieke verfraaiing van de Havona-werelden gaan de stoutste verbeeldingskracht der mensen te boven. Wij kunnen u niet veel over de Havona-werelden vertellen: om hun schoonheid en grootsheid te begrijpen moet ge ze zien. Maar er zijn werkelijke rivieren en meren op deze volmaakte werelden.

In geestelijk opzicht zijn deze werelden ideaal ingericht; zij zijn geschikt gemaakt voor hun doel, het herbergen van de talrijke orden der verschillende wezens die in het centrale universum functioneren. Op deze prachtige werelden vinden velerlei activiteiten plaats die het menselijk begrip verre te boven gaan.

4. SCHEPSELEN VAN HET CENTRALE UNIVERSUM

Er bestaan zeven fundamentele vormen van levende dingen en wezens op de Havona-werelden, en elk van deze fundamentele vormen bestaat in drie verschillende fasen. Elk van deze drie fasen is verdeeld in zeventig hoofdafdelingen, en iedere hoofdafdeling

bestaat uit duizend onderafdelingen met nog weer andere onderverdelingen, en zo voorts. Deze fundamentele groepen levensvormen
kunnen als volgt worden geklassificeerd:

1. materieel;

2. morontiaal;

3. geestelijk;

4. absoniet;

5. ultiem;

6. co absoluut;

7. absoluut.

Verval en dood maken geen deel uit van de levenscyclus op de
Havona-werelden. In het centrale universum ondergaan de lagere
levende dingen de transmutatie van materialisatie. Zij veranderen
wel van vorm en manifestatie, maar zij vallen niet uiteen door het
proces van verval en celdood.

De ingeborenen van Havona zijn allen afstammelingen van
de Paradijs-Triniteit. Zij hebben geen geschapen ouders en planten zich niet voort. Wij kunnen u geen beschrijving geven van de
schepping van deze burgers van het centrale universum, wezens die
nooit zijn geschapen. Deze hele geschiedschrijving van de schepping
van Havona is een poging om een eeuwigheidsfeit tijd-ruimtelijk te
maken, terwijl het niet in betrekking staat tot tijd en ruimte zoals
deze door de sterfelijke mens worden begrepen. Wij moeten de
menselijke filosofie echter de concessie doen van een beginpunt:
zelfs persoonlijkheden ver boven het menselijke niveau hebben een
voorstelling nodig van een 'eerste begin.' Het Paradijs Havona-stelsel
is nochtans eeuwig.

De ingeborenen van Havona wonen op de miljard werelden
van het centrale universum in dezelfde zin waarin andere orden
van permanente burgers wonen op de respectieve werelden waar
zij geboren zijn. Zoals de materiële orde van zonen de materiële,
verstandelijke en geestelijke organisatie verzorgt van een miljard
plaatselijke stelsels in een superuniversum, zo wonen en functioneren de ingeborenen van Havona in ruimere betekenis op het miljard
werelden van het centrale universum. Ge zoudt deze Havona-bewoners als materiële schepselen kunnen beschouwen, in de zin dat het

woord 'materieel' zou kunnen worden uitgebreid om ook de fysische realiteiten van het goddelijke universum te beschrijven.

Er bestaat een leven dat eigen is aan Havona en dat in en uit zichzelf betekenis heeft. Havona-bewoners verlenen op velerlei wijzen bijstand aan afdalenden uit het Paradijs en aan opklimmenden uit de superuniversa, maar zij leiden ook eigen levens die uniek zijn in het centrale universum en relatieve betekenis hebben geheel los van het Paradijs of de superuniversa.

Zoals de verering van zijn geloofszonen op de evolutionaire werelden bijdraagt tot de satisfactie van de liefde van de Universele Vader, zo bevredigt de verheven adoratie van de Havona-schepselen de volmaakte idealen van goddelijke schoonheid en waarheid. Zoals de sterfelijke mens ernaar streeft de wil van God te doen, zo leven deze wezens van het centrale universum om te voldoen aan de idealen van de Paradijs-Triniteit. In hun natuur zelve *zijn* zij de wil van God. De mens verblijdt zich in de goedheid van God, Havona-bewoners zijn in verrukking over de goddelijke schoonheid, terwijl gij beiden de bijstand geniet van de vrijheid van levende waarheid.

Havona-bewoners hebben zowel huidige facultatieve als toekomstige ongeopenbaarde bestemmingen. Er bestaat ook een progressie van inheemse schepselen die eigen is aan het centrale universum, een progressie die noch een opklimming naar het Paradijs, noch een doordringen in de superuniversa inhoudt. Deze progressie naar hogere Havona-status kan als volgt worden aangeduid:

1. experiëntiële buitenwaartse vooruitgang van het eerste naar het zevende circuit;

2. binnenwaartse vooruitgang van het zevende naar het eerste circuit;

3. vooruitgang binnen een circuit – progressie binnen de werelden van een gegeven circuit.

Naast de ingeborenen van Havona bevinden zich onder de bewoners van het centrale universum wezens van talrijke klassen die een patroon vormen voor verschillende groepen in het universum – adviseurs, leiders en leraren van en voor hun soortgenoten in de hele schepping. Alle wezens in alle universa zijn gemodelleerd naar een bepaalde orde patroon schepselen, die op een bepaalde wereld van het miljard werelden van Havona woont. Zelfs de stervelingen in de tijd vinden hun doel en de idealen van hun bestaan als schepsel op de buitenste circuits van deze patroon werelden in den hoge.

Verder zijn er nog de wezens die de Universele Vader hebben bereikt en gerechtigd zijn te komen en te gaan, die nu hier dan daar worden aangesteld in de universa om speciale opdrachten van dienst te vervullen. En op iedere Havona-wereld zult ge de kandidaten voor het bereiken van het Paradijs aantreffen: zij die fysiek het centrale universum hebben bereikt, maar nog niet de geestelijke ontwikkeling hebben verworven die hen in staat zal stellen aanspraak te maken op domicilie op het Paradijs.

De Oneindige Geest wordt op de Havona-werelden vertegenwoordigd door een menigte persoonlijkheden, wezens vol gratie en glorie, die de details van de ingewikkelde verstandelijke en geestelijke zaken van het centrale universum regelen. Op deze werelden van goddelijke volmaaktheid verrichten zij het werk dat tot het normale beheer van deze ontzaglijke schepping behoort, en daarbij vervullen zij de veelsoortige taken van het onderrichten, opleiden en verzorgen van de enorme aantallen opgaande schepselen die vanuit de duistere werelden in de ruimte zijn opgeklommen tot heerlijkheid.

Er zijn talrijke groepen wezens die ingeborenen zijn van het Paradijs Havona-stelsel en op geen enkele wijze rechtstreeks zijn betrokken bij het opklimmingsplan voor de schepselen ter bereiking van volmaaktheid – derhalve worden zij niet vermeld in de indeling van persoonlijkheden die hier aan de geslachten der stervelingen wordt aangeboden. Alleen de voornaamste groepen der bovenmenselijke wezens en de orden welke rechtstreeks zijn verbonden met uw overlevingservaring worden in deze verhandelingen vermeld.

Havona wemelt van de levensvormen van alle fasen van intelligente wezens die daar van lagere naar hogere circuits trachten te komen door hun inspanningen om hogere niveaus van goddelijkheidsrealisatie te bereiken en een wijdere appreciatie van allerhoogste betekenissen, ultieme waarden en absolute realiteit.

5. HET LEVEN IN HAVONA

Op Urantia ondergaat ge een korte en intensieve toetsing tijdens uw aanvangsleven in het materiële bestaan. Op de woningwerelden en verder omhoog in uw stelsel, constellatie en plaatselijk universum, doorloopt ge de morontia-fasen van de opklimming.

Op de opleidingswerelden van het superuniversum doorloopt ge de echte geest stadia van progressie en wordt ge voorbereid op de uiteindelijke overgang naar Havona. Op de zeven circuits van Havona zijn uw vorderingen verstandelijk, geestelijk en experiëntieel. En op iedere wereld van elk van deze circuits moet een zeer bepaalde taak worden volbracht.

Het leven op de goddelijke werelden van het centrale universum is zo rijk en vol, zo compleet en vervuld, dat het de menselijke voorstelling van wat een geschapen wezen zou kunnen ervaren, verre overtreft. De sociale en economische activiteiten van deze eeuwige schepping zijn geheel verschillend van de bezigheden van de materiële schepselen die op evolutionaire werelden zoals Urantia leven. Zelfs de techniek van het Havona-denken is anders dan het denkproces op Urantia.

De regels in het centrale universum zijn passend en intrinsiek natuurlijk – de gedragsregels zijn niet willekeurig. In alles wat in Havona wordt vereist, onthult zich de rede van rechtvaardigheid en de heerschappij van gerechtigheid. En de combinatie van deze twee factoren staat gelijk aan wat op Urantia *fairness* zou worden genoemd. Wanneer ge in Havona aankomt, zult ge van nature de dingen graag doen zoals ze gedaan behoren te worden.

Wanneer intelligente wezens het centrale universum voor het eerst bereiken, worden zij ontvangen en gehuisvest op de loodswereld van het zevende Havona-circuit. Wanneer de nieuw aangekomenen geestelijke vooruitgang boeken, de identiteit van de Meester Geest van hun superuniversum gaan begrijpen, worden zij overgeplaatst naar de zesde cirkel. (Aan deze regelingen in het centrale universum ontlenen de cirkels van vooruitgang in het menselijke bewustzijn hun benamingen.) Wanneer opklimmenden een besef van het Allerhoogst Bewind hebben verworven en daardoor klaar zijn voor het Godheidsavontuur, worden zij naar het vijfde circuit gebracht; na het bereiken van de Oneindige Geest worden zij overgebracht naar het vierde circuit. Nadat zij de Eeuwige Zoon hebben bereikt, worden zij naar het derde overgeplaatst en als zij de Universele Vader hebben herkend, vertrekken zij naar het tweede circuit van werelden, waar zij tijdens hun verblijf meer vertrouwd raken met de menigten van het Paradijs. Hun aankomst op het eerste circuit van Havona betekent dat de kandidaten uit de tijd zijn opgenomen in de dienst van het Paradijs. Voor onbepaalde tijd, naargelang de duur en de aard van hun opklimming als schepsel, zullen zij op het binnenste circuit van progressieve geestelijke vordering verblijven. Vanuit dit binnenste circuit reizen de opklimmende pelgrims binnenwaarts naar hun domicilie op het Paradijs en de toelating tot het Korps der Volkomenheid.

Gedurende uw verblijf in Havona als pelgrim der opklimming moogt ge vrijelijk de werelden bezoeken van het circuit waar ge zijt geplaatst. Het zal u ook worden toegestaan terug te keren naar de planeten die behoren tot de circuits die ge eerder hebt doorlopen. En voor hen die in de cirkels van Havona verblijven, is dit alles mogelijk zonder de noodzaak om door supernafijnen te worden overgebracht. De pelgrims uit de tijd zijn in staat zichzelf toe te rusten om de ruimte te doorkruisen die door hen 'bereikt' is, maar zij moeten zich verlaten op de verordineerde techniek om door 'onbereikte' ruimte te reizen: zonder de hulp van een transport-supernafijn kan een pelgrim Havona niet verlaten of verder gaan dan het hem toegewezen circuit.

Er heerst een verkwikkende oorspronkelijkheid in deze ontzaglijke centrale schepping. Afgezien van de fysische organisatie der materie en de fundamentele constitutie van de hoofdorden der intelligente wezens en andere levensvormen, hebben de werelden van Havona niets met elkaar gemeen. Elk van deze planeten is een oorspronkelijke, eenmalige en exclusieve schepping – iedere planeet is voortgebracht als een weergaloos, groots, volmaakt geheel. En deze diversiteit van individualiteit strekt zich uit tot in alle onderdelen van de fysische, verstandelijke en geestelijke aspecten van het planetaire bestaan. Elk van deze miljard werelden van volmaaktheid is ontwikkeld en verfraaid volgens de plannen van de aldaar residerende Eeuwige der Dagen. Dit is dan ook de reden waarom geen twee werelden aan elkaar gelijk zijn.

Pas wanneer ge het laatste Havona-circuit doorloopt en de laatste Havona-wereld bezoekt, zal het tonicum van avontuur en de stimulans van nieuwsgierigheid uit uw loopbaan verdwijnen. En dan zal de drang, de voorwaartse impuls der eeuwigheid, de plaats innemen van haar voorloper, de verlokking tot avontuur in de tijd.

Eentonigheid duidt op onrijpheid van de scheppende verbeelding en inactiviteit der verstandelijke coördinatie met de geestelijke schenking. Tegen de tijd dat een opgaande sterveling deze hemelse werelden begint te verkennen, heeft hij reeds emotionele, verstandelijke en sociale, zoal niet geestelijke rijpheid verworven.

Niet alleen zult ge bij uw voortgang door Havona van het ene circuit naar het volgende voor veranderingen komen te staan waarvan ge nooit had kunnen dromen, maar ge zult ook sprakeloos zijn van verbazing bij uw voortgang van planeet tot planeet binnen elk circuit. Elk van deze miljard studiewerelden is een ware universiteit van verrassingen. Voortdurende verbazing, niet aflatende verwondering, is wat degenen ervaren die deze circuits doorlopen en langs deze gigantische werelden reizen. Eentonigheid maakt geen deel uit van de loopbaan door Havona.

De lust tot avontuur, nieuwsgierigheid en de vrees voor eentonigheid – deze trekken die eigen zijn aan de evoluerende menselijke natuur – zijn daar niet zo maar ingelegd om het u tijdens uw korte verblijf op aarde moeilijk te maken en u te ergeren, doch veeleer om u in te fluisteren dat de dood slechts het begin is van een eindeloze loopbaan van avontuur, een eeuwig leven vol verwachting, een eeuwige ontdekkingsreis.

Nieuwsgierigheid – de geest van onderzoek, de drang tot ontdekking, de zucht tot verkenning – is een onderdeel van de aangeboren, goddelijke begiftiging van de evolutionaire schepselen in de ruimte. Deze natuurlijke impulsen zijn u niet geschonken om alleen maar gefrustreerd en onderdrukt te worden. Weliswaar moeten deze ambitieuze neigingen gedurende uw korte leven op aarde dikwijls in bedwang worden gehouden, teleurstelling moet vaak worden ervaren, maar zij zullen ten volle gerealiseerd en glorieus vervuld worden in de lange tijdperken die nog voor u liggen.

6. HET DOELEINDE VAN HET CENTRALE UNIVERSUM

De activiteiten in de zeven circuits van Havona zijn van een enorme variëteit. Globaal kunnen zij worden beschreven als:

1. Havonaal;

2. Paradijselijk;

3. opklimmend-eindig – Allerhoogst-Ultiem evolutief.

Er vinden vinden vele activiteiten plaats in het Havona van het huidige universum-tijdperk, die boven het eindige uitgaan en een onnoemelijke verscheidenheid aan absoniete en andere aspecten van bewustzijns- en geest-functies omvatten. Het is mogelijk dat het centrale universum vele doeleinden dient die mij niet geopenbaard zijn, aangezien het functioneert op wijzen die in vele opzichten het bevattingsvermogen van het geschapen bewustzijn te boven gaan. Niettemin zal ik trachten te beschrijven hoe deze volmaakte schepping voorziet in de behoeften en bijdraagt tot de satisfactie van zeven orden verstandelijke universum-wezens:

1. *De Universele Vader* – de Eerste Bron en Centrum. God de Vader put allerhoogste vaderlijke voldoening uit de volmaaktheid van de centrale schepping. Hij schept vreugde in de ervaring van bevredigde liefde op niveaus van bijna gelijkheid. De volmaakte Schepper wordt op goddelijke wijze behaagd door de adoratie van het volmaakte schepsel.

Havona schenkt de Vader de allerhoogste bevrediging van het bereikte. Het besef van volmaaktheid in Havona vormt een compensatie voor de tijd-ruimte-vertraging van de eeuwige drang naar oneindige expansie.

De Vader schept vreugde in de beantwoording van de goddelijke schoonheid in Havona. Het verlenen van een volmaakt patroon van uitgelezen harmonie voor alle evoluerende universa bevredigt het goddelijke bewustzijn.

Onze Vader aanschouwt het centrale universum met volmaakt behagen omdat het een waardige openbaring van geest realiteit is aan alle persoonlijkheden in het universum van universa.

De God der universa voelt welwillend respect voor Havona en het Paradijs als de eeuwige kracht-kern voor alle latere uitbreiding van de universa in tijd en ruimte.

De eeuwige Vader beziet de Havona-schepping met eindeloze voldoening als het waardige, aanlokkelijke doel van alle opklimmingskandidaten uit de tijd, zijn sterfelijke kleinkinderen uit de ruimte die het eeuwige thuis van hun Schepper Vader bereiken. En God schept behagen in het Paradijs Havona-universum als het eeuwige thuis van de Godheid en de goddelijke familie.

2. *De Eeuwige Zoon* – de Tweede Bron en Centrum. Voor de Eeuwige Zoon vormt de schitterende centrale schepping het eeuwige bewijs van de doeltreffendheid van het deelgenootschap van

de goddelijke familie – Vader, Zoon, en Geest. Zij is de geestelijke en materiële basis voor absoluut vertrouwen in de Universele Vader.

Havona biedt de Eeuwige Zoon een haast onbeperkte basis voor de zich immer uitbreidende realisatie van geest-kracht. Het centrale universum verschafte de Eeuwige Zoon de arena waarin hij veilig en zeker de geest en techniek van de dienst der zelfschenking heeft kunnen demonstreren ter instructie van zijn medewerkers, zijn Paradijs Zonen.

Havona is voor de Eeuwige Zoon de realiteitsgrondslag voor zijn geest-zwaartekracht-beheersing van het universum van universa. Dit universum verschaft de Zoon bevrediging van zijn verlangen naar ouderschap, geestelijke voortplanting.

De Havona-werelden en hun volmaakte inwoners vormen het eerste en eeuwig finale bewijs dat de Zoon het Woord is van de Vader. Hierdoor wordt de bewustheid van de Zoon als oneindig complement van de Vader volmaakt bevredigd.

Bovendien biedt dit universum gelegenheid tot de realisatie van de uitwisseling van gelijkheidsbroederschap tussen de Universele Vader en de Eeuwige Zoon, en dit vormt het eeuwigdurend bewijs van beider oneindige persoonlijkheid.

3. *De Oneindige Geest* – de Derde Bron en Centrum. Het Havona-universum verschaft de Oneindige Geest het bewijs dat hij de Vereend Handelende Geest is, de oneindige vertegenwoordiger van de verenigde Vader Zoon. In Havona vindt de Oneindige Geest de gecombineerde voldoening te functioneren als een scheppende activiteit terwijl hij de voldoening ervaart van absolute coëxistentie met deze goddelijke prestatie.

In Havona vond de Oneindige Geest een arena waar hij zijn bekwaamheid en bereidheid kon laten zien om op te treden als een potentieel toedeler van barmhartigheid. In deze volmaakte schepping heeft de Geest zich geoefend voor het avontuur van het dienen in de evolutionaire universa.

Deze volmaakte schepping heeft de Oneindige Geest de gelegenheid geboden om met zijn beide goddelijke ouders deel te nemen in het bestuur van een universum – om een universum te besturen als nakomeling van deelgenoten-Scheppers, en zich daardoor voor te bereiden op het gezamenlijke bestuur van de plaatselijke universa als de Scheppende Geest-partners van de Schepper-Zonen.

De Havona-werelden zijn het bewustzijnslaboratorium van de scheppers van het kosmische bewustzijn, en van de verzorgers van het bewustzijn van ieder schepsel dat bestaat. Bewustzijn is anders op iedere Havona-wereld en dient als patroon voor alle intellect van geestelijke en materiële schepselen.

Deze volmaakte werelden zijn de bewustzijnsacademies ten behoeve van alle wezens die de samenleving op het Paradijs als bestemming hebben. Zij hebben de Geest overvloedig gelegenheid geboden om de techniek van bewustzijnsbijstand uit te testen op betrouwbare adviserende persoonlijkheden.

Havona is een compensatie voor de Oneindige Geest voor zijn uitgebreid, onbaatzuchtig werk in de universa in de ruimte. Havona is het volmaakte thuis en toevluchtsoord voor de onvermoeibare Bewustzijnsverzorger in tijd en ruimte.

4. *De Allerhoogste* – de evolutionaire unificatie van de experiëntiële Godheid. De Havona-schepping is het eeuwige en volmaakte bewijs van de geestelijke realiteit van de Allerhoogste. Deze volmaakte schepping is een openbaring van de volmaakte en symmetrische geest natuur van God de Allerhoogste vóór de aanvang van de kracht-persoonlijkheid-synthese van de eindige reflecties van de Paradijs-Godheden in de experiëntiële universa in tijd en ruimte.

In Havona zijn de kracht vermogens van de Almachtige verenigd met de geestelijke natuur van de Allerhoogste. Deze centrale schepping is een voorbeeld van de toekomstig-eeuwige eenheid van de Allerhoogste.

Havona is een volmaakt patroon van het universaliteitspotentieel van de Allerhoogste. Dit universum is een voltooide uitbeelding van de toekomstige volmaaktheid van de Allerhoogste en verwijst naar het potentieel van de Ultieme.

Havona vertoont finaliteit van geest waarden existerend als levende wilsschepselen van allerhoogste en volmaakte zelfbeheersing; bewustzijn existerend als ultiem gelijkwaardig aan geest; realiteit en eenheid van intelligentie met een onbeperkt potentieel.

5. *De gecoördineerde Schepper-Zonen*. Havona is het educatieve terrein waar de Paradijs-Michaels worden getraind en voorbereid op hun latere avontuurlijke ondernemingen in het scheppen van universa. Deze goddelijke, volmaakte schepping is een patroon voor

iedere Schepper-Zoon. Hij streeft ernaar zijn eigen universum uiteindelijk deze Paradijs Havona-niveaus van volmaaktheid te doen bereiken.

Een Schepper-Zoon gebruikt de schepselen van Havona als persoonlijkheidspatroon-mogelijkheden voor zijn eigen sterfelijke kinderen en geest wezens. De Michael-Zonen en andere Paradijs-Zonen zien het Paradijs en Havona als de goddelijke bestemming van de kinderen van de tijd.

De Schepper-Zonen weten dat de centrale schepping de echte bron is van de onontbeerlijke albeheersing van het universum, die hun plaatselijke universa stabiliseert en verenigt. Zij weten dat de persoonlijke tegenwoordigheid van de immer-aanwezige invloed van de Allerhoogste en van de Ultieme zich in Havona bevindt.

Havona en het Paradijs zijn de bron van de scheppende kracht van een Michael-Zoon. Hier wonen de wezens die met hem samenwerken bij het scheppen van zijn universum. Uit het Paradijs komen ook de Moeder-Geesten van de Universa, de medescheppers van de plaatselijke universa.

De Paradijs-Zonen beschouwen de centrale schepping als het thuis van hun goddelijke ouders – hun thuis. Het is de plaats waarheen zij graag zo nu en dan terugkeren.

6. *De gecoördineerde Dienende Dochters.* De Moeder-Geesten van de Universa, de medescheppers van de plaatselijke universa, bemachtigen hun voorpersoonlijke opleiding op de werelden van Havona in nauwe associatie met de Geesten van de Circuits. In het centrale universum zijn de Geest Dochters van de plaatselijke universa naar behoren opgeleid in de methoden van samenwerking met de Paradijs-Zonen, steeds onderworpen aan de wil van de Vader.

Op de werelden van Havona vinden de Geest en de Dochters van de Geest de bewustzijnspatronen voor al hun groepen geestelijke en materiële verstandelijke wezens, en dit centrale universum is de bestemming die eenmaal zal worden bereikt door die schepselen voor wie een Universum-Moeder-Geest tezamen met een met haar verbonden Schepper-Zoon verantwoordelijkheid draagt.

De Moeder Schepper van een Universum herinnert zich het Paradijs en Havona als haar plaats van herkomst en als het thuis van de Oneindige Moeder-Geest, de verblijfplaats van de persoonlijke tegenwoordigheid van het Oneindige Bewustzijn.

Uit dit centrale universum is ook de schenking afkomstig van de persoonlijke schepperprerogatieven die een Goddelijke Hulp en Bijstand van een Universum benut als complementair aan een Schepper-Zoon bij het werk van het scheppen van levende wils-schepselen.

En aangezien zij waarschijnlijk nooit naar hun Paradijs-tehuis zullen terugkeren, putten deze Dochter-Geesten van de Onein-dige Moeder Geest tot slot grote bevrediging uit het fenomeen der universele reflectiviteit, dat is geassocieerd met de Allerhoogste in Havona en gepersonaliseerd in Majeston op het Paradijs.

7. *De Evolutionaire Stervelingen van de Opklimmingsloopbaan.* Havona is het thuis van de patroon persoonlijkheid van ieder type sterveling, en het thuis van alle bovenmenselijke persoonlijkheden die met stervelingen omgaan en niet afkomstig zijn uit de scheppin-gen in de tijd.

Deze werelden leveren de stimulans voor alle menselijke im-pulsen om echte geestelijke waarden te bereiken op de hoogst denkbare niveaus van realiteit. Havona is het pre-Paradijselijke opleidingsdoel van iedere sterveling in opklimming. Hier berei-ken stervelingen de pre Paradijselijke Godheid – de Allerhoogste. Havona ligt voor ieder wilsschepsel als de toegangspoort tot het Pa-radijs en het bereiken van God.

Het Paradijs is het thuis van de volkomenen en Havona is hun werkplaats en hun geliefde recreatieterrein. En iedere Godkennende sterveling hunkert ernaar een volkomene te worden.

Het centrale universum is niet alleen de bestemming die voor de mens is ingesteld, maar ook het beginpunt van de eeuwige loopbaan van de volkomenen wanneer zij eenmaal zullen worden uitgezon-den op het niet onthulde, universele avontuur in de ervaring van het verkennen van de oneindigheid van de Universele Vader.

Havona zal ongetwijfeld met absoniete betekenis blijven func-tioneren, zelfs in toekomstige universum-tijdperken die wellicht zullen aanschouwen hoe pelgrims uit de ruimte pogen God op bo-veneindige niveaus te vinden. Havona heeft de capaciteit om als trainingsuniversum te dienen voor absoniete wezens. Wanneer de zeven superuniversa als tussenopleiding functioneren voor degenen die hun eerste training in de buiten ruimte hebben afgerond, zal Havona waarschijnlijk fungeren ter voltooiïng van hun opleiding. En wij neigen tot de opinie dat het potentieel van het eeuwige Havona werkelijk onbeperkt is, dat het centrale universum de eeuwige capaciteit heeft om als experiëntieel opleidingsuniversum te dienen voor alle typen vroegere, huidige en toekomstige geschapen wezens.

[Aangeboden door een Volmaker der Wijsheid aan wie dit door de Ouden der Dagen op Uversa is opgedragen.]

VIJF

DE ZEVEN
SUPERUNIVERSA

(VERHANDELING 15)

VOOR de Universele Vader – als Vader – bestaan de universa praktisch niet: hij gaat met persoonlijkheden om, hij is de Vader van persoonlijkheden. Voor de Eeuwige Zoon en de Oneindige Geest – als schepper partners – zijn de universa gelocaliseerd en staan zij individueel onder het gezamenlijk bestuur van de Schepper-Zonen en de Scheppende Geesten. Voor de Paradijs Triniteit zijn er buiten Havona maar zeven bewoonde universa, de zeven superuniversa die jurisdictie hebben over de cirkel van het eerste ruimteniveau na Havona. De Zeven Meester-Geesten stralen hun invloed uit vanaf het centrale Eiland en maken zo de geweldig uitgestrekte schepping tot één gigantisch wiel, met het eeuwige Paradijs-Eiland als naaf, de uitstralingen van de Zeven Meester-Geesten als de zeven spaken, en de buitenste gebieden van het groot universum als de rand.

Reeds vroeg in de materialisatie van de universele schepping werd het zevenvoudige plan voor de organisatie en het bestuur van de superuniversa opgesteld. De eerste schepping na Havona werd in zeven kolossale segmenten verdeeld en de hoofdkwartierwerelden van de regeringen van deze superuniversa werden ontworpen en geconstrueerd. Het huidige bestuursstelsel heeft bijna sinds de eeuwigheid bestaan en de regeerders van deze zeven superuniversa worden terecht Ouden der Dagen genoemd.

A

Van de geweldige verzameling kennis aangaande de super-universa kan ik u onmogelijk veel mededelen, maar overal in deze gebieden is een techniek in werking waardoor zowel de fysische als de geestelijke krachten intelligent worden beheerst, en de universele zwaartekracht-aanwezigheden functioneren er met majesteitelijke kracht en in volmaakte harmonie. Het is belangrijk dat ge u eerst een adequaat idee vormt van de fysische samenstelling en materiële organisatie van de domeinen der superuniversa, want dan zult ge er des te beter op voorbereid zijn om de betekenis te vatten van de won-derbare organisatie die in het leven is geroepen om deze domeinen geestelijk te besturen en de verstandelijke vooruitgang te bevorderen van de wilsschepselen die leven op de ontelbare bewoonde planeten welke zich in alle richtingen verspreid in deze zeven superuniversa bevinden.

1. HET RUIMTENIVEAU DER SUPERUNIVERSA

Binnen het beperkte bestek van de verslagen, waarnemingen en herinneringen van de generaties van een miljoen of miljard van uw korte jaren, beleven Urantia en het universum waartoe het behoort in praktisch alle opzichten het avontuur van één lange duik in de onbekende, nieuwe ruimte. Volgens de verslagen van Uversa echter, overeenkomstig waarnemingen van oudere datum, in overeenstem-ming met de meer uitgebreide ervaring en berekeningen van onze orde, en ingevolge conclusies gebaseerd op deze en andere bevin-dingen, weten wij dat de universa deel uitmaken van een geordende, goed begrepen en volmaakt beheerste processie, die in majesteite-lijke grootsheid rondgaat rond de Eerste Grote Bron en Centrum en rond het universum waar hij resideert.

Wij weten reeds lang dat de zeven superuniversa een grote ellips doorlopen, een gigantische, uitgerekte cirkelgang. Uw zonne-stelsel en de andere werelden in de tijd storten zich niet halsoverkop, zonder kaart of kompas, in de niet in kaart gebrachte ruimte. Het plaatselijk universum waartoe uw stelsel behoort, volgt een dui-delijke en goed begrepen loop, tegen de klok in, in de geweldige rondgang om het centrale universum. Dit kosmische pad is goed in kaart gebracht en is de sterrenkundigen van het superuniversum even goed bekend als de banen van de planeten die uw zonnestelsel vormen aan de astronomen van Urantia bekend zijn.

Urantia is gelegen in een plaatselijk universum en een super-universum die nog niet volledig zijn georganiseerd, en uw plaatselijk universum bevindt zich in de onmiddellijke nabijheid van talrijke fysische scheppingen die nog maar gedeeltelijk zijn voltooid. Ge behoort tot een der betrekkelijk recente universa. Het is echter niet zo dat ge u thans in het wilde weg in de niet in kaart gebrachte ruimte stort of blindelings onbekende regionen indraait. Ge volgt de ordelijke, vooraf bepaalde baan van het ruimteniveau van de superuniversa. Ge gaat nu door precies dezelfde ruimte die uw planetaire stelsel, of de voorgangers daarvan, eeuwen geleden hebben doorlopen, en te eniger tijd in de verre toekomst zal uw stelsel, of de opvolgers daarvan, opnieuw dezelfde ruimte doorlopen waar gij nu zo snel doorheen jaagt.

In dit tijdperk en zoals richting wordt gezien op Urantia, draait superuniversum nummer één bijna precies in noordelijke richting, waarbij het zich iets ten oosten van, maar vrijwel recht tegenover de Paradijs-residenties bevindt van de Grote Bronnen en Centra en het centrale universum Havona. Deze positie en de corresponderende positie in het westen zijn de punten waar het eeuwige Eiland fysiek het dichtst wordt genaderd door de werelden in de tijd. Superuniversum nummer twee bevindt zich in het noorden en maakt zich gereed voor de draai naar het westen, terwijl nummer drie nu het noordelijkste segment van de grote ruimtebaan inneemt en reeds de bocht is ingegaan waarlangs het naar het zuiden zal duiken. Nummer vier bevindt zich op de betrekkelijk rechte baan in zuidelijke richting, waarbij de voorste gebieden nu de plaats tegenover de Grote Centra naderen. Nummer vijf heeft de plaats tegenover het Centrum van Centra bijna verlaten en vervolgt de rechte zuidelijke koers die juist aan de draai naar het oosten voorafgaat; nummer zes beslaat nu het grootste deel van de zuidelijke bocht, het segment dat uw superuniversum nu bijna heeft gepasseerd.

Uw plaatselijk universum Nebadon behoort tot Orvonton, het zevende superuniversum, dat rondgaat tussen de superuniversa één en zes, en niet lang geleden (naar onze tijdrekening) de zuid oostelijke bocht van het ruimteniveau der superuniversa is gepasseerd. Het zonnestelsel waartoe Urantia behoort, is thans enkele miljarden jaren voorbij de draai rond de zuidelijke bocht, zodat ge u op dit moment voorbij de zuidoostelijke bocht beweegt en snel de lange, betrekkelijk rechte noordelijke baan aflegt. Gedurende een onafzienbare tijd zal Orvonton deze bijna rechte noordelijke koers blijven volgen.

Urantia behoort tot een stelsel dat zich zeer ver weg, in de buurt van het grensgebied van uw plaatselijk universum bevindt, en uw plaatselijk universum doorloopt momenteel het randgebied van Orvonton. Voorbij u liggen nog andere stelsels, maar in de ruimte bevindt ge u op grote afstand van de fysische stelsels die in betrekkelijke nabijheid van de Grote Bron en Centrum de grote cirkelgang doorlopen.

2. DE ORGANISATIE VAN DE SUPERUNIVERSA

Alleen de Universele Vader kent de plaats en het werkelijke aantal van de bewoonde werelden in de ruimte: hij noemt ze alle bij naam en nummer. Ik kan slechts bij benadering het aantal bewoonde of bewoonbare planeten aangeven, want sommige plaatselijke universa tellen meer werelden die geschikt zijn voor intelligente levensvormen dan andere. Bovendien zijn niet alle geprojecteerde plaatselijke universa reeds georganiseerd. Daarom geef ik deze schattingen uitsluitend met het doel u enig idee te geven van de onmetelijkheid van de materiële schepping.

Er zijn zeven superuniversa in het groot universum, die ongeveer als volgt zijn samengesteld:

1. *Het Stelsel.* De basiseenheid van de superregering bestaat uit ongeveer duizend bewoonde of bewoonbare werelden. Laaiende zonnen, koude werelden, planeten te dicht bij hete zonnen, en andere werelden die niet geschikt zijn voor bewoning door schepselen, zijn niet in deze groep inbegrepen. De duizend werelden die geschikt zijn om leven in stand te kunnen houden, worden een stelsel genoemd, doch in de jongere stelsels kan het voorkomen dat slechts een betrekkelijk klein aantal van deze werelden bewoond is. Aan het hoofd van iedere bewoonde wereld staat een Planetaire Vorst, en ieder plaatselijk stelsel heeft een architectonische wereld tot hoofdkwartier en wordt door een Stelsel-Soeverein bestuurd.

2. *De Constellatie.* Honderd stelsels (ongeveer 100.000 bewoonbare planeten) vormen een constellatie. Iedere constellatie heeft een architectonische wereld tot hoofdkwartier en staat onder

leiding van drie Vorondadek-Zonen, de Meest Verhevenen. Iedere constellatie heeft als waarnemer ook een Getrouwe der Dagen, een ambassadeur van de Paradijs-Triniteit.

3. *Het Plaatselijk Universum.* Honderd constellaties (ongeveer 10.000.000 bewoonbare planeten) vormen een plaatselijk universum. Ieder plaatselijk universum heeft een prachtige architectonische wereld tot hoofdkwartier en wordt geregeerd door een van de gecoördineerde Schepper-Zonen van God van de orde van Michael. Ieder universum is gezegend met de aanwezigheid van een Unie der Dagen, een vertegenwoordiger van de Paradijs-Triniteit.

4. *De Kleine Sector.* Honderd plaatselijke universa (ongeveer 1.000.000.000 bewoonbare planeten) vormen een kleine sector van de regering van het superuniversum; deze heeft een schitterende wereld tot hoofdkwartier vanwaar de regeerders, de Recenten der Dagen, de zaken van de kleine sector behartigen. Er zijn drie Recenten der Dagen, Allerhoogste Triniteitspersoonlijkheden, op het hoofdkwartier van iedere kleine sector.

5. *De Grote Sector.* Honderd kleine sectoren (ongeveer 100.000.000.000 bewoonbare werelden) vormen een grote sector. Iedere grote sector is voorzien van een majestueus hoofdkwartier dat onder leiding staat van drie Perfecties der Dagen, Allerhoogste Triniteitspersoonlijkheden.

6. *Het Superuniversum.* Tien grote sectoren (ongeveer 1.000.000.000.000 bewoonbare planeten) vormen een superuniversum. Ieder superuniversum is voorzien van een enorme, glorieuze hoofdkwartierwereld en wordt geregeerd door drie Ouden der Dagen.

7. *Het Groot Universum.* Zeven superuniversa vormen tezamen het huidige georganiseerde groot universum, dat bestaat uit ongeveer zeven biljoen bewoonbare werelden plus de architectonische werelden en de één miljard bewoonde werelden van Havona. De superuniversa worden door de Zeven Meester-Geesten vanuit het Paradijs indirect en reflectief bestuurd. Het miljard werelden van Havona wordt rechtstreeks bestuurd door de Eeuwigen der Dagen, waarbij één dezer Allerhoogste Triniteitspersoonlijkheden aan het hoofd staat van elk van deze volmaakte werelden.

De Paradijs Havona werelden niet meegerekend, voorziet het plan van de organisatie van het universum in de volgende eenheden:

Superuniversa 7

Grote sectoren 70

Kleine sectoren 7.000

Plaatselijke universa 700.000

Constellaties. 70.000.000

Plaatselijke stelsels. 7.000.000.000

Bewoonbare planeten 7.000.000.000.000

Elk van de zeven superuniversa is ongeveer als volgt samengesteld:

een stelsel omvat bij benadering . . . . .1.000 werelden

een constellatie (100 stelsels) . . . . .100.000 werelden

een universum (100 constellaties). . . . . 10.000.000 werelden

een kleine sector (100 universa) . . . . 1.000.000.000 werelden

een grote sector (100 kleine sectoren) . . . 100.000.000.000 werelden

een superuniversum (10 grote sectoren) . 1.000.000.000.000 werelden

Al deze schattingen zijn op hun best benaderingen, want er ontwikkelen zich voortdurend nieuwe stelsels, terwijl andere organisaties tijdelijk uit het materiële bestaan verdwijnen.

3. HET SUPERUNIVERSUM ORVONTON

Praktisch alle sterrengebieden die op Urantia met het blote oog zichtbaar zijn, behoren tot de zevende sector van het groot universum, het superuniversum Orvonton. Het enorme sterrenstelsel van de Melkweg vormt de centrale kern van Orvonton en bevindt zich grotendeels buiten de grenzen van uw plaatselijk universum. Deze grote verzameling zonnen, donkere ruimte-eilanden, dubbelsterren, bolvormige clusters, sterrenwolken, spiraal en andere nevels, vormt samen met ontelbare individuele planeten een horloge-achtige groepering met de vorm van een uitgerekte cirkel, die ongeveer een zevende deel van de bewoonde evolutionaire universa beslaat.

Wanneer ge vanuit de astronomische positie van Urantia door de dwarsdoorsnede van nabijgelegen stelsels naar de grote Melkweg

kijkt, ziet ge dat de hemellichamen van Orvonton zich in een ontzaglijk langwerpig vlak bewegen, waarvan de breedte veel groter is
dan de dikte, en de lengte veel groter dan de breedte.

De observatie van de zogeheten Melkweg onthult dat de stellaire dichtheid in Orvonton verhoudingsgewijs toeneemt wanneer
de hemel in een bepaalde richting wordt beschouwd, terwijl aan
beide zijden de dichtheid afneemt: het aantal sterren en andere hemellichamen neemt af naarmate de afstand tot het hoofdvlak van
ons materiële superuniversum groter wordt. Bij een gunstige hoek
van waarneming kijkt ge, wanneer ge door de centrale massa van dit
gebied van maximale dichtheid tuurt, in de richting van het residentie universum en het centrum van alle dingen.

Van de tien hoofdafdelingen van Orvonton zijn er acht door
de astronomen van Urantia min of meer geïdentificeerd. De twee
andere zijn moeilijk afzonderlijk te onderkennen, omdat ge ge-
dwongen zijt deze fenomenen van binnen uit te bekijken. Indien ge
vanuit een positie ver in de ruimte naar het superuniversum Orvonton zoudt kunnen kijken, zoudt ge direct de tien grote sectoren van
het zevende melkwegstelsel onderkennen.

Het rotatiecentrum van uw kleine sector ligt ver weg in de
enorme, dichte sterrenwolk Sagittarius, waar uw plaatselijk universum en alle daarmee verbonden scheppingen zich omheen bewegen;
en van tegenoverelkaar gelegen zijden van dit enorme subgalacti-
sche stelsel Sagittarius kunt ge twee grote stromen sterrenwolken in
ontzagwekkende sterrenspiralen te voorschijn zien komen.

De kern van het fysische stelsel waartoe uw zon en de met haar
verbonden planeten behoren, is het centrum van de voormalige Andronover-nevel. Deze vroegere spiraalnevel raakte licht vervormd
door verstoringen in de zwaartekracht die samenhingen met de
gebeurtenissen tijdens de geboorte van uw zonnestelsel, welke werden veroorzaakt door een grote naburige nevel die dicht in de buurt
kwam. Deze dichte nadering die bijna een botsing was, veranderde
Andronover in een enigszins bolvormige verzameling sterren, maar
vernietigde de tweerichtingsprocessie van de zonnen en hun bijbehorende fysische groeperingen niet geheel en al. Uw zonnestelsel
bezet nu een tamelijk centrale positie in een van de armen van deze
verwrongen spiraal, ongeveer halverwege het centrum en de rand
van de sterrenstroom.

De Sagittarius-sector en alle andere sectoren en afdelingen van Orvonton roteren rond Uversa, en de verwarring van de sterrenkundigen van Urantia ontstaat ten dele door de illusies en relatieve vervormingen die worden teweeggebracht door het volgende veelvoud van omwentelingen:

1. de omloop van Urantia om zijn zon;

2. de kringloop van uw zonnestelsel rond de kern van de vroegere Andronover-nevel;

3. de rotatie van de Andronover-sterrenfamilie en de bijbehorende clusters rond het samengestelde rotatie zwaartekrachtcentrum van de sterrenwolk Nebadon;

4. de omwenteling van de plaatselijke sterrenwolk Nebadon en de daarmee verbonden scheppingen rond het Sagittarius-centrum van hun kleine sector;

5. de rotatie van de honderd kleine sectoren, waaronder Sagittarius, rond hun grote sector;

6. de werveling van de tien grote sectoren, de zogenaamde sterrenstromingen, rond het Uversa-hoofdkwartier van Orvonton;

7. de beweging van Orvonton en zes met haar verbonden superuniversa rond het Paradijs en Havona, de rondgang van het ruimte niveau der superuniversa tegen de klok in.

Deze veelvoudige bewegingen zijn van verschillende orden: de ruimtebanen van uw planeet en van uw zonnestelsel zijn genetisch, inherent aan hun oorsprong. De absolute beweging van Orvonton tegen de klok in is ook genetisch, inherent aan de architectonische plannen van het meester universum. Maar de tussenliggende bewegingen zijn van samengestelde oorsprong, want zij zijn eensdeels afgeleid van de constitutieve segmentatie van materie energie in de superuniversa, en anderdeels teweeggebracht door de intelligente en doelgerichte actie van de krachtorganisatoren van het Paradijs.

De plaatselijke universa liggen dichter bij elkaar naarmate zij Havona dichter naderen; de circuits nemen in aantal toe en er is steeds meer superpositie, laag op laag. Maar verder van het eeuwige centrum vandaan zijn er steeds minder stelsels, lagen, circuits en universa.

4. NEVELS – DE VOOROUDERS VAN UNIVERSA

Hoewel de schepping en organisatie van universa voor immer onder de controle blijven van de oneindige Scheppers en hun mede-werkers, verloopt dit gehele verschijnsel volgens een verordineerde techniek en overeenkomstig de zwaartekrachtwetten ten aanzien van kosmische kracht, energie en materie. Maar er is iets geheim-zinnigs aan de universele kosmische krachtlading van de ruimte: wij begrijpen de organisatie van de materiële scheppingen vanaf het ultimatonische stadium heel goed, maar de kosmische voorgeschie-denis van de ultimatonen begrijpen wij niet geheel. Wij zijn ervan overtuigd dat de krachten waaruit de ultimatonen voortkomen een Paradijs-oorsprong hebben, want bij hun beweging door de door-drongen ruimte volgen zij immer exact de gigantische contouren van het Paradijs. Ofschoon deze krachtlading van de ruimte niet reageert op de Paradijs-zwaartekracht, reageert deze voorloper van alle materialisatie altijd op de aanwezigheid van de onderzijde van het Paradijs, want zij wordt blijkbaar vanuit het centrum van de on-derzijde van het Paradijs in omloop gebracht en keert daar ook naar terug.

De krachtorganisatoren van het Paradijs zetten ruimtepotentie om in primordiale kracht en ontwikkelen dit premateriële potenti-eel tot de primaire en secundaire energiemanifestaties der fysische realiteit. Wanneer deze energie niveaus bereikt waar zij reageert op zwaartekracht, verschijnen de krachtdirigenten en hun medewerkers van het regime van de superuniversa ten tonele en beginnen hun nooit aflatende manipulaties welke ten doel hebben de veelvuldige krachtcircuits en energiekanalen van de universa in tijd en ruimte tot stand te brengen. Zo verschijnt fysische materie in de ruimte, en zo wordt alles in gereedheid gebracht voor de inauguratie van de organisatie van universa.

Deze segmentering van energie is een verschijnsel waarvoor de natuurkundigen van Nebadon nooit een verklaring hebben gevon-den. Hun voornaamste moeilijkheid daarbij is gelegen in de relatieve onbenaderbaarheid van de krachtorganisatoren van het Paradijs, want ofschoon de levende krachtdirigenten in staat zijn ruimte ener-gie te bewerken, hebben zij niet de minste idee van de oorsprong van de energieën die zij zo bekwaam en intelligent manipuleren.

De krachtorganisatoren van het Paradijs zijn voortbrengers van nevels: zij zijn in staat rond hun aanwezigheid in de ruimte de aanzet te geven tot de geweldige krachtcyclonen die, eenmaal op gang gebracht, niet meer gestopt of beperkt kunnen worden tot deze aldoordringende krachten worden gemobiliseerd ten behoeve van het uiteindelijk verschijnen van de ultimatonische eenheden van de universum-materie. Zo worden de spiraal en andere nevels tot aanzijn gebracht, de moederwielen van de zonnen die met hun verschillende stelsels rechtstreeks van deze afstammen. In de buiten ruimte kunnen tien verschillende nevelvormen worden aangetroffen, fasen van de primaire evolutie van universa, en deze ontzaglijke energiewielen zijn op dezelfde wijze ontstaan als die in de zeven superuniversa.

Nevels verschillen sterk in grootte en in de resulterende aantallen en verzamelde massa van hun nakomelingschap aan sterren en planeten. Een zonnenvormende nevel juist ten noorden van de grenzen van Orvonton, maar nog binnen het ruimteniveau van het superuniversum, heeft bij benadering reeds veertigduizend zonnen doen ontstaan, en het moederwiel werpt nog steeds zonnen af, merendeels vele malen groter dan uw zon. Sommige grotere nevels in de buiten ruimte brengen wel honderd miljoen zonnen voort.

Nevels staan niet in rechtstreeks verband met enigerlei bestuurlijke eenheid zoals de kleine sectoren of de plaatselijke universa, ofschoon sommige plaatselijke universa georganiseerd zijn uit de voortbrengselen van één enkele nevel. Ieder plaatselijk universum omvat precies één honderdduizendste deel van de totale energielading van een superuniversum, ongeacht zijn betrekking tot de nevel, want energie is niet georganiseerd in nevels – zij wordt universeel gedistribueerd.

Niet alle spiraalnevels zijn bezig zonnen voort te brengen. Sommige hebben de beheersing over veel van hun afgescheiden stellaire nakomelingen behouden; hun spiraalvormig uiterlijk ontstaat door het feit dat hun zonnen in dichte formatie de nevelarm verlaten, maar langs verschillende routes terugkeren, waardoor zij gemakkelijk op één punt waargenomen kunnen worden, maar moeilijker te zien zijn wanneer ze wijd verspreid terugkomen langs hun verschillende routes verder van de arm van de nevel vandaan. Er zijn in Orvonton momenteel niet veel zonnenvormende nevels actief, ofschoon Andromeda, die buiten het bewoonde superuniversum ligt, wel zeer actief is. Deze verre nevel is voor het blote oog zichtbaar, en wanneer ge haar bekijkt, bedenkt dan wel dat het waargenomen licht deze verre zonnen bijna een miljoen jaar geleden heeft verlaten.

Uw Melkwegstelsel bestaat uit ontzaglijke aantallen voorheen spiraalvormige en andere nevels, en vele daarvan hebben nog steeds hun oorspronkelijke configuratie behouden. Tengevolge echter van inwendige catastrofes en uitwendige aantrekking hebben vele een dusdanige vervorming en herschikking ondergaan, dat deze enorme opeenhopingen zich vertonen als gigantische, lichtende massa's laaiende zonnen, zoals de Magalhäese Wolk. Sterrenhopen van het bolvormige type hebben de overhand aan de buitenranden van Orvonton.

De geweldige sterrenwolken van Orvonton moeten worden be- schouwd als individuele aggregaties van materie, vergelijkbaar met de afzonderlijke nevels die waarneembaar zijn in de ruimtegebieden buiten het Melkwegstelsel. Veel van de zogenaamde sterrenwolken in de ruimte bestaan echter alleen uit gasvormig materiaal. Het energiepotentieel van deze stellaire gaswolken is ongelooflijk groot, en een gedeelte ervan wordt door zonnen in de buurt opgenomen en opnieuw de ruimte ingezonden in de vorm van solaire emanaties.

5. DE OORSPRONG VAN RUIMTELICHAMEN

Het grootste gedeelte van de massa die door de zonnen en plane- ten van een superuniversum wordt omvat, ontstaat in de nevelwielen; slechts een heel klein gedeelte van de massa in een superuniversum wordt georganiseerd door rechtstreekse handelingen van de kracht- dirigenten (zoals bij de constructie van architectonische werelden), ofschoon er een voortdurend wisselende hoeveelheid materie in de open ruimte ontstaat.

Naar oorsprong kan het merendeel der zonnen, planeten en an- dere hemellichamen in een van de volgende tien groepen worden ingedeeld:

1. *Concentrische samentrekkingsringen*. Niet alle nevels zijn spiraalvormig. Veel immense nevels ondergaan condensatie door de vorming van meervoudige ringen, in plaats van zich te splitsen in een dubbelster-systeem of zich te ontwikkelen tot een spiraal. Gedurende lange perioden vertoont zo'n nevel zich als een enorme centrale zon, omgeven door talrijke gigantische wolken van ringvor- mige materieformaties die haar omcirkelen.

2. *De weggeslingerde sterren* omvatten de zonnen die worden uitgeworpen vanuit de grote moederwielen van sterk verhitte gassen. Zij worden niet als ringen uitgeworpen, maar als naar rechts en links draaiende processies. Weggeslingerde sterren kunnen ook afkomstig zijn van nevels die niet spiraalvormig zijn.

3. *Planeten ontstaan door zwaartekrachtexplosies.* Wanneer een zon geboren wordt uit een spiraalnevel of een balknevel, wordt zij niet zelden over een aanzienlijke afstand weggeworpen. Zo'n zon is in hoge mate gasvormig, en wanneer zij later iets is afgekoeld en gecondenseerd, kan het gebeuren dat zij gaat rondwentelen in de buurt van een enorme massa materie, zoals een gigantische zon of een donker eiland in de ruimte. Soms naderen de twee lichamen elkaar dan zo dicht, dat het weliswaar niet tot een botsing komt, maar dat de aantrekking van de zwaartekracht van het grotere lichaam wel getijden-convulsies op gang brengt in het kleinere, waardoor er aan tegenoverliggende kanten in zo'n tot hevige beroering gebrachte zon een serie gelijktijdige getijdenverheffingen begint. Op hun hoogtepunt produceren deze explosieve uitbarstingen een reeks aggregaties van materie van verschillende grootte, en deze kunnen worden uitgeworpen tot voorbij de grens waar zij door de zwaartekracht van de uitbarstende zon nog kunnen worden teruggewonnen; hierdoor raken deze aggregaties gestabiliseerd in eigen kringlopen rond één van de twee hemellichamen die in deze gebeurtenis zijn betrokken. Later verenigen de grotere verzamelingen materie zich en trekken zij geleidelijk de kleinere lichamen naar zich toe. Op deze wijze komen veel vaste planeten van de kleinere stelsels tot stand. Uw eigen zonnestelsel is precies zo ontstaan.

4. *Centrifugale planetaire dochters.* Enorme zonnen die zich in bepaalde stadia van ontwikkeling bevinden, beginnen, indien hun omwentelingssnelheid sterk toeneemt, grote hoeveelheden materie af te werpen, die zich daarna kunnen samenvoegen tot kleine werelden die rond de moederzon blijven cirkelen.

5. *Hemellichamen ontstaan door deficiënte zwaartekracht.* Er bestaat een kritische grens aan de omvang van individuele sterren. Wanneer een zon deze limiet bereikt en haar omwentelingssnelheid niet afneemt, is zij gedoemd zich te splitsen: er doet zich een scheuring in de zon voor en een nieuwe dubbelster van deze soort wordt

geboren. Daarna kunnen zich talrijke kleine planeten vormen als bijproduct van deze gigantische scheuring.

6. *Contractiesterren.* In de kleinere stelsels trekt de grootste planeet aan de buitenkant soms de werelden in de buurt naar zich toe, terwijl de planeten die zich dicht bij de zon bevinden aan hun terminale duikvlucht beginnen. In het geval van uw zonnestelsel zou een dergelijk einde betekenen dat de vier binnenste planeten veroverd zouden worden door de zon, terwijl de grootste planeet, Jupiter, zeer veel groter zou worden door het invangen van de overige werelden. Een dergelijk einde van een zonnestelsel zou uitlopen op het ontstaan van twee dicht bij elkaar gelegen, maar ongelijke zonnen, hetgeen één type is van dubbelsterrenformatie. Dergelijke catastrofes komen niet dikwijls voor, behalve in de sterrenaggregaties aan de uiterste rand van het superuniversum.

7. *Aangroeiende hemellichamen.* Kleine planeten kunnen zich langzaam accumuleren uit de ontzaglijke hoeveelheid materie die in de ruimte circuleert. Zij groeien door meteoren-aanwas en door kleine botsingen. In bepaalde sectoren van de ruimte zijn de omstandigheden gunstig voor deze ontstaansvorm van planeten. Menige bewoonde wereld is zo ontstaan.

Sommige dichte donkere eilanden zijn het rechtstreekse resultaat van de aanwas van transmuterende energie uit de ruimte. Een andere groep van deze donkere eilanden is ontstaan door de accumulatie van enorme hoeveelheden koude materie, loutere fragmenten en meteoren die door de ruimte circuleren. Zulke opeenhopingen van materie zijn nooit heet geweest en vertonen in hun samenstelling, behalve wat hun dichtheid betreft, grote overeenkomst met Urantia.

8. *Uitgedoofde zonnen.* Sommige donkere eilanden in de ruimte zijn uitgedoofde, geïsoleerde zonnen waarvan alle beschikbare ruimte energie is uitgezonden. De georganiseerde eenheden der materie benaderen nu volledige condensatie, praktisch complete consolidatie; zulke enorme massa's sterk gecondenseerde materie hebben vele eeuwen nodig om opnieuw te worden opgeladen in de circuits der ruimte en om zo voorbereid te worden voor nieuwe cycli van functioneren in het universum, na een botsing of een ander even sterk reactiverend kosmisch gebeuren.

9. *Hemellichamen ontstaan door botsingen.* In de regionen waar sterrenclusters dichter bijeen zijn gelegen, zijn botsingen niet ongewoon. Zo'n astronomische herordening gaat vergezeld van geweldige energieveranderingen en transmutaties van materie. Botsingen waarin dode zonnen zijn betrokken, spelen een bijzondere rol bij het teweegbrengen van uitgebreide energieschommelingen. De brokstukken na een botsing vormen dikwijls de materiële kernen rond welke zich vervolgens planetaire lichamen vormen die geschikt zijn voor bewoning door stervelingen.

10. *Architectonische werelden.* Dit zijn de werelden die volgens bepaalde plannen en nauwkeurige specificaties voor een speciaal doel worden gebouwd, zoals Salvington, het hoofdkwartier van uw plaatselijk universum, en Uversa, de zetel van de regering van ons superuniversum.

Er bestaan talrijke andere technieken om zonnen te ontwikkelen en planeten af te zonderen, maar de bovenvermelde procedures geven een indruk van de methoden volgens welke de overgrote meerderheid der sterrenstelsels en planetaire families tot aanzijn worden gebracht. Om alle verschillende technieken te beschrijven die te maken hebben met de metamorfose van sterren en de evolutie van planeten, zouden wij u bijna honderd verschillende manieren moeten uiteenzetten waarop zonnen gevormd kunnen worden en planeten kunnen ontstaan. Wanneer uw sterrenkundigen de hemel afspeuren, zullen zij verschijnselen waarnemen waaruit al deze wijzen van stellaire evolutie blijken, maar zij zullen zelden bewijzen vinden voor de formatie van de kleine, niet lichtgevende verzamelingen van materie, die dienstdoen als bewoonde planeten, de belangrijkste hemellichamen in de uitgestrekte materiële scheppingen.

6. DE HEMELLICHAMEN IN DE RUIMTE

De verschillende hemellichamen in de ruimte kunnen ongeacht hun oorsprong in de volgende hoofdafdelingen worden ingedeeld:

1. de zonnen – de sterren in de ruimte;

2. de donkere eilanden in de ruimte;

3. de kleinere lichamen in de ruimte – kometen, meteoren, en asteroïden;

4. de planeten, waaronder de bewoonde werelden;

5. architectonische werelden – werelden die volgens opdracht gemaakt zijn.

Met uitzondering van de architectonische werelden, zijn alle hemellichamen in de ruimte van evolutionaire oorsprong, evolutionair in de zin dat zij niet tot aanzijn zijn gebracht door het fiat van de Godheid, evolutionair in de zin dat de scheppingsdaden van God zich door een tijd ruimte-techniek hebben ontvouwd door middel van de werkzaamheden van velen der geschapen en geresulteerde verstandelijke wezens der Godheid.

De zonnen. Dit zijn de sterren in de ruimte, in al hun verschillende stadia van bestaan. Sommige zijn zich afzonderlijk ontwikkelende ruimtestelsels, andere zijn dubbelsterren, zich samentrekkende of verdwijnende planetaire stelsels. De sterren in de ruimte komen in wel duizend verschillende toestanden en stadia voor. Ge zijt bekend met zonnen die licht uitstralen dat vergezeld gaat van hitte, maar er zijn ook zonnen die stralen zonder hitte.

De vele biljoenen jaren dat een gewone zon doorgaat hitte en licht af te geven, laten duidelijk zien welk een geweldige voorraad energie iedere eenheid van materie bevat. De energie die daadwerkelijk in deze onzichtbare deeltjes der fysische materie ligt opgeslagen, is welhaast onvoorstelbaar. En deze energie komt bijna geheel als licht beschikbaar wanneer zij wordt blootgesteld aan de ontzaglijke druk van de hitte en de hiermee gepaard gaande energie-activiteiten in het inwendige van de laaiende zonnen. Nog weer andere omstandigheden stellen deze zonnen in staat veel van de ruimte-energie die in de vaste ruimtecircuits op hen afkomt, om te zetten en opnieuw uit te zenden. Vele fasen van fysische energie en alle vormen van materie worden door de solaire dynamo's aangetrokken en vervolgens gedistribueerd. Op deze wijze dienen de zonnen als plaatselijke versnellers van energiecirculatie, en werken zij als automatische stations voor krachtbeheersing.

Het superuniversum Orvonton wordt verlicht en verwarmd door meer dan tien biljoen laaiende zonnen. Deze zonnen zijn de sterren van uw waarneembare astronomische stelsel. Meer dan twee biljoen zijn te ver weg en te klein om ooit vanuit Urantia te kunnen worden waargenomen. Maar in het meester universum zijn er zoveel zonnen als er glazen water zijn in de oceanen op uw wereld.

De donkere eilanden in de ruimte. Dit zijn de dode zonnen en andere grote aggregaties van materie die van licht en hitte zijn verstoken. De donkere eilanden hebben soms een enorme massa en zijn van sterke invloed op het evenwicht in het universum en op het manipuleren van de energie. De dichtheid van sommige van deze grote massa's is haast ongelooflijk. Deze grote concentratie van massa nu stelt deze donkere eilanden in staat te functioneren als krachtige evenwichtswielen die grote naburige stelsels doeltreffend in toom houden. In vele constellaties handhaven zij het zwaartekrachtevenwicht; veel fysische stelsels die anders hun ondergang tegemoet zouden snellen in naburige zonnen, worden veilig vastgehouden in de zwaartekrachtgreep van deze beschermende donkere eilanden. Dankzij deze functie kunnen wij hen nauwkeurig localiseren. Wij hebben de aantrekkingskracht van de lichtgevende lichamen gemeten, en wij kunnen daarom de exacte omvang en plaats berekenen van de donkere eilanden in de ruimte, die zo doeltreffend functioneren teneinde ieder gegeven stelsel doeltreffend in een vaste koers te houden.

De kleinere lichamen in de ruimte. De meteoren en andere kleine deeltjes materie die in de ruimte circuleren en zich daar ontwikkelen, vormen een enorm aggregaat van energie en materiële substantie.

Vele kometen zijn ongeregelde, wilde afstammelingen van de solaire moederwielen die geleidelijk onder de controle gebracht worden van de centrale besturende zon. Kometen kunnen ook op talrijke andere wijzen ontstaan. De staart van een komeet wijst in een richting tegengesteld aan het aantrekkende lichaam of de aantrekkende zon, vanwege de elektrische reactie van zijn sterk uitgezette gassen en vanwege de feitelijke druk van het licht en de andere energieën die uit de zon emaneren. Dit verschijnsel vormt een van de positieve bewijzen voor de realiteit van licht en de met licht verbonden energieën: het laat zien dat licht gewicht heeft. Licht is een werkelijke substantie, het bestaat niet zomaar uit golven van een hypothetische ether.

De planeten. Dit zijn de grotere aggregaties van materie die een baan rond een zon of een ander ruimtelichaam doorlopen; ze variëren in grootte van asteroïden tot enorme gasachtige, vloeibare, of vaste hemellichamen. De koude werelden die zijn opgebouwd uit bijeenvergaard zwevend ruimtemateriaal zijn, wanneer zij zich toevallig in de juiste relatie tot een nabijgelegen zon bevinden, de beste planeten om intelligente bewoners te herbergen. De dode zonnen zijn in de regel niet geschikt voor leven; gewoonlijk zijn zij te ver van een levende, laaiende zon verwijderd, en ook zijn ze veel te massief – de zwaartekracht aan de oppervlakte is enorm. In uw superuniversum is niet eens één op elke veertig koude planeten bewoonbaar voor wezens van uw orde. En het spreekt vanzelf dat de oververhitte zonnen en de ijzige, ver naar buiten gelegen werelden ongeschikt zijn om hogere levensvormen te herbergen. In uw zonnestelsel zijn momenteel maar drie planeten geschikt om leven te herbergen. Urantia is qua omvang, dichtheid en locatie in vele opzichten ideaal voor menselijke bewoning.

De wetten die het gedrag van de fysische energie regeren, zijn in de grond universeel, maar plaatselijke invloeden hebben veel te maken met de fysische omstandigheden die op individuele planeten en in plaatselijke stelsels heersen. Een schier eindeloze verscheidenheid van levende schepselen en andere levende manifestaties kenmerkt de ontelbare werelden in de ruimte. Er zijn echter zekere punten van overeenkomst binnen een groep werelden die in een gegeven stelsel met elkaar zijn verbonden, terwijl er ook een universum patroon van intelligent leven bestaat. Er bestaan fysische betrekkingen tussen de planetaire stelsels die tot hetzelfde fysische circuit behoren en elkaar op korte afstand volgen in hun eindeloze beweging rond de cirkel der universa.

7. DE ARCHITECTONISCHE WERELDEN

Ofschoon de regering van elk superuniversum zetelt op een wereld nabij het centrum van de evolutionaire universa in zijn ruimtesegment, is dit een wereld die volgens een bepaald plan is gevormd en wordt bevolkt door geaccrediteerde persoonlijkheden. Deze hoofdkwartieren zijn architectonische werelden, ruimtelichamen die voor dit speciale doel zijn geconstrueerd. Hoewel deze werelden delen in het licht van nabijgelegen zonnen, worden zij onafhankelijk verlicht en verwarmd. Ze hebben alle een zon die licht geeft zonder hitte, zoals de satellieten van het Paradijs, terwijl ze van warmte worden voorzien door de circulatie van bepaalde energiestromingen dicht bij de oppervlakte van elk van deze werelden.

Deze hoofdkwartierwerelden behoren tot een van de grotere stelsels, dichtbij het astronomische centrum van hun respectieve superuniversum.

De tijd wordt gestandaardiseerd op de hoofdkwartieren van de superuniversa. De standaarddag van het superuniversum Orvonton is gelijk aan bijna dertig dagen Urantia-tijd, en het Orvonton-jaar telt honderd standaarddagen. Dit Uversa-jaar is standaard in het zevende superuniversum en is op tweeëntwintig minuten na gelijk aan drieduizend dagen Urantia-tijd, ongeveer acht en een vijfde jaar in uw tijdrekening.

De hoofdkwartierwerelden van de zeven superuniversa hebben iets van de natuur en grootsheid van het Paradijs, hun centrale patroon van volmaaktheid. In werkelijkheid zijn alle hoofdkwartierwerelden paradijselijk. Het zijn inderdaad hemelse verblijven, en van Jerusem tot het centrale Eiland nemen zij toe in materiële omvang, morontia-schoonheid, en geestelijke heerlijkheid. Alle satellieten van deze hoofdkwartierwerelden zijn eveneens architectonische werelden.

De verschillende hoofdkwartierwerelden zijn voorzien van iedere fase van de materiële en geestelijke schepping. Alle soorten materiële, morontiale, en geestelijke wezens voelen zich thuis op deze ontmoetingswerelden van de universa. Wanneer sterfelijke schepselen opklimmen in het universum en overgaan van de materiële naar de geestelijke gebieden, verliezen zij nooit hun waardering voor hun vorige niveaus van bestaan en hun vreugde daarin.

Jerusem, het hoofdkwartier van uw plaatselijk stelsel Satania, heeft zijn eigen zeven werelden van overgangscultuur. Elk is omringd door zeven satellieten, waaronder de zeven woningwerelden van morontia-oponthoud, 's mensen eerste verblijfplaats na de dood. Het woord hemel zoals dit op Urantia gebruikt wordt, duidt soms op deze zeven woningwerelden, waarbij de eerste woningwereld de eerste hemel genoemd wordt, en zo voort tot en met de zevende.

Edentia, het hoofdkwartier van uw constellatie Norlatiadek, heeft zijn eigen zeventig satellieten voor sociale ontwikkeling en opleiding, waar opklimmenden verblijven na het doorlopen van het Jerusem-regime van persoonlijkheidsmobilisatie, -unificatie en -verwerkelijking.

Salvington, de hoofdwereld van Nebadon, uw plaatselijk universum, is omringd door tien universiteitsclusters van negenenveertig werelden elk. Na zijn sociale ontwikkeling in de constellatie wordt de mens hiet vergeestelijkt.

Uminor de derde, het hoofdkwartier van uw kleine sector Ensa is omringd door de zeven werelden voor de hogere fysische studie van het opklimmende leven.

Umajor de vijfde, het hoofdkwartier van uw grote sector Splandon, is omringd door de zeventig werelden voor de hogere intellectuele opleiding van het superuniversum.

Uversa, het hoofdkwartier van Orvonton, uw superuniversum, is direct omringd door de zeven hogere universiteiten voor gevorderde geestelijke opleiding van opklimmende wilsschepselen. Elk van deze zeven clusters van wonderbare hemellichamen bestaat uit zeventig gespecialiseerde werelden, waar zich vele duizenden welbezette instituten en organisaties bevinden, die zich wijden aan universum-opleiding en geest-cultuur en die de pelgrims uit de tijd opnieuw onderrichten en opnieuw examineren ter voorbereiding op hun lange vlucht naar Havona. De aankomende pelgrims uit de tijd worden altijd op deze onderling verbonden werelden ontvangen, doch de vertrekkende afgestudeerden worden altijd rechtstreeks van de kusten van Uversa naar Havona getransporteerd.

Uversa is het geestelijke en bestuurlijke hoofdkwartier van ongeveer een biljoen bewoonde en bewoonbare werelden. De glorie, grootsheid en volmaaktheid van de hoofdwereld van Orvonton overtreffen alle wonderen van de scheppingen in tijd en ruimte.

Indien alle geprojecteerde plaatselijke universa met hun samenstellende delen zouden zijn verwezenlijkt, dan zouden de zeven superuniversa bijna vijfhonderd miljard architectonische werelden bevatten.

8. ENERGIEBEHEERSING EN -REGULERING

De hoofdkwartierwerelden van de superuniversa zijn zodanig geconstrueerd, dat zij kunnen functioneren als efficiënte krachtenergieregulators voor hun verschillende sectoren, want zij doen dienst als brandpunten voor het richten van energie naar de plaatselijke universa waaruit deze sectoren bestaan. Zij oefenen een krachtige invloed uit op de balans en beheersing van de fysische energieën die door de georganiseerde ruimte circuleren.

Verdere regulerende functies worden uitgeoefend door de krachtcentra van het superuniversum en de fysische controleurs, de levende en semi levende intelligente entiteiten die speciaal voor dit doel zijn gevormd. Deze krachtcentra en controleurs zijn moeilijk te begrijpen: de lagere orden zijn niet volitioneel, ze hebben geen wil, ze kiezen niet, hun functies zijn zeer intelligent doch blijkbaar automatisch en inherent aan hun uitermate gespecialiseerde organisatie. De krachtcentra en de fysische controleurs van de superuniversa geleiden en beheersen voor een deel de dertig energiesystemen die het gravita domein vormen. De circuits van fysische energie die door de krachtcentra van Uversa bestuurd worden, hebben iets meer dan 968 miljoen jaar nodig om hun omcirkeling van het superuniversum te voltooien.

Evoluerende energie heeft substantie: zij heeft gewicht, ofschoon gewicht altijd relatief is, afhankelijk van omwentelingssnelheid, massa en anti zwaartekracht. De massa van de materie doet de snelheid van de energie afnemen en overal is de snelheid van energie de uitkomst van: de gegeven aanvangssnelheid, minus de vertraging door de massa die onderweg wordt ontmoet, plus de regulerende functie van de levende energiecontroleurs van het superuniversum en de fysische invloed van zeer hete of zwaar geladen lichamen in de nabijheid.

Het universele plan voor de handhaving van het evenwicht tussen materie en energie noodzaakt tot het eeuwigdurend aanmaken en ontbinden van de kleinere materiële eenheden. De Universum-Krachtdirigenten hebben het vermogen om wisselende hoeveelheden energie te condenseren en vast te houden, of deze te doen uitzetten en vrij te maken.

Als de zwaartekracht haar vertragende invloed lang genoeg zou uitoefenen, zou zij uiteindelijk alle energie in materie omzetten, ware het niet dat er twee factoren meespelen: ten eerste de anti zwaartekracht-invloeden van de energiecontroleurs, en ten tweede het feit dat gestructureerde materie de neiging heeft uiteen te vallen onder bepaalde omstandigheden die worden aangetroffen in zeer hete sterren, en onder bepaalde bijzondere omstandigheden in de ruimte in de nabijheid van koude lichamen van gecondenseerde materie waaraan zeer veel energie is toegevoerd.

Wanneer zich teveel massa ophoopt en de energie uit balans dreigt te brengen, de fysische krachtcircuits dreigt uit te putten, dan komen de fysische controleurs tussenbeide, tenzij de eigen verdere tendens van de zwaartekracht om energie te over-materialiseren wordt verijdeld doordat er een botsing plaatsvindt tussen de dode reuzen der ruimte, waardoor de cumulatieve verzamelingen zwaartekracht in één enkel ogenblik volledig worden verspreid. Wanneer er zo'n botsing voorvalt, worden enorme massa's materie plotseling omgezet in de ijlste vorm van energie, en begint de worsteling om universeel evenwicht opnieuw. Uiteindelijk raken de grotere fysische stelsels gestabiliseerd, worden zij fysisch bestendig en worden zij opgenomen in de uitgebalanceerde, vaste circuits van de superuniversa. Hierna zullen zich in deze vaste stelsels niet langer botsingen of andere verwoestende calamiteiten voordoen.

Gedurende de perioden van plus-energie treden er krachtstoornissen en hitteschommelingen op die vergezeld gaan van elektrische verschijnselen. Gedurende perioden van minus-energie heeft materie sterker de neiging zich op te hopen, te condenseren en onbestuurbaar te worden in de circuits met een wat delicater evenwicht, hetgeen resulteert in aanpassingen in de vorm van getijden, of botsingen die het evenwicht tussen de circulerende energie en de meer concreet gestabiliseerde materie snel herstellen. Het voorspellen en ook in andere opzichten begrijpen van dit waarschijnlijke gedrag van de laaiende zonnen en donkere eilanden in de ruimte is een der taken van de hemelse sterrenwaarnemers.

Wij kunnen de meeste wetten die het universum-evenwicht regeren wel onderkennen, en wij kunnen veel voorspellen ten aanzien van de universum-stabiliteit. Praktisch gezien zijn onze voorspellingen betrouwbaar, maar wij zien ons altijd geconfronteerd met bepaalde krachten die niet geheel zijn onderworpen aan de ons bekende wetten van energiebeheersing en van het gedrag van de materie. Alle fysische verschijnselen worden steeds moeilijker voorspelbaar naarmate wij vanuit het Paradijs verder de universa ingaan. Wanneer wij de grenzen overschrijden van het gebied dat onder het persoonlijke bestuur van de Paradijs-Regeerders staat, zien wij ons geconfronteerd met het feit dat we steeds minder in staat zijn berekeningen te maken volgens de normen die zijn vastgesteld en de ervaring die is verkregen in verband met waarnemingen die uitsluitend te maken hebben met de fysische verschijnselen in de nabije astronomische stelsels. Zelfs in de gebieden van de zeven superuniversa leven wij temidden van kosmische

krachtacties en energiereacties die al onze domeinen doordringen en in geünificeerd evenwicht verder reiken tot in alle regionen der buiten ruimte.

Hoe verder wij naar buiten gaan, des te zekerder zullen we de aan verandering onderhevige en onvoorspelbare verschijnselen tegenkomen die zo feilloos de onpeilbare presentie-verrichtingen van de Absoluten en de experiëntiële Godheden kenmerken. En deze verschijnselen moeten wel duiden op een bepaalde universele albeheersing van alle dingen.

Het superuniversum Orvonton loopt nu ogenschijnlijk ten einde, de universa in de buiten-ruimte schijnen kracht te verzamelen voor weergaloze activiteiten in de toekomst, het centrale universum Havona is eeuwig stabiel. Zwaartekracht en afwezigheid van hitte (koude) organiseren materie en houden haar bijeen; hitte en anti zwaartekracht doen materie uiteenvallen en verstrooien energie. De levende krachtdirigenten en kosmische krachtorganisatoren vormen het geheim van de speciale beheersing en intelligente besturing van de eindeloze metamorfosen van het maken, ontbinden en opnieuw maken van universa. Nevels kunnen zich verspreiden, zonnen kunnen uitgebrand raken, stelsels kunnen verdwijnen en planeten ten onder gaan, maar de universa lopen niet ten einde.

9. CIRCUITS VAN DE SUPERUNIVERSA

De universele circuits van het Paradijs doordringen daadwerkelijk de gebieden van de zeven superuniversa. Deze aanwezigheidscircuits zijn: de persoonlijkheidszwaartekracht van de Universele Vader, de geestelijke zwaartekracht van de Eeuwige Zoon, de bewustzijnszwaartekracht van de Vereend Handelende Geest, en de materiële zwaartekracht van het eeuwige Eiland.

Naast de universele Paradijs-circuits en naast de aanwezigheidsverrichtingen van de Absoluten en de experiëntiële Godheden, functioneren er binnen het ruimteniveau van de superuniversa slechts twee afdelingen der energiecircuits of krachtsegregaties: de circuits van de superuniversa en die van de plaatselijke universa.

De superuniversum-circuits:

1. het unificerende intelligentiecircuit van een der Zeven Meester-Geesten van het Paradijs. Zulk een circuit van kosmisch bewustzijn is beperkt tot een enkel superuniversum;

2. het circuit van de reflectiviteitsdienst der zeven Reflectieve Geesten in ieder superuniversum;

3. de geheime circuits van de Geheimnisvolle Mentoren, die op een bepaalde manier onderling verbonden zijn en via Divington naar de Universele Vader op het Paradijs worden geleid;

4. het circuit van de onderlinge gemeenschap van de Eeuwige Zoon met zijn Paradijs-Zonen;

5. de flits tegenwoordigheid van de Oneindige Geest;

6. de uitzendingen van het Paradijs, de ruimterapporten van Havona;

7. de energiecircuits van de krachtcentra en de fysische controleurs.

De circuits van het plaatselijk universum:

1. de zelfschenkingsgeest van de Paradijs-Zonen, de Trooster op de zelfschenkingswerelden. De Geest van Waarheid, de geest van Michael op Urantia;

2. het circuit van de Goddelijke Hulp- en Bijstandverleensters, de Moeder Geesten van het plaatselijk universum: de Heilige Geest op uw wereld;

3. het circuit van de verzorging van intelligentie in een plaatselijk universum, waaronder de aanwezigheid van de assistent bewustzijnsgeesten die op diverse wijzen functioneren.

Wanneer zich in een plaatselijk universum een zodanige geestelijke harmonie ontwikkelt dat zijn individuele en gecombineerde circuits niet meer te onderscheiden zijn van die van het superuniversum, wanneer er daadwerkelijk zulk een functionele identiteit en eenheid van dienstverlening heerst, dan wordt dit plaatselijk universum onmiddellijk opgenomen in de bestendigde circuits van licht en leven, en komt het dadelijk in aanmerking voor toelating tot de geestelijke confederatie van de tot volmaaktheid gekomen unie der superschepping. De vereisten voor toelating tot de raadsvergaderingen van de Ouden der Dagen, het lidmaatschap van de confederatie van het superuniversum, zijn:

1. *Fysische stabiliteit.* De sterren en planeten van een plaatselijk universum moeten in evenwicht zijn; de perioden van onmiddellijke stellaire metamorfose moeten voorbij zijn. Het universum moet een duidelijk bepaalde baan volgen; zijn kringloop moet veilig en finaal bestendigd zijn.

2. *Geestelijke loyaliteit.* Er moet een toestand bestaan van universele erkenning van en loyaliteit aan de Soevereine Zoon van God die de leiding heeft over de zaken van zulk een plaatselijk universum. Er moet een toestand zijn ontstaan van harmonische samenwerking tussen de individuele planeten, stelsels en constellaties van het gehele plaatselijk universum.

Uw plaatselijk universum wordt zelfs nog niet gerekend te behoren tot de bestendige fysische orde van het superuniversum, en zeker niet als in het bezit van het lidmaatschap van de erkende geestelijke familie van de superregering. Ofschoon Nebadon nog niet vertegenwoordigd is op Uversa, worden wij, die tot de regering van het superuniversum behoren, van tijd tot tijd op speciale missies naar de werelden uitgezonden, zoals ook ik rechtstreeks uit Uversa naar Urantia ben gekomen. Wij verlenen alle mogelijke assistentie aan uw leiders en bestuurders bij het oplossen van hun moeilijke problemen; wij zien er verlangend naar uit dat uw universum in aanmerking komt om volledig toegelaten te worden tot de associatie van de scheppingen van de superuniversum familie.

10. REGEERDERS VAN DE SUPERUNIVERSA

De hoofdkwartieren van de superuniversa zijn de zetels van de hoge geestelijke regering van de domeinen van tijd en ruimte. De uitvoerende macht van de superregering, die zijn oorsprong heeft in de Raadsvergaderingen van de Triniteit, wordt rechtstreeks bestuurd door een der Zeven Meester-Geesten die het allerhoogste toezicht hebben, wezens die op zetels van Paradijs-gezag zijn gezeten en die de superuniversa besturen middels de Zeven Allerhoogste Bestuurders welke zijn gestationeerd op de zeven speciale werelden van de Oneindige Geest, de buitenste satellieten van het Paradijs.

De hoofdkwartieren van de superuniversa zijn de verblijfplaatsen van de Reflectieve Geesten en de Reflectieve Beeld-Adjudanten.

Vanuit deze positie halverwege voeren deze wonderbare wezens hun geweldige reflectiviteitsoperaties uit, waarbij zij het centrale universum boven zich en de plaatselijke universa onder zich dienen.

Aan het hoofd van ieder superuniversum staan drie Ouden der Dagen, de gezamenlijke hoogste bewindslieden van de superregering. Het personeel van de uitvoerende macht van de regering van het superuniversum bestaat uit zeven onderscheiden groepen:

1. Ouden der Dagen;

2. Volmakers der Wijsheid;

3. Goddelijke Raadslieden;

4. Universele Censors;

5. Machtige Boodschappers;

6. Hoge Gezagsdragers;

7. Degenen zonder Naam en Getal.

De drie Ouden der Dagen worden direct bijgestaan door een korps van een miljard Volmakers der Wijsheid, met wie drie miljard Goddelijke Raadslieden samenwerken. Een miljard Universele Censors zijn verbonden aan elk superuniversum-bestuur. Deze drie groepen zijn Gecoördineerde Triniteitspersoonlijkheden, die rechtstreeks en goddelijk afstammen van de Paradijs-Triniteit.

De overige drie orden, de Machtige Boodschappers, de Hoge Gezagsdragers en Degenen zonder Naam en Getal, zijn verheerlijkte opgaande stervelingen. De eersten van deze orden hebben het opklimmingsregime doorlopen en zijn door Havona gegaan in de dagen van Grandfanda. Nadat zij het Paradijs hadden bereikt, zijn zij opgenomen in het Korps der Volkomenheid, omhelsd door de Paradijs-Triniteit, en vervolgens aangesteld bij de verheven dienst van de Ouden der Dagen. Als klasse staan deze drie orden bekend als Getrinitiseerde Zonen van Verworvenheid, omdat zij een tweevoudige oorsprong hebben, maar nu in dienst zijn van de Triniteit. Op deze wijze is de uitvoerende macht van de regering van het superuniversum uitgebreid met de verheerlijkte en vervolmaakte kinderen uit de evolutionaire werelden.

De gecoördineerde raad van het superuniversum bestaat uit de zeven eerder genoemde groepen bestuurders en de volgende sectorregeerders en andere regionale opzieners:

1. Perfecties der Dagen – de bestuurders van de grote sectoren van een superuniversum;

2. Recenten der Dagen – de leiders van de kleine sectoren van een superuniversum;

3. Unies der Dagen – de Paradijs-adviseurs van de bestuurders der plaatselijke universa;

4. Getrouwen der Dagen – de Paradijs-raadslieden van de Meest Verhevenen, de regeringsleiders van de constellaties;

5. Leraar Zonen van de Triniteit, die dienst kunnen hebben op het hoofdkwartier van een superuniversum;

6. Eeuwigen der Dagen die aanwezig kunnen zijn op het hoofdkwartier van een superuniversum;

7. De zeven Reflectieve Beeld Adjudanten – de woordvoerders van de zeven Reflectieve Geesten en door dezen de vertegenwoordigers van de Zeven Meester-Geesten van het Paradijs.

De Reflectieve Beeld-Adjudanten treden ook op als vertegenwoordigers van talrijke groepen wezens die invloed hebben in de regeringen van de superuniversa, maar thans om verschillende redenen niet volledig actief zijn in hun individuele hoedanigheden. Tot deze groep behoren de evoluerende superuniversum-persoonlijkheidsmanifestatie van de Allerhoogste, de Ongekwalificeerde Supervisoren van de Allerhoogste, de Gekwalificeerde Vice regenten van de Ultieme, de naamloze verbindingsreflectivatoren van Majeston, en de bovenpersoonlijke geestelijke vertegenwoordigers van de Eeuwige Zoon.

Bijna altijd zijn er op de hoofdkwartierwerelden van de superuniversa vertegenwoordigers aan te treffen van alle groepen geschapen wezens. Het gewone dienende werk van de superuniversa wordt verricht door de machtige seconafijnen en door andere leden van de enorme familie van de Oneindige Geest. In het werk van deze prachtige centra van toezicht, bijstand en ten uitvoerlegging van gerechtelijke uitspraken in de superuniversa, vermengen zich de denkende wezens uit iedere sfeer van universeel leven in doeltreffende dienstbaarheid, wijs bestuur, liefdevolle bijstand en rechtvaardig oordeel.

De superuniversa kennen geen enkele vorm van ambassadoriale vertegenwoordiging, zij zijn volledig van elkaar geïsoleerd. Zij weten van elkaars zaken alleen af door het coördinatiecentrum op het Paradijs dat door de Zeven Meester-Geesten in stand wordt gehouden. De regeerders van een superuniversum werken in de raadsvergaderingen der goddelijke wijsheid voor het welzijn van hun eigen superuniversum, ongeacht wat er in andere secties van de universele schepping plaatsvindt. Deze onderlinge isolatie van de superuniversa zal blijven bestaan tot de tijd dat hun coördinatie wordt bereikt doordat de persoonlijkheidssoevereiniteit van de evoluerende experiëntiële Allerhoogste vollediger tot feit zal zijn geworden.

11. DE BERAADSLAGENDE ASSEMBLEE

Het is op werelden als Uversa dat de wezens die de autocratie der volmaaktheid vertegenwoordigen en de vertegenwoordigers van de democratie der evolutie rechtstreeks met elkaar in contact komen. De uitvoerende tak van de superregering stamt uit de gebieden der volmaaktheid; de wetgevende tak komt voort uit de bloei van de evolutionaire universa.

De beraadslagende assemblee van het superuniversum vergadert alleen op de hoofdkwartierwereld. Deze wetgevende en adviserende raad bestaat uit zeven huizen, waarvoor elk plaatselijk universum dat is toegelaten tot de raadsvergaderingen van het superuniversum, een uit het eigen universum afkomstige vertegenwoordiger kiest. Deze vertegenwoordigers worden door de hoge raad van dergelijke plaatselijke universa gekozen uit de opklimmende pelgrim-gegradueerden uit Orvonton die op Uversa vertoeven, geaccrediteerd om overgebracht te worden naar Havona. De gemiddelde duur van hun ambtstermijn is ongeveer honderd jaar superuniversum-standaardtijd.

Bij mijn weten is er nooit een verschil van mening voorgekomen tussen de regeringsleiders van Orvonton en de assemblee van Uversa. In de geschiedenis van ons superuniversum heeft het overlegorgaan nog nooit een advies uitgebracht over de uitvoering waarvan de uitvoerende macht van de superregering ook maar enige aarzeling heeft gekend. Er heeft altijd de volmaaktste harmonie en eensgezindheid in het werk geheerst, hetgeen alles bij elkaar een bevestiging vormt van het feit dat evolutionaire wezens werkelijk de hoogten van vervolmaakte wijsheid kunnen bereiken welke hen in staat stellen met de persoonlijkheden van volmaakte oorsprong en goddelijke natuur om te gaan. De aanwezigheid van de beraadslagende assemblee op het hoofdkwartier van elk superuniversum is een openbaring van de wijsheid en een voorafschaduwing van de ultieme triomf van de gehele geweldige evolutionaire idee van de Universele Vader en zijn Eeuwige Zoon.

12. DE ALLERHOOGSTE GERECHTSHOVEN

Wanneer wij spreken van een uitvoerende en een wetgevende tak van de regering op Uversa, kunt ge naar analogie van bepaalde vormen van civiel bestuur op Urantia tot de slotsom komen dat wij ook een derde, ofwel rechtsprekende macht moeten hebben, en zulks is inderdaad het geval – deze kent echter geen afzonderlijk personeel. Onze gerechtshoven zijn als volgt samengesteld: afhankelijk van de aard en ernst van de zaak presideert een Oude der Dagen, een Volmaker der Wijsheid, of een Goddelijke Raadsman. Het bewijsmateriaal voor of tegen een individu, een planeet, een stelsel, constellatie of universum wordt overgelegd en geïnterpreteerd door de Censors. De verdediging van de kinderen uit de tijd en van de evolutionaire planeten wordt gevoerd door de Machtige Boodschappers, de officiële waarnemers van de regering van het superuniversum in de plaatselijke universa en stelsels. De zienswijze van het hogere bestuur wordt weergegeven door de Hoge Gezagsdragers. Het vonnis wordt gewoonlijk geformuleerd door een commissie van wisselende grootte, bestaande uit een aantal van Degenen zonder Naam en Getal en een even grote groep begripvolle persoonlijkheden die uit de beraadslagende assemblee wordt gekozen.

De hoven van de Ouden der Dagen zijn de hoge rechtbanken waar de geestelijke arbitragezaken van alle samenstellende universa worden heroverwogen. De Soevereine Zonen van de plaatselijke universa zijn oppermachtig in hun eigen domeinen; zij zijn alleen onderworpen aan de superregering in zoverre zij vrijwillig zaken voorleggen aan de Ouden der Dagen om advies of arbitrage, behalve waar de vernietiging van wilsschepselen in het geding is. Opdrachten tot berechting worden opgesteld in de plaatselijke universa, maar vonnissen die de vernietiging van wilsschepselen behelzen, worden altijd geformuleerd in het hoofdkwartier van het superuniversum en vandaar uit uitgevoerd. De Zonen van de plaatselijke universa kunnen de overleving van de sterfelijke mens verordineren, doch alleen de Ouden der Dagen mogen rechtspreken en vonnissen voltrekken in zaken waarmee het eeuwig leven of de eeuwige dood zijn gemoeid.

In alle zaken die geen gerechtelijk onderzoek vereisen, waarbij geen bewijsmateriaal behoeft te worden overgelegd, beslissen de Ouden der Dagen of hun medewerkers, en deze uitspraken zijn altijd unaniem. Het gaat hier immers om colleges van volmaaktheid. Er zijn geen meningsverschillen of minderheidsstandpunten in de uitspraken van deze allerhoogste, ongeëvenaarde gerechtshoven.

Op een gering aantal uitzonderingen na spreken de superregeringen recht in alle zaken en ten aanzien van alle wezens in hun eigen domeinen. Er is geen beroep mogelijk tegen de uitspraken en beslissingen van de autoriteiten van het superuniversum, aangezien zij de unanieme mening van de Ouden der Dagen weergeven alsmede de mening van de Meester-Geest die vanuit het Paradijs toeziet op de voorbestemde ontwikkelingsgang van het betrokken superuniversum.

13. DE SECTOR-REGERINGEN

Een *grote sector* omvat ongeveer een tiende deel van een superuniversum en bestaat uit honderd kleine sectoren, tienduizend plaatselijke universa, ongeveer honderd miljard bewoonbare werelden. Deze grote sectoren worden bestuurd door drie Perfecties der Dagen, Verheven Triniteitspersoonlijkheden.

De gerechtshoven van de Perfecties der Dagen komen qua samenstelling grotendeels overeen met die van de Ouden der Dagen, behalve dat zij niet rechtspreken in geestelijke zaken in hun gebieden. Het werk van de regeringen van deze grote sectoren betreft voornamelijk de intellectuele status van zulk een wijdverbreide schepping. Alle zaken die van belang zijn voor het superuniversum en te maken hebben met het dagelijks bestuur, maar niet rechtstreeks met het geestelijke bestuur van deze gebieden of met het uitwerken van de plannen van de Paradijs-Regeerders voor de opklimming van stervelingen, worden in de grote sectoren aangehouden, beoordeeld, afgedaan en getabelleerd, en vervolgens gerapporteerd aan de gerechtshoven van de Ouden der Dagen. Het personeel van de regering van een grote sector verschilt niet van dat van een superuniversum.

Zoals de prachtige satellieten van Uversa zich bezighouden met uw laatste geestelijke voorbereiding op Havona, zo wijden de zeventig satellieten van Umajor de vijfde zich aan uw intellectuele opleiding en vorming voor het superuniversum. Uit heel Orvonton zijn hier wijze wezens verzameld die onvermoeid arbeiden om de stervelingen uit de tijd voor te bereiden op hun verdere vooruitgang naar een loopbaan in de eeuwigheid. Deze opleiding van de opklimmende stervelingen vindt grotendeels plaats op de zeventig studiewerelden.

De regeringen van de *kleine sectoren* worden geleid door drie Recenten der Dagen. Hun bestuur heeft voornamelijk betrekking op de fysische controle, unificatie, stabilisatie en routine-coördinatie van het bestuur van de samenstellende plaatselijke universa. Iedere kleine sector omvat wel honderd plaatselijke universa, tienduizend constellaties, een miljoen stelsels, ofwel ongeveer een miljard bewoonbare werelden.

De hoofdkwartierwerelden van de kleine sectoren zijn de grootse ontmoetingsplaatsen van de Meester Fysische Controleurs. Deze hoofdkwartierwerelden worden omringd door de zeven instructiewerelden welke de toelatingsscholen vormen voor het superuniversum en de centra zijn waar wordt opgeleid in fysische en bestuurlijke kennis ten aanzien van het universum van universa.

De bestuurders in de regeringen der kleine sectoren vallen rechtstreeks onder de jurisdictie van de regeerders van de grote sectoren. De Recenten der Dagen ontvangen alle rapporten van waarnemingen en coördineren alle aanbevelingen die een superuniversum bereiken van de zijde van de Unies der Dagen die als waarnemers en adviseurs van de Triniteit zijn gestationeerd op de hoofdkwartierwerelden van de plaatselijke universa, en van de Getrouwen der Dagen die op dezelfde wijze zijn verbonden aan de raadsvergaderingen van de Meest Verhevenen in de hoofdkwartieren van de constellaties. Al dergelijke rapporten worden doorgegeven aan de Perfecties der Dagen in de grote sectoren, om vervolgens te worden doorgezonden naar de gerechtshoven van de Ouden der Dagen. Het regime van de Triniteit reikt aldus van de constellaties van de plaatselijke universa tot het hoofdkwartier van het superuniversum. De hoofdkwartieren van de plaatselijke stelsels hebben geen vertegenwoordigers van de Triniteit.

14. DOELEINDEN VAN DE ZEVEN SUPERUNIVERSA

Er zijn zeven grote doeleinden die tot ontvouwing komen in de evolutie van de zeven superuniversa. Ieder hoofddoel in de evolutie van de superuniversa zal slechts in één der zeven superuniversa tot volle uitdrukking komen, en daarom heeft ieder superuniversum een speciale functie en een unieke natuur.

Orvonton, het zevende superuniversum, het superuniversum waartoe uw plaatselijk universum behoort, staat voornamelijk bekend vanwege zijn ontzagwekkende en overvloedige barmhartigheidsbetoon aan de stervelingen in zijn gebieden. Het is vermaard om de wijze waarop er gerechtigheid heerst die met met barmhartigheid is getemperd, zodat hier geregeerd wordt met door geduld beperkte macht, terwijl de offers van de tijd hier vrijelijk worden gebracht teneinde de stabilisatie der eeuwigheid veilig te stellen. Orvonton is een universum-veraanschouwelijking van liefde en barmhartigheid.

Onze opvatting van de ware natuur van het evolutionaire doeleinde dat zich in Orvonton ontvouwt is echter heel moeilijk te beschrijven. Misschien kunnen wij u er een indruk van geven door te zeggen dat wij in deze superschepping het gevoel hebben dat de zes unieke doeleinden van de kosmische evolutie, zoals deze worden gemanifesteerd in de zes met haar verbonden superscheppingen, hier onderling worden verbonden tot een betekenis-van-het-geheel; dit is dan ook de reden dat wij wel eens de veronderstelling hebben geopperd dat de geëvolueerde en voleindigde personalisatie van God de Allerhoogste in de verre toekomst vanuit Uversa de tot volmaaktheid gekomen zeven superuniversa zal regeren, in alle experiëntiële majesteit van de almachtige soevereine macht die hij dan zal hebben verworven.

Zoals Orvonton uniek is qua natuur en een individuele bestemming heeft, zo geldt dit ook voor de zes met haar verbonden superuniversa. Veel van wat er gaande is in Orvonton wordt u echter niet geopenbaard, en veel van deze niet geopenbaarde aspecten van het leven in Orvonton zullen het volledigst tot uitdrukking komen in een ander superuniversum. De zeven doeleinden van de evolutie der superuniversa zijn in alle zeven superuniversa van kracht, doch iedere superschepping zal slechts één van deze doeleinden op de volledigste wijze tot uitdrukking brengen. Om meer aangaande deze doeleinden van de superuniversa te kunnen begrijpen zou u veel dat ge niet begrijpt geopenbaard moeten worden, en zelfs dan zoudt ge er nog maar weinig van vatten. Deze gehele beschrijving geeft u slechts een vluchtige blik op de immense schepping waarvan uw wereld en uw plaatselijk stelsel deel uitmaken.

Uw wereld heet Urantia, en is nummer 606 in de planetaire groep of het planetaire stelsel Satania. Dit stelsel telt momenteel 619 bewoonde werelden, en meer dan tweehonderd andere planeten ontwikkelen zich gunstig, zodat zij in de toekomst bewoonde werelden kunnen worden.

Satania heeft een hoofdkwartierwereld die Jerusem heet, en is stelsel nummer vierentwintig in de constellatie Norlatiadek. Uw constellatie, Norlatiadek, bestaat uit honderd plaatselijke stelsels en heeft een hoofdkwartierwereld die Edentia heet. Norlatiadek is nummer zeventig in het universum Nebadon. Het plaatselijk universum Nebadon bestaat uit honderd constellaties en heeft een hoofdwereld die als Salvington bekend staat. Het universum Nebadon is nummer vierentachtig in de kleine sector Ensa.

De kleine sector Ensa bestaat uit honderd plaatselijke universa en heeft een hoofdwereld die Uminor de Derde heet. Deze kleine sector is nummer drie in de grote sector Splandon. Splandon bestaat uit honderd kleine sectoren en heeft een hoofdwereld die Umajor de Vijfde heet. Het is de vijfde grote sector van het superuniversum Orvonton, het zevende segment van het groot universum. Zo kunt ge de plaats van uw planeet bepalen in het schema van de organisatie en het bestuur van het universum van universa.

Het nummer van uw wereld, Urantia, in het groot universum is 5.342.482.337.666. Dit is het registratienummer op Uversa en op het Paradijs, uw nummer in de catalogus van bewoonde werelden. Ik ken uw registratienummer als materiële planeet wel, doch het is zo buitengewoon groot, dat het van weinig praktische betekenis is voor het sterfelijke bewustzijn.

Uw planeet is lid van een enorme kosmos; ge behoort tot een welhaast oneindige familie van werelden, maar uw wereld wordt even nauwkeurig bestuurd en even liefdevol verzorgd als ware het de enige bewoonde wereld die bestaat.

[Aangeboden door een Universele Censor afkomstig van Uversa.]

ZES

PERSOONLIJKHEDEN VAN HET GROOT UNIVERSUM

(VERHANDELING 30)

H ET aantal levende wezens, persoonlijke en anders-dan-persoonlijke entiteiten, dat thans op het Paradijs en in het groot universum functioneert, is welhaast onbeperkt. Alleen al het getal der hoofdorden en soorten zou het menselijke voorstellingsvermogen versteld doen staan, om maar te zwijgen van de talloze subtypen en variaties. Het is echter wenselijk u iets mede te delen over twee fundamentele categorieën van levende wezens – u een idee te geven van de Paradijs indeling en een verkorte weergave van het Register van Persoonlijkheden op Uversa.

Wij kunnen geen alomvattende en geheel samenhangende klassificaties der persoonlijkheden van het groot universum geven, omdat u niet alle groepen worden onthuld. Een verdere openbaring die nodig zou zijn om alle groepen systematisch in te delen, zou nog talrijke extra verhandelingen vereisen. Een dergelijke begripsuitbreiding is nauwelijks gewenst, want zij zou de nadenkende stervelingen van de komende duizend jaar beroven van die stimulans tot creatieve bespiegeling, die deze gedeeltelijk geopenbaarde denkbeelden verschaffen. Het is beter dat er niet te veel aan de mens wordt onthuld: over-openbaring verstikt de verbeeldingskracht.

1. DE PARADIJS-INDELING VAN LEVENDE WEZENS

Levende wezens worden op het Paradijs geklassificeerd naar hun inherente en hun verworven verwantschap met de Paradijs-

Godheden. Gedurende de grote bijeenkomsten van het centrale universum en de superuniversa worden de aanwezigen dikwijls gegroepeerd naar afkomst: zij die van drieënige afkomst zijn of de Triniteit hebben bereikt; zij die een tweevoudige oorsprong hebben en zij die van enkelvoudige oorsprong zijn. Het is moeilijk om de Paradijs klassificatie van levende wezens voor het sterfelijke denken te verklaren, maar wij zijn gemachtigd u het volgende mede te delen:

I. *WEZENS VAN DRIEËNIGE OORSPRONG.* Wezens die geschapen zijn door de drie Paradijs-Godheden, ofwel als zodanig ofwel als de Triniteit, alsmede het Getrinitiseerde Korps, een aanduiding die slaat op alle groepen getrinitiseerde wezens, geopenbaard en ongeopenbaard.

A.*De Allerhoogste Geesten*

1. De Zeven Meester Geesten
2. De Zeven Allerhoogste Bestuurders
3. De Zeven Orden der Reflectieve Geesten

B. *De Stationaire Zonen van de Triniteit*

1. Getrinitiseerde Geheimen van het Allerhoogst Bewind
2. Eeuwigen der Dagen
3. Ouden der Dagen
4. Perfecties der Dagen
5. Recenten der Dagen
6. Unies der Dagen
7. Getrouwen der Dagen
8. Volmakers der Wijsheid
9. Goddelijke Raadslieden
10. Universele Censors

C. *Wezens van Triniteitsoorsprong en Getrinitiseerde Wezens*

1. Leraar Zonen van de Triniteit
2. Geïnspireerde Triniteitsgeesten
3. Havona-Ingeborenen
4. Paradijs-burgers
5. Ongeopenbaarde wezens van Triniteitsoorsprong
6. Ongeopenbaarde door de Godheid getrinitiseerde wezens

7. Getrinitiseerde Zonen van Prestatie

8. Getrinitiseerde Zonen van Selectie

9. Getrinitiseerde Zonen van Volmaaktheid

10. Door schepselen getrinitiseerde Zonen

II. *WEZENS VAN TWEEVOUDIGE OORSPRONG.* Zij die afstammen van twee der Paradijs Godheden of anderszins geschapen zijn door een tweetal wezens dat direct of indirect afstamt van de Paradijs-Godheden.

A. *De Afdalende Orden*

1. Schepper-Zonen

2. Magistraat-Zonen

3. Blinkende Morgensterren

4. Vader Melchizedeks

5. De Melchizedeks

6. De Vorondadeks

7. De Lanonandeks

8. Schitterende Avondsterren

9. De Aartsengelen

10. Levendragers

11. Ongeopenbaarde Universum-Adjudanten

12. Ongeopenbaarde Zonen van God

B. *De Stationaire Orden*

1. Abandonters

2. Susatia

3. Univitatia

4. Spironga

5. Ongeopenbaarde wezens van tweevoudige oorsprong

C. *De Opklimmende Orden*

1. Met de Richter gefuseerde Stervelingen

2. Met de Zoon gefuseerde Stervelingen

3. Met de Geest gefuseerde Stervelingen

4. Overgebrachte Middenwezens

5. Ongeopenbaarde opklimmende wezens

III. *WEZENS VAN ENKELVOUDIGE OORSPRONG.* Zij die afstammen van één der Paradijs Godheden of anderszins zijn geschapen door een wezen dat direct of indirect afstamt van de Paradijs-Godheden.

A. *De Allerhoogste Geesten*

1. Zwaartekracht-Boodschappers
2. De Zeven Geesten van de Havona-Circuits
3. De Twaalfvoudige Assistenten van de Havona-Circuits
4. De Reflectieve Beeld-Assistenten
5. Moeder Geesten van de Universa
6. De Zevenvoudige Assistent-Bewustzijnsgeesten
7. Ongeopenbaarde wezens van Godheidsoorsprong

B. *De Opklimmende Orden*

1. Gepersonaliseerde Richters
2. Opklimmende Materiële Zonen
3. Evolutionaire Serafijnen
4. Evolutionaire Cherubijnen
5. Ongeopenbaarde opklimmende wezens

C. *De Familie van de Oneindige Geest*

1. Solitaire Boodschappers
2. Supervisors van de Universum-circuits
3. Tellingsleiders
4. Persoonlijke Assistenten van de Oneindige Geest
5. Toegevoegde Inspecteurs
6. Aangestelde Wachters
7. Gidsen voor Gegradueerden
8. Havona-Dienstbaren
9. Universele Bemiddelaars
10. Morontia-Metgezellen
11. Supernafijnen
12. Seconafijnen
13. Tertiafijnen
14. Omniafijnen
15. Serafijnen

16. Cherubijnen en Sanobijnen
17. Ongeopenbaarde wezens van Geest-oorsprong
18. De Zeven Allerhoogste Krachtdirigenten
19. De Allerhoogste Krachtcentra
20. De Meester-Fysische Controleurs
21. De Morontia-Krachtsupervisors

IV. *GERESULTEERDE TRANSCENDENTALE WEZENS.* Op het Paradijs wordt een enorme schare transcendentale wezens aangetroffen wier oorsprong gewoonlijk pas aan de universa in tijd en ruimte wordt onthuld wanneer deze bestendigd zijn in licht en leven. Deze Transcendentale Wezens zijn scheppers noch schepselen: zij zijn de *geresulteerde* kinderen van goddelijkheid, ultimiteit en eeuwigheid. Deze 'resulteerders' zijn eindig noch oneindig – zij zijn *absoniet*, en absoniteit is noch oneindigheid noch absoluutheid.

Deze ongeschapen niet scheppers zijn immer trouw aan de Paradijs-Triniteit en gehoorzaam aan de Ultieme. Zij zijn existent op vier ultieme niveaus van persoonlijkheidsactiviteit en kunnen op de zeven niveaus van het absoniete functioneren in twaalf grote afdelingen die bestaan uit duizend hoofd-werkgroepen van elk zeven klassen. Deze geresulteerde wezens omvatten de volgende orden:

1. De Architecten van het Meester Universum

2. Transcendentale Registrators

3. Andere transcendentale wezens

4. Primaire geresulteerde Meester-Kosmische Krachtorganisatoren

5. Toegevoegde transcendentale Meester-Kosmische Krachtorganisatoren

God als bovenpersoon doet resulteren; God als persoon schept; God als voorpersoon fragmenteert zich; en zulk een Richter fragment van hemzelf brengt de geest ziel tot ontwikkeling op het materiële, sterfelijke bewustzijn, overeenkomstig de vrije wilskeuze van de persoonlijkheid die aan zulk een sterfelijk schepsel is verleend is door het ouderlijk handelen van God als Vader.

V. *GEFRAGMENTEERDE ENTITEITEN DER GODHEID.* Deze orde van levende bestaansvormen, die zijn oorsprong heeft in de Universele Vader, wordt het best getypeerd door de Gedachten-richters, ofschoon deze entiteiten geenszins de enige fragmentaties zijn van de voorpersoonlijke realiteit van de Eerste Bron en Centrum. De functies van de niet-Richter-fragmenten zijn talrijk en weinig bekend. Fusie met een Richter of een ander fragment van deze orde maakt het schepsel tot een *met de Vader gefuseerd wezen.*

De fragmentaties van de voorbewustzijnsgeest van de Derde Bron en Centrum moeten hier ook vermeld worden, ofschoon deze eigenlijk niet vergelijkbaar zijn met de Vader fragmenten. Dergelijke entiteiten verschillen sterk van Richters; zij verblijven niet als zodanig op Spiritington, en evenmin bewegen zij zich als zodanig over de circuits van de bewustzijnszwaartekracht; ook wonen zij niet in sterfelijke schepselen gedurende het leven in het vlees. Zij zijn niet voorpersoonlijk in de zin waarin de Richters dat zijn, doch zulke fragmenten van voorbewustzijnsgeest worden wel verleend aan bepaalde overlevende stervelingen, en fusie daarmee maakt dezen tot *met de Geest gefuseerde stervelingen,* zulks in tegenstelling tot stervelingen die met Richters zijn gefuseerd.

Nog moeilijker is het de geïndividualiseerde geest van een Schepper-Zoon te beschrijven; vereniging met deze maakt het schepsel tot een *met de Zoon gefuseerde sterveling.* En er bestaan nog andere Godheidsfragmentaties.

VI. *BOVENPERSOONLIJKE WEZENS.* Er leeft in het universum van universa een ontzaglijke menigte van anders dan persoonlijke wezens die van goddelijke afkomst zijn en velerlei diensten verrichten. Een aantal van dezen verblijft op de Paradijs werelden van de Zoon; anderen, zoals de bovenpersoonlijke vertegenwoordigers van de Eeuwige Zoon, worden elders aangetroffen. Zij blijven voor het merendeel onvermeld in deze verhandelingen en het zou geheel nutteloos zijn te trachten hen te beschrijven aan persoonlijke schepselen.

VII. *ONGEKLASSIFICEERDE EN ONGEOPENBAARDE ORDEN.* Gedurende het huidige universum-tijdperk zou het onmogelijk zijn alle wezens, persoonlijk of anderszins, onder te brengen in de klassificaties die gelden voor het huidige universum-tijdperk; ook zijn niet al deze categorieën in deze verhandelingen geopenbaard, vandaar dat talrijke orden uit deze lijsten zijn weggelaten. Overweeg de volgenden:

De Voleinder van de Universum-Bestemming
De Gekwalificeerde Vice-Regenten van de Ultieme
De Ongekwalificeerde Supervisors van de Allerhoogste
De Ongeopenbaarde Scheppende Instanties van de Ouden der
Dagen
Majeston van het Paradijs
De onvermelde Reflectivator-verbindingen van Majeston
De Middenzoon-Orden van de Plaatselijke Universa.

Er behoeft geen bijzondere betekenis te worden gehecht aan het feit dat deze orden tezamen worden vermeld, behalve dat geen enkele ervan voorkomt in de Paradijs-klassificatie zoals hier geopenbaard. Dit zijn de weinige die ongeklassificeerd zijn; ge moet nog op de hoogte worden gebracht van de vele die u niet zijn geopenbaard.

Er bestaan geesten: geest-entiteiten, geest-presenties, persoonlijke geesten, voorpersoonlijke geesten, bovenpersoonlijke geesten, geest-bestaansvormen, geest-persoonlijkheden – maar noch uw stervelingentaal noch uw sterfelijke verstand zijn toereikend. Wij kunnen echter verklaren dat er geen persoonlijkheden zijn van 'puur bewustzijn'; een entiteit heeft geen persoonlijkheid tenzij hij hiermede is begiftigd door God, die geest is. Geen enkele bewustzijnsidentiteit die niet verbonden is met geestelijke of fysische energie, is een persoonlijkheid. Maar in dezelfde zin waarin er geest-persoonlijkheden zijn die bewustzijn hebben, zijn er bewustzijnspersoonlijkheden die geest hebben. Majeston en zijn medewerkers zijn tamelijk goede voorbeelden van wezens bij wie het bewustzijn overheerst, maar er bestaan betere voorbeelden van dit type persoonlijkheid die u onbekend zijn. Er zijn zelfs hele ongeopenbaarde orden van zulke *bewustzijnspersoonlijkheden*, maar dezen zijn altijd verbonden met geest. Bepaalde andere ongeopenbaarde schepselen zouden *mentale en fysische energie-persoonlijkheden* genoemd kunnen worden. Wezens van dit type zijn niet responsief op geestelijke zwaartekracht, maar zijn niettemin echte persoonlijkheden – zijn binnen het circuit van de Vader.

Deze verhandelingen kunnen u zelfs niet bij benadering het gehele relaas doen van de levende schepselen, scheppers, resulteerders en op nog andere wijze bestaande wezens die wonen, aanbidden en dienen in de wemelende universa van de tijd en in het centrale universum van de eeuwigheid. Gij stervelingen zijt personen, vandaar dat wij u wezens kunnen beschrijven die *gepersonaliseerd* zijn, maar hoe zouden wij u ooit kunnen uitleggen wat een *geabsoniteerd* wezen is?

2. HET PERSOONLIJKHEIDSREGISTER OP UVERSA

De goddelijke familie van levende wezens is naar zeven grote afdelingen geregistreerd op Uversa:

1. De Paradijs Godheden
2. De Allerhoogste Geesten
3. De wezens van Triniteitsoorsprong
4. De Zonen van God
5. Persoonlijkheden van de Oneindige Geest
6. De Universum-Krachtdirigenten
7. De Korpsen der Permanente Burgers.

Deze groepen wilsschepselen zijn onderverdeeld in talrijke klassen en kleinere onderafdelingen. Deze klassificatie der persoonlijkheden van het groot universum wil echter voornamelijk die orden van intelligente wezens presenteren die in deze verhandelingen zijn geopenbaard en die de stervelingen uit de tijd voor het merendeel zullen ontmoeten gedurende hun opklimmingservaring van gestage voortgang naar het Paradijs. De volgende lijsten maken geen melding van de zeer omvangrijke orden van universum-wezens die hun werk verrichten los van het opklimmingsplan voor stervelingen.

I. *DE PARADIJS-GODHEDEN*

1. De Universele Vader
2. De Eeuwige Zoon
3. De Oneindige Geest

II. *DE ALLERHOOGSTE GEESTEN*

1. De Zeven Meester Geesten
2. De Zeven Allerhoogste Bestuurders
3. De Zeven Groepen der Reflectieve Geesten
4. De Reflectieve Beeld-Assistenten
5. De Zeven Geesten van de Circuits
6. Scheppende Geesten van de Plaatselijke Universa
7. Assistent-Bewustzijnsgeesten

III. *DE WEZENS VAN TRINITEITSOORSPRONG*

1. Getrinitiseerde Geheimen van het Allerhoogst Bewind
2. Eeuwigen der Dagen
3. Ouden der Dagen
4. Perfecties der Dagen
5. Recenten der Dagen
6. Unies der Dagen
7. Getrouwen der Dagen
8. Leraar Zonen der Triniteit
9. Volmakers der Wijsheid
10. Goddelijke Raadslieden
11. Universele Censors
12. Geïnspireerde Triniteitsgeesten
13. Ingeborenen van Havona
14. Paradijs-burgers

IV. *DE ZONEN VAN GOD*

A. *Afdalende Zonen*

1. Schepper-Zonen – Michaels
2. Magistraat Zonen – Avonals
3. Leraar Zonen der Triniteit – Dagelingen
4. Melchizedek-Zonen
5. Vorondadek-Zonen
6. Lanonandek-Zonen
7. Levendrager-Zonen

B. *Opklimmende Zonen*

1. Met de Vader gefuseerde Stervelingen
2. Met de Zoon gefuseerde Stervelingen
3. Met de Geest gefuseerde Stervelingen
4. Evolutionaire Serafijnen
5. Opklimmende Materiële Zonen
6. Overgebrachte Middenwezens
7. Gepersonaliseerde Richters

C. *Getrinitiseerde Zonen*

1. Machtige Boodschappers
2. Hoge Gezagsdragers

3. Degenen zonder Naam en Getal

4. Getrinitiseerde Beheerders

5. Getrinitiseerde Ambassadeurs

6. Hemelse Bewaarders

7. Hoge Zoon Assistenten

8. Door Opklimmenden getrinitiseerde Zonen

9. Paradijs Havona getrinitiseerde Zonen

10. Getrinitiseerde Zonen van Bestemming

V. *PERSOONLIJKHEDEN VAN DE ONEINDIGE GEEST*

A. *Hogere Persoonlijkheden van de Oneindige Geest*

1. Solitaire Boodschappers

2. Supervisors van de Universum-Circuits

3. Tellingsleiders

4. Persoonlijke Assistenten van de Oneindige Geest

5. Toegevoegde Inspecteurs

6. Aangestelde Wachters

7. Gidsen voor Gegradueerden

B. *De Boodschappersscharen in de Ruimte*

1. Havona-Dienstbaren

2. Universele Bemiddelaars

3. Juridisch-technische Adviseurs

4. Beheerders der Archieven op het Paradijs

5. Hemelse Registrators

6. Morontia Metgezellen

7. Paradijs Metgezellen

C. *De Dienende Geesten*

1. Supernafijnen

2. Seconafijnen

3. Tertiafijnen

4. Omniafijnen

5. Serafijnen

6. Cherubijnen en Sanobijnen

7. Middenwezens

VI. DE UNIVERSUM-KRACHTDIRIGENTEN

A. *De Zeven Allerhoogste Krachtdirigenten*

B. *Allerhoogste Krachtcentra*

1. Allerhoogste Supervisors der Centra
2. Havona-Centra
3. Superuniversa-Centra
4. Centra van Plaatselijke Universa
5. Constellatie-Centra
6. Stelsel-Centra
7. Ongeklassificeerde Centra

C. *Meester-Fysische Controleurs*

1. Toegevoegde Krachtdirigenten
2. Mechanische Controleurs
3. Energietransformators
4. Energietransmittors
5. Primaire Associeerders
6. Secundaire Dissocieerders
7. Frandalanks en Chronoldeks

D. *Morontia-Krachtsupervisors*

1. Circuit-regulators
2. Systeem-coördinators
3. Planetaire Curatoren
4. Gecombineerde Controleurs
5. Verbindingsstabilisators
6. Selectieve Assorteerders
7. Toegevoegde Registrators

VII. DE KORPSEN VAN PERMANENTE BURGERS

1. De Planetaire Middenwezens
2. De Adamische Zonen van de Stelsels
3. De Univitatia van de Constellaties
4. De Susatia van de Plaatselijke Universa
5. Met de Geest gefuseerde Stervelingen van de Plaatselijke Universa

6. De Abandonters van de Superuniversa

7. Met de Zoon gefuseerde Stervelingen van de Superuniversa

8. De Ingeborenen van Havona

9. Ingeborenen van de Paradijs werelden van de Geest

10. Ingeborenen van de Paradijs werelden van de Vader

11. De Geschapen Burgers van het Paradijs

12. Met de Richter gefuseerde Sterfelijke Burgers van het Paradijs

Dit is de werkklassificatie van de persoonlijkheden van de universa, zoals zij geregistreerd staan op de hoofdkwartierwereld van Uversa.

GROEPEN VAN COMPOSIETE PERSOONLIJKHEDEN. Op Uversa treft ge de registers aan van talrijke andere groepen intelligente wezens, wezens die eveneens zijn verbonden met de organisatie en het bestuur van het groot universum. Onder deze orden vallen ook de volgende drie groepen van composiete persoonlijkheden:

A. *De Paradijs Korpsen der Volkomenheid*

1. Het Korps der Sterfelijke Volkomenen

2. Het Korps der Paradijs-Volkomenen

3. Het Korps der Getrinitiseerde Volkomenen

4. Het Korps der Vereend Getrinitiseerde Volkomenen

5. Het Korps der Havona-Volkomenen

6. Het Korps der Transcendentale Volkomenen.

7. Het Korps der Ongeopenbaarde Zonen van Bestemming.

Het Sterfelijke Korps der Volkomenheid wordt in de volgende, tevens laatste verhandeling van deze serie besproken.

B. *De Universum-Adjudanten*

1. Blinkende Morgensterren

2. Schitterende Avondsterren

3. Aartsengelen

4. Meest Verheven Assistenten

5. Hoge Commissarissen

6. Hemelse Opzieners

7. Woningwereld-leraren

Op alle hoofdkwartierwerelden van zowel de plaatselijke universa als de superuniversa, zijn voorzieningen getroffen voor deze wezens die specifieke missies uitvoeren voor de Schepper-Zonen, de regeerders van de plaatselijke universa. Wij verwelkomen deze Universum-Adjudanten op Uversa, maar wij hebben geen zeggenschap over hen. Dergelijke afgezanten vervolgen hun werk en waarnemingen op gezag van de Schepper-Zonen. Hun activiteiten worden uitgebreider beschreven in het relaas over uw plaatselijk universum.

C. *De Zeven Gastenkolonies*

1. Sterrenkundigen
2. Hemelse kunstenaars
3. Reversiedirigenten
4. Leraren aan de Aanvullende Scholen
5. De verschillende Reservekorpsen
6. Bezoekende studenten
7. Opgaande pelgrims

Aldus georganiseerd en bestuurd, zullen deze zeven groepen wezens op alle hoofdkwartierwerelden worden aangetroffen, op die van de plaatselijke stelsels tot en met die van de superuniversa, en in het bijzonder op de laatstgenoemde. De hoofdwerelden van de zeven superuniversa zijn de ontmoetingsplaatsen van intelligente wezens van bijna alle klassen en orden. Met uitzondering van de talrijke groepen inwoners van het Paradijs en Havona, kunnen hier de wilsschepselen van iedere fase van leven worden waargenomen en bestudeerd.

3. DE GASTENKOLONIES

De zeven gastenkolonies verblijven voor korte of lange tijd op de architectonische werelden, terwijl zij hun missies behartigen en hun speciale taken uitvoeren. Hun werk kan als volgt worden omschreven:

1. *De Sterrenkundigen,* de hemelse astronomen, werken bij voorkeur op werelden als Uversa, omdat zulke speciaal geconstrueerde werelden buitengewoon gunstig zijn voor hun waarnemingen en berekeningen. Uversa is gunstig gesitueerd voor het werk van deze kolonie, niet alleen vanwege haar centrale locatie, maar ook omdat er zich geen gigantische levende of dode zonnen in haar na-

bijheid bevinden die de energiestromen zouden kunnen verstoren. Deze onderzoekers zijn op geen enkele wijze organiek verbonden met de aangelegenheden van het superuniversum – zij zijn slechts gasten.

De astronomische kolonie van Uversa omvat persoonlijkheden uit vele nabijgelegen gebieden, uit het centrale universum en zelfs uit Norlatiadek. Ieder wezen op elke wereld in ieder stelsel van elk universum kan sterrenkundige worden, kan ernaar streven lid te worden van een korps hemelse astronomen. De enige vereisten zijn: voortgaand leven en voldoende kennis van de werelden in de ruimte, vooral van de daar geldende fysische wetten van evolutie en beheersing. Sterrenkundigen behoeven niet voor immer dienst te doen in dit korps, maar niemand die tot deze groep wordt toegelaten, mag zich binnen een millennium gemeten naar de tijdrekening van Uversa terugtrekken.

De kolonie van sterrenobservators op Uversa telt momenteel meer dan een miljoen leden. Deze astronomen komen en gaan, ofschoon sommigen vrij lange perioden blijven. Zij doen hun werk met behulp van een grote hoeveelheid mechanische instrumenten en materiële apparatuur; zij worden ook op grote schaal geassisteerd door de Solitaire Boodschappers en andere geestelijke verkenners. Bij hun werk van het bestuderen der sterren en het onderzoek der ruimte maken deze hemelse astronomen constant gebruik van de levende energietransformatoren en transmittoren, alsook van de reflectieve persoonlijkheden. Zij bestuderen alle vormen en fasen van ruimtemateriaal en energiemanifestaties en zijn even geïnteresseerd in het functioneren der kosmische kracht als in stellaire verschijnselen; in de ganse ruimte ontsnapt er niets aan hun nauwkeurig onderzoek.

Soortgelijke kolonies van astronomen worden aangetroffen op de hoofdkwartierwerelden van de sectoren van het superuniversum en eveneens op de architectonische hoofdwerelden van de plaatselijke universa en hun bestuurlijke onderafdelingen. Behalve op het Paradijs is kennis niet aangeboren; het begrijpen van het materiële universum is grotendeels afhankelijk van waarneming en onderzoek.

2. *De Hemelse Kunstenaars* dienen overal in de zeven superuniversa. Opklimmende stervelingen komen voor het eerst in aanraking met deze groepen tijdens hun morontia-loopbaan in het

plaatselijk universum, en in verband hiermee zullen deze kunstenaars uitgebreider worden besproken.

3. *De Reversiedirigenten* bevorderen ontspanning en humor – terugkeer tot herinneringen uit het verleden. Zij zijn zeer nuttig voor de praktische uitwerking van het opklimmingsplan voor de voortgang van stervelingen, speciaal tijdens de beginfasen van morontia-overgang en geest ervaring. Het verhaal over hen is een onderdeel van het relaas over de loopbaan van stervelingen in het plaatselijk universum.

4. *Leraren aan de aanvullende scholen.* De volgende residentiele wereld in de opklimmingsloopbaan heeft altijd een groot korps leraren op de wereld net daaronder, een soort voorbereidende school voor de vorderende inwoners van die wereld – dit is een fase in het opklimmingsplan om de pelgrims uit de tijd vooruit te helpen. Deze scholen, hun onderwijsmethoden en examens, zijn totaal verschillend van alle onderwijsinstellingen die ge op Urantia beproeft.

Het gehele opklimmingsplan voor de voortgang van stervelingen wordt gekenmerkt door het gebruik om nieuwe waarheid en ervaring door te geven aan anderen, zodra deze is verworven. Ge werkt u door de lange scholing om het Paradijs te bereiken heen, door als leraar te dienen voor de leerlingen die vlak na u komen op de ladder der voortgang.

5. *De verschillende reservekorpsen.* Enorme reserves van wezens die niet onder onze rechtstreekse supervisie staan, zijn op Uversa gemobiliseerd als de kolonie der reservekorpsen. Er zijn zeventig primaire divisies van deze kolonie op Uversa, en wanneer u wordt toegestaan een periode door te brengen bij deze buitengewone persoonlijkheden, betekent dit een brede ontwikkeling. Soortgelijke algemene reserves worden in gereedheid gehouden op Salvington en andere hoofdwerelden van universa; dezen worden in actieve dienst uitgezonden wanneer hun respectieve groepsleiders hen daartoe oproepen.

6. *De bezoekende studenten.* Er beweegt zich voortdurend een stroom hemelse bezoekers langs de verschillende hoofdkwartierwerelden. Als individuen en als klassen komen deze verschillende typen wezens in grote groepen naar ons toe als waarnemers, uitwisselingsstudenten en als studentenhelpers. Momenteel zijn er op

Uversa meer dan een miljard personen die deel uitmaken van deze gastenkolonie. Sommigen van deze bezoekers blijven een dag, anderen een jaar, al naargelang de aard van hun opdracht. Deze kolonie omvat universum-wezens van bijna iedere klasse, met uitzondering van Schepper-persoonlijkheden en morontia-stervelingen.

Morontia-stervelingen zijn alleen bezoekende studenten binnen de grenzen van het plaatselijk universum van hun oorsprong. Zij kunnen pas als inwoners van het superuniversum op bezoek komen wanneer zij de status van geest hebben bereikt. Minstens de helft van onze bezoekerskolonie bestaat uit wezens die naar elders op weg zijn en hier hun reis onderbreken om de hoofdwereld van Orvonton te bezoeken. Deze persoonlijkheden kunnen een universum-opdracht uitvoeren of een periode van vrijheid hebben – vrijheid van taken. Het voorrecht om binnen de universa te reizen en deze te bezichtigen is een onderdeel van de loopbaan van alle wezens in opklimming. Het verlangen van de mens om te reizen en nieuwe volkeren en werelden te leren kennen, zal geheel worden bevredigd tijdens de lange, veelbewogen opklimming naar het Paradijs via de plaatselijke en superuniversa en het centrale universum.

7. *De opgaande pelgrims.* Wanneer de opgaande pelgrims bij verschillende diensten zijn aangesteld in verband met hun voortgang naar het Paradijs, worden zij op de verschillende hoofdkwartierwerelden gehuisvest als een gastenkolonie. Wanneer zij overal verspreid in een superuniversum dienstdoen, besturen deze groepen grotendeels zichzelf. Zij vormen een steeds wisselende kolonie, die alle orden evolutionaire stervelingen en hun opklimmende medepelgrims omvat.

4. DE OPGAANDE STERVELINGEN

Ofschoon de overlevende stervelingen in tijd en ruimte opgaande pelgrims worden genoemd wanneer zij geaccrediteerd zijn om aan de voortgaande opklimming naar het Paradijs te beginnen, nemen deze evolutionaire schepselen in deze verhandelingen zulk een belangrijke plaats in, dat wij hier een korte schets willen geven van de navolgende zeven stadia van de opklimmingsloopbaan door het universum:

1. Planetaire stervelingen
2. Slapende overlevenden

3. Studenten op de woningwerelden

4. Morontia-voortgaanden

5. Superuniversum-pupillen

6. Havona-pelgrims

7. Nieuw aangekomenen op het Paradijs.

Het hier volgende relaas geeft de universum-loopbaan weer van een sterveling bij wie een Richter inwoont. De stervelingen die met de Zoon of met de Geest zijn gefuseerd hebben gedeelten van deze loopbaan met hen gemeen, maar wij hebben verkozen dit verhaal te vertellen zoals het van toepassing is op de met de Richter gefuseerde stervelingen, want zulk een bestemming mogen alle geslachten der mensen op Urantia verwachten.

1. *Planetaire Stervelingen.* Stervelingen zijn allen evolutionaire wezens van dierlijke afstamming met het potentieel tot opklimming. In oorsprong, natuur en bestemming zijn deze verschillende groepen en typen menselijke wezens niet geheel verschillend van de volkeren van Urantia. De mensenrassen van iedere wereld ontvangen dezelfde bijstand van de Zonen van God en genieten de tegenwoordigheid van de dienende geesten in de tijd. Na de natuurlijke dood verbroederen zich alle typen opklimmenden als één morontia-familie op de woningwerelden.

2. *Slapende overlevenden.* Alle stervelingen met de status van overlevende, onder de hoede van persoonlijke bestemmingsbehoeders, gaan door de poorten van de natuurlijke dood en personaliseren bij de derde periode op de woningwerelden. Die geaccrediteerde wezens die om de een of andere reden niet in staat zijn geweest om dat niveau van beheersing van hun intelligentie en dat bezit aan geestelijkheid te bereiken dat hun recht zou geven op persoonlijke begeleiders, kunnen niet zo onmiddellijk en rechtstreeks naar de woningwerelden gaan. Deze overlevende zielen moeten in een onbewuste slaaptoestand blijven rusten tot de dag des oordeels van een nieuw tijdperk, een nieuwe dispensatie, de komst van een Zoon van God om het appèl van dat tijdperk te houden en de betrokken wereld te oordelen, en dit is de algemene praktijk in heel Nebadon. Van Christus Michael werd gezegd dat hij toen hij bij de afronding van zijn werk op aarde opvoer naar den hoge 'een grote menigte gevangenen aanvoerde.' Deze gevangenen nu waren de sla-

pende overlevenden sinds de dagen van Adam tot aan de dag van de wederopstanding van de Meester op Urantia.

Het verstrijken der tijd is voor de slapende stervelingen van geen belang: zij zijn geheel buiten bewustzijn en hebben geen enkel besef van de duur van hun rusttijd. Wanneer aan het eind van een tijdperk hun persoonlijkheid opnieuw wordt samengesteld, zullen zij die vijfduizend jaar hebben geslapen, niet anders reageren dan zij die vijf dagen hebben gerust. Afgezien van dit tijdsoponthoud, gaan deze overlevenden op dezelfde wijze door in het regime van de opklimming als degenen die de lange of korte doodsslaap vermijden.

Deze dispensatie-klassen van pelgrims van de werelden worden ingezet voor morontia-groepsactiviteiten in het werk van de plaatselijke universa. De mobilisatie van zulke enorme groepen heeft grote voordelen: aldus worden zij bijeengehouden voor lange perioden van effectief dienstbetoon.

3. *Studenten op de woningwerelden.* Alle overlevende stervelingen die op de woningwerelden ontwaken, behoren tot deze klasse.

Het fysieke lichaam van het sterfelijk vlees maakt geen deel uit van de opnieuw samengevoegde slapende overlevende; het fysieke lichaam is tot stof wedergekeerd. De aangestelde serafijn stelt zich verantwoordelijk voor het nieuwe lichaam, de morontia-gestalte, als nieuw levensvoertuig voor de onsterfelijke ziel en woonplaats voor de teruggekeerde Richter. De Richter is de bewaarder van de geest kopie van het bewustzijn van de slapende overlevende. De aangestelde serafijn is de behoeder van de voortlevende identiteit – de onsterfelijke ziel – voorzover deze is geëvolueerd. En wanneer deze twee, de Richter en de serafijn, de aspecten van de persoonlijkheid die aan hun hoede zijn toevertrouwd, opnieuw verenigen, vertegenwoordigt het nieuwe individu de opstanding van de oude persoonlijkheid, de overleving van de evoluerende morontia-identiteit van de ziel. Zulk een herverbinding van de ziel en de Richter wordt volkomen terecht een wederopstanding genoemd, een opnieuw samenvoegen van persoonlijkheidsfactoren, doch zelfs dit verklaart niet geheel het opnieuw verschijnen van de overlevende *persoonlijkheid.* Ofschoon ge waarschijnlijk nooit de toedracht van zo'n onverklaarbare verrichting zult begrijpen, zult ge eens de waarheid ervan uit ervaring kennen als ge het plan voor het voortbestaan van stervelingen niet afwijst.

De methode om stervelingen aanvankelijk vast te houden op zeven werelden waar zij verder worden opgeleid, is bijna universeel in Orvonton. In ieder plaatselijk stelsel van ongeveer duizend bewoonde planeten zijn er zeven woningwerelden, gewoonlijk satellieten of subsatellieten van de hoofdwereld van het stelsel. Dit zijn de ontvangstwerelden voor de meerderheid der opgaande stervelingen.

Soms worden alle opleidingswerelden waar stervelingen verblijven universum-'woningen' genoemd, en Jezus zinspeelde op deze werelden toen hij zei: 'In het huis mijns Vaders zijn vele woningen'. Van hier af aan zullen stervelingen in opgang binnen een gegeven groep hemellichamen zoals de woningwerelden, individueel voortgaan van de ene wereld naar de andere en van de ene levensfase naar de volgende, maar de voortgang van het ene stadium van universum-studie naar het volgende zullen zij altijd in klasseverband maken.

4. *Morontia-voortgaanden.* Van de woningwerelden tot op de werelden van het stelsel, de constellatie en het universum, worden stervelingen geklassificeerd als morontia-voortgaanden: zij doorlopen de overgangswerelden voor de opklimming van stervelingen. Terwijl de stervelingen in opgang voortgaan van de lage naar de hoge morontia-werelden, dienen zij op talloze posten tezamen met hun leraren en in het gezelschap van hun meer gevorderde, oudere broeders.

Morontia-voortgang heeft betrekking op voortdurende vordering van verstand, geest en persoonlijkheidsgestalte. Overlevenden zijn nog steeds wezens van drievoudige natuur. Gedurende de gehele morontia-ervaring zijn zij pupillen van het plaatselijk universum. Het regime van het superuniversum functioneert pas wanneer de geest loopbaan begint.

Stervelingen verwerven reële geest identiteit vlak voordat zij het hoofdkwartier van het plaatselijk universum verlaten en naar de ontvangstwerelden van de kleine sectoren van het superuniversum gaan. De overgang van het laatste morontia-stadium naar de eerste of laagste geest status betekent slechts een geringe verandering. Het bewustzijn, de persoonlijkheid en het karakter blijven onveranderd door deze vooruitgang: alleen de gestalte ondergaat een modificatie. De geest gestalte is echter even werkelijk als het morontia-lichaam en even waarneembaar.

Vóór hun vertrek uit de plaatselijke universa waaruit zij geboortig zijn naar de ontvangst-werelden van het superuniversum, hebben de stervelingen uit de tijd geest-bevestiging ontvangen van de Schepper-Zoon en de Moeder-Geest van het plaatselijk universum. Vanaf dit punt ligt de status van de opklimmende sterveling voor altijd vast. Wij weten dat pupillen van het superuniversum nog nooit zijn afgedwaald. Opgaande serafijnen in opklimming worden eveneens bevorderd in hun rang als engelen wanneer zij de plaatselijke universa verlaten.

5. *Superuniversum-pupillen.* Alle opklimmenden die op de opleidingswerelden van de superuniversa arriveren, worden pupillen van de Ouden der Dagen; zij hebben het morontia- leven van het plaatselijk universum doorlopen en zijn nu geaccrediteerde geesten. Als jonge geesten beginnen zij aan de opgang in het superuniversumstelsel van opleiding en cultuur, dat zich van de ontvangstwerelden van hun kleine sector naar binnen uitstrekt via de studiewerelden van de tien grote sectoren en verder, tot op de hogere culturele werelden van het hoofdkwartier van het superuniversum.

De leerling-geesten zijn ingedeeld in drie orden, naargelang zij verblijf houden op de werelden van geest-voortgang van de kleine sector, van de grote sectoren, of van de hoofdkwartierwerelden van het superuniversum. Zoals morontia-opklimmenden hebben gestudeerd en gewerkt op de werelden van het plaatselijk universum, zo blijven geest-opklimmenden zich nieuwe werelden eigen maken terwijl zij zich oefenen om datgene aan anderen door te geven waarmee zij zichzelf hebben gelaafd aan de experiëntiële bronnen van wijsheid. Maar de opleiding als geest wezen in de loopbaan in het superuniversum is iets totaal anders dan wat ooit in de voorstellingswereld van het materiële bewustzijn van de mens is opgekomen.

Voordat deze geesten in opklimming het superuniversum verlaten om naar Havona te gaan, ontvangen zij eenzelfde grondige opleiding in het bestuur van een superuniversum als zij gedurende hun morontia-ervaring ontvingen ten aanzien van de supervisie over een plaatselijk universum. Voordat geest stervelingen Havona bereiken, bestaat hun voornaamste studie, maar niet hun enige bezigheid, uit het zich eigen maken van de bestuursvorm van het plaatselijk universum en het superuniversum. De reden waarom zij al deze ervaring moeten opdoen is thans niet volkomen duidelijk, maar ongetwijfeld is deze opleiding wijs en noodzakelijk gezien hun mogelijke toekomstige bestemming als leden van het Korps der Volkomenheid.

Het regime van het superuniversum is niet voor alle opgaande stervelingen gelijk. Zij ontvangen wel dezelfde algemene opleiding, maar speciale groepen en klassen worden door speciale cursussen van instructie geholpen en krijgen specifieke trainingscursussen.

6. *Havona-pelgrims.* Wanneer de geest-ontwikkeling volledig is, ook al is zij niet volkomen, maakt de overlevende sterveling zich vervolgens gereed voor de lange vlucht naar Havona, de veilige haven voor evolutionaire geesten. Op aarde bent ge een schepsel van vlees en bloed geweest; in het plaatselijk universum bent ge aldoor een morontia-wezen geweest; in het superuniversum bent ge steeds een evoluerende geest geweest; bij uw aankomst op de ontvangstwerelden van Havona begint uw geestelijke opleiding feitelijk en in ernst: uiteindelijk zult ge op het Paradijs verschijnen als een vervolmaakte geest.

De reis van het hoofdkwartier van het superuniversum naar de ontvangstwerelden van Havona wordt altijd alleen gemaakt. Van nu af aan zal er geen klasse of groepsinstructie meer worden gegeven. De juridisch-technische en bestuurlijke opleiding op de evolutionaire werelden in tijd en ruimte ligt achter u. Nu begint uw *persoonlijke opleiding,* uw individuele geestelijke training. Gedurende uw hele verblijf in Havona is het onderricht van begin tot einde persoonlijk en drievoudig van aard: verstandelijk, geestelijk en experiëntieel.

Als eerste daad in uw Havona-loopbaan zult ge uw transportseconafijn herkenen en danken voor de lange, veilige reis. Daarna wordt ge voorgesteld aan de wezens die de verantwoording zullen dragen voor uw eerste Havona-activiteiten. Vervolgens laat ge uw aankomst registreren en maakt ge de boodschap van dankbetoon en adoratie klaar voor verzending naar de Schepper-Zoon van uw plaatselijk universum, de universum-Vader die uw loopbaan van zoonschap mogelijk heeft gemaakt. Dit vormt het einde van de formaliteiten van de aankomst in Havona; hierna wordt u een lange periode verleend van vrije tijd gedurende welke ge vrij kunt rondzien en die u de gelegenheid geeft om uw vrienden, medepelgrims en medewerkers in de lange opklimmingservaring op te zoeken. Ge kunt ook de nieuwsberichten raadplegen om na te gaan wie van uw medepelgrims naar Havona zijn vertrokken sinds ge Uversa hebt verlaten.

Het feit van uw aankomst op de ontvangstwerelden van Havona zal prompt worden doorgegeven aan het hoofdkwartier van uw plaatselijk universum en persoonlijk worden medegedeeld aan uw serafijnse behoeder, waar deze serafijn zich ook moge bevinden.

De opgaande stervelingen zijn grondig opgeleid in de aangelegenheden van de evolutionaire werelden in de ruimte; nu beginnen zij aan hun lange, leerzame contact met de geschapen werelden van volmaaktheid. Welk een voorbereiding wordt u geboden voor nog onbekende werkzaamheden in de toekomst door deze gecombineerde, unieke en buitengewone ervaring! Maar over Havona kan ik u niets vertellen – ge moet deze werelden gezien hebben om hun heerlijkheid te kunnen waarderen en hun grootsheid te kunnen begrijpen.

7. *Nieuw-aangekomenen op het Paradijs.* Wanneer ge het Paradijs bereikt met residentiële status, begint ge aan de progressieve opleiding in goddelijkheid en absoniteit. Uw residenten op het Paradijs geeft aan dat ge God gevonden hebt, en dat ge opgenomen zult worden in het Sterfelijke Korps der Volkomenheid. Van alle schepselen van het groot universum worden alleen zij die met de Vader zijn gefuseerd, opgenomen in het Sterfelijke Korps der Volkomenheid. Alleen deze individuen leggen de eed van de volkomenen af. Andere wezens die de Paradijs-volmaaktheid bezitten of hebben bereikt, kunnen wel tijdelijk verbonden zijn aan dit korps der volkomenheid, maar zij worden niet voor eeuwig aangesteld bij de onbekende, ongeopenbaarde missie van deze groeiende schare evolutionaire, vervolmaakte veteranen uit tijd en ruimte.

Degenen die op het Paradijs aankomen, krijgen een periode van vrijheid waarna zij beginnen met hun verschillende vormen van samenwerking met de zeven groepen der primaire supernafijnen. Zij worden gegradueerden van het Paradijs genoemd wanneer zij hun opleiding bij de dirigenten der godsverering hebben beëindigd en vervolgens als volkomenen worden aangesteld als waarnemers, en om in samenwerkingsverbanden te dienen tot aan de einden der wijdverbreide schepping. Vooralsnog schijnen er geen specifieke of vaste werkzaamheden te zijn voor het Sterfelijke Korps der Volkomenen, ofschoon de leden in vele functies dienen op de werelden die in licht en leven zijn bestendigd.

Indien er geen toekomstige of ongeopenbaarde bestemming zou zijn voor het Sterfelijke Korps der Volkomenen, zou de huidige taak van deze opklimmende wezens geheel adequaat en luisterrijk zijn. Hun huidige bestemming is een volkomen rechtvaardiging van het universele plan der evolutionaire opklimming. Doch de toekomstige tijdperken van de evolutie van de werelden in de buiten-ruimte zullen ongetwijfeld een verdere uitwerking te zien geven van, en een voller goddelijk licht werpen op, de wijsheid en goedertierendheid van de Goden in de uitvoering van hun goddelijke plan voor het voortbestaan van de mens en de opklimming van stervelingen.

Dit relaas geeft, samen met hetgeen u reeds is geopenbaard en met wat ge wellicht nog te weten zult komen in verband met onderricht inzake uw eigen wereld, een overzicht van de loopbaan van een opgaande sterveling. Het verhaal vertoont aanzienlijke variaties in de verschillende superuniversa, maar deze presentatie geeft u een glimp te zien van het gemiddelde plan voor de vooruitgang van stervelingen, zoals het functioneert in het plaatselijk universum Nebadon en in het zevende segment van het groot universum, het superuniversum Orvonton.

[Opgesteld onder verantwoordelijkheid van een Machtige Boodschapper van Uversa.]

ZEVEN

DE EVOLUTIE VAN
PLAATSELIJKE UNIVERSA

(VERHANDELING 32)

EEN plaatselijk universum is het handwerk van een Schepper-Zoon van de Paradijs-orde van Michael. Het telt honderd constellaties, die elk honderd stelsels van bewoonde werelden omvatten. Ieder stelsel zal uiteindelijk ongeveer duizend bewoonde werelden bevatten.

De universa in tijd en ruimte zijn alle evolutionair. Het scheppingsplan van de Michaels uit het Paradijs volgt altijd de weg van de geleidelijke evolutie en progressieve ontwikkeling van de fysieke, verstandelijke en geestelijke natuur en vermogens van de veelsoortige schepselen die de verschillende orden van werelden bewonen waaruit zulk een plaatselijk universum bestaat. Urantia behoort tot een plaatselijk universum welks soeverein de God-mens van Nebadon is, Jezus van Nazaret, Michael van Salvington. En alle plannen van Michael voor dit plaatselijk universum waren volledig goedgekeurd door de Paradijs-Triniteit voordat hij ooit dit allerhoogste avontuur in de ruimte aanving.

De Zonen van God mogen wel de gebieden van hun activiteit als schepper uitkiezen, maar deze materiële scheppingen zijn oorspronkelijk geprojecteerd en ontworpen door de Paradijs-Architecten van het Meester-Universum.

1. DE FYSISCHE WORDING VAN UNIVERSA

De aan universa voorafgaande manipulaties van de ruimte-Paradijskracht en de oer-energieën zijn het werk van de Mees-

A

ter-Krachtorganisatoren van het Paradijs; in de domeinen van superuniversa, wanneer wordende energie responsief wordt op de plaatselijke of lineaire zwaartekracht, trekken dezen zich echter terug ten gunste van de krachtdirigenten van het betrokken superuniversum.

Deze krachtdirigenten functioneren in de premateriële en post-Paradijskracht-scheppingsfasen van een plaatselijk universum op zichzelf. Er bestaat geen gelegenheid voor een Schepper-Zoon met de organisatie van een universum te beginnen, voordat de krachtdirigenten de ruimte-energieën in voldoende mate hebben gemobiliseerd om hem een materiële grondslag te verschaffen voor het universum in wording – concrete zonnen en materiële werelden.

De plaatselijke universa hebben alle ongeveer hetzelfde potentieel aan energie, ofschoon zij sterk verschillen in fysische dimensies en van tijd tot tijd ook een verschillende inhoud aan zichtbare materie kunnen hebben. De krachtlading en het vermogen aan potentiële materie van een plaatselijk universum worden bepaald zowel door de bewerkingen van de krachtdirigenten en hun voorgangers, als door de activiteiten van de Schepper-Zoon en door de inherente fysische controle waarmee zijn scheppende deelgenote is begiftigd.

De energielading van een plaatselijk universum is ongeveer het honderdduizendste deel van het vermogen aan Paradijskracht van het betrokken superuniversum. In het geval van Nebadon, uw plaatselijk universum, is de massa-materialisatie iets minder. In fysisch opzicht bezit Nebadon evenveel fysische energie en materie als in iedere plaatselijke schepping in Orvonton kan worden aangetroffen. De enige fysische beperking aan de ontwikkelingsexpansie van het universum Nebadon bestaat in de kwantitatieve lading van ruimte-energie die wordt vastgehouden door de zwaartekrachtbeheersing door onderling verbonden krachten en persoonlijkheden van het gecombineerde universum-mechanisme.

Wanneer energie-materie een bepaald stadium in de massa-materialisatie heeft bereikt, verschijnt er een Schepper-Zoon uit het Paradijs ten tonele, vergezeld van een Scheppende Dochter van de Oneindige Geest. Gelijktijdig met de aankomst van de Schepper-Zoon wordt een aanvang gemaakt met het werk aan de architectonische wereld die de hoofdkwartierwereld van het geprojecteerde plaatselijk universum moet worden. De evolutie van zulk een plaatselijk universum duurt eeuwen lang, zonnen worden stabiel, planeten vormen zich en gaan in hun kringlopen wentelen, terwijl ook het werk doorgaat van de schepping van architectonische werelden die als hoofdkwartieren van de constellaties en hoofdwerelden van de stelsels moeten dienen.

2. DE ORGANISATIE VAN UNIVERSA

De Schepper-Zonen worden bij de organisatie van de universa voorafgegaan door de krachtdirigenten en andere wezens die hun oorsprong hebben in de Derde Bron en Centrum. Uit de energieën der ruimte, die aldus tevoren waren georganiseerd, heeft Michael, uw Schepper-Zoon, de bewoonde gebieden van het universum Nebadon tot stand gebracht en sindsdien heeft hij zich steeds nauwgezet gewijd aan hun bestuur. Uit preëxistente energie materialiseren deze goddelijke Zonen zichtbare materie, projecteren zij levende schepselen, en scheppen zij, met medewerking van de universum-tegenwoordigheid van de Oneindige Geest, een gevarieerd gevolg van geest-persoonlijkheden.

Deze krachtdirigenten en energiecontroleurs, die reeds lang voor de Schepper-Zoon zijn begonnen met het voorbereidende fysische werk van het organiseren van een universum, dienen later in een prachtig samenwerkingsverband samen met deze Universum-Zoon en blijven, als zijn medewerkers, voor immer meester over de energieën die zij oorspronkelijk hebben georganiseerd en in circuits hebben gebracht. Op Salvington functioneren nu nog steeds dezelfde honderd krachtcentra die met uw Schepper-Zoon hebben samengewerkt bij de oorspronkelijke vorming van dit plaatselijk universum.

De eerste fysische scheppingsdaad die in Nebadon werd voltooid, bestond in de organisatie van de hoofdkwartierwereld, de architectonische wereld Salvington, en haar satellieten. Tussen de eerste initiatieven van de krachtcentra en fysische controleurs en de aankomst van de levende stafleden op de voltooide werelden van Salvington, lag een periode van iets meer dan een miljard jaar, naar uw huidige planetaire tijdrekening. De constructie van Salvington werd ogenblikkelijk gevolgd door de schepping van de honderd hoofdkwartierwerelden van de geprojecteerde constellaties en de tienduizend hoofdkwartierwerelden van de geprojecteerde plaatselijke stelsels ten behoeve van de controle en het bestuur van de planeten, alsmede hun architectonische satellieten. Deze architectonische werelden worden ontworpen om zowel fysieke en geestelijke persoonlijkheden te huisvesten, als wezens van de morontia- of overgangsstadia van bestaan die daar tussenin liggen.

Salvington, het hoofdkwartier van Nebadon, ligt precies in het centrum van de energie-massa van het plaatselijk universum. Maar uw plaatselijk universum is geen enkelvoudig astronomisch stelsel, ofschoon er wel een groot stelsel bestaat in het fysische centrum.

Salvington is het persoonlijke hoofdkwartier van Michael van Nebadon, doch men zal hem daar niet altijd aantreffen. Voor het soepel functioneren van uw plaatselijk universum is de constante aanwezigheid van de Schepper-Zoon op de hoofdwereld niet langer vereist, zulks in tegenstelling tot de eerste tijdperken van de fysische organisatie. Een Schepper-Zoon kan zijn hoofdkwartierwereld niet verlaten totdat door de materialisatie van voldoende energie, de stabilisatie der zwaartekracht van het gebied tot stand is gebracht, zodat de verschillende circuits en stelsels elkaar door wederkerige materiële aantrekkingskracht in evenwicht kunnen houden.

Dan, als het fysische plan van een universum is voltooid, ontwerpt de Schepper-Zoon, in samenwerking met de Scheppende Geest, zijn plan voor de schepping van leven; hierop begint deze vertegenwoordigster van de Oneindige Geest als een afzonderlijke scheppende persoonlijkheid in het universum te functioneren. Wanneer deze eerste scheppende daad is geformuleerd en uitgevoerd, springt plotseling de Blinkende Morgenster tot aanzijn, de belichaming van dit eerste creatieve concept van identiteit en ideaal van goddelijkheid. Dit is het hoofd van het uitvoerende bestuur van het universum, de persoonlijke medewerker van de Schepper-Zoon, iemand die hem qua karakter in alle opzichten gelijkt, ofschoon hij duidelijk beperkt is in de eigenschappen van goddelijkheid.

En nu de Schepper-Zoon zijn helper, zijn rechterhand en hoofdbestuurder heeft gekregen, volgt het tot aanzijn brengen van een enorme verzameling prachtige schepselen van uiteenlopende aard. De zonen en dochters van het plaatselijk universum verschijnen, en spoedig daarna wordt de regering van zulk een schepping ingesteld, van de allerhoogste raadscolleges van de universa tot de vaders van de constellaties en de soevereinen van de plaatselijke stelsels – de verzamelingen van werelden die zijn bestemd om later de

woonsteden te worden van de gevarieerde sterfelijke rassen der wilsschepselen. De leiding van elk van deze werelden zal berusten bij
een Planetaire Vorst.

En dan, wanneer zulk een universum zo volledig is georganiseerd en zo overvloedig bemand, gaat de Schepper-Zoon in op het
voorstel van de Vader om de sterfelijke mens te scheppen naar hun
goddelijk beeld.

Het organiseren van planetaire verblijfplaatsen gaat nog steeds
voort in Nebadon, want dit universum is inderdaad nog maar een
jonge cluster in de stellaire en planetaire gebieden van Orvonton. Bij
de laatste registratie waren er 3.840.101 bewoonde planeten in Nebadon, en Satania, het plaatselijk stelsel waartoe uw wereld behoort,
is ook voor andere stelsels tamelijk karakteristiek.

Satania is geen uniform fysisch stelsel, geen enkelvoudige astronomische eenheid of organisatie. Haar 619 bewoonde werelden
bevinden zich in meer dan vijfhonderd verschillende fysische stelsels. Slechts vijf daarvan kennen meer dan twee bewoonde werelden,
en van deze vijf heeft er slechts één vier bewoonde planeten, terwijl
er zesenveertig zijn die twee bewoonde werelden hebben.

Het Satania-stelsel van bewoonde werelden ligt ver af van
Uversa en de grote zonnencluster die functioneert als het fysische
of astronomische centrum van het zevende superuniversum. Van
Jerusem, het hoofdkwartier van Satania, tot het fysische centrum
van het superuniversum Orvonton, zeer ver weg in de compacte
diameter van de Melkweg, bedraagt de afstand meer dan tweehon-
derdduizend lichtjaren. Satania ligt aan de rand van het plaatselijk
universum, en Nebadon bevindt zich thans niet ver van de rand
van Orvonton. Van het buitenste stelsel van bewoonde werelden tot
het centrum van het superuniversum is de afstand iets minder dan
tweehonderdvijftigduizend lichtjaren.

Het universum Nebadon wentelt nu ver in het zuid-oosten in
het circuit van het superuniversum Orvonton. De naburige universa
die zich het dichtst bij bevinden zijn: Avalon, Henselon, Sanselon,
Portalon, Wolvering, Fanoving en Alvoring.

De evolutie van een plaatselijk universum is echter niet in een
paar woorden verteld. In de verhandelingen over het superuniversum wordt dit onderwerp ingeleid, de verhandelingen in dit deel,
dat over de plaatselijke scheppingen gaat, gaan er mee verder, ter-

wijl de verhandelingen die zullen volgen en een schets geven van de historie en bestemming van Urantia, het verhaal completeren. De bestemming van de stervelingen van zulk een plaatselijke schepping kunt ge echter alleen voldoende gaan begrijpen wanneer ge de verhandelingen bestudeert over het leven en onderricht van uw Schepper-Zoon, toen hij het leven leidde van een mens in de gelijkenis van het sterfelijk vlees op uw eigen evolutionaire wereld.

3. DE EVOLUTIONAIRE IDEE

De enige schepping die volmaakt is bestendigd, is Havona, het centrale universum dat rechtstreeks gemaakt is door de gedachte van de Universele Vader en het woord van de Eeuwige Zoon. Havona is een existentieel, volmaakt en vervuld universum, en omgeeft de woonstede van de eeuwige Godheden, het centrum aller dingen. De scheppingen van de zeven superuniversa zijn eindig, evolutionair, en immer progressief.

De fysische stelsels in tijd en ruimte zijn alle evolutionair van oorsprong. Zij worden zelfs fysisch niet stabiel, totdat zij in de bestendige circuits van hun superuniversa gaan wentelen. Een plaatselijk universum wordt ook pas bestendigd in licht en leven wanneer zijn fysische mogelijkheden tot expansie en ontwikkeling zijn uitgeput en de geestelijke status van al zijn bewoonde werelden voor immer is bestendigd en gestabiliseerd.

Behalve in het centrale universum, is volmaaktheid een toestand die progressief bereikt moet worden. In de centrale schepping hebben wij een patroon van volmaaktheid, doch alle andere gebieden moeten deze volmaaktheid bereiken door het volgen van de methoden die zijn ingesteld voor de vooruitgang van die specifieke werelden of universa. En de plannen van de Schepper-Zonen voor het organiseren, evolueren, disciplineren en bestendigen van hun respectieve plaatselijke universa, worden gekenmerkt door een schier oneindige verscheidenheid.

Met uitzondering van de godheidstegenwoordigheid van de Vader, is ieder plaatselijk universum in zekere zin een duplicaat van de bestuurlijke organisatie van de centrale of patroon-schepping. Ofschoon de Universele Vader persoonlijk aanwezig is in zijn residentie-universum, woont hij niet in het bewustzijn van de wezens die hun oorsprong in dat universum hebben, zoals hij wel letterlijk woont in de ziel van de stervelingen uit tijd en ruimte. Er schijnt een alwijze compensatie te zijn in de aanpassing en regulering van de geestelijke aangelegenheden van de wijdverbreide schepping. In het centrale universum is de Vader als zodanig persoonlijk aanwezig, doch niet in het bewustzijn van de kinderen van die volmaakte schepping; in de universa in de ruimte is de Vader in persoon afwezig en wordt hij vertegenwoordigd door zijn Soevereine Zonen, terwijl hij op de meest intieme wijze aanwezig is in het bewustzijn van zijn sterfelijke kinderen, waar hij geestelijk wordt vertegenwoordigd door de voorpersoonlijke tegenwoordigheid van de Geheimnisvolle Mentoren die in het bewustzijn van deze wilsschepselen resideren.

Op het hoofdkwartier van een plaatselijk universum resideren al die scheppers en scheppende persoonlijkheden die onafhankelijk gezag en bestuurlijke autonomie vertegenwoordigen, behalve de persoonlijke tegenwoordigheid van de Universele Vader. In het plaatselijk universum treft men wel iemand aan van alle intelligente wezens van bijna alle klassen die in het centrale universum bestaan, behalve de Universele Vader. Ofschoon de Universele Vader niet persoonlijk aanwezig is in een plaatselijk universum, wordt hij daar persoonlijk vertegenwoordigd door de plaatselijke Schepper-Zoon, eerst als stadhouder van God en vervolgens op zichzelf, als allerhoogste, soevereine regeerder.

Hoe lager wij afdalen op de ladder des levens, hoe moeilijker het wordt om met het oog des geloofs de plaats van de onzienlijke Vader te bepalen. De lagere schepselen – en soms zelfs de hogere persoonlijkheden – vinden het moeilijk om de Universele Vader altijd in zijn Schepper-Zonen te zien. En in afwachting van de tijd dat zij geestelijk verheven zullen worden en door de volmaking van hun ontwikkeling God in eigen persoon zullen kunnen aanschouwen, worden zij daarom moe tijdens hun voortgang, kennen zij geestelijke twijfel, raken zij in verwarring en sluiten zichzelf zodoende af voor de progressieve geestelijke doelstellingen van hun tijd en universum. Op deze wijze verliezen zij het vermogen om de Vader te zien wanneer zij de Schepper-Zoon aanschouwen. In de lange worsteling om de Vader te bereiken, ligt de zekerste bescherming voor het schepsel gedurende deze periode dat inherente restricties het onmogelijk maken om de Vader te bereiken, immer in het volhardend vasthouden aan het waarheidsfeit van de aanwezigheid van de

Vader in zijn Zonen. Letterlijk en figuurlijk, geestelijk en persoonlijk zijn de Vader en de Zonen één. Hij die een Schepper-Zoon heeft gezien, heeft de Vader gezien; dit is een feit.

De persoonlijkheden in ieder gegeven universum zijn in het begin alleen bestendig en betrouwbaar naargelang hun graad van verwantschap met de Godheid. Wanneer de oorsprong van het geschapen wezen maar ver genoeg verwijderd ligt van de oorspronkelijke, goddelijke Bronnen, bestaat er, of we nu te maken hebben met de Zonen van God of de dienende schepselen die tot de Oneindige Geest behoren, een toenemende mogelijkheid tot disharmonie, verwarring en soms rebellie – zonde.

Met uitzondering van de volmaakte wezens van Godheidsoorsprong, zijn alle wilsschepselen in de superuniversa van evolutionaire aard: beginnend in nederige staat, klimmen zij steeds verder omhoog, in werkelijkheid steeds verder naar binnen. Zelfs hoogst geestelijke persoonlijkheden blijven omhooggaan langs de ladder des levens door progressieve translaties van het ene leven naar het volgende en van de ene wereld naar de volgende. En in het geval van degenen die de Geheimnisvolle Mentoren gastvrijheid bieden, bestaat er inderdaad geen grens aan de mogelijkheden van hun geestelijke opklimming en aan hun prestaties in het universum.

Wanneer zij uiteindelijk wordt bereikt, is de volmaaktheid van de schepselen uit de tijd geheel en al zelf verworven, een authentiek persoonlijkheidsbezit. Hoewel de elementen van genade vrijelijk worden toegevoegd, is hetgeen het schepsel bereikt niettemin het resultaat van individuele inspanning en daadwerkelijk leven, de reactie van persoonlijkheid op de bestaande omgeving.

Het feit van een dierlijke evolutionaire oorsprong werpt in de ogen van het universum geen enkele blaam op een persoonlijkheid, aangezien dit de enige methode is om één der twee grondvormen van eindige, intelligente wilsschepselen voort te brengen. Wanneer de toppen van volmaaktheid en eeuwigheid worden bereikt, komt des te meer eer toe aan degenen die onderaan zijn begonnen en ronde na ronde de wenteltrap des levens vreugdevol hebben beklommen, en wanneer zij de hoogten der heerlijkheid eindelijk bereiken, een persoonlijke ervaring hebben verworven die daadwerkelijke kennis belichaamt van iedere fase van het leven, van de laagste tot de hoogste.

In dit alles blijkt de wijsheid van de Scheppers. Voor de Universele Vader zou het even gemakkelijk zijn om alle stervelingen tot volmaakte wezens te maken, om volmaaktheid te verlenen door zijn goddelijk woord. Dit zou hen echter beroven van de geweldige ervaring van het avontuur en de training die gepaard gaan met de lange, geleidelijke opklimming naar binnen, een ervaring die alleen zij kunnen verwerven die zo fortuinlijk zijn om op het allerlaagste niveau van het levende bestaan te beginnen.

In de universa die rond Havona cirkelen, wordt slechts een voldoende aantal volmaakte schepselen geplaatst om te voorzien in de behoefte aan leraar-gidsen die als patroon kunnen dienen voor degenen die de ladder van het evolutionaire leven bestijgen. De experiëntiële natuur van het evolutionaire type persoonlijkheid is het natuurlijke kosmische complement van de immer volmaakte natuur van de Paradijs-Havona-schepselen. In werkelijkheid zijn zowel de volmaakte als de vervolmaakte schepselen onvolledig met betrekking tot de eindige totaliteit. Doch in de complementaire associatie van de existentieel volmaakte schepselen van het Paradijs-Havona-stelsel en de experiëntieel vervolmaakte volkomenen die opklimmen vanuit de evolutionaire universa, vinden beide typen bevrijding van hun inherente beperkingen, en kunnen zij aldus gezamenlijk trachten de sublieme hoogten van de ultieme status van het schepsel te bereiken.

Deze verrichtingen van schepselen zijn de universum-repercussies op acties en reacties binnen de Zevenvoudige Godheid, waar zich de eeuwige goddelijkheid van de Paradijs-Triniteit paart aan de evoluerende goddelijkheid van de Allerhoogste Scheppers van de universa in tijd en ruimte, in en door de kracht-actualiserende Godheid van de Allerhoogste.

Het goddelijk volmaakte schepsel en het evolutionair vervolmaakte schepsel zijn elkaars gelijken in de graad van hun goddelijkheidspotentieel, doch zij verschillen in soort. Elk is van de ander afhankelijk voor het bereiken van allerhoogst dienstbetoon. De evolutionaire super-universa zijn afhankelijk van het volmaakte Havona voor de laatste training van hun opklimmende burgers, maar het volmaakte centrale universum heeft het bestaan van de volmaakt wordende superuniversa evenzeer nodig voor de volledige ontwikkeling van zijn afdalende inwoners.

De twee primaire manifestaties der eindige realiteit, ingeschapen volmaaktheid en geëvo-lueerde volmaaktheid, of het nu

persoonlijkheden zijn of universa, zijn gelijkwaardig, onderling afhankelijk en geïntegreerd. Elk heeft de ander nodig om volledigheid
van functie, dienstbetoon en bestemming te bereiken.

4. GODS VERHOUDING TOT EEN PLAATSELIJK UNIVERSUM

Denkt niet dat de Universele Vader, omdat hij zo'n groot gedeelte van zichzelf en van zijn macht aan anderen heeft gedelegeerd,
een stil of inactief lid is van het Godheid-partnerschap. Afgezien van
de domeinen van persoonlijkheid en de schenking van Gedachtenrichters, lijkt hij slechts de minst actieve van de Paradijs-Godheden
in dier voege dat hij zijn Godheidsgelijken, zijn Zonen, en talrijke
geschapen denkende wezens, toestaat om veel te verrichten bij de
uitvoering van zijn eeuwig voornemen. Hij is slechts het stille lid
van het scheppende drietal in de zin dat hij nooit iets doet dat ook
door een van zijn gelijken of zijn ondergeschikten kan worden
gedaan.

God begrijpt ten volle de behoefte van ieder intelligent schepsel om te functioneren en ervaring op te doen, en derhalve wijkt hij
in iedere situatie, of het nu gaat om de bestemming van een universum of het welzijn van het nederigste van zijn schepselen, terug
ten gunste van de activiteit van grote scharen schepselen Schepper-
persoonlijkheden, die krachtens hun natuur tussen hemzelf en een
gegeven situatie in het universum of scheppingsgebeurtenis in staan.
Doch niettegenstaande dit terugtreden, dit blijk van oneindige coordinatie, bestaat er van Gods zijde een daadwerkelijke, concrete
en persoonlijke participatie in deze gebeurtenissen, middels deze
verordineerde instanties en persoonlijkheden. De Vader werkt in en
middels al deze kanalen voor het welzijn van zijn hele wijdverbreide
schepping.

Wat betreft het beleid in, en de leiding en het bestuur van een
plaatselijk universum, handelt de Vader in de persoon van zijn
Schepper-Zoon. In de onderlinge betrekkingen van de Zonen van
God, in de groepsassociaties van de persoonlijkheden die afstammen van de Derde Bron en Centrum en in de verhoudingen tussen
andere schepselen, zoals mensen, zal de Universele Vader nooit
ingrijpen. De wetten van de Schepper-Zoon, het bewind van de
Constellatie-Vaders, de Stelsel-Soevereinen en de Planetaire Vorsten
– het beleid en de procedures die in dat universum zijn ingesteld –

prevaleren altijd. Er is geen gedeeld gezag; goddelijke kracht en het goddelijk voornemen werken elkaar nooit tegen. De Godheden zijn volmaakt en eeuwig eensgezind.

De Schepper-Zoon heeft de allerhoogste zeggenschap in alle zaken betreffende ethische associaties, de relaties van iedere afdeling van schepselen met andere klassen van schepselen, of de relaties tussen twee of meer individuele leden binnen een bepaalde groep; dit plan betekent echter niet dat de Universele Vader niet op zijn eigen wijze bij ieder *individueel schepsel* in de hele schepping kan ingrijpen en alles kan doen wat het goddelijk bewustzijn behaagt, ten aanzien van de huidige staat of de vooruitzichten voor de toekomst van dat individu en het eeuwige plan en het oneindige voornemen van de Vader.

In de sterfelijke wilsschepselen is de Vader daadwerkelijk aanwezig in de inwonende Richter, een fragment van zijn voorpersoonlijke geest; de Vader is bovendien de bron van de persoonlijkheid van zulk een sterfelijk wilsschepsel.

Deze Gedachtenrichters, de gaven van de Universele Vader, zijn betrekkelijk geïsoleerd; zij wonen bij het bewustzijn van mensen in, doch hebben geen bespeurbare connectie met de ethische aangelegenheden van een plaatselijk universum. Zij zijn niet rechtstreeks gecoör-dineerd met de dienst der serafijnen, en evenmin met het bestuur van de stelsels, constellaties of een plaatselijk universum, zelfs niet met het bewind van een Schepper-Zoon, wiens wil de hoogste wet is in zijn universum.

De inwonende Richter is een van Gods afzonderlijke doch geunificeerde manieren om contact te onderhouden met de schepselen in zijn welhaast oneindige schepping. Zo manifesteert hij die voor de sterfelijke mens onzienlijk is zijn tegenwoordigheid, en indien hij dit kon doen, zou hij zich nog op andere wijzen aan ons vertonen, doch zulk een verdere openbaring is goddelijk niet mogelijk.

Wij kunnen het mechanisme zien en begrijpen waardoor de Zonen de universa binnen hun rechtsgebied van dichtbij en volledig kennen, maar de methoden waardoor God zo volledig en persoonlijk op de hoogte is van de details van het universum van universa kunnen wij niet geheel begrijpen, ofschoon wij althans de weg kunnen onderkennen waarlangs de Universele Vader inlichtingen kan ontvangen aangaande de wezens in zijn ontzaglijke schepping en zijn aanwezigheid aan hen kan manifesteren. Door het persoonlijk-heidscircuit is de Vader op de hoogte van – kent hij persoonlijk – alle gedachten en daden van alle wezens in alle stelsels in alle universa van de ganse schepping. Ofschoon wij de techniek waardoor God met zijn kinderen gemeenschap onderhoudt niet geheel begrijpen, kunnen wij wel gesterkt worden door de verzekering dat de 'Heer zijn kinderen kent' en dat hij van een ieder van ons 'kennis neemt waar wij geboren zijn.'

In uw universum en in uw hart is de Universele Vader tegenwoordig, geestelijk gesproken, door een van de Zeven Mees-ter-Geesten die in het centrum wonen, en in het bijzonder door de goddelijke Richter die leeft en werkt en wacht in de diepten van het sterfelijke bewustzijn.

God is geen egocentrische persoonlijkheid; de Vader deelt zichzelf vrijelijk mede aan zijn schepping en aan zijn schepselen. Hij leeft en handelt niet alleen in de Godheden, maar ook in zijn Zonen, aan wie hij toevertrouwt om alles te doen wat zij goddelijk kunnen doen. De Universele Vader heeft zich waarlijk ontdaan van iedere functie die een ander wezen kan uitoefenen. En dit gaat evenzeer op voor de sterveling, als voor de Schepper-Zoon die op het hoofd-kwartier van een plaatselijk universum in Gods plaats regeert. Aldus aanschouwen wij de uitwerking van de ideale, oneindige liefde van de Universele Vader.

In deze universele schenking van zichzelf hebben wij overvloe-dig bewijs van zowel de grootsheid als de edelmoedigheid van de goddelijke natuur van de Vader. Indien God dan al iets van zichzelf aan de universele schepping heeft onthouden, dan schenkt hij uit dit residu aan de stervelingen van de gebieden in milde vrijgevig-heid steeds de Gedachtenrichters, de Geheimnisvolle Mentoren, die zo geduldig inwonen bij de sterfelijke kandidaten voor het eeuwig leven.

De Universele Vader heeft zichzelf als het ware uitgestort om de ganse schepping rijk te maken door het bezit van persoonlijkheid en door potentiële geestelijke verworvenheden. God heeft ons zichzelf gegeven, opdat wij zouden kunnen zijn zoals hij, en voor zichzelf heeft hij slechts die kracht en heerlijkheid voorbehouden die nood-zakelijk zijn voor de handhaving van de dingen uit liefde waarvoor hij aldus van al het andere afstand heeft gedaan.

5. HET EEUWIGE, GODDELIJKE VOORNEMEN

De mars der universa door de ruimte heeft een grootse, luisterrijke bedoeling. Al uw strijd als sterveling is niet tevergeefs. Wij maken allen deel uit van een immens plan, een gigantische onderneming, en het is de ontzaglijke omvang van de onderneming die het onmogelijk maakt om er op een bepaald moment en gedurende één leven heel veel van te zien. Wij maken allen deel uit van een eeuwig project, dat onder toezicht staat van de Goden en door hen wordt uitgewerkt. Het gehele wonderbaarlijke, universele mechanisme beweegt zich majesteitelijk door de ruimte voort op de muziek en de maat van het oneindig denken en het eeuwig voornemen van de Eerste Grote Bron en Centrum.

Het eeuwige voornemen van de eeuwige God is een hoog geestelijk ideaal. De gebeurtenissen in de tijd en de worstelingen in het materiële bestaan zijn slechts de vergankelijke steigers die een brug vormen naar de andere zijde, naar het beloofde land van geestelijke realiteit en bovenaards bestaan. Natuurlijk vindt gij stervelingen het moeilijk om de idee van een eeuwig voornemen te vatten; ge zijt vrijwel niet in staat om het denkbeeld eeuwigheid te begrijpen, iets dat nimmer is begonnen en nooit zal eindigen. Alles waarmee gij vertrouwd zijt kent een einde.

Met betrekking tot een individueel leven, de duur van een rijk, of de chronologie van iedere reeks verbonden gebeurtenissen, lijkt het dat we te maken hebben met een geïsoleerde tijdsspanne: alles lijkt een begin en een einde te hebben. En een reeks van zulke gebeurtenissen, levens, eeuwen, of tijdperken, na elkaar geplaatst, lijkt een recht stuk weg te vormen, een geïsoleerde gebeurtenis in de tijd, die voor een ogenblik lang over het oneindige vlak van de eeuwigheid flitst. Wanneer wij dit alles echter van achter de schermen bezien, maakt deze ruimere blik en dit vollediger begrip ons duidelijk dat een dergelijke uitleg ontoereikend en onsamenhangend is, en geheel ongeschikt om de correlatie tussen de verrichtingen in de tijd en de onderliggende bedoelingen en fundamentele reacties der eeuwigheid te verklaren, of om deze anderszins met elkaar in verband te brengen.

Mij lijkt het als uitleg aan het sterfelijk bewustzijn passender om de eeuwigheid voor te stellen als een cyclus, en het eeuwige voornemen als een eindeloze cirkelgang, een cyclus van eeuwigheid die op een bepaalde manier gesynchroniseerd is met de voorbijgaande materiële cycli van de tijd. Wat de tijdssectoren betreft die verbonden zijn met, en een deel vormen van, de cyclus der eeuwigheid, zijn wij genoodzaakt te erkennen dat zulke tijdelijke epochen geboren worden, leven en sterven, net zoals de tijdelijke wezens in de tijd geboren worden, leven, en sterven. De meeste mensen sterven omdat zij er niet in zijn geslaagd het geest-niveau van fusie met de Richter te bereiken en omdat de metamorfose van de dood dan de enig mogelijke procedure is waardoor zij aan de boeien van de tijd en aan de kluisters der materiële schepping kunnen ontkomen, waardoor zij geestelijk gelijke tred kunnen gaan houden met de progressieve processie der eeuwigheid. Wanneer ge het proefleven in de tijd en het materiële bestaan hebt overleefd, wordt het u mogelijk om verder te gaan in contact met de eeuwigheid, zelfs als een deel daarvan, en met de werelden in de ruimte voor immer mee te wentelen rond de cirkelgang der eeuwige tijdperken.

De sectoren van de tijd zijn als de flitsen van persoonlijkheid in tijdelijke vorm; zij verschijnen voor een poos en verdwijnen dan uit het menselijk oog, om opnieuw op te komen als nieuwe acteurs en blijvende factoren in het hogere leven van de eindeloze wenteling rond de eeuwige cirkelgang. De eeuwigheid kan moeilijk worden voorgesteld als een recht stuk weg, gezien ons geloof in een afgebakend universum dat zich in een ontzaglijke, uitgerekte cirkel rond de centrale woonstede van de Universele Vader beweegt.

Eerlijk gezegd is eeuwigheid onbegrijpelijk voor het eindige bewustzijn van de tijd. Ge kunt haar eenvoudig niet vatten; ge kunt de eeuwigheid niet begrijpen. Ikzelf kan er mij ook geen volledige voorstelling van maken, en zelfs indien dit wel het geval zou zijn, zou het mij onmogelijk zijn mijn voorstelling duidelijk te maken aan het menselijk bewustzijn. Niettemin heb ik mijn best gedaan om u iets van onze zienswijze te beschrijven, om u iets te vertellen over ons begrip van eeuwige zaken. Ik tracht u te helpen vaste vorm te geven aan uw gedachten over deze waarden, die oneindig zijn van natuur en wier strekking eeuwig is.

Er bestaat in het bewustzijn van God een plan dat ieder schepsel in al zijn ontzaglijke domeinen omvat, en dit plan is een eeuwig voornemen van onbegrensde kansen, onbeperkte vooruitgang en leven zonder einde. En de oneindige schatten van zulk een weergaloze loopbaan behoren u alle toe, indien ge ernaar wilt streven!

Het doel der eeuwigheid ligt voor u! Het avontuur van het verwerven van goddelijkheid ligt voor u! De wedloop naar volmaaktheid is begonnen! Een ieder die wil, kan er aan deelnemen, en een zekere overwinning zal de inspanningen bekronen van ieder mens die de wedloop van geloof en vertrouwen wil lopen, en bij iedere stap op zijn weg wil vertrouwen op de leiding van de inwonende Richter en op de raad van die goede geest van de Zoon van het Universum, die zo vrijelijk is uitgestort op alle vlees.

[Aangeboden door een Machtige Boodschapper, tijdelijk verbonden aan de Allerhoogste Raad van Nebadon en aan deze missie toegevoegd door Gabriël van Salvington.]

ACHT

DE LEVENDRAGERS

(VERHANDELING 36)

LEVEN ontstaat niet spontaan. Leven wordt geconstrueerd volgens plannen die zijn opgesteld door de (niet geopenbaarde) Architecten van het Zijn en verschijnt op de bewoonde planeten hetzij door rechtstreekse invoer, of tengevolge van de verrichtingen van de Levendragers van de plaatselijke universa. Deze expediteurs van het leven behoren tot de interessantste en veelzijdigste leden van de gevarieerde familie der universum-Zonen. Het ontwerpen van leven en het vervoer van het geschapen leven naar de planetaire werelden is aan hen toevertrouwd. Nadat ze dit leven op zulke nieuwe werelden hebben geplant, blijven zij daar dan ook lange tijd om de ontwikkeling ervan te bevorderen.

1. OORSPRONG EN NATUUR VAN DE LEVENDRAGERS

Ofschoon de Levendragers tot de familie der goddelijke zonen behoren, zijn zij een ongewoon, afzonderlijk type universum-Zonen, want zij zijn de enige groep van verstandelijk leven in een plaatselijk universum aan wier schepping de regeerders van een superuniversum deelhebben. De Levendragers zijn afstammelingen van drie preëxistente persoonlijkheden: de Schepper-Zoon, de Moeder-Geest van het Universum, en, door benoeming, een van de Ouden der Dagen die waken over de bestemmingen van het betrokken superuniversum. Deze Ouden der Dagen, de enigen die kunnen bevelen tot de vernietiging van intelligent leven, nemen ook deel aan de schepping van de Levendragers, aan wie het tot stand brengen

A

van fysisch leven op de evoluerende werelden wordt toevertrouwd.

In het universum Nebadon staat de schepping van honderd miljoen Levendragers geregistreerd. Dit efficiënte korps van levenverspreiders is niet een echt zelfbesturende groep. Zij worden bestuurd door het levenbepalende trio, dat bestaat uit Gabriël, de Vader-Melchizedek, en Nambia, de oorspronkelijke, eerstgeboren Levendrager van Nebadon. In alle fasen van het bestuur van hun onderafdelingen zijn zij echter autonoom.

De Levendragers zijn in drie grote afdelingen gerangschikt. De eerste afdeling wordt gevormd door de oudere Levendragers, de tweede door de assistenten en de derde door beheerders. De primaire afdeling is onderverdeeld in twaalf groepen specialisten in de verschillende vormen van levensmanifestatie. Deze scheiding in drie afdelingen werd verricht door de Melchizedeks, die te dien einde een onderzoek uitvoerden op de hoofdkwartierwereld van de Levendragers. De Melchizedeks zijn sindsdien nauw verbonden gebleven met de Levendragers en vergezellen hen altijd wanneer zij uitgaan om leven te vestigen op een nieuwe planeet.

Wanneer een evolutionaire planeet uiteindelijk is bestendigd in licht en leven, worden de Levendragers georganiseerd in de hogere adviserende overleg-organen om hun bijstand te verlenen aan het verdere bestuur en de ontwikkeling van die wereld en zijn verheerlijkte wezens. In de latere, bestendigde tijdperken van een evoluerend universum worden aan deze Levendragers vele nieuwe taken toevertrouwd.

2. DE WERELDEN VAN DE LEVENDRAGERS

De Melchizedeks hebben het algemene toezicht op de vierde groep van zeven primaire werelden in het Salvington-circuit. Deze werelden van de Levendragers worden als volgt aangeduid:

1. het hoofdkwartier van de Leven-dragers;

2. de wereld waar leven wordt ontworpen;

3. de wereld van de instandhouding van leven;

4. de wereld van de evolutie van leven;

5. de wereld van leven dat is verbonden met bewustzijn;

6. de wereld van bewustzijn en geest in levende wezens;

7. de wereld van ongeopenbaard leven.

Elk van deze primaire werelden wordt omringd door zes satellieten waarop de speciale aspecten van alle activiteiten van de
Levendragers in het universum zijn geconcentreerd.

Wereld Nummer Een, de hoofdkwartierwereld, alsmede haar
zes hulp-satellieten, is gewijd aan de studie van het universele leven,
leven in al zijn bekende fasen van manifestatie. Hier is de academie
voor het ontwerpen van het leven gevestigd, waar leraren en adviseurs uit Uversa en Havona, zelfs uit het Paradijs, werkzaam zijn. Ik
heb ook toestemming u te onthullen dat de zeven centrale plaatsin-
gen van de assistent-bewustzijnsgeesten zich op deze wereld van de
Levendragers bevinden.

Het getal tien – het decimale systeem – is inherent in het fysische universum, maar niet in h et geestelijke. Het domein van het
leven wordt gekenmerkt door drie, zeven en twaalf, of door veelvou-
den en combinaties van deze grondgetallen. Er zijn drie primaire en
wezenlijk verschillende levensontwerpen, naar de orde van de drie
Paradijs-Bronnen en -Centra, en in het uni- versum Nebadon zijn
deze drie grondvormen van leven van elkaar afgezonderd op drie
ver- schillende soorten planeten. Oorspronkelijk waren er twaalf
duidelijk verschillende, goddelijke ontwerpen van overdraagbaar
leven. Dit getal twaalf, met zijn onderverdelingen en veelvou-
den, loopt door alle fundamentele levenspatronen in alle zeven
superuniversa heen. Er zijn ook zeven architectonische soorten le-
vensontwerp, fundamentele schikkingen van de reproducerende
configuraties van levende materie. De levenspatronen van Orvonton
zijn geconfigureerd als twaalf dragers van de erfmassa. De verschillende orden der wilsschepselen zijn geconfigureerd als 12, 24, 48, 96,
192, 384 en 768. Op Urantia zijn er achtenveertig eenheden die het
patroon beheersen – de eigenschappen bepalen – in de geslachtscel-
len van de menselijke voortplanting.

De Tweede Wereld is de wereld voor het ontwerpen van leven;
hier worden alle nieuwe modi van levensorganisatie uitgewerkt. Terwijl de oorspronkelijke levensontwerpen door de Schepper-Zoon
worden verschaft, wordt de daadwerkelijke uitwerking van deze
ontwerpen toevertrouwd aan de Levendragers en hun medewerkers. Wanneer de algemene levensplannen voor een nieuwe wereld
zijn opgesteld, worden zij doorgegeven aan de hoofdkwartierwereld, waar ze ze minutieus worden bestudeerd door de hoogste raad

der oudere Levendragers, in samenwerking met een korps adviserende Melchizedeks. Indien de plannen afwijken van de voorheen aanvaarde formules, moeten zij aan de Schepper-Zoon worden voorgelegd en door hem worden goedgekeurd. Dikwijls vertegenwoordigt het hoofd der Melchizedeks de Schepper-Zoon bij deze beraadslagingen.

Hoewel het planetaire leven daarom op alle evolutionaire werelden in sommige opzichten gelijk is, verschilt het toch ook op velerlei wijze. Zelfs in een uniforme levensserie op werelden van één enkele familie is het leven op geen twee planeten precies gelijk; er is altijd een planetaire grondvorm, want de Levendragers spannen zich voortdurend in om de vitale formules die aan hun zorg zijn toevertrouwd te verbeteren.

Er zijn meer dan een miljoen fundamentele of kosmische chemische formules die de stampatronen en de talrijke fundamentele functionele variaties van de manifestaties van het leven vormen. Satelliet nummer één van de wereld waar het leven wordt ontworpen is het gebied van de fysici en de electrochemici van het universum, die dienst doen als technische assistenten van de Levendragers bij het werk van het invangen, organiseren en manipuleren van de essentiële energie-eenheden welke worden gebruikt bij het opbouwen van de materiële voertuigen voor de overdracht van het leven, het zogenoemde kiemplasma.

De planetaire laboratoria waar het leven wordt ontworpen, bevinden zich op de tweede satelliet van deze wereld nummer twee. In deze laboratoria werken de Levendragers en al hun medewerkers samen met de Melchizedeks bij de poging om het leven dat is ontworpen om op de *decimale planeten* van Nebadon geïmplanteerd te worden, te modificeren en zo mogelijk te verbeteren. Het leven dat zich thans op Urantia ontwikkelt, werd op deze wereld zelf ontworpen en hier ten dele uitgewerkt, want Urantia is een decimale planeet, een wereld waar met leven wordt geëxperimenteerd. Op één van iedere tien werelden wordt een grotere variatie in de standaard-levensontwerpen toegestaan dan op de andere (niet-experimentele) werelden.

Wereld Nummer Drie is gewijd aan de instandhouding van het leven. Verschillende manieren waarop leven beschermd en in stand kan worden gehouden, worden hier bestudeerd en ontwikkeld door de assistenten en beheerders van het korps der Levendragers. De

levensplannen voor iedere nieuwe wereld voorzien altijd in de vroeg-
tijdige installatie van de commissie voor de instandhouding van het
leven, bestaande uit de specialisten-beheerders die experts zijn in
het manipuleren van de fundamentele levenspatronen. Op Urantia
waren er vierentwintig van dergelijke gevolmachtigde beheerders,
twee voor elk fundamenteel of stampatroon van de architectonische
organisatie van het levensmateriaal. Op planeten zoals de uwe wordt
de hoogste vorm van leven gereproduceerd door een levendragende
bundel die vierentwintig patrooneenheden omvat. (En aangezien
het verstandelijk leven groeit vanuit en op de grondslag van het fysische, ontstaan er vierentwintig fundamentele orden van psychische
organisatie.)

Wereld Nummer Vier en haar hulp-satellieten zijn gewijd aan de
bestudering van de evolutie van het leven van schepselen in het algemeen en van de evolutionaire antecedenten van ieder levensniveau
in het bijzonder. Het oorspronkelijke levensplasma van een evolutionaire wereld moet het volledige potentieel voor alle toekomstige
ontwikkelingsvariaties bevatten en ook het potentieel voor alle latere evolutionaire veranderingen en modificaties. De voorzorg voor
zulke vèrstrekkende projecten van levensmetamorfose kan noodzakelijk maken dat er vele ogenschijnlijk nutteloze vormen van dierlijk
en plantaardig leven verschijnen. Deze nevenproducten van de planetaire evolutie, voorzien en onvoorzien, verschijnen slechts op het
toneel van handeling om weer te verdwijnen, maar in en door dit
lange proces heen loopt de draad van de wijze, intelligente formu-
leringen van de oorspronkelijke ontwerpers van het levensplan van
de planeet en van de ordening der soorten. De veelsoortige nevenproducten van de biologische evolutie zijn alle van wezenlijk belang
voor het uiteindelijke, volledige functioneren van de hogere intelligente levensvormen, niettegenstaande het feit dat er van tijd tot
tijd grote uiterlijke disharmonie kan heersen in de lange opwaartse
worsteling van de hogere schepselen om controle te krijgen over de
lagere vormen van het leven, waarvan vele de vrede en het gemak
van de evoluerende wilsschepselen soms zo tegenwerken.

Wereld Nummer Vijf houdt zich geheel bezig met het leven dat
verbonden is met bewustzijn. Elk van haar satellieten is gewijd aan
de bestudering van één enkele fase van schepsel-bewustzijn gecorreleerd met schepsel-leven. Bewustzijn zoals de mens het begrijpt,

is een gift van de zeven assistent-bewustzijnsgeesten, gesuperponeerd op de niet-onderrichtbare ofwel mechanische niveaus van bewustzijn door de instanties van de Oneindige Geest. De levenspatronen zijn op verschillende wijze responsief op deze assistenten en op de verschillende vormen van geest-dienstbetoon die overal in de universa in tijd en ruimte opereren. Het vermogen van materiële schepselen om geest-respons te geven is geheel afhankelijk van het gecombineerde bewustzijn waarmee zij zijn begiftigd, en dat op zijn beurt richting heeft gegeven aan de loop van de biologische evolutie van deze zelfde sterfelijke schepselen.

Wereld Nummer Zes is gewijd aan de correlatie van bewustzijn met geest zoals deze zijn geassocieerd met levende vormen en organismen. Op deze wereld en haar zes hulp-satellieten bevinden zich de scholen voor de coördinatie van schepselen, waar zowel leraren uit het centrale universum als uit het superuniversum samenwerken met de instructeurs van Nebadon bij het uiteenzetten van de hoogste niveaus die de schepselen in tijd en ruimte kunnen bereiken.

De Zevende Wereld van de Levendragers is gewijd aan de ongeopenbaarde domeinen van het evolutionaire leven van schepselen met betrekking tot de kosmische filosofie aangaande het zich uitbreidende feitelijk worden van de Allerhoogste.

3. DE TRANSPLANTATIE VAN LEVEN

Leven verschijnt niet spontaan in de universa: de Levendragers moeten de aanzet ertoe geven op de onvruchtbare planeten. Zij zijn de dragers, verspreiders en behoeders van het leven zoals dit op de evolutionaire werelden in de ruimte verschijnt. Alle leven van de op Urantia bekende orde en vormen verschijnt met deze Zonen, ofschoon niet alle vormen van planetair leven op Urantia voorkomen.

Het korps Levendragers dat de opdracht krijgt het leven op een nieuwe wereld te implanteren, bestaat gewoonlijk uit honderd senioren, honderd assistenten, en duizend beheerders. De Levendragers brengen vaak echt levensplasma naar een nieuwe wereld, maar niet altijd. Soms organiseren zij de levenspatronen na aankomst op de hun toegewezen wereld, volgens tevoren goedgekeurde formules voor een nieuwe avontuur in het vestigen van leven. Zo is ook de oorsprong van het planetaire leven op Urantia geweest.

Wanneer, in overeenstemming met goedgekeurde formules, de fysische patronen zijn verschaft, dan katalyseren de Levendragers dit levenloze materiaal door er via hun persoon de vitale geest-vonk op over te brengen; meteen worden deze inerte patronen dan levende materie.

De vitale vonk – het mysterie van het leven – wordt geschonken via de Levendragers, maar niet door hen. Zij hebben inderdaad de supervisie over deze verrichtingen, zij formuleren het eigenlijke levensplasma, maar de Moeder-Geest van het Universum is degene die de essentiële factor van het levende plasma verschaft. Van de Scheppende Dochter van de Oneindige Geest komt de energie-vonk welke het lichaam tot leven brengt en de voorbode is van bewustzijn.

Bij de schenking van leven brengen de Levendragers niets van hun persoonlijke natuur over, zelfs niet op de werelden waar nieuwe levensorden worden ontworpen. Op deze momenten geven zij eenvoudig de aanzet tot de levensvonk en brengen die over, brengen zij de vereiste rondwentelingen van de materie op gang in overeenstemming met de fysische, chemische, en electrische specificaties van de verordineerde ontwerpen en patronen. Levendragers zijn levende katalyserende wezens die de overigens inerte elementen van de materiële orde van bestaan in beweging brengen, organiseren en vitaliseren.

De Levendragers van een planetair korps krijgen een bepaalde tijd om het leven op een nieuwe wereld te vestigen, ongeveer een half miljoen jaar in de tijdrekening van die planeet. Aan het einde van deze periode, hetgeen wordt aangegeven door bepaalde bereikte niveaus in de ontwikkeling van het planetaire leven, staken zij hun verdere pogingen tot het inplanteren van leven en hierna mogen zij niets nieuws of supplementairs toevoegen aan het leven op die planeet.

Gedurende de tijdperken tussen het vestigen van het leven en de wording van menselijke schepselen van morele status, is het de Levendragers vergund de omgeving van het leven te manipuleren en ook anderszins de loop der biologische evolutie in een gunstige richting te leiden. Dit doen zij dan ook gedurende lange tijd.

Wanneer de Levendragers die op een nieuwe wereld werkzaam zijn, er eenmaal in zijn geslaagd een wezen met wil voort te brengen, een wezen dat de kracht heeft om morele beslissingen te nemen en geestelijke keuzen te doen, dan eindigt hun werk op dat ogenblik

– zij zijn klaar; zij mogen het zich ontwikkelende leven niet verder manipuleren. Vanaf dit punt moet de evolutie van levende dingen voortgaan in overeenstemming met de eigen natuur en neigingen die reeds zijn geschonken aan, en vastgelegd in, de levensformules en -patronen van die planeet. Het is de Levendragers niet toegestaan zich te mengen in, of te experi- menteren met de wil; zij mogen morele schepselen niet overheersen of willekeurig be- invloeden.

Bij de komst van een Planetaire Vorst maken zij zich gereed om te vertrekken, hoewel twee van de oudere Levendragers en twaalf beheerders zich, na tijdelijke geloften van afstand, mogen aanbieden om voor onbepaalde tijd op de planeet te blijven als adviseurs in- zake de verdere ontwikkeling en bescherming van het levensplasma. Twee van deze Zonen en hun twaalf assistenten doen thans dienst op Urantia.

4. DE MELCHIZEDEK LEVENDRAGERS

In ieder plaatselijk stelsel van bewoonde werelden in Neba- don is er één enkele wereld waar de Melchizedeks als levendragers hebben gefunctioneerd. Deze woonplaatsen staan bekend als de *midsoniete* werelden van de stelsels, en op elk van deze werelden heeft een materieel gemodificeerde Melchizedek-Zoon gepaard met een uitgekozen Dochter van de materiële orde van zonen. De Moe- der-Eva's van deze midsoniete werelden worden uitgezonden van- af het hoofdkwartier van het stelsel onder welks jurisdictie zij vallen, nadat zij door de hier- toe benoemde Melchizedek-levendrager zijn uitgekozen uit de talrijke vrijwilligsters die gehoor geven aan de op- roep die de Stelsel-Soeverein richt tot de Materiële Dochters op zijn wereld.

De nakomelingen van een Melchizedek-levendrager en een Materiële Dochter worden *midsonieten* genoemd. De Melchizedek- vader van zulk een ras van verheven schepselen verlaat uiteindelijk de planeet waar hij deze unieke levensfunctie heeft vervuld, en de Moeder-Eva van deze speciale orde universum-wezens vertrekt ook nadat de zevende generatie van planetaire nakomelingen is versche- nen. De leiding van zo'n wereld gaat dan over op haar oudste zoon.

De midsoniete schepselen leven en functioneren als zich voort- plantende wezens op hun prachtige werelden totdat zij duizend standaardjaren oud zijn; hierna worden zij door serafijns transport overgebracht. De midsonieten zijn daarna zich niet voortplantende wezens, omdat zij door de methode van dematerialisatie die zij ondergaan ter voorbereiding op hun opname door de serafijn, voor altijd worden beroofd van reproductieve prerogatieven.

De huidige status van deze wezens kan eigenlijk noch als sterfelijk noch als onsterfelijk worden beschouwd, en zij kunnen evenmin duidelijk worden gerubriceerd als menselijk of als goddelijk. Bij deze schepselen wonen geen Richters, en zij zijn daarom eigenlijk niet onsterfelijk. Doch zij schijnen evenmin sterfelijk te zijn: geen enkel midsoniet wezen heeft ooit de dood ondergaan. Alle midsonieten die ooit in Nebadon zijn geboren, leven heden ten dage nog en functioneren op de werelden waar zij zijn geboren, op een tussenliggende wereld, of op de Salvington-wereld der midsonieten in de groep werelden der volkomenen.

De Salvington-Werelden van de Volkomenen. Evenals de met hen verbonden Moeder-Eva's gaan de Melchizedek-levensdragers van de midsoniete werelden van de stelsels naar de werelden van de voleindigden in het Salvington-circuit, waar ook hun nakomelingen zich zullen verzamelen.

In dit verband dient vermeld te worden dat de vijfde groep van zeven primaire werelden in het Salvington-circuit de Nebadon-werelden van de volkomenen zijn. De kinderen van de Melchizedek-levendragers en de Materiële Dochters hebben hun domicilie op de zevende wereld van de volkomenen, de midsoniete wereld van Salvington.

De satellieten van de zeven primaire werelden van de volkomenen zijn het trefpunt voor de persoonlijkheden van de superuniversa en het centrale universum wanneer deze opdrachten uitvoeren in Nebadon. Hoewel alle culturele en opleidingswerelden van de 490 werelden die de Melchizedek-universiteit vormen, vrij bezocht worden door de opklimmende stervelingen, zijn er ook bepaalde speciale scholen en talrijke zones waar zij niet mogen binnengaan. Dit geldt in het bijzonder voor de negenenveertig werelden onder de jurisdictie van de volkomenen.

Waartoe de midsoniete schepselen zijn bedoeld is momenteel niet bekend, doch het lijkt ons toe dat deze persoonlijkheden zich op de zevende wereld van de volkomenen verzamelen ter voorbereiding op een toekomstige gebeurlijkheid in de evolutie van het universum. Onze verzoeken om inlichtingen aangaande de midsoniete geslachten worden altijd doorverwezen naar de volkomenen, en de volkomenen weigeren altijd de bestemming van hun pupillen te bespreken. Ondanks ons gebrek aan zekerheid inzake de toekomst van de midsonieten, weten wij wel dat ieder plaatselijk universum in Orvonton zo'n steeds aangroeiend korps van deze mysterieuze wezens herbergt. De Melchizedek-levendragers geloven dat hun midsoniete kinderen te eniger tijd door God de Ultieme begiftigd zullen worden met de transcendente, eeuwige geest van absoniteit.

5. DE ZEVEN ASSISTENT BEWUSTZIJNSGEESTEN

De aanwezigheid van de zeven assistent-bewustzijnsgeesten bepaalt de loop der organische evolutie op de primitieve werelden; dit verklaart ook waarom de evolutie doelgericht is en niet op toeval berust. Deze assistenten vertegenwoordigen de functie van het bewustzijnsdienstbetoon van de Oneindige Geest die gericht is op de lagere orden van intelligent leven via de activiteiten van de Moeder-Geest van een plaatselijk universum. De assistenten zijn de kinderen van de Moeder-Geest van het Universum en vormen haar persoonlijke dienstbetoon aan het materiële bewustzijn in haar gebieden. Overal waar en wanneer dergelijk bewustzijn manifest is, functioneren deze geesten op hun verschillende wijzen.

De zeven assistent-bewustzijnsgeesten dragen namen die het equivalent zijn van de volgende aanduidingen: intuïtie, begrip, moed, kennis, overleg, godsverering en wijsheid. Deze bewustzijnsgeesten zenden in alle bewoonde werelden hun invloed uit als een differentiële impuls, waarbij elk van hen ontvankelijkheidscapaciteit zoekt om zich te kunnen manifesteren, geheel los van de mate waarin zijn mede-geesten aanvaard worden en gelegenheid krijgen om te functioneren.

De centrale steunpunten van de assistent-geesten op de hoofdkwartierwereld van de Levendragers geven de superviserende Levendragers een aanduiding van de mate en kwaliteit van de bewustzijnsfunctie van de assistenten op iedere wereld en in ieder levend organisme dat verstandelijke status heeft. Deze emplacementen van leven-bewustzijn zijn voor de eerste vijf assistenten volmaakte indicatoren van het functioneren van levend bewustzijn. Met betrekking echter tot de zesde en zevende assistent-geesten – godsverering en wijsheid – registreren deze centrale steunpunten slechts een kwalitatieve functie. De kwantitatieve activiteit van de assistent van godsverering en van de assistent van wijsheid wordt geregistreerd in de onmiddellijke tegenwoordigheid van de Goddelijke Hulp en Bijstand op Salvington, want dit is een persoonlijke ervaring van de Moeder-Geest van het Universum.

De zeven assistent-bewustzijnsgeesten vergezellen de Levendragers altijd naar een nieuwe planeet, maar moeten niet als entiteiten worden gezien: ze lijken meer op circuits. De geesten van de zeven universum-assistenten functioneren niet als persoonlijkheden los van de universum-tegenwoordigheid van de Goddelijke Hulp en Bijstand; zij zijn in feite een bewustzijns-niveau van de Goddelijke Hulp en Bijstand en zijn altijd ondergeschikt aan het handelen en de tegenwoordigheid van hun scheppende moeder.

De woorden om deze zeven assistent-bewustzijnsgeesten op de juiste wijze te omschrijven ontbreken ons. Zij verlenen hun hulp en bijstand aan de lagere niveaus van het experiëntiële bewustzijn, en kunnen, in de volgorde van wat zij evolutionair bereiken, als volgt worden omschreven:

1. *De geest van intuïtie* — snelle waarneming, de primitieve fysische en inherente reflex-instincten, het oriënteringsvermogen en andere tot zelfbehoud dienende eigenschappen waarmee alle bewustzijnsscheppingen zijn begiftigd; de enige der assistenten die in zo ruime mate werkzaam is in de lagere orden van het dierlijke leven en de enige die op uitgebreide schaal functioneel contact maakt met de niet-onderwijsbare niveaus van het mechanische bewustzijn.

2. *De geest van begrip* — de impuls tot coördinatie, de spontane en ogenschijnlijk automa-tische associatie van ideeën. Dit is de gave van de coördinatie van verworven kennis, het verschijnsel van snelle redenering, vlug oordeel en prompte beslissing.

3. *De geest van moed* — de gave van trouw – in persoonlijke wezens de grondslag voor het verwerven van karakter en de intellectuele wortel van moreel uithoudingsvermogen en geestelijke dapperheid. Wanneer door feiten verlicht en door waarheid geïnspireerd, wordt deze het geheim van de impuls tot evolutionaire opklimming via de kanalen van intelligente, consciëntieuze zelf-directie.

4. *De geest van kennis* — de moeder van avontuurlijke nieuwsgierigheid en ontdekking, de wetenschappelijke geest; de gids en
trouwe medewerker van de geesten van moed en overleg; de impuls
om de gaven van moed in nuttige banen van progressieve groei te
leiden.

5. *De geest van overleg* — de sociale impuls, de gave van samenwerking binnen de soort; het vermogen van wilsschepselen om
te harmoniëren met hun medemensen; de oorsprong van het kudde-
instinct bij de lagere schepselen.

6. *De geest van godsverering* — de religieuze impuls, de eerste aandrift die een kenmerkend verschil teweegbrengt en de
bewustzijnsschepselen verdeelt in de twee fundamentele klassen
van sterfelijke bestaansvormen. De geest van godsverering onder-
scheidt het dier waarmede deze geest zich verbindt voorgoed van de
schepselen met bewustzijn, maar zonder ziel. Godsverering is het
kenteken van een kandidaat voor geestelijke opklimming.

7. *De geest van wijsheid* — de inherente neiging van alle morele schepselen tot ordelijke, progressieve evolutionaire vooruitgang.
Deze is de hoogste van alle assistenten, de geest- coördinator die
het werk van alle andere geesten aaneenkoppelt. Deze geest vormt
het geheim van de aangeboren impuls van bewustzijnsschepselen
die de aanzet geeft tot het praktische, doeltreffende programma van
de opgaande ladder van bestaansvormen en dit in stand houdt; de
gave van levende wezens die een verklaring vormt voor hun onver-
klaarbaar vermogen om te overleven en in die overleving gebruik te
maken van de coördinatie van al hun ervaring in het verleden en van
alle mogelijkheden die het heden biedt, teneinde alles te verwerven
wat alle andere zes mentale helpers in het bewustzijn van het betrokken organisme kunnen mobiliseren. Wijsheid is het hoogtepunt van
verstandelijke prestatie. Wijsheid is het doel van een zuiver mentaal
en moreel bestaan.

De assistent-bewustzijnsgeesten groeien experiëntieel, maar zij
worden nimmer persoonlijk. Zij evolueren in functie, en de functie
van de eerste vijf in het dierenrijk is tot op zekere hoogte van wezenlijk belang voor de functie van alle zeven als het menselijk verstand.
Deze betrekking met het dierenrijk maakt de assistenten meer praktisch doeltreffend als menselijk bewustzijn; vandaar dat dieren tot

op zekere hoogte onmisbaar zijn zowel voor 's mensen verstandelijke evolutie als voor zijn fysische evolutie.

Deze bewustzijnsassistenten van de Moeder-Geest van een plaatselijk universum verhouden zich tot het leven van schepselen met intelligentie-status ongeveer op dezelfde wijze als de krachtcentra en fysische controleurs zich verhouden tot de niet-levende krachten van het universum. Zij verrichten onschatbare diensten in de bewustzijnscircuits op de bewoonde werelden en werken doeltreffend samen met de Meester-Fysische Controleurs, die ook dienstdoen als controleurs en richtingbepalers van de bewustzijnsniveaus die aan dat van de assistenten voorafgaan, de niveaus van het niet-onderwijsbare mechanische bewustzijn.

Vóór de verschijning van de capaciteit om te leren door ervaring, is levend bewustzijn het domein van het dienstbetoon van de Meester Fysische Controleurs. Voordat het bewustzijn van schepselen het vermogen verwerft om goddelijkheid te herkennen en de Godheid te vereren, is het het exclusieve domein van de assistent-geesten. Met het verschijnen van de geestelijke respons in het verstand van schepselen verkrijgt dit geschapen bewustzijn onmiddellijk bovenbewustzijn en wordt het terstond opgenomen in het circuit van de geest-cycli van de Moeder-Geest van het plaatselijk universum.

De assistent-bewustzijnsgeesten zijn op geen enkele wijze rechtstreeks verbonden met de uiteenlopende, zeer geestelijke werkzaamheid van de geest van de persoonlijke tegenwoordigheid van de Goddelijke Hulp en Bijstand, de Heilige Geest op de bewoonde werelden. Functioneel gaan zij echter vooraf aan, en vormen zij de voorbereiding op, deze geest in de evolutionaire mens. De assistenten verschaffen de Moeder-Geest van het Universum een gevarieerd contact met, en beheersing over, de materiële levende schepselen van een plaatselijk universum, doch hun werkzaamheden hebben geen weerslag in de Allerhoogste wanneer zij op voorpersoonlijke niveaus plaatshebben.

Niet-geestelijk bewustzijn is òf een manifestatie van geestenergie òf een verschijnsel van fysische energie. Zelfs het menselijk bewustzijn, persoonlijk bewustzijn, heeft geen overlevingskwaliteiten los van de vereenzelviging met geest. Het bewustzijn is een schenking van goddelijkheid, doch het is niet onsterfelijk wanneer het functioneert zonder geest-inzicht, en wanneer het gespeend is van het vermogen tot godsverering en niet naar overleving hunkert.

6. LEVEN KRACHTEN

Leven is zowel mechanistisch als vitalistisch – materieel en geestelijk. De natuur- en scheikundigen van Urantia zullen steeds verder komen in hun begrip van de protoplasma-vormen van het plantaardig en dierlijk leven, maar zij zullen nimmer levende or-ganismen kunnen voortbrengen. Leven is iets anders dan alle energiemanifestaties; zelfs het materiële leven van fysische schepse-len is niet inherent in de materie.

Materiële dingen kunnen wel een onafhankelijk bestaan heb-ben, doch leven ontspringt alleen aan leven. Bewustzijn kan alleen uit preëxistent bewustzijn voortkomen. Geest komt alleen uit geest-voorzaten voort. Het schepsel kan wel de vormen van het leven voortbrengen, maar alleen een schepper-persoonlijkheid of een scheppende kracht kan hieraan de activerende levende vonk toe-voegen.

Levendragers kunnen de materiële vormen, of fysische patro-nen, van levende wezens tot stand brengen, maar de Geest schenkt de eerste levensvonk en verleent de gave van bewustzijn. Zelfs de le-vende vormen van experimenteel leven die door de Levendragers op hun Salvington-werelden worden georganiseerd, missen altijd het vermogen tot voortplanting. Wanneer de levensformules en de vi-tale patronen op de juiste wijze zijn samengesteld en georganiseerd, is de tegenwoordigheid van een Levendrager voldoende om leven te doen ontstaan, doch het ontbreekt al dergelijke levende organismen aan twee essentiële eigenschappen – de gave van bewustzijn en het vermogen tot voortplanting. Het dierlijke bewustzijn en het men-selijke bewustzijn zijn geschenken van de Moeder-Geest van het plaatselijk universum, functionerend via de zeven assistent-bewust-zijnsgeesten, terwijl het vermogen van het schepsel om zich voort te planten de specifieke, persoonlijke bijdrage is van de Universum-Geest aan het prototypische levensplasma dat door de Levendragers wordt geïnstalleerd.

Wanneer de Levendragers de levenspatronen hebben ontwor-pen nadat zij de energiesystemen hebben georganiseerd, moet er nog een verschijnsel plaatsvinden: de 'adem des levens' moet aan deze levenloze vormen worden verleend. De Zonen van God kunnen de levensvormen construeren, doch het is de Geest van God die werkelijk de vitale vonk bijdraagt. Wanneer het aldus verleende leven is verbruikt, wordt het overblijvende materiële lichaam dan ook weer dode materie. Wanneer het geschonken leven is uitgeput, keert het lichaam terug tot de schoot van het materiële universum waaraan het door de Levendragers was ontleend om als tijdelijk voertuig te dienen voor de schenking van leven die zij aan deze zichtbare associatie van energie-materie hadden gedaan.

Het leven dat door de Levendragers aan planten en dieren wordt geschonken, keert bij de dood van plant of dier niet tot de Levendragers terug. Het scheidende leven van zulk een levend wezen bezit geen identiteit of persoonlijkheid; individueel overleeft het de dood niet. Gedurende zijn bestaan en de tijd van zijn verblijf in het materiële lichaam, heeft het verandering ondergaan; het heeft energie-evolutie ondergaan en overleeft slechts als een deel van de kosmische krachten van het universum; als individueel leven overleeft het niet. De overleving van sterfelijke schepselen berust geheel op de ontwikkeling van een onsterfelijke ziel binnen het sterfelijke bewustzijn.

Wij spreken over leven als 'energie' en als 'kracht', maar in werkelijkheid is het geen van beide. Kracht-energie is op talrijke wijzen responsief op zwaartekracht: leven is dit niet. Een patroon is ook niet responsief op zwaartekracht, daar het een configuratie is van energieën die reeds alle zwaartekracht-responsieve verplichtingen hebben vervuld. Leven, als zodanig, is de animatie van een door een patroon geconfigureerd of anderszins afgezonderd stelsel van energie – materieel, mentaal of geestelijk.

Bepaalde zaken die verband houden met de ontwikkeling van leven op de evolutionaire planeten, zijn ons niet geheel duidelijk. De fysische opbouw van de electrochemische formules van de Levendragers begrijpen wij heel goed, maar de natuur en de bron van de *vonk van levensactivatie* begrijpen wij niet geheel. Wij weten dat leven uit de Vader voortkomt via de Zoon en door de Geest. Het is zeer wel mogelijk dat de Meester-Geesten de zevenvoudige bedding zijn van de rivier van leven die over de ganse schepping wordt uitgestort. De techniek waardoor de superviserende Meester-Geest deelneemt in de aanvangsperiode van de schenking van leven aan een nieuwe planeet begrijpen wij echter niet. Naar onze overtuiging spelen ook de Ouden der Dagen een rol bij de installatie van leven op een nieuwe wereld, doch wij zijn geheel onbekend met de aard van die rol. Wij weten dat de Moeder-Geest van het Universum de levenloze patronen daadwerkelijk vitaliseert en aan dit geactiveerde plasma de prerogatieven verleent om zich als organisme voort te planten. Wij merken op dat deze drie de niveaus van God de Zeven-voudige zijn, soms ook aangeduid als de Allerhoogste Scheppers van tijd en ruimte, doch overigens weten wij weinig meer dan stervelin-gen op Urantia – niet meer dan dat concept inherent is in de Vader, uitdrukking in de Zoon, en levensverwerkelijking in de Geest.

[Geformuleerd door een Vorondadek-Zoon die als waarnemer is gestationeerd op Urantia en in deze hoedanigheid optreedt op verzoek van het Melchizedek-Hoofd van het Superviserende Open-baringskorps.]

NEGEN

FYSISCHE ASPECTEN VAN HET PLAATSELIJK UNIVERSUM

(VERHANDELING 41)

HET kenmerkende ruimteverschijnsel waardoor iedere plaatselijke schepping van alle andere wordt afgebakend, is de aanwezigheid van de Scheppende Geest. Heel Nebadon is onbetwistbaar doordrongen van de ruimtepresentie van de Goddelijke Bijstand van Salvington, en deze aanwezigheid houdt even onbetwistbaar op aan de buitenste grenzen van ons plaatselijk universum. Datgene wat doordrongen is van de Moeder-Geest van ons plaatselijk universum is Nebadon; wat zich uitstrekt voorbij haar ruimtepresentie – dat wil zeggen de ruimtegebieden van het superuniversum Orvonton die zich buiten Nebadon bevinden, andere plaatselijke universa – ligt buiten Nebadon.

Hoewel de bestuurlijke organisatie van het groot universum een duidelijke onderverdeling vertoont in regeringen van het centrale universum, de superuniversa en plaatselijke universa, en hoewel deze afzonderlijke afdelingen hun astronomische parallel hebben in de ruimtescheiding tussen Havona en de zeven superuniversa, worden de plaatselijke scheppingen niet door zulke duidelijke fysische demarcatielijnen van elkaar gescheiden. Zelfs de grote en kleine sectoren van Orvonton zijn (voor ons) duidelijk van elkaar te onderscheiden, maar het is niet zo gemakkelijk om de fysische

A

begrenzingen van de plaatselijke universa vast te stellen. Dit komt doordat deze plaatselijke scheppingen bestuurlijk zijn georganiseerd overeenkomstig bepaalde *creatieve* grondbeginselen waaraan de segmentatie van de totale energielading van een superuniversum onderhevig is, terwijl hun fysische componenten, de werelden in de ruimte – zonnen, donkere eilanden, planeten, enzovoort – in eerste instantie zijn ontstaan uit sterrennevels, en deze treden astronomisch aan de dag overeenkomstig bepaalde *precreatieve* (transcendentale) plannen van de Architecten van het Meester-Universum.

Eén of meer – zelfs vele – van deze nevels kunnen besloten liggen binnen het domein van een enkel plaatselijk universum, precies zoals Nebadon in fysische zin is samengesteld uit de stellaire en planetaire nakomelingschap van de Andronover en andere nevels. De werelden van Nebadon zijn uit verschillende nevels voortgekomen, maar hadden alle een zekere minimale gemeenschappelijkheid van ruimte-beweging die door de intelligente inspanningen van de krachtdirigenten zo werd gereguleerd, dat onze huidige samenvoeging van ruimtelichamen is ontstaan; deze doorloopt als een aaneengesloten eenheid gezamenlijk de kringlopen van het superuniversum.

Dit is de samenstelling van de plaatselijke sterrenwolk Nebadon, die tegenwoordig een steeds bestendiger kringloop aflegt rond Sagittarius, het middelpunt van de kleine sector van Orvonton waartoe deze plaatselijke schepping behoort.

1. DE KRACHTCENTRA VAN NEBADON

De spiraalen andere nevels, de moeder-raderen van de werelden in de ruimte, worden in beweging gezet door krachtorganisatoren van het Paradijs; wanneer er in de nevels respons op de zwaartekracht is ontstaan, worden deze organisatoren in hun functie in de superuniversa opgevolgd door de krachtcentra en fysische controleurs, die daarop de volle verantwoordelijkheid op zich nemen om de fysische evolutie van de generaties stellaire en planetaire nakomelingschap die uit de nevels gaan ontstaan te sturen. Deze fysische supervisie over Nebadon, nog vóór het een universum was, werd bij de aankomst van onze Schepper-Zoon onmiddellijk gecoördineerd met zijn plan voor de organisatie van het universum. Binnen het domein van deze Paradijs-Zoon van God werkten de Allerhoogste

Krachtcentra en de Meester-Fysische Controleurs samen met de later verschijnende Morontia-Krachtsupervisoren en anderen, teneinde het enorme complex van verbindingslijnen, energiecircuits en krachtbanen voort te brengen, waardoor de vele ruimtelichamen van Nebadon stevig als één geïntegreerde bestuurseenheid bijeen worden gehouden.

Honderd Allerhoogste Krachtcentra van de vierde orde zijn permanent toegevoegd aan ons plaatselijk universum. Deze wezens ontvangen de binnenkomende krachtlijnen van de centra van de derde orde van Uversa en relayeren de gemodificeerde circuits met verlaagde spanning aan de krachtcentra van onze constellaties en stelsels. Gezamenlijk hebben deze krachtcentra de taak om het levende stelsel van beheersing en egalisatie voort te brengen dat kan zorgen voor de balans en distributie van energieën die anders aan schommelingen en variaties onderhevig zouden zijn. Krachtcentra hebben echter niets te maken met voorbijgaande, plotselinge veranderingen in de plaatselijke energie, zoals zonnevlekken en elektrische storingen in het stelsel: licht en elektriciteit zijn niet de fundamentele energieën van de ruimte, maar secundaire, bijkomstige verschijnselen.

De honderd centra van het plaatselijk universum zijn gestationeerd op Salvington, waar zij precies in het energiecentrum van die wereld werkzaam zijn. Architectonische werelden zoals Salvington, Edentia en Jerusem, worden verlicht, verwarmd en van energie voorzien volgens methoden die hen geheel onafhankelijk maken van de zonnen in de ruimte. Deze werelden zijn gebouwd – in opdracht gemaakt – door de krachtcentra en de fysische controleurs, en zijn ontworpen om een krachtige invloed uit te kunnen oefenen op de distributie van energie. Met deze brandpunten der energiebeheersing als basis van hun activiteiten, dirigeren en kanaliseren de krachtcentra de fysische energieën van de ruimte door hun levende aanwezigheid. En deze energiecircuits liggen ten grondslag aan alle fysisch-materiële en morontia-geestelijke verschijnselen.

Tien Allerhoogste Krachtcentra van de vijfde orde zijn toegewezen aan elk der honderd constellaties, de primaire onderafdelingen van Nebadon. In Norlatiadek, uw constellatie, zijn zij niet gestationeerd op de hoofdkwartierwereld, maar is hun plaats in het centrum van het enorme sterrenstelsel dat de fysische kern van de constellatie vormt. Op Edentia bevinden zich tien samenwerkende mechanische

controleurs en tien frandalanks, die in volmaakte, constante verbinding staan met de nabijgelegen krachtcentra.

Eén Allerhoogst Krachtcentrum van de zesde orde is precies
in het zwaartekracht-middelpunt van ieder plaatselijk stelsel gestationeerd. In het stelsel Satania bewoont het hier aangestelde
krachtcentrum een donker ruimte-eiland dat in het astronomische
middelpunt van het stelsel ligt. Veel van deze donkere eilanden zijn
enorme dynamo's, die bepaalde ruimte-energieën in beweging zetten en deze hun richting geven, en deze natuurlijke omstandigheden
worden doeltreffend benut door het Krachtcentrum van Satania,
wiens levende massa functioneert als verbinding met de hogere centra, en door wie stromen van meer gematerialiseerde kracht gericht
worden naar de Meester-Fysische Controleurs op de evolutionaire
planeten in de ruimte.

2. DE FYSISCHE CONTROLEURS VAN SATANIA

De Meester-Fysische Controleurs verlenen hun diensten aan
de krachtcentra in heel het groot universum, maar hun werkzaamheden in een plaatselijk stelsel, zoals Satania, zijn gemakkelijker te
begrijpen. Satania is een van de honderd plaatselijke stelsels die de
bestuurlijke organisatie van de constellatie Norlatiadek vormen, met
als naaste buren de stelsels Sandmatia, Assuntia, Porogia, Sortoria,
Rantulia en Glantonia. De stelsels in Norlatiadek verschillen in vele
opzichten van elkaar, maar zijn alle evolutionair en progressief, ongeveer zoals Satania.

Satania zelf is samengesteld uit meer dan zevenduizend astronomische groepen of fysische stelsels, waarvan slechts weinige zoals
uw zonnestelsel zijn ontstaan. Het astronomische middelpunt van
Satania is een enorm donker ruimte-eiland dat, met zijn bijbehorende werelden, niet ver van het hoofdkwartier van de regering van
het stelsel is gelegen.

Met uitzondering van de aanwezigheid van het hier aangestelde
krachtcentrum, is de supervisie over het gehele fysische energiestel-
sel van Satania geconcentreerd op Jerusem. Een Meester-Fysische
Controleur die op deze hoofdkwartierwereld is gestationeerd, werkt
samen met het krachtcentrum van het stelsel en doet dienst als
hoofd van de verbindingsdienst van de krachtinspecteurs die hun

hoofdkwartier op Jerusem hebben en in het gehele plaatselijke stelsel werkzaam zijn.

Op het in circuit brengen en kanaliseren van energie wordt toezicht gehouden door de vijfhonderdduizend levende, intelligente energiemanipulatoren die door heel Satania zijn verspreid. Door de werkzaamheid van deze fysische controleurs oefenen de toezichthoudende krachtcentra een volledige, volmaakte controle uit over de meeste fundamentele energieën van de ruimte, inclusief de emanaties van sterk verhitte hemellichamen en de donkere werelden die met energie zijn geladen. Deze groep levende entiteiten kan bijna alle fysische energieën van de georganiseerde ruimte mobiliseren, transformeren, transmuteren, manipuleren en doorzenden.

Leven heeft een inherent vermogen om de universele energie te mobiliseren en om te zetten. Ge zijt bekend met de werking van het plantaardige leven waardoor de materiële energie van licht wordt omgezet in de verschillende manifestaties van het plantenrijk. Ge weet ook iets af van de methode waardoor deze vegetatieve energie kan worden omgevormd tot de verschijnselen van dierlijke activiteiten, maar ge weet vrijwel niets van de techniek van de krachtdirigenten en de fysische controleurs, die beschikken over het vermogen tot mobiliseren, transformeren, richten en concentreren van de veelvuldige energieën van de ruimte.

Deze wezens van de rijken der energie houden zich niet rechtstreeks bezig met energie als een samenstellende factor van levende schepselen, en zelfs niet met het domein der fysische chemie. Soms zijn zij betrokken bij de fysische voorbereidingen van leven, bij de ontwikkeling van de energie-systemen die als fysische voertuigen kunnen dienen voor de levende energieën van elementaire materiële organismen. In zeker opzicht zijn de fysische controleurs verbonden met de manifestaties van materiële energie voordat het leven optreedt, zoals de assistent-bewustzijnsgeesten betrokken zijn bij de functies van het materiële bewustzijn voordat de geest daar kan intreden.

Deze intelligente schepselen die kracht controleren en energie richten, moeten op elke wereld hun techniek reguleren overeenkomstig de fysische opbouw en architectuur van die planeet. Zij maken altijd gebruik van de berekeningen en conclusies van hun respectieve staven van fysici en andere technische adviseurs inzake de plaatselijke invloed van de sterk verhitte zonnen en andere typen sterren met zeer hoge lading. Zelfs met de enorme koude, donkere reuzen in de ruimte en de samendrommende wolken sterrenstof moet rekening worden gehouden; al deze materiële zaken spelen een rol in de praktische opgaven van het bewerken van energie.

Het toezicht op de kracht-energie van de evolutionaire bewoonde werelden is de verantwoordelijkheid van de Meester-Fysische Controleurs, maar deze wezens zijn niet verantwoordelijk voor alle wangedrag van de energie op Urantia. Er zijn verschillende redenen voor deze stoornissen, en sommige hiervan liggen buiten het domein en de macht van de fysische beheerders. Urantia ligt in de banen van ontzaglijke energieën, het is een kleine planeet in het circuit van enorme massa's, en de plaatselijke controleurs zetten soms enorme aantallen leden van hun orde in bij hun inspanning om deze energielijnen te egaliseren. Zij slagen hier redelijk goed in waar het de fysische circuits van Satania betreft, maar hebben moeite met de afscherming tegen de krachtige stromen van Norlatiadek.

3. DE STERREN DIE MET ONS ZIJN VERBONDEN

Er zijn meer dan tweeduizend schitterende zonnen die licht en energie uitstorten in Satania, en onder deze is uw eigen zon een fel schijnend hemellichaam van gemiddelde grootte. Van de dertig zonnen die het dichtst bij de uwe staan, schijnen er slechts drie helderder. De Krachtdirigenten van het Universum geven de aanzet tot de speciale energiestromen die zich tussen individuele sterren en hun respectieve stelsels bewegen. Samen met de donkere reuzen in de ruimte, dienen deze zonne-ovens de krachtcentra en de fysische controleurs als tussenstations waardoor zij de energiecircuits van de materiële scheppingen doeltreffend kunnen concentreren en richten.

De zonnen van Nebadon zijn niet anders dan die van andere universa. De materiële samenstelling van alle zonnen, donkere eilanden, planeten en satellieten, en zelfs van meteoren, is geheel identiek. Deze zonnen hebben een gemiddelde diameter van ongeveer anderhalf miljoen kilometer, ofschoon die van uw eigen zonnelichaam iets kleiner is. De grootste ster in het universum, de sterrenwolk Antares, heeft vierhonderdvijftig maal de diameter van uw zon en zestig miljoen maal haar volume. Er is evenwel een overvloed aan ruimte om al deze enorme zonnen te herbergen. Ze hebben relatief gezien evenveel bewegingsvrijheid in de ruimte als een dozijn sinaasappels wanneer ze zouden ronddraaien in het binnenste van Urantia, gesteld dat de planeet een holle bol zou zijn.

Wanneer te grote zonnen uit de rondwentelende moedernevel worden weggeslingerd, vallen zij spoedig uiteen of vormen zij dubbelsterren. Aanvankelijk zijn alle zonnen in werkelijkheid gasvormig, ofschoon zij later tijdelijk in halfvloeibare staat kunnen verkeren. Toen uw zon deze vrijwel vloeibare staat van super-gasdruk bereikte, was zij niet groot genoeg om langs de evenaar te splijten, hetgeen één ontstaanswijze is van dubbelsterren.

Wanneer deze vurige bollen minder dan een tiende van de grootte van uw zon hebben, krimpen ze snel in, condenseren ze en koelen ze af. Wanneer ze meer dan dertig keer zo groot zijn – of liever gezegd dertig maal de totale hoeveelheid werkelijke materie bevatten – splitsen zonnen zich gemakkelijk in twee afzonderlijke lichamen, waarbij zij beide het middelpunt worden van nieuwe stelsels, of anders in de greep van elkaars zwaartekracht blijven en als een bepaald soort dubbelster rond een gemeenschappelijk middelpunt gaan wentelen.

De meest recente tamelijk grote kosmische eruptie in Orvonton was de explosie van de buitengewone dubbelster waarvan het licht Urantia bereikte in 1572 A.D. De vuurzee was zo intens, dat de explosie duidelijk zichtbaar was bij klaarlichte dag.

Niet alle sterren zijn vaste lichamen, doch veel oudere wèl. Enige van de roodachtige, flauw flikkerende sterren hebben in het centrum van hun enorme massa een dichtheid bereikt die zou kunnen worden uitgedrukt door de verklaring dat wanneer zich één kubieke centimeter van zo'n ster op Urantia zou bevinden, deze 166 kilogram zou wegen. De enorme druk, gepaard aan verlies aan warmte en circulerende energie, heeft ertoe geleid dat de kringlopen die door de eenheden van basismaterie worden beschreven, steeds dichter bijeen zijn gebracht, zodat ze nu dicht in de buurt komen van de toestand van elektronische condensatie. Dit proces van afkoeling en samentrekking kan zich voortzetten tot de grens van het kritieke punt van explosie door ultimatonische condensatie.

De meeste reuzenzonnen zijn betrekkelijk jong, en de meeste dwergsterren zijn oud, maar niet alle. De dwergen die uit botsingen zijn ontstaan, kunnen heel jong zijn en een intens wit licht uitstralen, terwijl ze het rode beginstadium met de glans van de jeugd hebben overgeslagen. Zeer jonge en zeer oude zonnen stralen gewoonlijk beide met een roodachtige gloed. De gele tint geeft gematigde jeugd of naderende ouderdom aan, maar het schitterende witte licht is een teken van robuuste, langdurige volwassenheid.

Hoewel niet alle adolescente zonnen een pulserend stadium doormaken, althans niet zichtbaar, kunt ge, wanneer ge in de ruimte kijkt, toch veel van deze jongere sterren waarnemen, wier reusachtige respiratorische deiningen twee tot zeven dagen nodig hebben om een cyclus te voltooien. Uw eigen zon vertoont nog steeds een afnemende erfenis van de machtige perioden van uitzetting uit zijn jonge jaren, maar van de vroegere pulsaties van drie en een halve dag is de periode uitgegroeid tot de huidige elf en een half-jarige cyclus van zonnevlekken.

De variabele helderheid van sterren kan talrijke oorzaken hebben. Bij sommige dubbelsterren leiden de getijden die worden veroorzaakt door de snelle veranderingen in de onderlinge afstand terwijl deze twee hemellichamen hun kringloop afleggen, ook tot periodieke fluctuaties van licht. Deze variaties in de zwaartekracht brengen regelmatig terugkerende opvlammingen teweeg, net zoals het invangen van meteoren door de aanwas van energie-materiaal aan de oppervlakte van een zon, een betrekkelijk plotselinge lichtflits ten gevolge zou hebben, welks helderheid snel terug zou vallen tot het niveau dat normaal is voor die zon. Soms vangt een zon een stroom meteoren in, die zich in een lijn van verminderde zwaartekrachtsoppositie bevindt, en af en toe wordt het opvlammen van sterren door botsingen veroorzaakt, maar het merendeel van deze verschijnselen wordt alleen door interne fluctuaties teweeggebracht.

In één groep veranderlijke sterren is de periode van lichtfluctuatie rechtstreeks afhankelijk van de helderheid, en de kennis van dit feit stelt astronomen in staat deze zonnen te benutten als lichtbakens in het universum, ofwel nauwkeurige meetpunten ten behoeve van de verdere exploitatie van verafgelegen sterrenclusters. Door deze techniek is het mogelijk de afstanden tussen sterren zeer nauwkeurig te meten tot op meer dan een miljoen lichtjaren. Betere methoden om de ruimte te meten en verbeteringen in de technische uitvoering van telescopen, zullen u de tien grote onderafdelingen van het superuniversum Orvonton eens nog vollediger onthullen; ge zult ten minste acht van deze immense sectoren herkennen als enorme, tamelijk symmetrische sterrenclusters.

4. DE DICHTHEID VAN DE ZON

De massa van uw zon is iets groter dan uw natuurkundigen schatten; zij hebben berekend dat deze ongeveer twee octiljoen (2 x 10) ton bedraagt. Uw zon houdt qua massa nu ongeveer het midden tussen de dichtste en de ijlste sterren, en heeft ongeveer anderhalf maal de dichtheid van water. Maar uw zon is noch vloeibaar, noch vast – zij is gasachtig – en dit is zo ondanks het feit dat het moeilijk is om uit te leggen hoe gasachtige materie deze graad van dichtheid kan bereiken, en zelfs een veel hogere.

Gasachtige, vloeibare en vaste toestanden zijn zaken die de atoom-moleculaire verbindingen betreffen, maar dichtheid is een verhouding tussen ruimte en massa. De dichtheid varieert evenredig met de hoeveelheid massa in de ruimte en omgekeerd evenredig met de hoeveelheid ruimte in de massa, de ruimte tussen de centrale kernen van materie en de deeltjes die om deze centra heen draaien, alsmede de ruimte binnen deze materiële deeltjes.

Afkoelende sterren kunnen fysisch gezien gasachtig zijn en terzelfdertijd een enorme dichtheid hebben. Ge zijt niet bekend met de solaire supergassen, maar deze en andere ongewone vormen van materie zijn de verklaring van het verschijnsel dat zelfs niet-vaste zonnen een dichtheid kunnen bereiken die gelijk is aan die van ijzer – ongeveer dezelfde als die van Urantia – en toch in een zeer sterk verhitte gasachtige toestand kunnen verkeren en als zonnen kunnen blijven functioneren. De atomen in deze dichte supergassen zijn uitzonderlijk klein, ze bevatten weinig elektronen. Deze zonnen hebben ook hun vrije ultimatonische energievoorraden grotendeels verloren.

Een van de zonnen in uw nabijheid, die aanvankelijk ongeveer dezelfde massa had als uw zon, is nu ingekrompen tot ongeveer de grootte van Urantia en is daarbij 40.000 maal zo dicht geworden als uw zon. Het gewicht van dit warm-koude gasachtig-vaste lichaam is ongeveer 55 kilogram per kubieke centimeter. Deze zon schijnt nog steeds met een flauwe, roodachtige gloed, de seniele glans van een stervende lichtmonarch.

De meeste zonnen hebben echter niet zo'n grote dichtheid. Een van uw nabije buren heeft een dichtheid die precies gelijk is aan de dichtheid van uw atmosfeer op zeeniveau. Indien ge u in het binnenste van deze zon zoudt bevinden, zoudt ge niet in staat zijn iets te onderscheiden. En indien de temperatuur dit zou toestaan, zoudt ge kunnen binnendringen in de meeste zonnen die aan de nachtelijke hemel fonkelen, en toch niet meer materie opmerken dan in de lucht van uw woonkamers op aarde.

De massieve zon Veluntia, een van de grootste in Orvonton, heeft een dichtheid die slechts één duizendste bedraagt van die van de atmosfeer van Urantia. Indien deze in samenstelling op uw atmosfeer leek en niet superverhit was, zou er zo'n vacuum heersen, dat menselijke wezens spoedig door verstikking zouden omkomen als zij er zich in of op zouden bevinden.

Een andere reus in Orvonton heeft nu een oppervlakte-temperatuur die iets onder de 1.650 graden ligt. Zijn diameter bedraagt meer dan 480.000.000 kilometer – ruimte genoeg om uw zon en de huidige kringloop van de aarde te kunnen bevatten. Maar hoe enorm deze afmetingen ook zijn, meer dan 40.000.000 maal die van uw zon, toch is zijn massa slechts ongeveer dertig maal groter dan die van uw zon. Deze enorme zonnen hebben een zich uitbreidende zoom, waarmee zij elkaar bijna raken.

5. ZONNESTRALING

Dat de zonnen in de ruimte geen grote dichtheid hebben, wordt bewezen door de gestage stromen lichtenergieën die eraan ontsnappen. Bij een te grote dichtheid zou het licht door opaciteit worden vastgehouden, totdat de druk van de lichtenergie het explosiepunt zou bereiken. Er bestaat een ontzaglijke licht-of gasdruk binnen een zon waardoor deze een zodanige stroom energie uitstoot, dat deze vele miljoenen kilometers ver doordringt in de ruimte en de vergelegen planeten voorziet van energie, licht en warmte. Een vijf meter dikke oppervlaktelaag met de dichtheid van Urantia zou het ontsnappen van alle röntgenstralen en lichtenergie uit een zon afdoende voorkomen, totdat de toename van de inwendige druk van de energieën die zich ophopen tengevolge van het uiteenrijten van atomen, de zwaartekracht zou overwinnen met een reusachtige explosie naar buiten.

Bij aanwezigheid van de drijfgassen is licht uitermate explosief wanneer het bij hoge temperaturen door ondoorlatende keerwanden wordt tegengehouden. Licht is werkelijk. Gemeten naar de waarde van energie en vermogen op uw wereld, zou zonlicht voordelig zijn wanneer het een miljoen dollar per pond zou kosten.

Het inwendige van uw zon is een geweldige generator van röntgenstralen. De zonnen worden van binnen uit gevoed door het onophoudelijke bombardement van deze machtige emanaties.

Een door röntgenstralen gestimuleerd elektron heeft meer dan een half miljoen jaar nodig om zich vanuit het centrum van een gemiddelde zon een weg te banen naar het oppervlak van die zon, vanwaar het aan zijn ruimteavontuur begint – misschien om een bewoonde planeet te gaan verwarmen, om door een meteoor te worden ingevangen, om deel te hebben aan de geboorte van een atoom, om aangetrokken te worden door een donker ruimte-eiland met een hoge lading, of om zijn ruimtevlucht uiteindelijk beëindigd te zien door een duik in het oppervlak van een zon die gelijkt op degene waaraan het was ontsprongen.

De röntgenstralen in het inwendige van een zon laden de zeer verhitte, snelbewegende elektronen met voldoende energie om deze door de ruimte naar de verre werelden van afgelegen stelsels uit te zenden, voorbij de veelheden aan vertragende invloeden van tussenkomende materie en ondanks uiteenlopende vormen van zwaartekrachtaantrekking. De grote energie van de snelheid die nodig is om aan de zwaartekrachtgreep van een zon te ontsnappen, is voldoende om ervoor te zorgen dat de zonnestraal met onverminderde snelheid door zal reizen totdat hij op aanzienlijke massa's materie stuit; hierna wordt de zonnestraal snel getransformeerd tot hitte, waarbij ook andere energieën vrijkomen.

Energie, zowel in de vorm van licht als in andere vormen, beweegt zich in haar vlucht door de ruimte recht vooruit. De eigenlijke deeltjes waaruit materie bestaat, gaan als spervuur door de ruimte. Ze bewegen zich in een rechte, ononderbroken lijn of processie, behalve wanneer er hogere krachten op hen inwerken, en behoudens de gehoorzaamheid die zij altijd betonen aan de lineaire zwaartekracht-aantrekking die inherent is aan materiële massa en aan de aanwezigheid van de circulaire zwaartekracht van het Paradijs-Eiland.

Zonne-energie lijkt misschien te worden voortgestuwd in golven, maar dit komt door de werking van coëxistente invloeden van uiteenlopende aard. Een gegeven vorm van georganiseerde energie beweegt niet in golven voort, maar in rechte lijnen. De aanwezigheid van een tweede of derde vorm van kracht-energie kan tot gevolg hebben dat de stroom die wordt waargenomen zich als een golf *schijnt* voort te bewegen, net zoals bij een zware stortbui met hevige wind het water soms als een gordijn lijkt neer te vallen of in golven omlaagkomt. De regendruppels vallen neer in een rechte lijn, een ononderbroken reeks, maar de inwerking van de wind is van dien aard dat het voor het oog lijkt of er gordijnen van water vallen en er golven regendruppels neerkomen.

De werking van bepaalde secundaire en andere onontdekte energieën die in de ruimteregionen van uw plaatselijk universum aanwezig zijn, is van dien aard dat de uitstralingen van zonlicht zowel bepaalde golfachtige bewegingen lijken uit te voeren, als tot oneindig kleine deeltjes van een bepaalde lengte en gewicht lijken te worden fijngehakt. Praktisch gesproken is dit ook precies wat er gebeurt. Er valt nauwelijks te verwachten dat ge het gedrag van licht beter zult begrijpen totdat ge u een duidelijker denkbeeld hebt verworven van de wisselwerking en het onderlinge verband tussen de verschillende ruimtekrachten en zonne-energieën in de ruimtegebieden van Nebadon. Uw huidige verwarring is ook te wijten aan uw onvolledige begrip van dit probleem waar het te maken heeft met de onderling verbonden activiteiten van de persoonlijke en niet-persoonlijke beheersing van het meester-universum – de presentie, verrichtingen en coördinatie van de Vereend Handelende Geest en het Ongekwalificeerd Absolute.

6. CALCIUM – DE ZWERVER DOOR DE RUIMTE

Bij het decoderen van spectraalverschijnselen dient ge in gedachten te houden dat de ruimte niet leeg is: dat het licht, op zijn weg door de ruimte, soms enigszins wordt gemodificeerd door de verschillende vormen van energie en materie die in de gehele georganiseerde ruimte circuleren. Sommige lijnen die in de spectra van uw zon verschijnen en op onbekende materie wijzen, worden veroorzaakt door modificaties in overigens welbekende elementen, welke in versplinterde vorm overal door de ruimte zweven als atomaire slachtoffers van de heftige botsingen in de onderlinge ge-vechten van de zonne-elementen. Overal in de ruimte komen deze uitgestoten zwervers voor, vooral natrium en calcium.

Calcium is in feite het belangrijkste element van de materie waarmee de ruimte in heel Orvonton is doordrongen. In ons hele superuniversum valt een stofregen van uiterst fijn verpulverde kalksteen. Kalksteen is letterlijk het basis-bouwmateriaal voor de planeten en werelden in de ruimte. De kosmische wolk, de grote ruimtedeken, bestaat hoofdzakelijk uit gemodificeerde calcium-atomen. Het kalksteenatoom is een van de meest voorkomende en meest persistente elementen. Het doorstaat niet alleen ionisatie door de zon – splijting – maar blijft ook bestaan in een identiteit die ver-bindingen kan aangaan, zelfs wanneer het door de vernietigende röntgenstralen is beschoten en door de hoge zonnetemperaturen is verbrijzeld. Calcium bezit een individualiteit en een levens-duur welke die van alle veel voorkomende vormen van materie overtreffen.

Zoals uw natuurkundigen reeds hebben vermoed, berijden deze verminkte resten van zonnecalcium letterlijk de lichtstralen over uit-eenlopende afstanden, en zo wordt hun wijde verbreiding door de gehele ruimte enorm vergemakkelijkt. Het natriumatoom kan bij bepaalde modificaties eveneens licht en energie gebruiken om zich voort te bewegen. De prestatie van het calcium is echter des te op-merkelijker omdat dit element bijna tweemaal de massa heeft van natrium. Dat de plaatselijke ruimte met calcium is doordrongen, ligt aan het feit dat het, in gemodificeerde vorm, uit de fotosfeer van de zon ontsnapt door de uitgaande zonnestralen letterlijk te berijden. Niettegenstaande zijn betrekkelijk grote massa – het bevat twintig omwentelende elektronen – slaagt het calcium er van alle zonne-ele-menten het best in om uit het binnenste van de zon naar de gebieden van de ruimte te ontsnappen. Dit verklaart waarom er zich een cal-ciumlaag van tienduizend kilometer dikte, een gasvormig kalkstenen oppervlak, op de zon bevindt, en dit ondanks het feit dat er negentien lichtere elementen en talrijke zwaardere onder liggen.

Calcium is bij solaire temperaturen een actief en beweeglijk element. Het calciumatoom heeft in zijn twee buitenste elektro-nenschillen twee beweeglijke, losjes verbonden elektronen, die heel dicht bij elkaar liggen. Al vroeg in de atomaire strijd verliest het zijn buitenste elektron; hierna begint het een meesterlijk nummer jongleren, waarbij het negentiende elektron heen en weer wordt gegooid tussen de negentiende en twintigste schil van elektronische rondwenteling. Door dit negentiende elektron meer dan vijfentwintigduizend maal per seconde heen en weer te gooien tussen zijn eigen baan en die van zijn verloren makker, kan een verminkt calciumatoom de zwaartekracht gedeeltelijk trotseren en zo met goed gevolg op de wordende stromen licht en energie, de zonnestralen, naar de vrijheid en het avontuur rijden. Dit calciumatoom beweegt zich met afwisselende, voortstuwende schokken naar buiten, door ongeveer 25.000 maal per seconde de zonnestraal vast te grijpen en weer los te laten. Dit nu is de reden waarom kalksteen het hoofdbestanddeel is van de werelden in de ruimte. Calcium is het meest bedreven in het ontsnappen uit de zonne-gevangenis.

De behendigheid van dit acrobatische calciumelektron blijkt uit het feit dat het, wanneer het door de zonnekrachten van de thermische en de röntgenstraling naar de kring van de hogere schil wordt geworpen, slechts ongeveer een miljoenste seconde in die baan blijft: voordat het door de elektro-zwaartekracht van de atoomkern in zijn oude baan wordt teruggetrokken, is het echter in staat een miljoen omwentelingen rond het atoomcentrum te maken.

Uw zon heeft een enorme hoeveelheid van haar calcium afgestaan, aangezien zij ontzaglijke hoeveelheden heeft verloren in de tijden van haar tumultueuze uitbarstingen die verband hielden met de vorming van het zonnestelsel. Veel van het zonnecalcium bevindt zich thans in de buitenste korst van de zon.

Ge moet niet vergeten dat spectraalanalyses slechts de samenstellingen van het oppervlak van de zon laten zien. Zonnespectra vertonen bijvoorbeeld veel ijzerlijnen – maar ijzer is niet het belangrijkste element in de zon. Dit verschijnsel wordt vrijwel geheel veroorzaakt door de huidige temperatuur van het oppervlak van de zon, iets minder dan 3.300 graden [Celsius], een temperatuur die zeer gunstig is voor het registreren van het ijzerspectrum.

7. BRONNEN VAN SOLAIRE ENERGIE

De inwendige temperatuur van vele zonnen, zelfs van uw eigen zon, is veel hoger dan men gewoonlijk aanneemt. Binnenin een zon bestaan praktisch geen hele atomen; alle atomen zijn in mindere of meerdere mate verbrijzeld door het intensieve bombardement met röntgenstralen dat inherent is aan zulke hoge temperaturen. Welke materiële elementen er ook in de buitenste lagen van een zon mogen verschijnen, de elementen in het inwendige worden zeer gelijkvormig gemaakt door de ontbindende werking van de ontwrichtende röntgenstralen. Röntgenstraling is de grote nivelleerder van het atomaire bestaan.

De oppervlakte-temperatuur van uw zon is bijna 3.300 graden, doch naarmate men tot het inwendige doordringt, stijgt zij snel tot zij de ongelooflijke hoogte van omstreeks 19.400.000 graden bereikt in de centrale regionen. (Al deze temperaturen worden aangegeven volgens uw schaal van Celsius).

Al deze verschijnselen duiden op een enorme energie-afgifte; de bronnen van zonne-energie zijn, in volgorde van hun belangrijkheid:

1. de vernietiging van atomen en uiteindelijk van elektronen;

2. de transmutatie van elementen, inclusief de aldus vrijgekomen radio-actieve groep van energieën;

3. de accumulatie en transmissie van bepaalde universele ruimte-energieën;

4. ruimtematerie en meteoren die onophoudelijk in de laaiende zonnen duiken;

5. solaire samentrekking: door de afkoeling en de daaruit resulterende samentrekking van een zon worden energie en hitte afgestaan die soms groter zijn dan die door ruimtematerie worden geleverd;

6. de werking van de zwaartekracht bij hoge temperaturen transformeert bepaalde in circuit gebrachte kracht tot stralingsenergieën;

7. teruggevangen licht en andere materie die in de zon worden teruggetrokken nadat zij eerder daarvan zijn uitgegaan, alsmede andere energieën die hun oorsprong buiten de zon hebben.

Er bestaat een regulerende deken van hete gassen (soms miljoenen graden heet), die de zonnen omgeeft en door welks werking het verlies van hitte wordt gestabiliseerd en ook anderszins gevaarlijke fluctuaties in de verspreiding van hitte worden voorkomen. Gedurende het actieve leven van een zon blijft de inwendige temperatuur van 19.500.000 graden ongeveer gelijk, hoever de daling van de uitwendige temperatuur ook voortschrijdt.

Misschien kunt ge u 19.500.000 graden hitte, samen met bepaalde vormen zwaartekrachtdruk, voorstellen als het elektronische kookpunt. Onder dergelijke druk en temperatuur desintegreren alle atomen, en worden zij afgebroken tot de elektronische en andere componenten waaruit zij zijn voortgekomen. Zelfs de elektronen en andere verbindingen van ultimatonen kunnen worden afgebroken, maar de zonnen kunnen geen ultimatonen afbreken.

Deze solaire temperaturen hebben tot uitwerking dat de ultimatonen en de elektronen enorm worden versneld, althans de elektronen die onder deze omstandigheden blijven bestaan. Ge zult wel beseffen wat een hoge temperatuur inhoudt qua versnelling van ultimatonische en elektronische activiteit, als ge erbij stilstaat dat één druppel gewoon water meer dan een miljard triljoen atomen bevat. Dit is de energie van meer dan honderd paardekracht die twee jaar lang continu wordt uitgeoefend. De totale hitte die door de zon van het zonnestelsel thans iedere seconde wordt afgegeven, is voldoende om al het water in alle oceanen op Urantia in één seconde tot het kookpunt te brengen.

Alleen de zonnen die functioneren in de directe kanalen van de hoofdstromen van de universum-energie kunnen eeuwig blijven schijnen. Deze zonne-ovens blijven voor onbepaalde tijd doorbranden omdat ze hun materiële verliezen kunnen aanvullen door de opname van ruimtekracht en analoge circulerende energie. Sterren die ver verwijderd zijn van de hoofdkanalen waardoor bijlading plaatsvindt, ondergaan evenwel onvermijdelijk uitputting van energie – ze koelen geleidelijk af en branden uiteindelijk op.

Deze dode of stervende zonnen kunnen worden verjongd door de inwerking van een botsing, of ze kunnen worden geladen door bepaalde niet-lichtgevende energie-eilanden in de ruimte, of door de roof van zwaartekracht van nabije kleinere zonnen of stelsels. De meeste dode zonnen ondergaan reactivering door deze of andere evolutionaire technieken. Het is de bestemming van zonnen welke uiteindelijk niet op deze wijze worden geladen, om door massale explosie uiteen te vallen wanneer de zwaartekracht-condensatie het kritieke niveau bereikt van de ultimatonische condensatie der energiedruk. Dergelijke verdwijnende zonnen worden aldus tot energie in de meest verdunde vorm, uitstekend geschikt om andere zonnen die beter zijn gesitueerd, van energie te voorzien.

8. REACTIES VAN SOLAIRE ENERGIE

In de zonnen die zijn opgenomen in de circuits van ruimte-energie-kanalen, komt er solaire energie vrij door verscheidene complexe nucleaire kettingreacties, waarvan de waterstof-kool-stof-helium-reactie het meeste voorkomt. Bij deze metamorfose functioneert het koolstof als energie-katalysator, aangezien het in geen enkel opzicht werkelijk verandert door dit proces van omzetting van waterstof in helium. Onder bepaalde omstandigheden van hoge temperaturen dringt waterstof door tot in de koolstofkernen. Aangezien koolstof niet meer dan vier waterstofprotonen kan opnemen, begint het, wanneer deze verzadigingstoestand is bereikt, in hetzelfde tempo protonen uit te zenden als er nieuwe arriveren. Bij deze reactie komen de ingaande deeltjes waterstof weer als helium-atomen tevoorschijn.

Wanneer de waterstof-inhoud van een zon afneemt, wordt haar lichtstraling sterker. Bij de zonnen die zijn voorbestemd om uit te branden, wordt de hoogste lichtstraling bereikt op het punt waar het waterstof is uitgeput. Na dit punt wordt de schittering in stand gehouden door het resulterende proces van samentrekking door zwaartekracht. Uiteindelijk zal zo'n ster een zogenaamde witte dwerg worden, een zeer gecondenseerd hemellichaam.

Wanneer in grote zonnen – kleine cirkelvormige nevels – het waterstof is uitgeput en wanneer dit wordt gevolgd door samentrekking door zwaartekracht, en indien zo'n hemellichaam onvoldoende ondoordringbaar is om de inwendige druk te kunnen handhaven waardoor de gasachtige gebieden aan de buitenkant in stand worden gehouden, dan treedt er een plotselinge ineenstorting op. Door de veranderingen in de zwaartekracht en de elektriciteit ontstaan er enorme hoeveelheden zeer kleine deeltjes zonder elektrisch potentieel. Deze deeltjes ontsnappen gemakkelijk uit het binnenste van de zon, en brengen zo binnen een paar dagen de ineenstorting van een gigantische zon teweeg. Een dergelijke emigratie van 'weggelopen deeltjes' veroorzaakte ongeveer vijftig jaar geleden de ineenstorting

van de reuzennova in de Andromeda-nevel. Dit enorme sterreli-
chaam stortte binnen veertig minuten Urantia-tijd ineen.

Als regel blijft de enorme hoeveelheid uitgedreven materie rond
de overblijvende afkoelende zon bestaan in de vorm van grote wolken nevelgassen. Dit alles verklaart de oorsprong van vele soorten
onregelmatige nevels zoals de Kreeft-nevel, die ongeveer negenhon-
derd jaar geleden is ontstaan en welks moederwereld nog steeds als
een eenzame ster dichtbij het centrum van deze onregelmatige ne-
velmassa is te zien.

9. DE STABILITEIT VAN ZONNEN

De grotere zonnen behouden een zodanige zwaartekracht-
controle over hun elektronen, dat licht alleen met behulp van de
krachtige röntgenstralen kan ontsnappen. Deze hulpstralen doordringen de gehele ruimte en spelen een rol bij het in stand houden
van de fundamentele ultimatonische energieverbanden. De grote
energieverliezen in de beginperiode van een zon wanneer hij de
maximumtemperatuur – meer dan 19.500.000 graden – heeft bereikt, worden niet zozeer veroorzaakt door het ontsnappen van licht,
als wel door het weglekken van ultimatonen. Deze ultimatonische
energieën vluchten de ruimte in, waar zij beginnen aan het avontuur van elektronische associatie en materialisatie van energie, als
een ware energie-explosie tijdens de adolescentie van een zon.

Atomen en elektronen zijn onderhevig aan zwaartekracht. De
ultimatonen zijn niet onderhevig aan de plaatselijke zwaartekracht,
de interactie van materiële aantrekking, maar zij gehoorzamen volledig aan de absolute, of Paradijs-zwaartekracht, aan de richting, de
rondloop, van de universele, eeuwige cirkel van het universum van
universa. Ultimatonische energie gehoorzaamt niet aan de lineaire
of directe zwaartekracht-aantrekking van nabije of afgelegen materi-
ele massa's, maar beweegt zich wel steeds in het circuit van de grote
ellips van de wijdverbreide schepping.

Uw eigen zonnecentrum straalt jaarlijks bijna honderd miljard
ton werkelijke materie uit, terwijl de reuzenzonnen gedurende hun
eerste groeiperiode, de eerste miljard jaar, gigantische hoeveelheden materie verliezen. Het leven van een zon wordt stabiel wanneer
de maximale inwendige temperatuur is bereikt en de subatomische

energieën beginnen vrij te komen. En precies op dit kritische punt gaan de grotere zonnen gewoonlijk met grote schokken pulseren.

De stabiliteit van een zon is geheel afhankelijk van evenwicht in de strijd tussen zwaartekracht en hitte – een geweldige druk die een tegenwicht vormt voor onvoorstelbaar hoge temperaturen. De inwendige gas-elasticiteit van de zonnen ondersteunt de bovenliggende lagen van uiteenlopende materialen, en wanneer de zwaartekracht en de hitte in evenwicht zijn, evenaart het gewicht van de buitenste materialen precies de druk van de temperatuur van de onderliggende, inwendige gassen. In vele jongere sterren worden door de voortdurende zwaartekracht-condensatie steeds hogere inwendige temperaturen geproduceerd, en bij het oplopen van de inwendige hitte wordt de inwendige druk van de röntgenstraling van de winden van supergassen zó groot, dat een zon, in verband met de middelpuntvliedende beweging, haar buitenste lagen in de ruimte begint af te werpen om zo het gebrek aan evenwicht tussen zwaartekracht en hitte te herstellen.

Uw eigen zon heeft reeds lang een relatief evenwicht bereikt tussen haar cycli van uitzetting en samentrekking, de verstoringen die de gigantische pulsaties van vele jongere sterren teweegbrengen. Uw zon is nu zes miljard jaar oud. Zij beleeft nu de periode waarin zij met de grootste economie functioneert. Zij zal nog meer dan vijfentwintig miljard jaar met haar huidige rendement blijven schijnen. Vermoedelijk zal zij een gedeeltelijk werkzame periode van verval doormaken, die even lang zal zijn als de periode van haar jeugd en die van haar gestabiliseerd functioneren samen.

10. DE OORSPRONG VAN BEWOONDE WERELDEN

Sommige veranderlijke sterren, in of nabij de toestand van maximale pulsatie, zijn bezig dochterstelsels voort te brengen waarvan vele uiteindelijk zullen gaan lijken op uw eigen zon met haar rondwentelende planeten. Uw zon was in precies zo'n toestand van machtige pulsatie toen het massale Angona-stelsel haar in zijn omwenteling dicht naderde, en de buitenkant van de zon ware stromen – ononderbroken gordijnen – materie begon uit te stoten. Dit zette zich met steeds toenemend geweld voort tot het punt waarop zij elkaar het dichtst waren genaderd, toen de grenzen van de inwendige samenhang van de zon waren bereikt en een enorme piek van materie, de voorloper van het zonnestelsel, werd uitgebraakt. In soortgelijke omstandigheden trekt het aantrekkende lichaam bij zijn dichtste nadering soms hele planeten weg, en zelfs een kwart of derde deel van een zon. Deze grote extrusies vormen bepaalde merkwaardige, door wolken overdekte typen werelden – hemelli- chamen zoals Jupiter en Saturnus.

Het merendeel der zonnestelsels heeft echter een geheel andere oorsprong gekend dan het uwe, en dit geldt zelfs voor de stelsels die zijn voortgebracht via de techniek van zwaartekracht-getijden. Maar welke techniek van wereldvorming er ook wordt gehanteerd, de zwaartekracht brengt altijd het type schepping van een zonnestelsel voort: dat wil zeggen, een centrale zon of een centraal donker eiland, met planeten, satellieten, subsatellieten en meteoren.

De fysische aspecten van de individuele werelden worden grotendeels bepaald door hun ontstaanswijze, hun astronomische ligging en het fysische milieu. De leeftijd, de grootte, de onwente- lingssnelheid en de snelheid waarmee zij door de ruimte gaan, zijn eveneens bepalende factoren. Zowel de werelden die uit contractie van gassen zijn ontstaan, als degene die zijn ontstaan door aangroei van vaste stoffen, worden gekenmerkt door bergen, en in hun jeugd, wanneer ze niet te klein zijn, door water en lucht. Werelden die ont- staan door smeltingssplitsing en door botsing hebben soms geen uitgebreide bergketens.

In de vroege tijdperken van al deze nieuwe werelden komen er veelvuldige aardbevingen voor, en alle worden zij gekenmerkt door grote fysische beroeringen; dit geldt vooral voor de werelden ontstaan door de contractie van gassen, de werelden die voortko- men uit de immense nevelringen die achterblijven in het spoor van de vroege condensatie en samentrekking van bepaalde individu- ele zonnen. Planeten met een tweeledige oorsprong, zoals Urantia, doorlopen een minder gewelddadige en stormachtige loopbaan in hun jeugd. Niettemin heeft uw wereld een vroege fase gekend van machtige bodemverheffingen, gekenmerkt door vulkanen, aardbe- vingen, overstromingen en verschrikkelijke orkanen.

Urantia ligt betrekkelijk geïsoleerd aan de buitenkant van Satania, uw zonnestelsel, en is op één uitzondering na het verst ver- wijderd van Jerusem, terwijl Satania zelf naast het buitenste stelsel van Norlatiadek ligt, en deze constellatie loopt thans door de buitenste regionen van Nebadon. Ge behoorde waarlijk tot de minsten van de gehele schepping totdat Michaels zelfschenking uw planeet tot een erepositie verhief waarin het universum veel belang stelt. Soms is de laatste de eerste, terwijl de minste waarlijk de grootste wordt.

[Aangeboden door een Aartsengel, in samenwerking met het Hoofd van de Krachtcentra van Nebadon.]

TIEN

DE CONSTELLATIES

(VERHANDELING 43)

URANTIA wordt gewoonlijk aangeduid als 606 van Satania in Norlatiadek van Nebadon, dat wil zeggen, de zeshonderd-zesde bewoonde wereld in het plaatselijk stelsel Satania, gelegen in de constellatie Norlatiadek, een van de honderd constellaties in het plaatselijk universum Nebadon. Omdat constellaties de primaire afdelingen van een plaatselijk universum zijn, vormen de bestuurders hiervan de verbinding tussen de plaatselijke stelsels van bewoonde werelden en het centrale bestuur van het plaatselijk universum op Salvington, en via de reflectiviteit, met het opperbestuur van de Ouden der Dagen op Uversa.

De regering van uw constellatie bevindt zich in een cluster van 771 architectonische werelden; Edentia, de grootste hiervan, ligt in het centrum en is de zetel van het bestuur van de Constellatie-Vaders, de Meest Verhevenen van Norlatiadek. Edentia zelf is ongeveer honderd maal zo groot als uw wereld. De zeventig grote werelden die Edentia omgeven, zijn ongeveer tien maal zo groot als Urantia, terwijl de tien satellieten die rond elk van deze zeventig werelden wentelen, ongeveer even groot zijn als Urantia. Deze 771 architectonische werelden verschillen in grootte nauwelijks van die van andere constellaties.

De tijdsrekening en de afstandsmeting op Edentia zijn dezelfde als die op Salvington, en net als de werelden van het regeringscentrum van het universum zijn de werelden van het hoofdkwartier van de constellatie volledig voorzien van alle orden van hemelse verstan-

A

delijke wezens. In het algemeen zijn deze persoonlijkheden niet erg verschillend van die welke reeds beschreven zijn in verband met het bestuur van het universum.

De serafijnen die als supervisoren optreden, de derde orde van engelen in de plaatselijke universa, zijn aangesteld bij de dienst van de constellaties. Zij hebben hun hoofdkwartier op de hoofdwerelden en verlenen uitgebreide diensten aan de omringende morontia-opleidingswerelden. In Norlatiadek worden de zeventig grote werelden, alsmede de zeven honderd kleine satellieten, bewoond door de univitatia, de permanente burgers van de constellatie. Al deze architectonische werelden worden geheel bestuurd door de verscheidene groepen van inheemse levensvormen die voor het grootste deel niet zijn geopenbaard, maar ook de efficiënte spironga en de fraaie spornagia omvatten. De morontia-levensvormen van de constellaties, die halverwege het morontia-opleidingsregime staan, zijn zoals wel te verwachten is, zowel karakteristiek als ideaal.

1. HET CONSTELLATIE-HOOFDKWARTIER

Edentia is zeer rijk aan boeiende hooglanden, uitgebreide hoger gelegen gebieden van fysische materie, die met morontia-leven zijn bekroond en met geestelijke heerlijkheid zijn overdekt, maar er zijn geen ruige bergketens zoals op Urantia. Er zijn tienduizenden sprankelende meren en vele duizenden onderling verbonden waterstromen, maar geen grote oceanen of woeste rivieren. Alleen de hooglanden zijn verstoken van deze oppervlaktewateren.

Het water op Edentia en soortgelijke architectonische werelden verschilt niet van het water op de evolutionaire planeten. De waterstelsels van deze werelden bevinden zich zowel aan de oppervlakte als ondergronds, en het water is in constante circulatie. Men kan Edentia rondvaren via deze talrijke waterwegen, ofschoon de meeste transporten via de atmosfeer plaatsvinden. Geest-wezens reizen van nature al boven de oppervlakte van de wereld, terwijl de morontia-wezens en materiële wezens gebruik maken van materiële en semi-materiële middelen om zich door de atmosfeer te verplaatsen.

Edentia en de werelden die met haar zijn verbonden, hebben een echte atmosfeer, het gebruikelijke mengsel van drie gassen dat kenmerkend is voor deze architectonische scheppingen en bestaat uit de twee elementen van de Urantia-atmosfeer, plus het morontia-gas dat geschikt is voor de ademhaling van morontia-schepselen. Hoewel deze atmosfeer zowel materieel als morontiaal is, kent zij geen stormen of orkanen, en evenmin bestaan er zomer en winter. Door deze afwezigheid van atmosferische storingen en seizoenswisselingen is het mogelijk om op deze speciaal geschapen werelden alles wat in de open lucht is te verfraaien.

De hooglanden van Edentia zijn schitterende natuurlijke verschijnselen en hun schoonheid wordt nog verhoogd door de eindeloze overvloed aan leven dat hier overal aanwezig is. Uitgezonderd enkele tamelijk geïsoleerde bouwwerken bevindt zich in deze hooglanden geen werk dat door schepselhanden is gemaakt. Materiële en morontiale versieringen zijn beperkt tot de woongebieden. Op de lagere heuvels staan speciale woonhuizen die fraai zijn versierd met zowel biologische als morontiale kunst.

Op de top van de zevende hooglandketen liggen de opstandingsgebouwen van Edentia, waarin de opklimmende stervelingen van de tweede gemodificeerde orde van opklimming ontwaken. Deze zalen waar de schepselen opnieuw worden samengesteld, staan onder toezicht van de Melchizedeks. De eerste ontvangstwereld van Edentia heeft (evenals de planeet Melchizedek dichtbij Salvington) ook speciale opstandingszalen, waar de stervelingen van de gemodificeerde orden van opklimming opnieuw worden samengesteld.

De Melchizedeks hebben ook twee speciale academies op Edentia. De ene, de school voor noodsituaties, wijdt zich aan de bestudering van problemen voortkomende uit de opstand in Satania. De andere, de zelfschenkingsschool, wijdt zich aan het beheersen van de nieuwe problemen die zijn ontstaan door het feit dat Michael zijn laatste zelfschenking heeft verricht op een van de werelden in Norlatiadek. Deze tweede academie is bijna veertigduizend jaar geleden gesticht, onmiddellijk nadat Michael had aangekondigd dat Urantia was uitgekozen als de wereld voor zijn laatste zelfschenking.

De glazen zee, het ontvangstterrein van Edentia, ligt dicht bij het bestuurlijke centrum en wordt omringd door het amfitheater van het hoofdkwartier. Rond dit terrein liggen de regeringscentra van de zeventig afdelingen der constellatiezaken. De ene helft van Edentia is verdeeld in zeventig driehoekige secties waarvan de grenzen convergeren bij de gebouwen van de hoofdkwartieren van hun respectieve sectoren. De rest van deze wereld is een enorm natuur-park, de tuinen van God.

Gedurende uw periodieke bezoeken aan Edentia zult ge, hoewel de hele planeet door u bezichtigd kan worden, uw tijd gro-tendeels doorbrengen in de bestuurlijke driehoek welks nummer correspondeert met het nummer van de wereld waar ge op dat mo-ment verblijfhoudt. Ge zult altijd welkom zijn als waarnemer bij de wetgevende vergaderingen.

Het morontia-gebied dat is toegewezen aan opgaande sterve-lingen die op Edentia verblijfhouden, ligt in de zone midden in de vijfendertigste driehoek die grenst aan het hoofdkwartier van de volkomenen, dat zich in de zesendertigste driehoek bevindt. Het al-gemene hoofdkwartier van de univitatia beslaat een enorm terrein in het middenveld van de vierendertigste driehoek, dat direct grenst aan het woongebied dat is gereserveerd voor de morontia-burgers. Uit deze regelingen kunt ge zien dat er voorzieningen zijn getroffen voor de accommodatie van ten minste zeventig grote afdelingen van vormen van hemels leven, en ook dat elk van deze zeventig drie-hoekige gebieden in verbinding staat met één van de zeventig grote werelden waar morontia-opleidingen worden gegeven.

De glazen zee op Edentia is een enorm groot, cirkelvormig kristal met een omtrek van ongeveer honderdzestig kilometer en een diepte van ongeveer achtenveertig kilometer. Dit schitterende kristal doet dienst als ontvangstterrein voor alle transport-serafijnen en andere wezens die arriveren uit plaatsen buiten deze wereld. Een dergelijke glazen zee vergemakkelijkt het landen van transport-sera-fijnen ten zeerste.

Een kristallen terrein van deze orde wordt op bijna alle archi-tectonische werelden aangetroffen; het heeft niet alleen decoratieve waarde, maar wordt voor vele doeleinden gebruikt, want het dient ook om de reflectiviteit in het superuniversum uit te beelden voor groepen die zich hier verzamelen, en als een factor in de techniek der energie-transformatie waardoor de ruimtestromen worden ge-modificeerd en andere binnenkomende fysische energiestromen worden aangepast.

2. DE REGERING VAN DE CONSTELLATIE

De constellaties zijn de autonome eenheden waaruit een plaat-selijk universum bestaat, want iedere constellatie wordt bestuurd

volgens haar eigen wetgeving. Wanneer de gerechtshoven van Nebadon oordelen inzake kwesties die het universum betreffen, worden
alle interne aangelegenheden berecht in overeenstemming met de
wetten die in de betreffende constellatie gelden. Deze gerechtelijke
uitspraken van Salvington, evenals de wetsbepalingen van de constellaties, worden uitgevoerd door de bestuurders van de plaatselijke
stelsels.

Constellaties fungeren aldus als wetgevende of wetsontwer-
pende eenheden, terwijl de plaatselijke stelsels dienst doen als
uitvoerende of rechtshandhavende eenheden. De regering op Salvington is het hoogste gerechtelijke en coördinerende gezag.

Terwijl de hoogste rechterlijke functie door het centrale bestuur van een plaatselijk universum wordt uitgeoefend, zijn er twee
ondersteunende doch belangrijke tribunalen op het hoofdkwartier
van iedere constellatie: de raad van Melchizedeks en het hof van de
Meest Verhevene.

Alle gerechtelijke problemen worden eerst door de raad van de
Melchizedeks bestudeerd. Twaalf leden van deze orde, die bepaalde
noodzakelijke ervaring op de evolutionaire planeten en de hoofdkwartierwerelden van het stelsel hebben opgedaan, zijn gemachtigd
om bewijsmateriaal te bestuderen, pleidooien te overdenken en
voorlopige uitspraken te formuleren, welke vervolgens worden
voorgelegd aan het hof van de Meest Verhevene, de regerende Constellatie-Vader. De afdeling der stervelingen van dit laatste tribunaal
bestaat uit zeven rechters, die allen stervelingen in opklimming zijn.
Hoe hoger ge opklimt in het universum, des te zekerder is het dat ge
door uw soortgenoten zult worden berecht.

Het wetgevende lichaam van de constellatie bestaat uit drie
verschillende groepen. Het programma van wetgeving van een constellatie ontstaat in het lagerhuis van opklimmende stervelingen, een
groep die wordt voorgezeten door een volkomene en uit duizend
sterfelijke vertegenwoordigers bestaat. Ieder stelsel benoemt tien
leden om in deze beraadslagende vergadering zitting te nemen. Op
Edentia is dit lichaam op dit tijdstip thans niet geheel voltallig.

De middenkamer der wetgevers bestaat uit de serafijnse heerscharen en hun metgezellen, andere kinderen van de Moeder-Geest
van het plaatselijk universum. Deze groep telt honderd leden en
wordt benoemd door de persoonlijkheden die de supervisie en de

leiding hebben over de uiteenlopende activiteiten van dergelijke wezens bij de uitoefening van hun functies binnen de constellatie.

Het adviserende of hoogste wetgevende lichaam van de constellatie bestaat uit het hogerhuis – het huis van de goddelijke Zonen. Dit korps wordt gekozen door de Meest Verheven Vaders en telt tien leden. Alleen Zonen met speciale ervaring kunnen in dit hogerhuis dienst doen. Dit is de groep die feiten verzamelt en tijdbesparend functioneert, en zeer doeltreffend de beide lagere afdelingen van de wetgevende vergadering dient.

De gecombineerde wetgevende raad bestaat uit drie leden uit elk van deze afzonderlijke takken van de beraadslagende vergadering der constellatie, en wordt voorgezeten door de regerende junior Meest Verhevene. Deze groep ratificeert de uiteindelijke formulering van alle besluiten en machtigt de omroepers om deze af te kondigen. De goedkeuring van deze hoogste commissie maakt wetsbesluiten tot wetten van het gebied: de besluiten van deze commissie zijn definitief. De wetgevende uitspraken van Edentia vormen de grondslagen der wet in geheel Norlatiadek.

3. DE MEEST VERHEVENEN VAN NORLATIADEK

De regeerders van de constellaties behoren tot de Vorondadek-orde van zonen der plaatselijke universa. Wanneer deze Zonen worden aangesteld om actief dienst te doen in het universum als regeerders van een constellatie of anderszins, staan zij bekend als de Meest Verhevenen, aangezien zij van alle orden van de Zonen Gods in het Plaatselijk Universum de hoogste bestuurlijke wijsheid belichamen, en tevens de meest vooruitziende en intelligente loyaliteit. Hun persoonlijke onkreukbaarheid en groepsloyaliteit zijn nimmer in twijfel getrokken; er heeft zich in Nebadon nooit een geval van ontrouw voorgedaan bij de Vorondadek-Zonen.

Ten minste drie Vorondadek-Zonen worden door Gabriël als Meest Verhevenen aangesteld op iedere constellatie in Nebadon. Het voorzittende lid van dit driemanschap staat bekend als de *Constellatie-Vader* en zijn twee medeleden als de *senior Meest Verhevene* en de *junior Meest Verhevene*. Een Constellatie-Vader regeert tienduizend standaardjaren (ongeveer 50.000 Urantia jaar), nadat hij gedurende even lange perioden daarvoor dienst heeft gedaan als junior en als senior lid.

De Psalmdichter wist dat Edentia geregeerd werd door drie Constellatie-Vaders en sprak over hun verblijfplaats dan ook in het meervoud: 'De beekjes der rivier zullen verblijden de stad Gods, het heiligdom der woningen der Meest Verhevenen.'

Op Urantia heeft door de eeuwen heen grote verwarring bestaan inzake de verschillende universum-regeerders. Vele latere leraren verwarden hun vage, onduidelijke stamgoden met de Meest Verheven Vaders. Nog later smolten de Hebreeërs al deze hemelse regeerders samen tot één samengestelde Godheid. Eén leraar begreep dat de Meest Verhevenen niet de Allerhoogste Regeerders waren, want hij zei: 'Wie in de schuilplaats van de Meest Verhevene is gezeten, vernacht in de schaduw des Almachtigen.' Het is soms heel moeilijk om in de geschriften van Urantia precies te weten wie met de term 'Meest Verhevene' wordt bedoeld. Daniël begreep deze zaken echter volkomen. Hij zei: 'De Meest Verhevene regeert in het koninkrijk der mensen en stelt over hetzelve wie hij wil.'

De Constellatie-Vaders bemoeien zich weinig met de individuën op een bewoonde planeet, maar zijn wel nauw betrokken bij de wetgevende functies van de constellaties, die van zo'n groot belang zijn voor ieder *ras* van stervelingen en voor iedere nationale *groepering* op de bewoonde werelden.

Hoewel het regeringsstelsel van de constellatie tussen u en het bestuur van het universum in staat, zoudt ge als individu gewoonlijk slechts weinig betrokken zijn bij de regering van de constellatie. Normaliter zou het plaatselijk stelsel, Satania, in het centrum van uw belangstelling staan. Urantia is echter tijdelijk nauw verbonden met de regeerders van de constellatie, vanwege bepaalde omstandigheden in het stelsel en op uw planeet die voortvloeien uit de opstand van Lucifer.

De Meest Verhevenen op Edentia hebben bepaalde aspecten van het planetaire gezag op de opstandige werelden aan zich getrokken ten tijde van de afscheiding van Lucifer. Zij zijn dit gezag steeds blijven uitoefenen, en de Ouden der Dagen hebben hun overname van het bestuur over deze eigenzinnige werelden al lang geleden bekrachtigd. Zij zullen de rechtsbevoegdheid die zij aldus op zich hebben genomen, ongetwijfeld blijven uitoefenen zolang Lucifer in leven is. In een loyaal stelsel zou de Soeverein van het Stelsel gewoonlijk grotendeels met dit gezag zijn bekleed.

Doch ook op nog andere wijze is er een bijzondere betrekking ontstaan tussen Urantia en de Meest Verhevenen. Toen Michael, de Schepper-Zoon, op zijn afsluitende zelfschenkingsmissie was, kwamen alle zaken van Urantia die met de zelfschenking van Michael te maken hadden, onder het directe toezicht van de Meest Verhevenen van Norlatiadek, aangezien de opvolger van Lucifer nog niet het volle gezag had in het plaatselijk stelsel.

4. DE BERG VAN SAMENKOMST – DE GETROUWE VAN DAGEN

De allerheiligste berg van samenkomst is de verblijfplaats van de Getrouwe der Dagen, de vertegenwoordiger van de Paradijs-Triniteit die op Edentia werkzaam is.

Deze Getrouwe der Dagen is een Triniteitszoon van het Paradijs en is sinds de schepping van Edentia op deze hoofdkwartierwereld aanwezig geweest als de persoonlijke vertegenwoordiger van Immanuel. De Getrouwe der Dagen staat immer ter rechter zijde van de Constellatie-Vaders om hen te raden, maar hij geeft nooit ongevraagd advies. De hoge Zonen van het Paradijs nemen nooit deel in het regelen van de zaken van een plaatselijk universum, tenzij de fungerende regeerders over deze gebieden zulks verzoeken. Al hetgeen een Eenheid der Dagen echter betekent voor een Schepper-Zoon, betekent een Getrouwe der Dagen voor de Meest Verhevenen van een constellatie.

De residentie van de Getrouwe der Dagen van Edentia is het constellatie-centrum van het Paradijs-systeem van communicatie en inlichtingen van de universa naar buiten. Deze Triniteitszonen met hun staven van persoonlijkheden uit Havona en het Paradijs, in verbinding met de toezichthoudende Eenheid der Dagen, staan overal in alle universa in rechtstreekse, voortdurende communicatie met hun eigen orde, zelfs in Havona en op het Paradijs.

De allerheiligste berg is van een verrukkelijke schoonheid en wonderbaarlijk ingericht, maar de eigenlijke residentie van de Paradijs-Zoon is bescheiden in vergelijking met het centrale verblijf van de Meest Verhevenen en de zeventig gebouwen daaromheen, die samen de residentiële eenheid van de Vorondadek-Zonen vormen. Deze gebouwen zijn uitsluitend voor bewoning ingericht; zij liggen geheel apart van de uitgebreide gebouwen van het bestuurlijke hoofdkwartier, waar de zaken van de constellatie worden afgehandeld.

De residentie van de Getrouwe der Dagen op Edentia ligt ten noorden van deze residenties van de Meest Verhevenen en staat bekend als de 'berg van Paradijs-samenkomsten.' Op dit gewijde hoogland verzamelen zich op geregelde tijden de stervelingen in opklimming om deze Zoon van het Paradijs te horen vertellen over de lange, boeiende reis van voortgaande stervelingen langs de één miljard volmaakte werelden van Havona naar de onbeschrijflijke verrukkingen van het Paradijs. Op deze speciale bijeenkomsten op de Berg van Samenkomst maken de morontia-stervelingen ook op meer uitgebreide schaal kennis met de verschillende groepen persoonlijkheden die afkomstig zijn uit het centrale universum.

Toen de verraderlijke Lucifer, voormalig soeverein van Satania, liet weten aanspraak te maken op uitbreiding van zijn rechtsbevoegdheid, trachtte hij daarmede alle hogere orden van zonen in het regeringsstelsel van het plaatselijk universum opzij te zetten. Hij besloot hiertoe in zijn hart, zeggende: 'Ik zal mijn troon boven de Zonen Gods verhogen; ik zal mij zetten op de berg der samenkomst in het noorden; ik zal de Meest Verhevenen gelijk worden.'

De honderd Stelsel-Soevereinen komen periodiek naar de geheime vergaderingen op Edentia, waar beraadslaagd wordt over het welzijn van de constellatie. Na de opstand in Satania waren de aartsrebellen van Jerusem gewoon in deze vergaderingen op Edentia te verschijnen, precies zoals zij bij vorige gelegenheden hadden gedaan. En er werd pas een mogelijkheid gezien om deze arrogante onbeschaamdheid een halt toe te roepen na de zelfschenking van Michael op Urantia en zijn aanvaarding van de onbeperkte soevereiniteit in geheel Nebadon, die hierop volgde. Sinds die dag is het deze aanzetters tot zonde nimmer meer toegestaan om de vergaderingen van de getrouwe Stelsel-Soevereinen op Edentia bij te wonen.

Dat de leraren in de oudheid van deze zaken afwisten, blijkt uit het verslag: 'Op zekere dag nu kwamen de Zonen Gods om zich voor de Meest Verhevenen te stellen, en Satan kwam ook en stelde zich in hun midden op.' Dit is een vaststelling van een feit, ongeacht het verband waarin het toevallig wordt aangetroffen.

Sinds de triomf van Christus wordt geheel Norlatiadek gezuiverd van zonde en van opstandelingen. Enige tijd vóór Michaels dood in het vlees, trachtte Satan, de medewerker van de gevallen

Lucifer, zulk een conclaaf op Edentia bij te wonen, maar de verharding van de gevoelens jegens de aartsrebellen had het punt bereikt waar de deuren van sympathie zo nagenoeg universeel waren gesloten, dat er voor de tegenstanders uit Satania geen permanente plaats meer kon worden gevonden. Wanneer er geen open deur bestaat waardoor het kwaad kan worden binnengelaten, bestaat er ook geen gelegenheid om zonde te koesteren. De deuren van de harten van geheel Edentia werden voor Satan gesloten; hij werd unaniem verworpen door de vergaderde Stelsel-Soevereinen, en het was op dit moment dat de Zoon des Mensen 'Satan als een bliksem uit de hemel zag vallen.'

Sinds de opstand van Lucifer is er een nieuw gebouw verrezen, dichtbij de residentie van de Getrouwe der Dagen. Dit tijdelijke bouwwerk is het hoofdkwartier van de Meest Verheven verbindingspersoon die, in nauw contact met de Paradijs-Zoon, dient als adviseur van de regering der constellatie in alle zaken die te maken hebben met het beleid en de instelling van de orde der Dagen ten aanzien van zonde en opstand.

5. DE VADERS OP EDENTIA SINDS DE OPSTAND VAN LUCIFER

De aflossing van de Meest Verhevenen op Edentia werd opgeschort ten tijde van de opstand van Lucifer. Wij hebben nu dezelfde regeerders als te dien tijde in functie waren. Wij concluderen hieruit dat er geen wisseling van deze regeerders zal plaatsvinden tot Lucifer en zijn medewerkers voorgoed uit de weg geruimd zullen zijn.

De huidige regering van de constellatie is echter uitgebreid tot twaalf Zonen van de Vorondadek-orde. Deze twaalf zijn de volgende:

1. de Constellatie-Vader. De huidige Meest Verheven regeerder van Norlatiadek is nummer 617.318 van de Vorondadek-serie in Nebadon. Hij heeft in vele constellaties overal in ons plaatselijk universum dienst gedaan alvorens zijn verantwoordelijkheden op Edentia op zich te nemen;

2. de senior Meest Verheven deelgenoot;

3. de junior Meest Verheven deelgenoot;

4. de Meest Verheven adviseur, de persoonlijke vertegenwoordiger van Michael sinds deze de status van Meester-Zoon heeft bereikt;

5. de Meest Verheven uitvoerende bestuurder, de persoonlijke vertegenwoordiger van Gabriël, die sinds de opstand van Lucifer immer op Edentia gestationeerd is geweest;

6. het Meest Verheven Hoofd der planetaire waarnemers, de leider van de Vorondadek-waarnemers die op de geïsoleerde werelden van Satania zijn gestationeerd;

7. de Meest Verheven scheidsrechter, de Vorondadek-Zoon aan wie de taak is toevertrouwd om alle moeilijkheden die voortvloeiend uit opstand binnen de constellatie te schikken;

8. de Meest Verheven noodbestuurder. De Vorondadek-Zoon belast met de taak om de noodbesluiten van de wetgevende macht in Norlatiadek aan te passen aan de door rebellie geïsoleerde werelden in Satania;

9. de Meest Verheven bemiddelaar, de Vorondadek-Zoon die is aangesteld om de speciale maatregelen die op Urantia in verband met de zelfschenking zijn getroffen, te harmoniseren met het gebruikelijke bestuur van de constellatie. Het feit dat er bepaalde activiteiten van aartsengelen en talrijke andere afwijkende vormen van hulpbetoon op Urantia plaatsvinden, naast de speciale activiteiten van de Schitterende Avondsterren op Jerusem, maakt het functioneren van deze Zoon noodzakelijk;

10. de Meest Verheven auditeur-militair, het hoofd van het noodtribunaal dat zich wijdt aan de regeling van de speciale problemen in Norlatiadek die voortvloeien uit de verwarring tengevolge van de opstand in Satania;

11. de Meest Verheven verbindingsfunctionaris, de Vorondadek-Zoon toegevoegd aan de regeerders op Edentia, doch met de speciale opdracht om de Getrouwe der Dagen te adviseren inzake de koers die het beste gevolgd kan worden bij de behandeling van kwesties die te maken hebben met de opstand en ontrouw van schepselen;

12. de Meest Verheven leider, de voorzitter van de noodraad van Edentia. Alle persoonlijkheden die wegens de ontreddering in Satania in Norlatiadek zijn aangesteld, vormen tezamen de noodraad, en de functionaris die hen voorzit is een Vorondadek-Zoon met buitengewone ervaring.

Hierbij worden buiten beschouwing gelaten de talrijke Vorondadeks, afgezanten van constellaties in Nebadon en anderen, die eveneens op Edentia verblijfhouden.

Sinds de opstand van Lucifer hebben de Vaders op Edentia immer bijzondere zorg gedragen voor Urantia en de andere geïsoleerde werelden van Satania. Lang geleden herkende de profeet reeds de leidinggevende hand van de Constellatie-Vaders in de zaken der volkeren. 'Toen de Meest Verhevene aan de volkeren hun erfenis toedeelde, toen hij de zonen van Adam van elkander scheidde, heeft hij de grenzen der mensen vastgesteld.'

Iedere wereld in quarantaine of isolement heeft een Vorondadek-Zoon die als waarnemer optreedt. Deze neemt niet deel in het bestuur van de planeet, tenzij hij opdracht krijgt van de Constellatie-Vader om tussenbeide te komen in de zaken der volkeren. In werkelijkheid is het deze Meest Verheven waarnemer die 'regeert in de koninkrijken der mensen.' Urantia is één van de geïsoleerde werelden in Norlatiadek en sinds het verraad van Caligastia is er immer een Vorondadek-waarnemer op de planeet gestationeerd geweest. Toen Machiventa Melchizedek in half-materiële vorm op Urantia diende, bracht hij eerbiedig hulde aan de Meest Verheven waarnemer die toen in functie was, zoals geschreven staat: 'En Melchizedek, koning van Salem, was de priester van de Meest Verhevene.' Melchizedek onthulde de betrekkingen van deze Meest Verheven waarnemer met Abraham, toen hij zeide: 'En gezegend zij de Meest Verhevene, die uw vijanden in uw hand heeft overgeleverd.'

6. DE TUINEN VAN GOD

De hoofdwerelden van de stelsels zijn vooral verfraaid met materiële en minerale bouwwerken, terwijl het hoofdkwartier van het universum meer een weerspiegeling is van geestelijke heerlijkheid, maar de hoofdwerelden van de constellaties vormen het hoogtepunt van morontia-activiteiten en levende versiering. Op de hoofdkwartierwerelden van de constellatie wordt meer in het algemeen van levende versiering gebruik gemaakt, en het is deze rijkdom aan leven – botanische artisticiteit – waardoor deze werelden 'de tuinen van God' worden genoemd.

Ongeveer de helft van Edentia wordt gebruikt voor de prachtige tuinen van de Meest Verhevenen, tuinen die dan ook behoren tot de verrukkelijkste morontia-scheppingen van het plaatselijk universum. Dit is de verklaring van het feit dat de buitengewoon mooie plekken op de bewoonde werelden van Norlatiadek dikwijls 'de hof van Eden' worden genoemd.

Midden in deze schitterende hof staat het heiligdom waar de Meest Verhevenen God vereren. De Psalmist moet iets van deze zaken hebben afgeweten, want hij schreef: 'Wie zal de heuvel der Meest Verhevenen beklimmen? Wie zal staan in deze heilige plaats? Hij die rein is van handen en zuiver van hart, die zijn ziel niet op ijdelheid richt noch bedrieglijk zweert.' Bij dit heiligdom gaan de Meest Verhevenen, op elke tiende dag van rust, heel Edentia voor in de eerbiedige contemplatie van God de Allerhoogste.

De architectonische werelden kennen tien vormen van leven van de materiële orde. Op Urantia bestaat er planten- en dierenleven, maar op een wereld als Edentia bestaan er tien afdelingen van materiële levensorden. Indien ge deze tien afdelingen van leven op Edentia zoudt zien, zoudt ge de eerste drie al vlug bij het plantenleven indelen en de laatste drie bij het dierlijke leven, maar ge zoudt de natuur van de vier tussenliggende groepen overvloedige, boeiende levensvormen totaal niet kunnen begrijpen.

Zelfs het duidelijk dierlijke leven is zeer verschillend van dat op de evolutionaire werelden, zo verschillend dat het geheel onmogelijk is om het unieke karakter en de aanhankelijke aard van deze niet-sprekende schepselen aan uw sterfelijke bewustzijn te beschrijven. Er bestaan vele duizenden levende schepselen waarvan ge u onmogelijk een beeld kunt vormen in uw fantasie. De gehele dierlijke schepping is van een geheel andere orde dan de grove diersoorten op de evolutionaire planeten. Maar al dit dierlijke leven is zeer intelligent en bijzonder dienstbaar, en de verscheidene soorten zijn alle verrassend zachtaardig en roerend gezellig. Er bestaan geen vleesetende schepselen op dergelijke architectonische werelden; er bestaat op heel Edentia niets dat enig levend wezen angst zou kunnen inboezemen.

Het plantenleven is eveneens zeer verschillend van dat op Urantia, en bestaat uit zowel materiële als morontia-variëteiten. De materiële gewassen hebben een karakteristieke groene kleur, maar de morontia-equivalenten van plantenleven hebben een violette of lichtpaarse tint van wisselende schakering en lichtreflectie. Deze morontia-vegetatie is een zuiver energie-gewas; wanneer het wordt gegeten, blijven er geen afvalstoffen over.

Omdat deze architectonische werelden begiftigd zijn met tien afdelingen van fysisch leven, de morontia-variaties daargelaten, bieden zij enorme mogelijkheden tot biologische verfraaiing van het landschap en de materiële en morontia-bouwwerken. Bij dit uitgebreide werk van botanische decoratie en biologische verfraaiing hebben de hemelse kunstenaars de leiding over de inheemse spornagia. Terwijl uw kunstenaars hun toevlucht zoeken bij inerte verf en levenloos marmer om hun denkbeelden vorm te geven, maken de hemelse kunstenaars en de univitatia vaker gebruik van levende materialen om hun ideeën uit te beelden en hun idealen vast te leggen.

Indien ge nu geniet van de bloemen, struiken en bomen van Urantia, zullen de botanische schoonheid en bloemenpracht van de hemelse tuinen van Edentia een feest voor uw ogen zijn. Het gaat mijn vermogen echter te boven om voor uw sterfelijke bewustzijn een adequaat beeld te schilderen van deze schoonheden van de hemelse werelden. Waarlijk, geen oog heeft zulke heerlijkheden aanschouwd als u te wachten staan bij uw aankomst op deze werelden, die deel uitmaken van het avontuur van de opklimming van stervelingen.

7. DE UNIVITATIA

Univitatia zijn de permanente burgers van Edentia en de werelden die met haar verbonden zijn, en alle zevenhonderzeventig werelden die het hoofdkwartier van de constellatie omringen, staan onder hun toezicht. Deze kinderen van de Schepper-Zoon en de Scheppende Geest zijn ontworpen op een bestaansniveau tussen het materiële en het geestelijke in, maar het zijn geen morontia-schepselen. Op elk van de zeventig grote werelden van Edentia hebben de bewoners weer andere zichtbare gestalten; tijdens hun tocht langs deze Edentia-werelden, van wereld één tot wereld zeventig achtereenvolgens, wordt telkenmale wanneer de morontia-stervelingen van de ene wereld naar de volgende verhuizen, hun morontia-gestalte zo afgesteld, dat deze overeenkomt met de opklimmende reeks der univitatia.

Geestelijk zijn de univitatia gelijk; intellectueel zijn zij net zo verschillend als stervelingen; naar gestalte gelijken zij veel op de morontia-staat van bestaan: zij zijn geschapen om als zeventig verschillende orden van persoonlijkheid te functioneren. Elk van deze orden der univitatia vertoont tien belangrijke variaties in intellectuele activiteit, en elk van deze verstandelijk verschillende typen heeft de leiding over de speciale academies voor de opleiding in, en cultuur

van, progressieve professionele of praktische socialisatie op een van
de tien satellieten die rond iedere grote Edentia-wereld wentelen.

Deze zevenhonderd kleine werelden zijn technische werelden,
waar praktische opleidingen worden gegeven in het functioneren
van het gehele plaatselijke universum en waar intelligente wezens
van alle klassen worden toegelaten. Deze opleidingsscholen voor
speciale vaardigheden en technische kennis zijn er niet uitsluitend
ten bate van opklimmende stervelingen, ofschoon van al degenen
die dit onderricht volgen, de morontia-studenten wel verreweg de
grootste groep vormen. Wanneer ge op een van de zeventig grote
werelden van sociale cultuur wordt ontvangen, krijgt ge onmiddellijk toestemming om elk van de tien omringende satellieten te
bezoeken.

In de verscheidene gastenkolonies vormen opklimmende morontia-stervelingen de meerderheid van de reversie-leiders, maar
de univitatia vormen de grootste groep die met het korps van hemelse kunstenaars van Nebadon samenwerkt. In heel Orvonton zijn
er behalve de abandonters van Uversa geen wezens die van buiten
Havona stammen en de univitatia kunnen evenaren in artistieke
vaardigheid, sociaal aanpassingsvermogen en scherpzinnig vermogen tot coördinatie.

Deze burgers van de constellatie zijn geen leden van het kun-
stenaarskorps in eigenlijke zin, maar zij werken vrijelijk met alle
groepen samen en dragen er in hoge mate toe bij dat de constel-
latie-werelden de voornaamste werelden zijn waar de schitterende
artistieke mogelijkheden der overgangscultuur worden verwezenlijkt. Zij zijn niet werkzaam buiten de hoofdkwartierwerelden van
de constellatie.

8. DE OPLEIDINGSWERELDEN VAN EDENTIA

Edentia en de haar omringende werelden zijn begiftigd met
een vrijwel volmaakte natuur: deze werelden kunnen de geestelijke
grootsheid van de werelden van Salvington wel niet evenaren, maar
overtreffen verre de heerlijkheden van de opleidingswerelden van
Jerusem. Al deze Edentia-werelden worden rechtstreeks van energie voorzien door de ruimtestromen van het universum, en hun
enorme krachtsystemen, zowel de materiële als de morontiale, staan
onder het deskundige toezicht van de constellatie-centra en worden
door deze gedistribueerd, waarbij de centra worden bijgestaan door

een bekwaam korps Meester Fysische Controleurs en Morontia-Krachtsupervisoren.

De tijd doorgebracht op de zeventig opleidingswerelden van morontiale overgangscultuur die is verbonden met het Edentia-tijdperk in de opklimming van stervelingen, is de meest bestendige periode in de loopbaan van een sterveling, totdat hij de status van volkomene bereikt: dit is werkelijk het karakteristieke morontia-leven. Ofschoon ge telkenmale wanneer ge van de ene belangrijke culturele wereld naar de volgende gaat opnieuw wordt afgestemd, behoudt ge hetzelfde morontia-lichaam, en zijn er geen perioden gedurende welke de persoonlijkheid buiten bewustzijn is.

Uw verblijf op Edentia en de werelden die met haar zijn verbonden zult ge voornamelijk doorbrengen met het aanleren van groepsethiek, het geheim van aangename en nuttige onderlinge verhoudingen tussen de verscheidene orden van intelligente persoonlijkheden uit het universum en het superuniversum.

Op de woningwerelden hebt ge de vereniging van uw evoluerende sterfelijke persoonlijkheid voltooid; op de hoofdwereld van het stelsel hebt ge het burgerschap van Jerusem verworven en u de bereidheid eigen gemaakt om het zelf te onderwerpen aan de disciplines van groepsactiviteiten en ondernemingen in samenwerkingsverband; nu ge op de opleidingswerelden van de constellatie zijt, moet ge echter de werkelijke socialisatie van uw evoluerende morontia-persoonlijkheid tot stand brengen. Deze hemelse culturele verworvenheid bestaat hierin, dat ge leert om:

1. gelukkig te leven en doeltreffend samen te werken met tien verschillende mede-mo-rontianen, terwijl tien van zulke groepen tot compagnieën van honderd leden worden verenigd, welke zich vervolgens aaneensluiten tot korpsen van duizend leden;

2. met vreugde te vertoeven bij en van harte samen te werken met tien univitatia die, ofschoon verstandelijk gelijk aan morontia-wezens, in alle overige opzichten heel anders zijn. Vervolgens moet ge in deze groep van tien functioneren terwijl deze zich aansluit bij tien andere families, die zich op hun beurt aaneensluiten tot een korps van duizend univitatia;

3. erin te slagen u gelijktijdig aan te passen aan zowel mede-morontianen als aan deze univitatia die uw gastheren zijn. Het vermogen te verwerven om vrijwillig en doeltreffend samen te wer-

ken met wezens van uw eigen orde in een nauw werkverband met een enigszins andere groep intelligente schepselen;

4. terwijl ge aldus sociaal functioneert samen met wezens die gelijk zijn aan u of van u verschillen, intellectuele harmonie te bereiken met beide groepen metgezellen, en u, wat uw werkzaamheden betreft, aan beide aan te passen;

5. terwijl ge een bevredigende socialisatie van uw persoonlijkheid bereikt op de niveaus van het intellect en van uw werkzaamheden, verder het vermogen te vervolmaken om in innig contact met gelijksoortige en enigszins verschillende wezens te leven, met steeds minder prikkelbaarheid en steeds afnemende wrevel. De reversie-leiders leveren met hun groepsspel-activiteiten een grote bijdrage om u dit laatste te doen bereiken;

6. al deze verscheidene socialisatietechnieken aan te passen aan de bevordering van de toenemende samenwerking die de loopbaan van de opklimming naar het Paradijs kenmerkt; uw inzicht in het universum te vergroten door verdieping van het vermogen om de betekenissen ten aanzien van het eeuwige doel te vatten die in deze ogenschijnlijk onbelangrijke activiteiten in tijd en ruimte verborgen liggen;

7. en vervolgens al deze procedures van multi-socialisatie tot een climax te brengen door de gelijktijdige verdieping van het geestelijk inzicht, waar dit deel uitmaakt van de groei van alle fasen van persoonlijk talent door geestelijke associatie en morontia-coördinatie in groepsverband. In intellectueel, sociaal en geestelijk opzicht, verdubbelen twee morele schepselen via de methode van partnerschap niet slechts het persoonlijke potentieel van wat zij in het universum kunnen bereiken: hun mogelijkheden om zich te bekwamen en prestaties te leveren worden aldus eerder verviervoudigd.

Wij hebben de socialisering op Edentia afgeschilderd als de omgang van een morontia-sterveling met een familiegroep van univitatia, bestaande uit tien verstandelijk ongelijke individuen, alsmede soortgelijke omgang met tien mede-morontianen. Maar op de eerste zeven grote werelden leeft slechts één opklimmende sterveling samen met tien univitatia. Op de tweede groep van zeven grote werelden vertoeven er twee stervelingen bij iedere inheemse groep van tien, en zo voort, totdat er op de laatste groep van zeven grote werelden tien morontia-wezens gehuisvest worden bij tien univitatia. Naarmate ge beter leert om met de univitatia om te gaan, zult ge deze hogere ethiek ook in praktijk brengen in uw verhoudingen met uw mede morontia-voortgaanden.

Als opklimmende stervelingen zult ge genieten van uw verblijf op de voortgangswerelden van Edentia, maar zult ge niet die blijde opwinding van persoonlijke voldoening ondervinden die het kenmerk is van uw eerste contact met de aangelegenheden van het universum op de hoofdkwartierwereld van het stelsel, of van uw afscheidscontact met deze realiteiten op de laatste werelden van de hoofdwereld van het universum.

9. BURGERSCHAP OP EDENTIA

Nadat opklimmende stervelingen wereld zeventig met goed gevolg hebben doorlopen, vestigen zij zich op Edentia. Voor de eerste maal wonen opklimmende stervelingen nu de 'samenkomsten van het Paradijs' bij en horen zij het verhaal van hun uitgebreide loopbaan, zoals het wordt afgeschilderd door de Getrouwe der Dagen, de eerste der Allerhoogste Persoonlijkheden van Triniteitsoorsprong die zij dan hebben ontmoet.

Dit gehele verblijf op de opleidingswerelden van de constellatie, dat zijn hoogtepunt vindt in het burgerschap op Edentia, is een periode van ware, hemelse zegen voor de morontia-voortgaanden. Gedurende uw verblijf op de stelselwerelden evolueerde ge steeds van een schepsel van bijna dierlijke aard tot een morontia-schepsel; ge waart meer materieel dan geestelijk. Op de werelden van Salvington zult ge van een morontia-wezen evolueren tot de status van een ware geest; ge zult meer geestelijk dan materieel zijn. Op Edentia staan opklimmende stervelingen echter halverwege hun vroegere en hun toekomstige staat in, halverwege hun overgang van evolutionair dier tot opklimmende geest. Gedurende uw gehele verblijf op Edentia en haar werelden zijt ge 'als de engelen;' ge gaat voortdurend vooruit, maar behoudt de gehele tijd een algemene en karakteristieke morontia-status.

Dit verblijf van een opklimmende sterveling in de constellatie is het meest uniforme en gestabiliseerde tijdperk in de gehele loopbaan van morontia-voortgang. Deze ervaring vormt voor opklimmende stervelingen de voorgeestelijke opleiding in socialisatie.

Zij is analoog aan de pre-volkomene geestelijke ervaring in Havona en aan de pre-absoniete training op het Paradijs.

Opklimmende stervelingen op Edentia houden zich voornamelijk bezig met hun opdrachten op de zeventig progressieve werelden der univitatia. Zij dienen ook in uiteenlopende posities op Edentia zelf, voornamelijk in combinatie met het constellatie-programma inzake het welzijn van groepen, rassen, volkeren en planeten. De Meest Verhevenen houden zich niet zozeer bezig met het bevorderen van individuele vooruitgang op de bewoonde werelden; zij regeren in de koninkrijken der mensen, veeleer dan in de harten van individuen.

En op de dag dat ge wordt voorbereid om Edentia te verlaten en aan uw loopbaan op Salvington te beginnen, zult ge stilstaan om terug te zien op een van de schoonste en verfrissendste tijdperken van uw opleiding aan deze zijde van het Paradijs. Maar de heerlijkheid van dit alles wordt nog groter, wanneer ge binnenwaarts opklimt en een steeds grotere capaciteit krijgt tot een breder besef van goddelijke bedoelingen en geestelijke waarden.

[Onder verantwoordelijkheid van Malavatia Melchizedek.]

ELF

HET HOOFDKWARTIER VAN HET PLAATSELIJK STELSEL

(VERHANDELING 46)

JERUSEM, het hoofdkwartier van Satania, is een gewone hoofd-kwartierwereld van een plaatselijk stelsel, en afgezien van talrijke onregelmatigheden ten gevolge van de opstand van Lucifer en de zelfschenking van Michael op Urantia, is zij typerend voor soort-gelijke werelden. Uw plaatselijk stelsel heeft enige stormachtige ervaringen doorstaan, maar wordt op het ogenblik zeer bekwaam bestuurd, en bij het verstrijken der eeuwen worden de gevolgen van disharmonie langzaam maar zeker uitgeroeid. Orde en goede wil worden thans hersteld, en de omstandigheden op Jerusum komen de status der hemelen uit uw overleveringen meer en meer nabij, want het hoofdkwartier van het stelsel is waarlijk de hemel zoals het merendeel der religieuze gelovigen in de twintigste eeuw zich deze voorstelt.

1. MATERIËLE ASPECTEN VAN JERUSEM

Jerusem is verdeeld in duizend breedtesectoren en tienduizend lengtezones. De wereld heeft zeven grote hoofdsteden en zeventig kleine bestuurlijke centra. In de zeven sectiehoofdsteden vinden uit-eenlopende activiteiten plaats, en de Stelsel-Soeverein is minstens eens per jaar in elke hoofdstad aanwezig.

De standaardmijl op Jerusem is ongeveer gelijk aan elf kilometer op Urantia. Het standaardgewicht, de 'gradant,' is opgebouwd volgens het decimale stelsel, uitgaande van het gerijpte ultimaton, en bedraagt 280 gram in uw gewichtseenheid. De Satania-dag is gelijk aan drie dagen Urantia-tijd minus één uur, vier minuten en vijftien seconden: de tijd waarin Jerusem om haar as draait. Het stelseljaar bestaat uit honderd Jerusem-dagen. De tijd in het stelsel wordt bekendgemaakt door de meester-chronoldeks.

De energiebeheersing op Jerusem is uitmuntend; de energie circuleert rond de wereld in de zone-kanalen die rechtstreeks worden gevoed uit de energieladingen in de ruimte en deskundig worden beheerst door de Meester-Fysische Controleurs. De natuurlijke weerstand tegen de doorstroming van deze energieën door de fysische geleidende kanalen levert de warmte op die nodig is om de gelijkmatige temperatuur van Jerusem tot stand te brengen. De temperatuur in het volle licht wordt op ongeveer 70 graden Fahrenheit gehouden, terwijl zij gedurende de periode van minder licht daalt tot iets beneden de 50 graden.

Het verlichtingssysteem van Jerusem moet voor u tamelijk gemakkelijk te begrijpen zijn. Er zijn geen dagen en nachten, geen warme en koude seizoenen. De krachttransformatoren onderhouden honderdduizend centra waaruit ijlere energieën door de planetaire atmosfeer omhoog worden gezonden, waarbij deze bepaalde veranderingen ondergaan totdat zij het elektrische lucht-plafond van de wereld bereiken; vervolgens worden deze energieën naar beneden teruggekaatst als een zacht, filterend en gelijkmatig licht, dat ongeveer dezelfde intensiteit heeft als het zonlicht op Urantia om tien uur 's ochtends wanneer de zon schijnt.

Onder dergelijke omstandigheden van verlichting, lijken de lichtstralen niet van één punt te komen; zij filteren gewoon uit de hemel omlaag, en komen gelijkmatig uit alle richtingen in de ruimte. Dit licht lijkt veel op natuurlijk zonlicht, maar het bevat veel minder warmte. Ge zult dus begrijpen dat dergelijke hoofdkwartierwerelden in de ruimte niet lichtgevend zijn: indien Jerusem zich zeer dicht bij Urantia zou bevinden, zoudt ge het toch niet kunnen zien.

De gassen die door deze licht-energie vanuit de bovenste ionosfeer van Jerusem naar de grond worden teruggekaatst, lijken veel op de gassen in de bovenste luchtlagen van Urantia die een rol spelen in de verschijnselen van het poollicht of het zogenoemde Noorderlicht, ofschoon deze door andere oorzaken worden teweeggebracht. Op Urantia zorgt dit zelfde gasschild ervoor dat de aardse radiogolven niet kunnen ontsnappen, want wanneer zij deze gaslaag raken bij hun rechtstreekse vlucht naar buiten, worden zij teruggekaatst naar de aarde. Op deze manier blijven radioberichten dicht bij het aardoppervlak wanneer zij door de lucht rond uw wereld gaan.

Deze verlichting van de wereld wordt gedurende vijfenzeventig procent van de Jerusem-dag op dezelfde sterkte gehandhaafd; hierna neemt zij geleidelijk af tot het op het laagste punt ongeveer de sterkte heeft van uw volle maan bij heldere nacht. Dit is de tijd van stilte voor heel Jerusem. Alleen de ontvangststations van de nieuwsdienst zijn nog in werking tijdens deze periode van rust en herstel van krachten.

Jerusem ontvangt vaag licht van verscheidene zonnen in de buurt – een soort schitterend sterrelicht – maar is daarvan niet afhankelijk; werelden zoals Jerusem zijn niet onderhevig aan de wisselvalligheden van zonnestoringen, en evenmin behoeven zij het hoofd te bieden aan het probleem van een afkoelende of stervende zon.

De zeven overgangsstudie-werelden en hun negenenveertig satellieten worden eveneens verwarmd, verlicht en van energie en water voorzien volgens de Jerusem-techniek.

2. MATERIËLE KENMERKEN VAN JERUSEM

Op Jerusem zult ge de ruige bergketens van Urantia en andere geëvolueerde werelden missen aangezien er geen aardbevingen of regens voorkomen, maar ge zult genieten van de schone hooglanden en andere unieke variaties in de topografie en het landschap. Enorme gebieden op Jerusem worden in een 'natuurlijke staat' gehouden, en de grootsheid van deze districten gaat uw menselijke voorstellingsvermogen ver te boven.

Er zijn vele duizenden kleine meren, maar geen wildstromende rivieren of uitgestrekte oceanen. Op geen enkele architectonische wereld komen regen, onweer of sneeuwstormen voor, maar er is wel een dagelijkse neerslag van condensatievocht tijdens de vermindering van het licht wanneer de temperatuur het laagst is. (Het dauwpunt ligt op een wereld met drie gassen hoger dan op een planeet met twee gassen, zoals Urantia). Het fysische plantenleven en de morontia-wereld van levende dingen hebben beide vocht nodig, maar dit wordt grotendeels geleverd door het ondergrondse circulatiesysteem dat zich over de hele wereld uitstrekt, zelfs tot aan de hoogste toppen van de hooglanden. Dit watersysteem ligt niet helemaal onder de oppervlakte, want er zijn veel kanalen die de sprankelende meren van Jerusem met elkaar verbinden.

De atmosfeer van Jerusem bestaat uit een mengsel van drie gassen. Deze lucht lijkt sterk op die van Urantia, aangevuld met een gas dat is aangepast aan de ademhaling van de morontia-levensorde. Dit derde gas maakt de lucht geenszins ongeschikt voor de ademhaling van dieren of planten van de materiële orden.

Het transportsysteem is verbonden met de circulerende stromen van energetische beweging: deze belangrijkste energiestromen bevinden zich op een onderlinge afstand van tien mijl van elkaar. Door aanpassing van fysische mechanismen kunnen de materiële wezens van de planeet zich verplaatsen met een snelheid van drie tot achthonderd kilometer per uur. De transportvogels vliegen met een snelheid van ongeveer honderdzestig kilometer per uur. De luchtmechanismen van de Materiële Zonen verplaatsen zich met een snelheid van ongeveer achthonderd kilometer per uur. Materiële en vroege morontia-wezens moeten gebruik maken van deze mechanische transportmiddelen, maar geest-persoonlijkheden bewegen zich door zich te verbinden met de hogere krachten en geest-bronnen van energie.

Jerusem en de met haar verbonden werelden zijn begiftigd met de tien standaard-afdelingen van fysisch leven die karakteristiek zijn voor de architectonische werelden van Nebadon. En omdat er geen organische evolutie bestaat op Jerusem, zijn er geen onderling strijdige levensvormen, geen strijd om het bestaan, geen 'survival of the fittest,' overleving van de sterksten. Er bestaat daar veeleer een creatieve aanpassing die een voorbode is van de schoonheid, harmonie en volmaaktheid van de eeuwige werelden van het centrale, goddelijke universum. En binnen al deze creatieve volmaaktheid vindt er de wonderbaarlijkste vermenging plaats van het fysische leven en het morontia-leven, die op kunstzinnige wijze met elkaar worden gecontrasteerd door de hemelse kunstenaars en hun medewerkers.

Jerusem geeft inderdaad een voorproef van paradijselijke heerlijkheid en grootsheid. Maar ge zult u nooit een adequaat idee kunnen vormen van deze heerlijke architectonische werelden, hoe wij ook pogen deze te beschrijven. Er is daar zeer weinig dat met iets op uw wereld te vergelijken is, en dan nog gaan de dingen van Jerusem de dingen van Urantia zoverre te boven, dat de vergelijking bijna grotesk is. Totdat ge daadwerkelijk op Jerusem arriveert, is het nauwelijks mogelijk dat ge iets als een juiste voorstelling zoudt hebben van de hemelse werelden; toch ligt dit moment niet zo ver in de toekomst, als ge uw toekomstige ervaring op de hoofdwereld van het stelsel vergelijkt met uw aankomst, te eniger tijd, op de verder verwijderde opleidingswerelden van het universum, het superuniversum en van Havona.

De industriële of laboratorium-sector van Jerusem is een uitgebreid gebied, maar een gebied dat voor Urantianen nauwelijks als zodanig herkenbaar is, want er staan geen rokende schoorstenen. Niettemin kennen deze speciale werelden een complexe materiële economie, en een volmaaktheid van mechanische techniek en prestaties op fysisch gebied die uw meest ervaren chemici en uitvinders met verbazing en zelfs ontzag zou vervullen. Ge moet niet voorbijgaan aan het feit dat deze eerste wereld van oponthoud op uw reis naar het Paradijs veel meer materieel dan geestelijk is. Gedurende uw gehele verblijf op Jerusem en haar overgangswerelden staat ge veel dichter bij uw aardse leven van materiële dingen dan bij uw latere leven van het voortgaande geest-bestaan.

Met zijn bijna vijfduizend meter is de berg Seraph het hoogste punt op Jerusem, en van hier vertrekken alle transport-serafijnen. Voor de start-energie om aan de zwaartekracht van de planeet te ontkomen en de weerstand van de lucht te overwinnen, wordt gebruik gemaakt van talrijke mechanische middelen die hiertoe zijn ontwikkeld. Gedurende de gehele lichtperiode en soms tot diep in de tijd van verminderd licht, vertrekt er elke drie seconden Urantia-tijd een serafijns transport. De vervoerders starten met ongeveer vijfentwintig standaardmijl per seconde Urantia-tijd en bereiken pas hun gebruikelijke snelheid wanneer zij meer dan tweeduizend mijl van Jerusem zijn verwijderd.

Transporten arriveren op het kristallen veld, de zogenaamde glazen zee. Rond dit terrein liggen de ontvangststations voor de verschillende orden der wezens die door middel van serafijns transport de ruimte doorkruisen. Dichtbij het polaire, kristallen ontvangststation voor bezoekende studenten kunt ge het parelkleurige observatorium beklimmen en daar de immense maquette bekijken van de gehele hoofdkwartierplaneet.

3. DE NIEUWSDIENST VAN JERUSEM

De uitzendingen van het superuniversum en van Paradijs-Havona worden in verbinding met Salvington op Jerusem ontvangen door een techniek waarbij het polaire kristal, de glazen zee, een rol speelt. Naast de voorzieningen voor de ontvangst van deze mededelingen van buiten Nebadon, zijn er nog drie onderscheiden groepen ontvangststations. Deze afzonderlijke, maar uit drie cirkels bestaande groepen stations zijn ingesteld op de ontvangst van uitzendingen van de plaatselijke werelden, van het hoofdkwartier van de constellatie, en van de hoofdwereld van het plaatselijk universum. Al deze uitzendingen worden automatisch vertoond, zodat zij waarneembaar zijn voor alle soorten wezens die in het centrale omroep-amfitheater aanwezig zijn; van alle bezigheden waarin opklimmende stervelingen op Jerusem belang stellen, is er geen zo boeiend en fascinerend als het meeluisteren naar de onophoudelijke stroom universumrapporten uit de ruimte.

Dit Jerusem-ontvangststation voor nieuwsberichten wordt omringd door een enorm amfitheater, opgebouwd uit op Urantia grotendeels onbekende glinsterende materialen, dat plaats biedt aan meer dan vijf miljard materiële en morontiale wezens; daarnaast biedt het ruimte aan ontelbare geest-persoonlijkheden. Alle inwonenden van Jerusem brengen als ontspanning het liefst hun vrije tijd door in het omroepstation, om daar te horen over het reilen en zeilen van het universum. Dit is bovendien de enige planetaire activiteit die onverminderd doorgaat tijdens de uren van minder licht.

Bij dit amfitheater waar nieuwsberichten worden ontvangen, komen de boodschappen van Salvington voortdurend binnen. Dichtbij worden de Edentia-berichten van de Meest Verheven Constellatie-Vaders minstens eens per dag ontvangen. Met regelmatige tussenpozen worden de reguliere en speciale uitzendingen van Uversa gerelayeerd via Salvington, en wanneer er boodschappen van het Paradijs worden ontvangen, verzamelt zich de gehele bevolking rond de glazen zee, en voegen de vrienden van Uversa de verschijnselen van reflectiviteit toe aan de techniek van de Paradijs-uitzendingen, zodat alles wat wordt gehoord, ook zichtbaar wordt. Het is op deze manier dat de sterfelijke overlevenden voortdurend voorproeven gegund worden van toenemende schoonheid en grootsheid, terwijl zij binnenwaarts reizen bij de avontuurlijke onderneming der eeuwigheid.

Het station voor uitzendingen vanuit Jerusem is op de andere pool van deze wereld gelegen. Alle uitzendingen naar de individuele werelden worden gerelayeerd vanaf de hoofdwerelden van de stelsels, behalve de boodschappen van Michael, die soms rechtstreeks naar hun bestemming worden gezonden via het circuit van de aartsengelen.

4. WOONGEBIEDEN EN BESTUURSDISTRICTEN

Aanzienlijke delen van Jerusem zijn aangewezen als woongebieden, terwijl andere delen van de hoofdwereld van het stelsel gereserveerd zijn voor de noodzakelijke bestuurlijke werkzaamheden die te maken hebben met het toezicht op de zaken van 619 bewoonde werelden, 56 overgangscultuur-werelden, en de hoofdwereld van het stelsel zelf. Op Jerusem en in Nebadon zijn deze indelingen als volgt ontworpen:

1. *de cirkels* – de woongebieden voor de niet-inheemsen;

2. *de vierkanten* – de gebieden voor het uitvoerend bestuur;

3. *de rechthoeken* – de ontmoetingsplaatsen van de lage orden inheems leven;

4. *de driehoeken* – de gebieden voor het plaatselijke of Jerusembestuur.

Alle stelsel-hoofdwerelden in Nebadon hebben deze indeling van de stelsel-activiteiten in cirkels, vierkanten, rechthoeken en driehoeken gemeen. In een ander universum kan een heel andere schikking gebruikelijk zijn. Dit zijn zaken die worden bepaald door de uiteenlopende plannen van de Schepper-Zonen.

In onze beschrijving van deze woongebieden en bestuursdistricten blijven de zeer grote, fraaie landgoederen van de Materiële Zonen van God, de permanente burgers van Jerusem, buiten beschouwing, en talrijke andere boeiende orden geestschepselen en bijna-geestschepselen blijven eveneens onvermeld. Om een voorbeeld te noemen: Jerusem heeft het voordeel van de efficiënte diensten van de spironga, die zijn ontworpen om in het stelsel te functioneren. Deze wezens wijden zich aan geestelijk dienstbetoon ten behoeve van de bovenmateriële bewoners en bezoekers. Zij vormen een wonderbaarlijke groep intelligente, prachtige wezens, overgangsdienaren van de hogere morontia-schepselen en van de morontia-helpers die werken aan het onderhoud en de verfraaiing van alle morontia-scheppingen. Op Jerusem zijn zij wat de middenwezens zijn op Urantia – helpers die halverwege het materiële en het geestelijke werkzaam zijn.

De hoofdwerelden van de stelsels zijn uniek in de zin dat dit de enige werelden zijn die op welhaast volmaakte wijze alledrie de bestaansfasen in het universum vertonen: de materiële, de morontiale en de geestelijke. Ge zult u op Jerusem thuisvoelen of ge nu een materiële, een morontia-of een geest-persoonlijkheid zijt; hetzelfde geldt voor de gecombineerde wezens, zoals de middenschepselen en de Materiële Zonen.

Jerusem heeft grootse gebouwen van zowel het materiële als het morontia-type, en de verfraaiing van de zuiver geestelijke zones is niet minder verfijnd en overvloedig. Had ik maar de woorden om u te vertellen over de morontia-tegenhangers van de schitterende materiële structuren waarmee Jerusem is uitgerust! Kon ik maar de sublieme grootsheid en verfijnde volmaaktheid van de geestelijke inrichting van deze hoofdkwartierwereld schilderen! Uw meest fantasierijke voorstelling van volmaakte schoonheid en geacheveerde inrichting kan haar grootsheid nauwelijks benaderen. En Jerusem is nog maar de eerste stap op de weg naar de verheven volmaaktheid van de schoonheid van het Paradijs.

5. DE JERUSEM-CIRKELS

De woongebieden die zijn toegewezen aan de grootste groepen levende wezens van het universum worden aangeduid als de Jerusem-cirkels. De groepen cirkels die in deze verslagen worden vermeld zijn de volgende:

1. de cirkels van de Zonen van God;

2. de cirkels van de engelen en hogere geesten;

3. de cirkels van de Universum-Helpers, waaronder de schepsel-getrinitiseerde zonen die niet aan de Leraar-Zonen van de Triniteit zijn toegevoegd;

4. de cirkels van de Meester-Fysische Controleurs;

5. de cirkels van de aangestelde opklimmende stervelingen, inclusief de midden-schepselen;

6. de cirkels van de gastenkolonies;

7. de cirkels van het Korps der Volkomenheid.

Elk van deze woongroeperingen bestaat uit zeven concentrische cirkels die trapsgewijs omhoog gaan. Ze zijn alle volgens hetzelfde plan gebouwd, maar in verschillende grootte en uit verschillende materialen. Ze zijn alle omgeven door uitgestrekte terreinen, die omhoog gaan en uitgebreide promenades vormen waardoor iedere groepering van zeven concentrische cirkels geheel wordt omsloten.

1. *De cirkels van de Zonen van God.* Ofschoon de Zonen van God een eigen sociale planeet hebben, een van de werelden der overgangscultuur, bewonen zij ook deze uitgebreide domeinen op Jerusem. Op hun overgangscultuur-wereld gaan de opklimmende stervelingen vrijelijk om met goddelijke zonen van alle orden. Daar zult ge deze Zonen persoonlijk kennen en liefhebben, maar hun sociale leven is grotendeels beperkt tot deze speciale wereld en haar satellieten. In de Jerusem-cirkels kunt ge echter deze verschillende groepen zonen aan het werk zien. En aangezien het morontia-gezichtsvermogen een enorm bereik heeft, kunt ge rondwandelen op de promenades van de Zonen en de belangwekkende activiteiten van hun talrijke orden van boven af bezien.

Deze zeven cirkels van de Zonen zijn concentrisch en lopen op in hoogte, zo dat elke meer naar buiten gelegen, grotere cirkel uitziet over de daarbinnen gelegen kleinere cirkels, en elke cirkel is omgeven door een muur die een openbare promenade vormt. Deze muren zijn opgebouwd uit kristallen stenen die helder glanzen, en liggen zo hoog dat ze zicht geven op het geheel van de respectieve wooncirkel waartoe zij behoren. De vele poorten – van vijftig tot honderdvijftig duizend – in elke muur bestaan uit afzonderlijke parelachtige kristallen.

De eerste cirkel van het domein van de Zonen wordt bewoond door de Magistraat-Zonen en hun persoonlijke staf. Dit is het

centrum van alle plannen en directe activiteiten van de zelfschen-
kings- en arbitragediensten van deze rechterlijke Zonen. Ook wordt
via dit centrum door de Avonals van het stelsel contact onderhouden met het universum.

De tweede cirkel wordt bewoond door de Leraar-Zonen van de
Triniteit. In dit heilige domein dragen de Dagelingen en hun metgezellen zorg voor de opleiding van de nieuw aangekomen primaire
Leraar-Zonen. Bij alle aspecten van dit werk worden zij bekwaam
bijgestaan door een afdeling van bepaalde soortgenoten van de
Schitterende Avondsterren. De schepsel-getrinitiseerde zonen bewonen een sector van de cirkel der Dagelingen. De Leraar-Zonen
van de Triniteit benaderen het dichtst de status van persoonlijke
vertegenwoordigers van de Universele Vader in een plaatselijk stelsel; zij zijn althans wezens die hun oorsprong hebben in de Triniteit.
Deze tweede cirkel is een domein waarin alle volken van Jerusem
buitengenwoon veel belang stellen.

De derde cirkel is gewijd aan de Melchizedeks. Hier resideren de hoofden van het stelsel en houden toezicht op de vrijwel
ontelbare activiteiten van deze veelzijdige Zonen. Vanaf de eerste
woningwereld zijn de Melchizedeks tijdens de gehele loopbaan van
opklimmende stervelingen op Jerusem, hun pleegvaders en immer
aanwezige adviseurs. Het zou niet onjuist zijn te zeggen dat zij de
dominante invloed vormen op Jerusem, naast de immer behulp-
zame activiteiten van de Materiële Zonen en Dochters.

De vierde cirkel is het thuis van de Vorondadeks en alle andere
orden van bezoekende en waarnemende Zonen voor wie geen andere voorzieningen zijn getroffen. In deze cirkel verblijven de Meest
Verheven Constellatie-Vaders wanneer zij het plaatselijk stelsel ter
inspectie bezoeken. Volmakers van Wijsheid, Goddelijke Raadslieden en Universele Censors verblijven allen in deze cirkel wanneer zij
dienst hebben in het stelsel.

De vijfde cirkel is de verblijfplaats van de Lanonandeks, de
zoonschapsorde van de Stelsel-Soevereinen en de Planetaire Vorsten. Deze drie groepen gaan als één groep met elkaar om wanneer
zij in dit thuis-domein verblijven. De reserves van het stelsel worden in deze cirkel gehuisvest, terwijl de Stelsel-Soeverein een tempel
heeft in het centrum van de dominerende groep bouwwerken op de
bestuursheuvel.

De zesde cirkel is de verblijfplaats van de Levendragers van het stelsel. Alle orden van deze Zonen verzamelen zich hier en van hieruit vertrekken zij om hun opdrachten op de werelden te vervullen.

De zevende cirkel is de ontmoetingsplaats van de opklimmende zonen, de stervelingen met opdrachten die tijdelijk werkzaam kunnen zijn op het hoofdkwartier van het stelsel, samen met hun serafijnse gezellen. Alle ex-stervelingen wier status boven die van Jerusem-burgers en beneden die van volkomenen is, worden geacht tot de groep te behoren die haar hoofdkwartier in deze cirkel heeft.

Deze cirkelvormige reservaten van de Zonen beslaan een enorm gebied dat tot negentienhonderd jaar geleden een grote open ruimte in het midden had. Dit centrale terrein wordt nu ingenomen door het gedenkteken voor Michael, dat ongeveer vijfhonderd jaar geleden werd voltooid. Vierhonderdvijfennegentig jaar geleden, toen deze tempel werd ingezegend, was Michael persoonlijk aanwezig, en hoorde heel Jerusem het ontroerende verhaal van de zelfschenking van de Meester-Zoon op Urantia, de geringste in Satania. Het gedenkteken van Michael is nu het centrum van alle activiteiten die deel uitmaken van het gewijzigde bestuur van het stelsel, zoals dit is ingesteld naar aanleiding van Michaels zelfschenking; hieronder vallen ook de meeste activiteiten die meer recentelijk van Salvington naar Jerusem zijn overgebracht. De staf van de herdenkingstempel bestaat uit meer dan een miljoen persoonlijkheden.

2. De cirkels van de engelen. Evenals het woongebied van de Zonen bestaan deze cirkels van de engelen uit zeven concentrische en oplopende cirkels, elk met uitzicht op de terreinen in het midden.

De eerste cirkel van de engelen wordt bewoond door de Hogere Persoonlijkheden van de Oneindige Geest die op de hoofdkwartierwerelden gestationeerd zijn – Solitaire Boodschappers en hun medewerkers. De tweede cirkel is voor de heerscharen der boodschappers, Technische Adviseurs, metgezellen, inspecteurs en registrators, die van tijd tot tijd op Jerusem werkzaam zijn. De derde cirkel wordt bezet door de dienende geesten van de hogere orden en groeperingen.

De vierde cirkel is in gebruik bij de bestuursserafijnen, en de serafijnen die in een plaatselijk stelsel als Satania dienst doen, vormen een 'ontelbare schare engelen.' De vijfde cirkel wordt bewoond door de planetaire serafijnen, terwijl de zesde het thuis is van de overgangsdienaren. De zevende cirkel is de kring waar zich bepaalde niet-geopenbaarde orden serafijnen ophouden. De registrators van al deze groepen engelen wonen niet bij hun metgezellen, maar zijn gehuisvest in de archieftempel van Jerusem. In deze drievoudige archiefzaal worden alle verslagen in drievoud bewaard. Op de hoofdkwartierwereld van een stelsel worden verslagen altijd bewaard in materiële vorm, in morontia-vorm en in geest-vorm.

Deze zeven cirkels worden omgeven door het tentoonstellingspanorama van Jerusem, vijfduizend standaardmijl in omtrek, dat wordt gebruikt voor het vertonen van de vorderingen in status van de bewoonde werelden van Satania en dat voortdurend wordt herzien, zodat de meest recente omstandigheden op de individuele planeten naar waarheid worden weergegeven. Ongetwijfeld zal deze enorme promenade die uitzicht biedt op de cirkels van de engelen, de eerste bezienswaardigheid op Jerusem zijn die uw aandacht zal vragen wanneer ge bij uw eerste bezoeken ruimschoots over vrije tijd zult beschikken.

De zorg voor deze tentoonstellingen is toevertrouwd aan de inheemse bewoners van Jerusem, maar deze worden bijgestaan door de opklimmende stervelingen van de verschillende werelden in Satania, die op weg naar Edentia op Jerusem verblijven. De uitbeelding van de omstandigheden op de planeten en de vooruitgang van werelden wordt tot stand gebracht op vele manieren waarvan sommige u bekend zijn, maar grotendeels met gebruik van technieken die op Urantia onbekend zijn. Deze tentoonstellingen beslaan de buitenzijde van deze enorme muur. De rest van de promenade is vrijwel geheel open, en rijk en schitterend gedecoreerd.

3. *De cirkels van de Universum-Helpers* huisvesten het hoofdkwartier van de Avondsterren in de enorme centrale ruimte. Hier bevindt zich het stelsel-hoofdkwartier van Galantia, het medehoofd van deze machtige groep superengelen, de oudste in aanstelling van alle opklimmende Avondsterren. Van alle bestuurssectoren van Jerusem is dit een van de schitterendste, ook al behoort het tot de recentere bouwwerken. Dit centrum heeft een diameter van tachtig kilometer. Het hoofdkwartier van Galantia is een als één steen gegoten, geheel transparant kristal. Deze materieel-morontiale kristallen worden zowel door morontiale als materiële wezens hogelijk gewaardeerd. De geschapen Avondsterren oefenen hun invloed uit in heel Jerusem, omdat zij over dergelijke buiten-persoonlijkheids-

attributen beschikken. De gehele wereld is geestelijk welriekend geworden sinds zoveel van hun activiteiten van Salvington naar hier zijn overgebracht.

4. *De cirkels van de Meester-Fysische Controleurs.* De verschillende orden der Meester-Fysische Controleurs zijn concentrisch gerangschikt rond de enorme krachttempel, waar de krachtchef van het stelsel, samen met de chef van de Morontia-Krachtsupervisoren, de leiding heeft. Deze tempel van kracht is een van de twee sectoren op Jerusem waar opklimmende stervelingen en middenschepselen geen toegang hebben. De andere is de dematerialisatie-sector in het gebied van de Materiële Zonen, een serie laboratoria waar de transport-serafijnen materiële wezens transformeren tot een staat die veel lijkt op de morontia-orde van bestaan.

5. *De cirkels van de opklimmende stervelingen.* Het centrale terrein binnen de cirkels van de opklimmende stervelingen wordt ingenomen door een groep van 619 planetaire gedenktekens die de bewoonde werelden van het stelsel vertegenwoordigen, en deze bouwwerken ondergaan periodiek uitgebreide veranderingen. De stervelingen van iedere wereld hebben het voorrecht om van tijd tot tijd hun toestemming te geven tot bepaalde veranderingen of toevoegingen aan hun planetaire gedenktekens. Op dit moment worden er uitgebreide veranderingen aangebracht aan de bouwwerken van Urantia. In het centrum van deze 619 tempels staat een werkmodel van Edentia en haar vele werelden die gewijd zijn aan de opklimmingscultuur. Dit model heeft een diameter van ruim zestig kilometer en is een precieze reproductie van het Edentia-stelsel, waarbij elk detail overeenkomt met het origineel.

Opklimmende stervelingen doen graag dienst op Jerusem en vinden het prettig om de technieken van andere groepen te observeren. Alles wat in deze verschillende cirkels gedaan wordt, kan door heel Jerusem vrijelijk worden bezichtigd.

De activiteiten op zulk een wereld zijn van drie verschillende soorten: werk, vooruitgang, en spel – met andere woorden: dienstbetoon, studie, en ontspanning. De samengestelde activiteiten bestaan uit sociale omgang, groepsrecreatie en godsverering. Er schuilt grote opvoedkundige waarde in de omgang met uiteenlopende groepen persoonlijkheden, orden die sterk verschillen van de eigen metgezellen.

6. *De cirkels van de gastenkolonies.* De zeven cirkels van de gastenkolonies zijn opgeluisterd met drie enorme bouwwerken: de enorme sterrenwacht van Jerusem, de gigantische kunstgalerij van Satania en het immense gebouw waar de reversie-leiders samenkomen en dat het toneel is van de morontia-activiteiten ten dienste van rust en recreatie.

De hemelse kunstenaars geven leiding aan de spornagia en zorgen voor de creatieve decoraties en monumentale gedenktekens die in overvloed worden aangetroffen overal waar men in het openbaar samenkomt. Van alle onvergelijkelijke bouwwerken op deze prachtige wereld behoren de studio's van deze kunstenaars tot de grootste en mooiste. De andere gastenkolonies hebben hier uitgebreide, fraaie hoofdkwartieren. Veel van deze gebouwen zijn geheel opgetrokken uit kristallen edelstenen. Alle architectonische werelden kennen een overvloed aan kristallen en de zogenoemde edele metalen.

7. *De cirkels van de volkomenen* hebben in hun centrum een uniek bouwwerk. Identieke lege tempels worden op iedere hoofdkwartierwereld van alle stelsels in Nebadon aangetroffen. Op Jerusem is dit gebouw verzegeld met de emblemen van Michael en draagt het de volgende inscriptie: 'Nog niet gewijd aan het zevende stadium van geest – aan de eeuwige opdracht.' Gabriël heeft het zegel op deze mysterie-tempel geplaatst, en niemand dan Michael kan of mag het zegel der soevereiniteit verbreken dat door de Stralende Morgenster is aangebracht. Eens zult ge deze stille tempel aanschouwen, ook al moogt ge niet tot het mysterie ervan doordringen.

Andere cirkels op Jerusem: naast deze residentiële cirkels worden er op Jerusem nog talrijke andere specifieke verblijfplaatsen aangetroffen.

6. DE VIERKANTEN VAN HET UITVOEREND BESTUUR

De afdelingen van het uitvoerend bestuur van het stelsel bevinden zich op de immense departementale vierkanten, duizend in getal. Iedere bestuurseenheid is onderverdeeld in honderd onderafdelingen, die elk uit tien subgroepen bestaan. Deze duizend vierkanten zijn in tien grote afdelingen gegroepeerd, en vormen aldus de volgende tien departementen van bestuur:

1. fysisch onderhoud en materiële verbetering, de domeinen van fysische kracht en energie;

2. arbitrage, ethiek en administratieve rechtspraak;

3. planetaire en plaatselijke zaken;

4. constellatie- en universum-zaken;

5. onderwijs en andere activiteiten van de Melchizedeks;

6. fysische vooruitgang van de planeten en het stelsel, de wetenschappelijke domeinen van activiteiten voor Satania;

7. morontia-zaken;

8. zuivere geest-activiteiten en ethiek;

9. opklimmingsdienstbetoon;

10. filosofie van het groot universum.

Deze bouwwerken zijn transparant, vandaar dat alle activiteiten van het stelsel zelfs voor bezoekende studenten te zien zijn.

7. DE RECHTHOEKEN – DE SPORNAGIA

De duizend *rechthoeken* van Jerusem worden bewoond door de lagere inheemse levensvorm van de hoofdkwartier-planeet, en in het centrum ervan ligt het enorme cirkelvormige hoofdkwartier van de spornagia.

Op Jerusem zult ge verbaasd staan over wat de wonderbaarlijke spornagia in de landbouw hebben bereikt. Hier wordt het land voornamelijk bebouwd om het esthetische en ornamentele effect. De spornagia zijn de landschapsarchitecten van de hoofdkwartierwerelden, en in hun behandeling van de open ruimten op Jerusem zijn zij zowel oorspronkelijk als artistiek. Bij de bewerking van de bodem maken zij gebruik zowel van dieren, als van talrijke mechanische apparaten. Zij zijn intelligente experts in het benutten van de krachtwerkingen van hun gebieden, alsmede in het gebruik van talrijke orden van hun mindere broeders van de lagere geschapen diersoorten, waarvan vele hen op deze speciale werelden ten dienste staan. Deze orde van dierlijk leven wordt nu grotendeels bestuurd door de opklimmende middenschepselen uit de evolutionaire werelden.

Spornagia hebben geen inwonende Richters. Zij bezitten geen ziel die tot overleving komt, maar zij leven wel lang, soms wel veertig tot vijftigduizend standaardjaar. Hun aantal is legio en zij verlenen materiële diensten aan universum-persoonlijkheden van alle orden die materiële diensten nodig hebben.

Ofschoon spornagia geen overlevende ziel bezitten of ontwikkelen en geen persoonlijkheid hebben, ontwikkelen zij niettemin een individualiteit die reïncarnatie kan ervaren. Wanneer met het verstrijken der tijd het fysieke lichaam van deze unieke schepselen door werk en leeftijd achteruitgaat, vervaardigen hun scheppers in samenwerking met de Levendragers een nieuw lichaam waarin de oude spornagia hun intrek kunnen nemen.

Spornagia zijn de enige schepselen in het gehele universum Nebadon die deze of enig andere soort reïncarnatie ervaren. Zij reageren alleen op de eerste vijf assistent-bewustzijnsgeesten; zij zijn niet responsief op de geesten van godsverering en wijsheid. Maar het bewustzijn van vijf assistent-geesten is het equivalent van een totaliteit, of zesde werkelijkheidsniveau, en het is deze factor die blijft bestaan als een experiëntiële identiteit.

Bij mijn pogingen om deze nuttige, ongewone schepselen te beschrijven is het mij volstrekt onmogelijk vergelijkingen te maken, aangezien er op de evolutionaire werelden geen dieren voorkomen die met hen te vergelijken zijn. Het zijn geen evolutionaire wezens, omdat ze door de Levendragers in hun huidige gedaante en status zijn ontworpen. Zij zijn bisexueel en planten zich voort wanneer zij in de behoeften van een groeiende populatie moeten voorzien.

Misschien kan ik aan uw Urantia-bewustzijn iets van de natuur van deze mooie, dienstbare schepselen overbrengen door te zeggen dat zij de trekken van een trouw paard en een aanhankelijke hond combineren en een intelligentie aan de dag leggen welke die van de hoogste soort chimpansee te boven gaat. Zij zijn bovendien heel mooi, gemeten naar de lichamelijke normen van Urantia. Zij zijn zeer erkentelijk voor de blijken van aandacht van de materiële en semi-materiële wezens die op deze architectonische werelden verblijven. Zij hebben een gezichtsvermogen waarmee ze, naast materiële wezens, ook de morontia-scheppingen, de lagere orden van engelen, middenschepselen en sommige lagere orden der geest-persoonlijkheden kunnen herkennen. Zij hebben geen begrip van de verering van de Oneindige, en evenmin begrijpen zij de strekking van het Eeuwige, maar uit genegenheid voor hun meesters doen zij wel mee aan de uiterlijke geestelijke godsdienstoefeningen van hun gebieden.

Sommigen geloven dat deze trouwe spornagia in een toekomstig universum-tijdperk zullen ontsnappen uit hun dierlijke bestaansniveau en een waardige evolutionele bestemming zullen bereiken van voortgaande intellectuele groei en zelfs van geestelijke prestaties.

8. DE DRIEHOEKEN VAN JERUSEM

De zuiver plaatselijke routinezaken van Jerusem worden bestuurd vanuit de honderd *driehoeken*. Deze eenheden zijn gegroepeerd rond de tien prachtige bouwwerken waar het plaatselijke bestuur van Jerusem zetelt. De driehoeken zijn omgeven door de panoramische uitbeelding van de geschiedenis van het hoofdkwartier van het stelsel. Thans is er een stuk van twee standaardmijl in dit cirkelvormige verhaal uitgewist. Dit gedeelte zal worden gerestaureerd wanneer Satania weer in de familie van de constellatie zal zijn toegelaten. Bij decreet van Michael zijn reeds alle voorzorgen voor deze gebeurtenis getroffen, maar het tribunaal van de Ouden der Dagen heeft de berechting van de zaken van de opstand van Lucifer nog niet beëindigd. Satania kan nog niet volledig terugkeren in de gemeenschap van Norlatiadek zolang het nog aartsrebellen herbergt, hoge geschapen wezens die van licht tot duisternis zijn vervallen.

Wanneer Satania wel kan terugkeren tot de kudde van de constellatie, zal er beraadslaagd worden over het opnieuw toelaten van de geïsoleerde werelden tot de stelsel-familie van bewoonde planeten, hetgeen gepaard zal gaan met de wederopname van deze werelden in de geestelijke gemeenschap van de gebieden. Maar zelfs indien Urantia weer zou worden opgenomen in de circuits van het stelsel, zoudt ge nog steeds gehinderd worden door het feit dat het gehele stelsel nog in een quarantaine van Norlatiadek verkeert, waardoor het gedeeltelijk is afgescheiden van alle andere stelsels.

Doch weldra zal het stelsel Satania door de berechting van Lucifer en zijn metzellen worden teruggebracht binnen de constellatie Norlatiadek, en vervolgens zullen Urantia en de andere geïsoleerde werelden opnieuw worden opgenomen in de circuits van Satania, en zullen deze werelden wederom de voorrechten van interplanetaire communicatie en gemeenschap tussen de stelsels mogen smaken.

Er zal een einde komen aan opstandelingen en aan opstand. De Allerhoogste Regeerders zijn barmhartig en geduldig, maar de wet ten aanzien van opzettelijk gekoesterd kwaad wordt universeel en onfeilbaar ten uitvoer gebracht. 'Het loon der zonde is de dood' – eeuwige vernietiging.

[Aangeboden door een Aartsengel van Nebadon.]

TWAALF

DE ZEVEN WONINGWERELDEN

(VERHANDELING 47)

OEN de Schepper-Zoon op Urantia was, sprak hij van de 'vele woningen in het universum van de Vader.' In zekere zin zijn alle zesenvijftig werelden die Jerusem omcirkelen gewijd aan de overgangscultuur van opklimmende stervelingen, maar de zeven satellieten van wereld nummer één staan meer in het bijzonder bekend als de woningwerelden.

Overgangswereld nummer één is vrijwel uitsluitend gewijd aan opklimmingsactiviteiten, want dit is het hoofdkwartier van het volkomenenkorps dat in Satania is aangesteld. Deze wereld doet thans dienst als hoofdkwartier voor meer dan honderdduizend compagnieën van volkomenen, en elk van deze groepen bestaat uit duizend verheerlijkte wezens.

Wanneer een stelsel bestendigd is in licht en leven en wanneer de woningwerelden één voor één ophouden dienst te doen als basis voor de opleiding van stervelingen, worden zij overgenomen door de groeiende bevolking van volkomenen, die zich in deze oudere, meer vervolmaakte stelsels verzamelt.

De zeven woningwerelden staan onder de hoede van de morontia-supervisoren en de Melchizedeks. Er is op elke wereld een waarnemend gouverneur die rechtstreeks verantwoordelijk is aan de regeerders op Jerusem. De bemiddelaars van Uversa hebben op elk van de woningwerelden een hoofdkwartier, en de Technische Adviseurs hebben een lokale ontmoetingsplaats hiernaast. De reversie-leiders en hemelse kunstenaars hebben groepshoofdkwartieren op al deze werelden. De spironga functioneren vanaf woningwereld nummer twee, terwijl al deze zeven werelden, evenals de andere overgangscultuur-planeten en de hoofdkwartierwereld, overvloedig zijn voorzien van de spornagia in de standaardvorm waarin deze geschapen worden.

1. DE WERELD DER VOLKOMENEN

Ofschoon alleen volkomenen en bepaalde groepen geredde kinderen met hun verzorgers op overgangswereld nummer één wonen, zijn er voorzieningen getroffen om alle klassen der geestwezens, overgangsstervelingen en bezoekende studenten te kunnen onthalen. De spornagia die op al deze werelden functioneren, zijn hartelijke gastheren voor alle wezens die zij kunnen herkennen. Zij hebben wel een vaag gevoel aangaande volkomenen, maar kunnen hen niet zien. Zij moeten hen ongeveer beschouwen zoals gij, in uw huidige fysieke staat, de engelen beschouwt.

Terwijl de volkomenenwereld een wereld is van verrukkelijke materiële schoonheid en van buitengewoon fraaie morontia-decoratie, is het grote geest-verblijf dat zich in het centrum van de activiteiten bevindt, de tempel der volkomenen, zonder hulp niet zichtbaar voor materiële of vroeg-morontiale ogen. Maar de energietransformators kunnen veel van deze realiteiten zichtbaar maken voor opklimmende stervelingen, en van tijd tot tijd doen zij dit ook, zoals bijvoorbeeld ter gelegenheid van de klassebijeenkomsten van de woningwereldstudenten op deze culturele wereld.

Gedurende uw gehele ervaring op de woningwerelden zijt ge u in zekere zin geestelijk bewust van de tegenwoordigheid van uw verheerlijkte broeders die het Paradijs hebben bereikt, maar het is zeer verfrissend om hen zo nu en dan werkelijk waar te nemen bij hun werkzaamheden in de verblijven van hun hoofdkwartier. Ge zult pas spontaan volkomenen kunnen zien wanneer ge echte geestvisie hebt verworven.

Op de eerste woningwereld moeten alle overlevenden voldoen aan de eisen van de oudercommissie van hun planeet van herkomst. De huidige Urantia-commissie bestaat uit twaalf recent aangekomen ouderparen, die als stervelingen ervaring hebben verworven in het opvoeden van drie of meer kinderen tot aan de puberteit. De dienst in deze commissie rouleert en duurt als regel niet langer dan tien jaar. Allen die wat betreft hun ervaring als ouder niet aan de eisen van deze commissieleden voldoen, moeten zich verder bekwamen door dienst te doen ten huize van de Materiële Zonen op Jerusem of ten dele in de proef-kinderhuizen op de wereld der volkomenen.

Doch ongeacht hun ervaring als ouders, krijgen woningwereld-ouders die opgroeiende kinderen hebben in de proef-kinderhuizen, alle gelegenheid om bij het onderwijs en de opleiding van deze kinderen samen te werken met hun morontia-voogden. Deze ouders wordt wel viermaal per jaar toegestaan hierheen te reizen om hen te bezoeken. En de aanblik van de woningwereld-ouders die hun materiële nageslacht omarmen bij hun periodieke pelgrimages naar de wereld der volkomenen, is een van de roerendste en mooiste taferelen in de gehele opklimmingsloopbaan. Ofschoon het mogelijk is dat één of beide ouders een woningwereld vóór hun kind verlaten, zijn zij ook heel vaak een poos lang tijdgenoten.

Geen enkele opklimmende sterveling kan ontkomen aan de ervaring van het grootbrengen van kinderen – zijn eigen of die van anderen – ofwel op de materiële werelden ofwel daarna, op de volkomenenwereld of op Jerusem. Vaders moeten deze essentiële ervaring evengoed doormaken als moeders. Het is een ongelukkige misvatting van moderne volken op Urantia dat de verzorging van kinderen grotendeels de taak van de moeder is. Kinderen hebben evenzeer een vader nodig als een moeder, en vaders hebben deze ouder-ervaring evenzeer nodig als moeders.

2. DE PROEF-KINDERBEWAARPLAATS

De scholen van Satania waar kleuters worden opgenomen, bevinden zich op de volkomenenwereld, de eerste van de overgangs-cultuurwerelden van Jerusem. Deze scholen voor jonge kinderen zijn ondernemingen voor de verzorging en opleiding van de kinderen uit de tijd, waaronder degenen die op de evolutionaire werelden in de ruimte zijn gestorven voordat zij in de registers van het universum individuele status hadden gekregen. In het geval dat één ouder van zo'n kind tot overleving komt, of beiden, benoemt de bestemmingsbehoeder de cherubijn die met haar meewerkt tot voogd over over de potentiële identiteit van het kind, en belast zij de cherubijn met de verantwoordelijkheid om deze nog niet ontwikkelde ziel onder de hoede te stellen van de Woningwereld-Leraren aan de proef-kinderscholen van de morontia-werelden.

Deze zelfde verlaten cherubijnen beschikken, als Woningwereld-Leraren onder toezicht van de Melchizedeks, over uitgebreide onderwijsfaciliteiten om de proefpupillen van de volkomenen op te leiden. Deze pupillen van de volkomenen, de jonge kinderen van opklimmende stervelingen, worden altijd precies zo gepersonaliseerd zoals hun fysieke status was ten tijde van hun dood, met uitzondering van de mogelijkheid tot voortplanting. Dit ontwaken gebeurt precies op het moment van de aankomst van de ouder of ouders op de eerste woningwereld. Vervolgens krijgen deze kinderen alle gelegenheid om, zoals zij zijn, de hemelse weg te kiezen, net zoals zij die keuze zouden hebben gemaakt op de werelden waar hun loopbaan zo ontijdig door de dood werd beëindigd.

Op de wereld van de kinderbewaarplaats worden proef-schepselen gegroepeerd naar het wel of niet hebben van een Richter, want de Richters komen in deze materiële kinderen hier net zo wonen als op de werelden in de tijd. Kinderen in de leeftijd vóór de komst van de Richter, worden verzorgd in gezinnen van vijf, in leeftijd variërend van één jaar en jonger, tot ongeveer vijf jaar, of de leeftijd waarop de Richter arriveert.

Alle kinderen op de evoluerende werelden die wel een Gedachtenrichter hebben, maar die voor hun dood nog geen keuze hadden gemaakt ten aanzien van de Paradijs-loopbaan, worden ook gerepersonaliseerd op de volkomenenwereld van het stelsel, waar zij eveneens opgroeien in de gezinnen van de Materiële Zonen en hun metgezellen, net zoals de kleintjes die zonder Richter aankomen, maar later de Geheimnisvolle Mentor zullen ontvangen wanneer zij de vereiste leeftijd hebben bereikt om morele keuzes te kunnen maken.

De kinderen en jongeren in wie een Richter woont op de volkomenenwereld worden eveneens grootgebracht in gezinnen van vijf, in leeftijd variërend van zes tot veertien: deze gezinnen bestaan bij benadering uit kinderen van zes, acht, tien, twaalf en veertien jaar. Op een bepaald moment na hun zestiende jaar gaan ze, indien ze de finale keuze hebben gemaakt, over naar de eerste woningwereld om aan hun opklimming naar het Paradijs te beginnen. Sommigen maken al een keuze vóór deze leeftijd en gaan dan door naar de opklimmingswerelden, maar ge zult op de woningwerelden maar heel weinig kinderen aantreffen die jonger zijn dan zestien jaar, gerekend naar de tijdrekening van Urantia.

De serafijnse beschermers begeleiden deze jongeren in de proef-kinderbewaarplaats op de wereld der volkomenen net zoals zij geestelijke diensten verlenen aan stervelingen op de evolutionaire planeten, terwijl de getrouwe spornagia zorgdragen voor hun lichamelijke behoeften. En zo groeien deze kinderen op de overgangswereld op tot aan het moment dat zij hun finale beslissing nemen.

Wanneer het materiële leven zijn loop heeft gehad en er geen keuze is gemaakt voor het opklimmingsleven, of indien deze kinderen van de tijd definitief afzien van het Havona-avontuur, wordt hun proefloopbaan automatisch door de dood beëindigd. Er is geen arbitrage in zulke gevallen en er is geen opstanding uit deze tweede dood. Zij worden eenvoudig alsof ze nooit hadden bestaan.

Maar indien zij Paradijs-pad der volmaaktheid kiezen, worden zij onmiddellijk klaargemaakt om over te gaan naar de eerste woningwereld, waar velen van hen op tijd aankomen om zich bij hun ouders te kunnen voegen in de opklimming naar Havona. Wanneer zij Havona doorlopen hebben en de Godheden hebben bereikt, vormen deze geredde zielen van sterfelijke oorsprong de permanente opklimmende burgers van het Paradijs. Deze kinderen aan wie de waardevolle, essentiële evolutionaire ervaring op de werelden waar zij als sterveling werden geboren, is ontgaan, worden niet opgenomen in het Korps der Volkomenheid.

3. DE EERSTE WONINGWERELD

Op de woningwerelden hervatten de verrezen, tot overleving gekomen stervelingen hun leven precies daar waar zij ophielden toen zij door de dood werden overvallen. Wanneer ge van Urantia naar de eerste woningwereld gaat, zult ge een aanzienlijke verandering opmerken, maar indien ge van een meer normale en vooruitstrevende wereld uit de tijd zoudt zijn gekomen, zoudt ge nauwelijke het verschil opmerken, behalve dat ge een ander lichaam zoudt hebben; de tabernakel van vlees en bloed is op uw geboortewereld achtergebleven.

Het werkelijke centrum van alle activiteiten op de eerste woningwereld is het opstandingsgebouw, de enorme tempel waar de

persoonlijkheid opnieuw wordt samengesteld. Dit reusachtige
bouwwerk bestaat uit de centrale ontmoetingsplaats van de serafijnse
bestemmingsbehoeders, de Gedachtenrichters en de aartsengelen
van de opstanding. De Levendragers functioneren eveneens samen
met deze hemelse wezens bij de opwekking van de doden.

De kopieën van het sterfelijk bewustzijn en de actieve patronen
van het schepsel-geheugen, in de geestelijke vorm waarin zij vanuit de materiële niveaus zijn getransformeerd, zijn het individuele
bezit van de vrijgekomen Gedachtenrichters; deze geest-geworden
factoren van bewustzijn, geheugen en schepsel-persoonlijkheid vormen voor immer een deel van zulke Richters. De matrix van het
schepsel-bewustzijn en de passieve mogelijkheid tot identiteit zijn
aanwezig in de morontia-ziel die aan de hoede van de serafijnse bestemmingsbehoeders is toevertrouwd. Het is de hereniging van de
morontia-ziel in de hoede van de serafijn, met het geest-bewustzijn
in de hoede van de Richter, waardoor de schepsel-persoonlijkheid
opnieuw wordt samengesteld, en dit houdt de opstanding in van een
slapende overlevende.

Indien een voorbijgaande persoonlijkheid van sterfelijke oorsprong nooit aldus opnieuw mocht worden samengesteld, dan
zouden de geest-elementen van het niet-overlevende sterfelijke
schepsel eeuwig blijven bestaan als een integraal deel van de individuele experiëntiële hoedanigheid van de Richter die eens in hem
woonde.

Vanuit de Tempel van Nieuw leven gaan zeven vleugels straalsgewijs naar buiten, en dit zijn de opstandingsgebouwen van de
rassen der stervelingen. Elk van deze gebouwen is bestemd voor het
assembleren van één van de zeven rassen uit de tijd. Elk van deze
vleugels bevat honderdduizend persoonlijke opstandingskamers,
en eindigen in de cirkelvormige klasse-assemblage-zalen die dienst
doen als ontwaak-vertrekken voor wel een miljoen individuën.
Deze zalen zijn omringd door de kamers voor het assembleren
van de persoonlijkheden der gemengde rassen van de normale
post-Adamische werelden. Ongeacht de techniek die op de indivi-
dule werlden in de tijd gehanteerd wordt in verband met speciale,
ofwel dispensationele opstandingen, vindt de werkelijke, bewuste
her-samenstelling van feitelijke, volledige persoonlijkheid plaats in
de opstandingsgebouwen van woningwerld nummer één. In alle
eeuwigheid zult ge u herinneren hoe diep ge onder de indruk was

toen ge voor de eerste maal getuige was van deze ochtenden der verrijzenis.

Van de opstandingsgebouwen gaat ge naar de sector van de Melchizedeks, waar ge een vaste woonplaats krijgt toegewezen. Vervolgens begint er een periode van tien dagen van persoonlijke vrijheid. Het staat u vrij om de onmiddellijke omgeving van uw nieuwe huis te verkennen en u vertrouwd te maken met het programma dat u in de naaste toekomst wacht. Ge hebt ook tijd om te voldoen aan uw verlangen om de registers te raadplegen en bezoeken te brengen aan uw dierbaren en andere aardse vrienden die u wellicht naar deze werelden zijn voorgegaan. Aan het einde van uw tiendaagse vrije periode begint ge aan de tweede etappe in de reis naar het Paradijs, want de woningwerelden zijn echte opleidingswerelden, niet alleen detentie-planeten.

Op woningwereld nummer één (of een andere in het geval van gevorderde status) zult ge uw verstandelijke opleiding en geestelijke ontwikkeling weer precies op dat niveau ter hand nemen waar deze door de dood werden onderbroken. Tussen het tijdstip van de planetaire dood of overgang en de opstanding op de woningwereld wint de sterfelijke mens absoluut niets, behalve de ervaring van het feit van overleving. Ge begint daar precies waar ge hier beneden ophoudt.

Vrijwel de gehele ervaring op woningwereld nummer één staat in verband met het dienstbetoon ten aanzien van onvolkomenheden. Overlevenden die op de eerste detentie-wereld aankomen, vertonen zoveel uiteenlopende gebreken in hun karakter als schepsel en onvolkomenheden in hun ervaring als sterveling, dat de belangrijkste activiteiten van dit gebied zijn gericht op het rechtzetten en genezen van dit veelvoud van erfenissen van het leven in het vlees op de materiële evolutionaire werelden in tijd en ruimte.

Het verblijf op woningwereld nummer één is zo ontworpen, dat sterfelijke overlevenden zich zover kunnen ontwikkelen dat zij ten minste de status van de post-Adamische dispensatie op de normale evolutionaire werelden bereiken. Geestelijk zijn de woningwereldstudenten natuurlijk veel verder gevorderd dan deze louter menselijke staat van ontwikkeling.

Indien ge niet op woningwereld één wordt vastgehouden, zult ge na tien dagen in de overgangsslaap vallen en naar wereld nummer twee gaan, en elke tien dagen zult ge daarna zo verder gaan, tot ge aankomt op de wereld die u is toegewezen.

In het centrum van de zeven grote bestuurscirkels van de eerste woningwereld staat de tempel van de Morontia-Metgezellen, de persoonlijke gidsen die aan opklimmende stervelingen worden toegewezen. Deze metgezellen zijn kinderen van de Moeder-Geest van het plaatselijk universum, en er zijn verschillende miljoenen van hen aanwezig op de morontia-werelden van Satania. Naast degenen die zijn aangesteld als groepsmetgezellen, zult ge veel te maken krijgen met de tolken en vertalers, de beheerders van gebouwen en met degenen die toezien op excursies. En al deze metgezellen werken zeer bereidwillig samen met de wezens die betrokken zijn bij de ontwikkeling van uw persoonlijkheidsfactoren van bewustzijn en geest binnen het morontia-lichaam.

Bij het begin van uw verblijf op de eerste woningwereld wordt er één Morontia-Metgezel toegewezen aan elke compagnie van duizend opklimmende stervelingen, maar ge zult hen in grotere getale tegenkomen bij uw voortgang door de zeven woningwerelden. Deze mooie, veelzijdige wezens zijn gezellige kameraden en charmante gidsen. Zij mogen individuen of speciaal uitgekozen groepen begeleiden naar alle overgangscultuurwerelden en hun satellieten. Zij dienen alle opklimmende stervelingen als gidsen bij excursies en als metgezellen in hun vrije tijd. Zij vergezellen dikwijls groepen overlevenden bij hun periodieke bezoeken aan Jerusem, en iedere dag dat ge daar zijt, kunt ge naar de registratie-sector van de hoofdwereld van het stelsel gaan en daar opklimmende stervelingen van alle zeven woningwerelden ontmoeten, aangezien dezen vrijelijk heen en weer reizen tussen de werelden waar zij verblijfhouden en het hoofdkwartier van het stelsel.

4. DE TWEEDE WONINGWERELD

Op deze wereld gaat ge vollediger deelnemen aan het leven op de woningwerelden. De groeperingen van het morontia-leven beginnen nu vorm aan te nemen: er beginnen werkgroepen en sociale organisaties te functioneren, gemeenschappen nemen formele proporties aan en de voortgaande stervelingen stellen nieuwe vormen van sociale ordening en nieuwe bestuurlijke regelingen in.

Met de Geest gefuseerde overlevenden bewonen de woningwerelden samen met de opklimmende stervelingen die met een Richter zijn gefuseerd. Ofschoon de orden van hemels leven verschillend zijn, zijn zij allen vriendschappelijk en broederlijk. Op geen van de opklimmingswerelden zult ge iets aantreffen dat vergelijkbaar is met menselijke onverdraagzaamheid en de discriminerende behandeling onder harteloze kastenstelsels.

Naargelang ge de woningwerelden één voor één doorloopt, zult ge er steeds meer morontia-activiteiten van vorderende overlevenden aantreffen. Naargelang ge verder komt, zult ge steeds meer kenmerken van Jerusem herkennen die aan de woningwerelden zijn toegevoegd. De glazen zee verschijnt op de tweede woningwereld.

Telkens wanneer ge van de ene woningwereld naar de volgende gaat, krijgt ge een nieuw ontwikkeld en passend ingesteld morontia-lichaam. Ge valt in slaap bij het serafijns transport en ontwaakt met het nieuwe, maar nog onontwikkelde lichaam in de opstandings-gebouwen, ongeveer zoals toen ge pas aankwam op woningwereld nummer één, behalve dat de Gedachtenrichter u niet verlaat ge-durende deze overgangssluimer tussen de woningwerelden in. Uw persoonlijkheid blijft intact wanneer ge eenmaal van de evolutio-naire werelden naar de eerste woningwereld zijt overgegaan.

Uw Richter-geheugen blijft volledig intact bij uw opgang in het morontia-leven. De mentale associaties die zuiver animalistisch en geheel materieel waren, zijn natuurlijkerwijze samen met de fysieke hersenen vergaan, maar van al wat de moeite waard is geweest in uw mentale leven en overlevingswaarde heeft gehad, is door de Rich-ter een duplicaat gemaakt, en dit alles behoudt ge door de gehele opklimmingsloopbaan heen als een deel van uw persoonlijke herin-nering. Ge zult u bewust zijn van al uw waardevolle ervaringen bij uw voortgang van de ene woningwereld naar de volgende, en van de ene afdeling van het universum naar de volgende – zelfs naar het Paradijs.

Ofschoon ge een morontia-lichaam hebt, zult ge op al deze zeven werelden blijven eten, drinken en rusten. Ge neemt voedsel van de morontia-variëteit tot u, een rijk van levende energie dat on-bekend is op de materiële werelden. Zowel voedsel als water worden in het morontia-lichaam volledig verbruikt: er zijn geen afvalproduc-ten. Vergeet niet dat woningwereld nummer één een zeer materiële wereld is, die het prille begin vormt van het morontia-regime. Hier zijt ge nog vrijwel mens en staat ge nog dicht bij de beperkte gezichtpunten van het sterfelijke leven, maar op elke wereld onthult zich duidelijke vooruitgang. Van wereld tot wereld wordt ge minder materieel, meer intellectueel en iets geestelijker. De geestelijke vooruitgang is het grootst op de laatste drie van deze zeven voortgangswerelden.

Op de eerste woningwereld zijn de biologische gebreken voor het grootste deel hersteld. Deze tekorten in de planetaire ervaring, die te maken hadden met het seksuele leven, de familiebanden en het functioneren als ouder, zijn ofwel reeds gecorrigeerd of er zijn plannen gemaakt om ze in de toekomst recht te zetten in de gezinnen van de Materiële Zonen op Jerusem.

Woningwereld nummer twee voorziet meer specifiek in het wegnemen van alle vormen van verstandelijke conflict en in de genezing van alle soorten mentale disharmonie. De poging om u de betekenis van morontia-mota eigen te maken, waarmee ge op de eerste woningwereld een begin hebt gemaakt, wordt hier ernstiger voortgezet. De ontwikkeling op woningwereld nummer twee kan worden vergeleken met de intellectuele status van de post-Magistraat-Zoon-cultuur op de ideale evolutionaire werelden.

5. DE DERDE WONINGWERELD

Woningwereld nummer drie is het hoofdkwartier van de Woningwereld-Leraren. Hoewel dezen op alle zeven woningwerelden werkzaam zijn, hebben zij hun groepshoofdkwartier in het centrum van de academiecirkels van wereld nummer drie. Er zijn miljoenen van deze leraren op de woningwerelden en de hogere morontia-werelden. Deze gevorderde en verheerlijkte cherubijnen doen overal dienst als morontia-leraren, van de woningwerelden tot aan de laatste wereld in het plaatselijk universum waar opklimmende wezens worden opgeleid. Zij horen tot de laatsten die u vol genegenheid adieu zullen zeggen wanneer de tijd is gekomen om afscheid te nemen, de tijd om het universum waar ge zijt ontstaan – althans voor enige eeuwen – vaarwel te zeggen en door de serafijn te worden opgenomen voor het vervoer naar de ontvangstwerelden van de kleine sector van het superuniversum.

Wanneer ge op de eerste woningwereld verblijft, hebt ge toestemming om de eerste der overgangswerelden te bezoeken, het hoofdkwartier der volkomenen en de proef-kinderbewaarplaats van het stelsel, waar nog onontwikkelde evolutionaire kinderen worden grootgebracht. Wanneer ge aankomt op woningwereld twee, krijgt ge toestemming om periodieke bezoeken te brengen aan overgangswereld nummer twee, waar zich het hoofdkwartier van de morontia-supervisoren van heel Satania en de opleidingsscholen voor de verschillende morontia-orden bevinden. Bij het bereiken van woningwereld drie krijgt ge onmiddellijk toestemming om de derde overgangswereld te bezoeken, het hoofdkwartier van de orden der engelen en het domein waar zich hun verschillende scholen voor stelsel-opleiding bevinden. Bezoeken aan Jerusem vanaf deze wereld worden steeds nuttiger en boezemen de voortgaande stervelingen steeds meer belangstelling in.

Woningwereld nummer drie is een wereld waar grote persoonlijke en sociale vorderingen worden gemaakt door allen die het equivalent van deze cultuurcirkels niet hadden bereikt vóór hun verlossing uit het vlees op de werelden waar zij als sterveling werden geboren. Op deze wereld wordt een aanvang gemaakt met meer positief gericht onderwijs. De opleiding op de eerste twee woningwerelden is hoofdzakelijk negatief, in de zin dat zij te maken heeft met de aanvulling van tekorten in de ervaring van het leven in het vlees. Op deze derde woningwereld beginnen de overlevenden werkelijk aan hun progressieve morontia-cultuur. De belangrijkste bedoeling van deze opleiding is de verdieping van het begrip van het wederzijds verband tussen morontia-mota en sterfelijke logica – de coördinatie van morontia-mota en menselijke filosofie. Overlevende stervelingen verwerven nu praktisch inzicht in ware metafysica. Dit is de werkelijke inleiding in het intelligent verstaan van kosmische betekenissen en onderlinge betrekkingen in het universum. De cultuur van de derde woningwereld heeft wel iets van het tijdperk na de zelfschenking van een Goddelijke Zoon op een normale bewoonde planeet.

6. DE VIERDE WONINGWERELD

Wanneer ge op de vierde woningwereld aankomt, zijt ge reeds een eindweegs gevorderd in uw morontia-loopbaan: sinds het aanvankelijke materiële bestaan zijt ge zeer veel verder gekomen. Nu krijgt ge toestemming om overgangswereld nummer vier te bezoeken teneinde u daar vertrouwd te maken met het hoofdkwartier en de opleidingsscholen der superengelen, waaronder de Schitterende

Avondsterren. Door de goede diensten van deze superengelen van de vierde overgangswereld worden de morontia-bezoekers tijdens hun periodieke bezoeken aan Jerusem in staat gesteld de verscheidene orden van Zonen van God zeer nabij te komen, want bij de herhaalde bezoeken van de voortgaande stervelingen aan de hoofdkwartierwereld gaan er geleidelijk steeds nieuwe sectoren van de hoofdwereld van het stelsel voor hen open. Steeds nieuwe pracht ontvouwt zich aan het zich uitbreidende bewustzijn van deze opklimmenden.

Op de vierde woningwereld is de individuele opklimmende sterveling beter in staat zijn plaats te vinden in de groepswerkzaamheden en klassefuncties die bij het morontia-leven horen. Opklimmende stervelingen ontwikkelen hier steeds meer waardering voor de omroepprogramma's en andere aspecten van de cultuur van het plaatselijk universum en de vooruitgang daarbinnen.

Gedurende de opleidingsperiode op wereld nummer vier worden de opklimmende stervelingen voor het eerst werkelijk ingeleid in de verplichtingen en vreugden van het ware sociale leven van morontia-schepselen. Het is inderdaad een nieuwe ervaring voor evolutionaire schepselen om deel te nemen aan sociale activiteiten die niet zijn gebaseerd op de verheffing van de eigen persoon of op egocentrische overwinningen. Er wordt nu een nieuwe sociale orde ingevoerd, een sociale orde gebaseerd op de begripvolle sympathie van onderlinge waardering, de onbaatzuchtige liefde van onderling dienstbetoon en de overweldigende motivatie van het besef van een gemeenschappelijke, allerhoogste bestemming – het Paradijs-doel van eerbiedige, goddelijke volmaaktheid. Opklimmende stervelingen worden zich nu allen van zichzelf bewust als Godkennend, Godopenbarend, Godzoekend en Godvindend.

De intellectuele en sociale cultuur van deze vierde woningwereld is vergelijkbaar met het mentale en sociale leven van het post-Leraar-Zoon tijdperk op de planeten waar normale evolutie plaatsvindt. De geestelijke status is die van zulk een dispensatie van stervelingen ver vooruit.

7. DE VIJFDE WONINGWERELD

Het transport naar de vijfde woningwereld betekent een enorme stap voorwaarts in het leven van een morontia-voortgaande. De ervaring op deze wereld is een werkelijke voorproef van het leven op

Jerusem. Hier begint ge besef te krijgen van de hoge bestemming der getrouwe evolutionaire werelden, want in normale omstandigheden kunnen deze tijdens hun natuurlijke planetaire ontwikkeling tot aan dit stadium vorderen. De cultuur van deze woningwereld komt in het algemeen overeen met het vroege tijdvak van licht en leven op de planeten waar normale evolutionaire vooruitgang plaatsvindt. Hieruit valt ook te begrijpen waarom het zo is geregeld, dat de zeer geciviliseerde, progressieve soorten wezens die soms op deze geavanceerde evolutionaire werelden leven, vrijgesteld zijn van de doortocht langs een of meer, of zelfs alle woningwerelden.

Ge hebt de taal van het plaatselijk universum geleerd voordat ge de vierde woningwereld verliet, en nu wijdt ge meer tijd aan het vervolmaken van uw kennis van de taal van Uversa, zodat ge beide talen zult beheersen voordat ge met de status van ingezetene op Jerusem aankomt. Van het hoofdkwartier van het stelsel tot in Havona zijn alle opklimmende stervelingen tweetalig. Daarna is het alleen nog noodzakelijk om uw woordenschat van de taal van het super- universum uit te breiden, terwijl er, voordat ge u op het Paradijs moogt vestigen, een nog grotere woordenschap wordt verlangd.

Na aankomst op woningwereld nummer vijf krijgt de pelgrim toestemming om de overgangswereld met het corresponderende nummer te bezoeken, het hoofdkwartier van de Zonen. Hier maakt de opklimmende sterveling persoonlijk kennis met de verschillende groepen der goddelijke zonen. Hij heeft al over deze voortreffelijke wezens gehoord en heeft hen reeds op Jerusem ontmoet, maar nu leert hij hen werkelijk kennnen.

Op de vijfde woningwereld begint ge te horen over de studie- werelden van de constellatie. Hier ontmoet ge de eerste leraren die u beginnen voor te bereiden op het verblijf in de constellatie, dat later zal plaatsvinden. Op werelden zes en zeven wordt deze voorberei- ding voortgezet, en in de sector der opklimmende stervelingen op Jerusem wordt er de laatste hand aan gelegd.

Op woningwereld nummer vijf vindt een ware geboorte van kosmische bewustzijn plaats. Uw denken raakt ingesteld op het uni- versum. Dit is werkelijk een tijd van terugwijkende horizonten. Het begint het zich uitbreidende bewustzijn van de opklimmende ster- velingen te dagen dat een ontzagwekkende, schitterende, verheven en goddelijke bestemming allen wacht die de gestage opklimming naar het Paradijs voltooien, een opklimming die zeer zwaar, maar ook zeer vreugdevol en gunstig is begonnen. Ongeveer op dit punt begint de gemiddelde sterveling in opklimming iets van oprecht experiëntieel enthousiasme te vertonen voor de opklimming naar Havona. De studie wordt nu vrijwillig ondernomen, onbaatzuchtig dienstbetoon wordt natuurlijk en godsverering spontaan. Er ontluikt een echt morontia-karakter: een echt morontia-schepsel ontwikkelt zich nu.

8. DE ZESDE WONINGWERELD

Zij die op deze wereld verblijfhouden, hebben toestemming om bezoeken af te leggen aan overgangswereld nummer zes, waar zij meer te weten komen over de hoge geesten van het superuniversum, ofschoon zij nog niet in staat zijn velen van deze hemelse wezens te zien. Hier krijgen zij ook hun eerste lessen inzake de toekomstige geest-loopbaan die direct volgt na het afsluiten van de morontia-opleiding in het plaatselijk universum.

De assistent-Stelsel-Soeverein brengt veelvuldige bezoeken aan deze wereld, en hier wordt een aanvang gemaakt met het eerste onderricht in de bestuurstechniek van het universum. De eerste lessen waarin de zaken van een heel universum ter sprake komen, ontvangt ge hier.

Dit is een schitterend tijdperk voor opklimmende stervelingen, tijdens hetwelk gewoonlijk de volmaakte fusie van het menselijke bewustzijn en de goddelijke Richter plaatsvindt. Qua potentieel kan deze fusie reeds eerder hebben plaatsgevonden, maar de daadwerkelijke functionerende identiteit wordt dikwijls pas tot stand gebracht tijdens het verblijf op de vijfde woningwereld, of zelfs de zesde.

Het teken dat de verbintenis van de evoluerende onsterfelijke ziel met de eeuwige, goddelijke Richter tot stand is gebracht, bestaat uit de serafijnse oproep van de superviserende superengel voor opgestane overlevenden, en van de aartsengel die aantekening houdt van degenen die ten derde dage beoordeeld worden; in de tegenwoordigheid van de morontia-metgezellen van zulk een overlevende, spreken deze boodschappers van de bevestiging vervolgens de woorden: 'Dit is een geliefde zoon in wie ik behagen schep.' Deze eenvoudige ceremonie markeert de intrede van een opklimmende sterveling in de eeuwige loopbaan in dienst van het Paradijs.

Onmiddellijk na de bevestiging van de fusie met de Richter wordt het nieuwe morontia-wezen voor de eerste maal met zijn nieuwe naam aan zijn metgezellen voorgesteld en wordt hem het verlof van veertig dagen verleend waarin hij zich geestelijk mag terugtrekken uit alle routinewerkzaamheden om innerlijk met zichzelf te overleggen, een van de facultatieve routes naar Havona te kiezen en een keuze te maken tussen de verschillende methoden om het Paradijs te bereiken.

Nog steeds zijn deze schitterende wezens echter min of meer materieel: zij zijn nog lang geen ware geesten, maar lijken geestelijk gesproken meer op superstervelingen, nog steeds een weinig lager dan de engelen. Zij worden nu echter waarlijk wonderbaarlijke schepselen.

Tijdens hun verblijf op wereld nummer zes bereiken de woningwereldstudenten een status die vergelijkbaar is met de verheven vorm van ontwikkeling die de evolutionaire werelden met een normale vooruitgang na het eerste stadium van licht en leven kenmerkt. De organisatie van de samenleving op deze woningwereld is van een hoge orde. De schaduw van de sterfelijke natuur wordt steeds zwakker naargelang ge deze werelden één voor één doorloopt. Ge wordt steeds beminnelijker naarmate ge de grove sporen van uw planetaire dierlijke oorsprong achter u laat. Door hun 'opkomst door grote verdrukking heen' worden verheerlijkte stervelingen zeer vriendschappelijk en begripvol, zeer meevoelend en verdraagzaam.

9. DE ZEVENDE WONINGWERELD

De ervaring op deze wereld is de kroon op het werk van de loopbaan die direct op de dood volgt. Gedurende uw verblijf hier zult ge door vele leraren onderricht worden en dezen werken allen samen aan de taak u voor te bereiden om ingezetene van Jerusem te worden. Alle waarneembare verschillen tussen de stervelingen die afkomstig zijn van de geïsoleerde, achtergebleven werelden en de overlevenden van de meer gevorderde, verlichte werelden, worden tijdens het verblijf op de zevende woningwereld zo goed als uitgewist. Hier zult ge gezuiverd worden van alle resten van een onfortuinlijke erfmassa, een ongezonde omgeving en ongeestelijke planetaire tendensen. De laatste resten van het 'merkteken van het beest' worden hier uitgeroeid.

Tijdens uw verblijf op woningwereld nummer zeven wordt u toegestaan overgangswereld nummer zeven te bezoeken, de wereld van de Universele Vader. Hier begint ge de onzienlijke Vader op een nieuwe, meer geestelijke wijze te aanbidden, een geesteshouding die ge op de lange weg van de opklimmingsloopbaan steeds meer zult nastreven. Ge zult de tempel van de Vader op deze wereld van overgangscultuur aantreffen, maar ge zult de Vader niet zien.

Nu begint het vormen van klassen die naar Jerusem bevorderd zullen worden. Ge zijt als individu van wereld naar wereld overgegaan, maar nu bereidt ge u voor om in groepen naar Jerusem te vertrekken, ofschoon een opklimmende sterveling binnen zekere grenzen mag besluiten om op de zevende woningwereld te blijven, teneinde een vertraagd medelid van zijn werkgroep op aarde of op de woningwerelden in staat te stellen zijn achterstand op hem in te halen.

De staf van de zevende woningwereld verzamelt zich op de glazen zee om u met de status van inwonenden te zien vertrekken naar Jerusem. Ge hebt Jerusem wellicht reeds honderden of duizenden malen bezocht, maar altijd als gast; ge zijt nog nooit eerder op reis gegaan naar de hoofdwereld van het stelsel in gezelschap van een groep metgezellen die als opklimmende stervelingen voor eeuwig afscheid nemen van de gehele loopbaan op de woningwerelden. Ge zult spoedig op het ontvangstterrein van de hoofdkwartierwereld worden verwelkomd als burgers van Jerusem.

Ge zult zeer genieten van uw tocht door de zeven dematerialiserende werelden: in werkelijkheid zijn dit werelden waar ge wordt ontsterfelijkt. Op de eerste woningwereld zijt ge voornamelijk menselijk, een sterveling minus een materieel lichaam, een menselijk bewustzijn gehuisvest in een morontia-gestalte – een materieel lichaam van de morontia-wereld, maar niet een sterfelijk huis van vlees en bloed. Ge gaat werkelijk van de sterfelijke staat over naar de onsterfelijke staat op het tijdstip dat ge met de Richter fuseert, en tegen de tijd dat ge uw loopbaan op Jerusem hebt beëindigd, zult ge volwassen morontianen zijn.

10. HET BURGERSCHAP VAN JERUSEM

De ontvangst van een nieuwe klas afgestudeerden van de woningwerelden is voor heel Jerusem het sein om zich te verzamelen als een comité van verwelkoming. Zelfs de spornagia genieten van de aankomst van deze triomferende opklimmenden van evolutionaire oorsprong, van hen die de planetaire wedloop hebben gelopen en de gang langs de woningwerelden hebben volbracht. Alleen de fysische controleurs en de Morontia-Krachtsupervisoren ontbreken bij deze vreugdevolle gelegenheden.

Johannes, de schrijver van de Openbaring, zag een visioen van de aankomst van een klas vorderende stervelingen vanuit de zevende woningwereld in hun eerste hemel, de heerlijkheden van Jerusem. Hij schreef: 'En ik zag als een glazen zee met vuur gemengd, en zij die de overwinning hadden behaald over het beest dat oorspronkelijk in hen was, en over het beeld dat in de woningwerelden nog was gebleven en ten slotte over het laatste merkteken en de laatste sporen, staande op de glazen zee, hebbende de harpen Gods, en zingende het gezang van verlossing van de doodsangst en van de dood.' (Op al deze werelden kunnen vervolmaakte ruimteberichten worden ontvangen, en ge kunt deze mededelingen overal opvangen door het dragen van de 'harp van God,' een morontia-apparaat dat dient ter compensatie van uw onvermogen om uw onvolgroeide morontia-zintuiglijke mechanisme rechtstreeks in te stellen op de ontvangst van ruimteberichten.)

Paulus had ook een voorstelling van het korps opklimmende burgers, zich vervolmakende stervelingen, op Jerusem, want hij schreef: 'Maar gij zijt gekomen tot de berg Sion en de stad van de levende God, het hemelse Jerusalem en een ontelbare schare engelen, tot de grote vergadering van Michael en tot de geesten van rechtvaardigen die volmaakt gemaakt worden.'

Na het bereiken van de staat van inwoners op het hoofdkwartier van het stelsel, zullen stervelingen geen letterlijke opstandingen meer ervaren. De morontia-gestalte die u wordt geschonken wanneer ge uw loopbaan door de woningwerelden achter u laat, is zodanig dat zij dienst zal kunnen doen tot aan het einde van uw ervaring in het plaatselijk universum. Van tijd tot tijd zullen er wel veranderingen in worden aangebracht, maar ge zult deze zelfde gedaante behouden totdat ge er afstand van doet bij uw tevoorschijn treden als geest van het eerste stadium, ter voorbereiding op de doorgang naar de werelden van opklimmende cultuur en geest-opleiding van het superuniversum.

Zevenmaal ervaren de stervelingen die de gehele woningwereld-loopbaan doorlopen, de instellingsslaap en het opstandingsontwaken. Zij laten echter het laatste opstandingsgebouw, de laatste ontwaakkamer, achter zich op de zevende woningwereld. Voor een gedaanteverandering zal bewustzijnsverlies of een breuk in de continuïteit van het persoonlijke geheugen niet langer noodzakelijk zijn.

De sterfelijke persoonlijkheid die op de evolutionaire werelden ontstaat en daar woont in de tabernakel van het vlees – bewoond door de Geheimnisvolle Mentor en bekleed met de Geest van Waarheid – wordt pas volledig gemobiliseerd, verwezenlijkt en verenigd op de dag dat zulk een burger van Jerusem vergunning krijgt om naar Edentia te gaan en uitgeroepen wordt tot trouw lid van het morontia-korps van Nebadon – een onsterfelijke overlevende die met de Richter is verbonden, een opklimmende naar het Paradijs, een persoonlijkheid met morontia-status en een trouw kind van de Meest Verhevenen.

De dood van de sterveling is een techniek om aan het materiële leven in het vlees te ontkomen; de ervaring op de woningwerelden van voortgaand leven, op zeven werelden van corrigerende opleiding en cultureel onderwijs, vormt de inleiding van sterfelijke overlevenden in de morontia-loopbaan, het overgangsleven tussen het evolutionaire materiële bestaan en het hogere geest-niveau van de opklimmenden uit de tijd, die voorbestemd zijn om de poorten der eeuwigheid binnen te gaan.

[Onder verantwoordelijkheid van een Schitterende Avondster.]

DERTIEN

HET MORONTIA-LEVEN

(VERHANDELING 48)

D E Goden kunnen een schepsel van grove dierlijke aard niet tot een vervolmaakte geest transformeren door een geheimzinnige daad van scheppende magie – zij doen dit althans niet. Wanneer de Scheppers volmaakte wezens wensen voort te brengen, doen zij dit door een rechtstreekse, oorspronkelijke scheppingsdaad, maar zij trachten materiële schepselen van dierlijke oorsprong nooit in één enkele stap om te vormen tot volmaakte wezens.

Omdat het morontia-leven zich over de verschillende stadia van de loopbaan in het plaatselijk universum uitstrekt, is het voor materiële stervelingen de enig mogelijke weg waarlangs zij de drempel van de geestwereld zouden kunnen bereiken. Welke magie zou de dood, de natuurlijke ontbinding van het materiële lichaam, kunnen inhouden dat zulk een eenvoudige stap het sterfelijke, materiële bewustzijn in een oogwenk zou kunnen transformeren tot een onsterfelijke, vervolmaakte geest? Zulke ideeën zijn niet anders dan onwetend bijgeloof en fabels die men graag hoort.

Deze morontia-overgang is altijd een tussenfase tussen de sterfelijke staat en de latere geestelijke status van overlevende mensen. Deze tussenliggende toestand van voortgang in het universum is duidelijk anders in de verschillende plaatselijke scheppingen, maar naar strekking en bedoeling is zij altijd in hoge mate gelijk. De inrichting van de woningwerelden en de hogere morontia-werelden in Nebadon is tamelijk typerend voor de morontia-overgangsregimes in dit deel van Orvonton.

A

1. MORONTIA-MATERIALEN

De morontia-gebieden zijn de verbindingswerelden in de plaatselijke universa tussen de materiële en de geestelijke niveaus waarop schepselen bestaan. Dit morontia-leven is reeds sinds de vroegste tijden van de Planetaire Vorst op Urantia bekend geweest. Van tijd tot tijd zijn stervelingen aangaande deze overgangstoestand onderricht, en in verwrongen vorm heeft dit denkbeeld ook een plaats gevonden in godsdiensten van deze tijd.

De morontia-werelden zijn de overgangsfasen van de sterfelijke opklimming langs de voortgangswerelden van het plaatselijke universum. Alleen de zeven werelden rond de wereld der volkomenen in de plaatselijke stelsels heten woningwerelden, maar alle zesenvijftig overgangsverblijfplaatsen van het stelsel worden morontia-werelden genoemd, evenals de hogere werelden rond de hoofdkwartieren van de constellaties en van het universum. Deze scheppingen zijn van dezelfde fysieke schoonheid en morontia-grootsheid als de hoofdkwartierwerelden van het plaatselijk universum.

Al deze werelden zijn architectonische werelden, en kennen precies het dubbele aantal elementen van de geëvolueerde planeten. Deze op bestelling gemaakte werelden zijn niet alleen overvloedig voorzien van zware metalen en kristallen, aangezien ze honderd fysische elementen hebben, maar zij kennen eveneens precies honderd vormen van een unieke energiestructuur die *morontia-materiaal* wordt genoemd. De Meester-Fysische Controleurs en de Morontia-Krachtsupervisoren kunnen de omwentelingen van de primaire eenheden van materie zo modificeren en deze verbindingen van energie terzelfdertijd op zulk een wijze te transformeren, dat deze nieuwe substantie wordt geschapen.

Het vroege morontia-leven in de plaatselijke stelsels lijkt sterk op het leven op uw huidige materiële wereld, en wordt minder fysiek en meer waarlijk morontiaal op de studiewerelden van de constellatie. Bij uw voortgang naar de werelden van Salvington bereikt ge dan in toenemende mate geestelijke niveaus.

De Morontia-Krachtsupervisoren kunnen een vereniging van materiële en geestelijke energieën tot stand brengen, en daardoor een morontia-vorm van materialisatie organiseren die ontvankelijk is voor de superpositie van een beheersende geest. Als ge het morontia-leven van Nebadon doorloopt, zullen deze zelfde geduldige en bekwame Morontia-Krachtsupervisoren u van 570 successieve morontia-lichamen voorzien, waarvan elk een fase van uw voortgaande transformatie betekent. Vanaf het moment dat ge de materiële werelden verlaat, totdat ge de gedaante van een geest van het eerste stadium verkrijgt op Salvington, zulk ge precies 570 afzonderlijke, opklimmende morontia-veranderingen ondergaan. Hiervan vinden er acht plaats in het stelsel, eenenzeventig in de constellatie, en 491 tijdens het verblijf op de werelden van Salvington.

In de dagen van het sterfelijk vlees woont de goddelijke geest haast als iets afzonderlijks bij u in – in werkelijkheid als een invasie in de mens door de geschonken geest van de Universele Vader. Maar tijdens het morontia-leven zal de geest werkelijk een deel van uw persoonlijkheid worden, en wanneer ge achtereenvolgens de 570 voortgaande transformaties doormaakt, klimt ge op van de materiële naar de geestelijke rang van geschapen leven.

Paulus had van het bestaan van de morontia-werelden en van de werkelijkheid van morontia-materialen gehoord, want hij schreef: 'In de hemel hebben zij een betere en blijvender substantie.' En deze morontia-materialen zijn werkelijk, concreet, zoals ook in 'de stad die grondvesten heeft waarvan de bouwer en maker God is.' En elk van deze wonderbaarlijke werelden is 'een beter land, dat wil zeggen, een hemels land.'

2. DE MORONTIA-KRACHTSUPERVISOREN

Deze unieke wezens houden zich uitsluitend bezig met het toezicht op die activiteiten die een werkcombinatie vormen van geestelijke en fysieke of semimateriële energieën. Zij wijden zich uitsluitend aan het dienstbetoon van de morontia-voortgang. Zij dienen stervelingen niet zozeer tijdens de overgangservaring: zij maken veeleer de overgangsomgeving voor de voortgaande morontia-schepselen mogelijk. Zij zijn de kanalen van morontia-kracht waardoor de morontia-fasen van de overgangswerelden in stand worden gehouden en van energie worden voorzien.

Morontia-Krachtsupervisoren zijn kinderen van de Moeder-Geest van een plaatselijk universum. Naar ontwerp zijn zij tamelijk gestandaardiseerd, ofschoon zij in de verschillende plaatselijke scheppingen enigszins van aard veschillen. Zij worden geschapen voor hun specifieke functie en hebben geen opleiding nodig voordat zij hun verantwoordelijkheden op zich nemen.

De schepping van de eerste Morontia-Krachtsupervisoren vindt plaats op het moment dat de eerste tot overleving gekomen sterveling aankomt op de kusten van een van de eerste woningwerelden in een plaatselijk universum. Zij worden geschapen in groepen van duizend, die als volgt zijn ingedeeld:

1. Circuit-Regulatoren   400
2. Systeem-Coördinatoren   200
3. Planetaire Curatoren   100
4. Gecombineerde Controleurs   100
5. Verbindingsstabiliseerders   100
6. Selektieve Assorteerders   50
7. Toegevoegde Registrators   50

De krachtsupervisoren doen altijd dienst in het universum waar zij geboren zijn. Zij worden uitsluitend bestuurd door de gezamenlijke geest-activiteit van de Universum-Zoon en de Universum-Geest, maar vormen voor het overige een groep met volledig zelfbestuur. Zij hebben hun hoofdkwartier op elke eerste woningwereld in de plaatselijke stelsels en hier werken zij nauw samen met zowel de fysische controleurs als de serafijnen, maar wat betreft de manifestatie van energie en de toepassing van geest functioneren zij in een eigen wereld.

Soms zijn zij ook werkzaam als dienstverleners in tijdelijke aanstelling in verband met bovenmateriële verschijnselen op de evolutionaire werelden. Zij doen echter maar zelden dienst op de bewoonde planeten, en zij werken ook niet op de hogere opleidingswerelden van het superuniversum, aangezien zij zich hoofdzakelijk wijden aan het overgangsregime van morontia-voortgang in de plaatselijke universa.

1. *Circuit-Regulatoren*. Dit zijn de unieke wezens die fysische en geestelijke energie coördineren en het doorstromen hiervan naar de afzonderlijke kanalen der morontia-werelden reguleren. Deze circuits zijn uitsluitend planetair, beperkt tot een enkele wereld. De morontia-circuits zijn verschillend van en supplementair aan zowel fysische als geestelijke circuits op de overgangswerelden, en er zijn

miljoenen van deze regulatoren nodig om alleen al een stelsel van woningwerelden zoals dat van Satania van energie te voorzien.

Circuit-regulatoren zetten die veranderingen in materiële energieën in gang, waardoor deze ontvankelijk worden voor beheersing en regulatie door hun medewerkers. Deze wezens zijn zowel morontia-krachtgeneratoren als circuit-regulatoren. Zoals een dynamo elektriciteit uit de atmosfeer lijkt te genereren, zo lijken deze levende morontia-dynamo's de energieën der ruimte, die overal aanwezig zijn, te transformeren tot de materialen die door de morontia-supervisoren worden verwerkt in de lichamen en levensactiviteiten van de opklimmende stervelingen.

2. *Systeem-Coördinatoren.* Aangezien iedere morontia-wereld een afzonderlijke orde van morontia-energie heeft, is het voor mensen uiterst moeilijk om zich deze werelden voor te stellen. Maar op elke volgende overgangswereld zullen stervelingen merken dat het plantenleven en al het andere dat deel uitmaakt van het morontiabestaan, verder is gemodificiceerd, zodat het overeenstemt met de toenemende vergeestelijking van de opklimmende overlevende. En aangezien het energiesysteem van iedere wereld zo geïndividualiseerd is, verrichten deze coördinatoren de handelingen om dergelijke verschillende krachtsystemen te harmoniseren en met elkaar te vermengen tot een werkeenheid voor de onderling verbonden werelden van iedere individuele groep.

Opklimmende stervelingen vorderen geleidelijk van het fysieke naar het geestelijke bij hun opgang van de ene morontia-wereld naar de volgende, vandaar de noodzaak om te voorzien in een opgaande reeks morontia-werelden en een opgaande scala van morontiagestalten.

Wanneer woningwereld-opklimmenden van de ene wereld naar de volgende gaan, worden zij door de transport-serafijn afgeleverd aan de ontvangers van de systeem-coördinatoren op de hogere wereld. In de unieke tempels in het centrum van de zeventig straalsgewijs gebouwde vleugels met de kamers van overgang die lijken op de opstandingsgebouwen van de eerste wereld waar stervelingen van aardse oorsprong worden ontvangen, brengen de systeem-coördinatoren bekwaam de noodzakelijke veranderingen tot stand in de gestalte van het schepsel. Er zijn ongeveer zeven dagen standaardtijd nodig om deze eerste veranderingen in de morontia-gestalte tot stand te brengen.

3. *Planetaire Curatoren.* Iedere morontia-wereld, van de woningwerelden tot het hoofdkwartier van het universum, staat – waar het morontia-zaken betreft – onder de hoede van zeventig voogden die de plaatselijke planetaire raad van allerhoogst morontia-gezag vormen. Deze raad verleent materiaal voor morontia-gestalten aan alle opklimmende schepselen die op de wereld landen en geeft toestemming voor die veranderingen in de geschapen gestalte waardoor een opklimmende door kan gaan naar de volgende wereld. Nadat ge de woningwerelden hebt doorlopen, zult ge van de ene fase van het morontia-leven naar de volgende overgaan zonder uw bewustzijn te behoeven te verliezen. De onbewuste toestand komt alleen voor bij de eerste metamorfosen en bij de latere overgangen van het ene universum naar het andere en van Havona naar het Paradijs.

4. *Gecombineerde Controleurs.* Een van deze zeer mechanische wezens is altijd gestationeerd in het centrum van iedere bestuurseenheid van een morontia-wereld. Een gecombineerde controleur is gevoelig voor en functioneert ten opzichte van fysische, geestelijke en morontiale energieën; met dit wezen zijn bovendien altijd twee stelsel-coördinatoren, vier circuit-regulatoren, een planetaire curator, een verbindingsstabiliseerder, en ofwel een toegevoegd registrator of een selectief assorteerder verbonden.

5. *Verbindingsstabiliseerders.* Dit zijn de regulators van de morontia-energie in verbinding met de fysische en geest-krachten van het gebied. Zij maken de omzetting van morontia-energie tot morontia-materiaal mogelijk. De gehele morontia-organisatie van bestaan is afhankelijk van de stabiliseerders. Zij vertragen de energie-omwentelingen tot het punt waar fysicalisatie kan optreden. Ik beschik echter niet over termen waarin ik vergelijkingen zou kunnen treffen met de diensten van deze wezens of deze zou kunnen illustreren. Deze diensten liggen geheel buiten het menselijk voorstellingsvermogen.

6. *Selektieve Assorteerders.* Bij uw voortgang van de ene klas of fase van een morontia-wereld naar de volgende, moet ge opnieuw afgestemd worden of van te voren worden ingesteld, en het is de taak van de selektieve assorteerders om u in progressieve synchronie met het morontia-leven te houden.

Ofschoon de grondvormen van morontia-leven en -materie van de eerste woningwereld tot de laatste overgangswereld in het universum identiek zijn, is er een geleidelijke functionele ontwikkeling van het materiële tot het geestelijke. Uw aanpassing aan deze in de grond uniforme maar successief voortgaande en vergeestelijkende schepping wordt tot stand gebracht door deze selektieve herafstemming. Deze aanpassing in het mechanisme der persoonlijkheid komt neer op een nieuwe schepping, niettegenstaande het feit dat ge dezelfde morontia-gestalte behoudt.

Ge moogt u bij herhaling onderwerpen aan een onderzoek door deze examinatoren, en zodra ge blijk geeft van voldoende geestelijke vorderingen, zullen zij met vreugde verklaren dat ge in status bevorderd kunt worden. Deze progressieve veranderingen hebben veranderde reacties op de morontia-omgeving ten gevolge, zoals modificaties in de voedselbehoeften en talrijke andere persoonlijke gewoonten.

De selectieve assorteerders verrichten ook belangrijke diensten bij het groeperen van morontia-persoonlijkheden voor doeleinden van studie en onderricht en ten behoeve van andere projecten. Zij wijzen van nature diegenen aan die het beste in tijdelijk verband samen zullen functioneren.

7. *Toegevoegde Registrators.* De morontia-wereld heeft zijn eigen registrators, die samenwerken met de geest-registrators bij het toezicht op en het bewaren van de verslagen en andere gegevens die bij de morontia-scheppingen behoren. De morontia-verslagen staan ter beschikking van persoonlijkheden van alle orden.

Alle morontia-overgangsgebieden zijn gelijkelijk toegankelijk voor materiële wezens en geest-wezens. Als morontia-voortgaanden zult ge volledig contact houden met de materiële wereld en met materiële persoonlijkheden, terwijl ge geest-wezens steeds beter zult onderscheiden en meer met hen zult omgaan. Tegen de tijd dat ge afscheid neemt van het morontia-regime zult ge dan ook alle orden van geesten hebben gezien, met uitzondering van enkele hogere typen zoals Solitaire Boodschappers.

3. DE MORONTIA-METGEZELLEN

Deze gastheren van de woning- en morontia-werelden zijn kinderen van de Moeder-Geest van een plaatselijk universum. Zij worden in ieder tijdperk geschapen in groepen van honderdduizend; in Nebadon zijn er op dit moment meer dan zeventig miljard van deze unieke wezens.

Morontia-Metgezellen worden voor hun dienstbetoon opgeleid door de Melchizedeks op een speciale planeet dicht bij Salvington: zij doorlopen niet de centrale scholen van de Melchizedeks. Hun dienstbetoon strekt zich uit van de laagste woningwerelden van de stelsels tot de hoogste studiewerelden van Salvington, maar zij worden zelden aangetroffen op de bewoonde werelden. Zij dienen onder het algemeen toezicht van de Zonen van God en onder directe leiding van de Melchizedeks.

De Morontia-Metgezellen hebben tienduizend hoofdkwartieren in een plaatselijk universum, namelijk op iedere eerste woningwereld in ieder plaatselijk stelsel. Hun orde is bijna geheel autonoom en over het algemeen vormen zij een intelligente, loyale groep wezens, maar het is bekend dat zij zo nu en dan op een dwaalspoor zijn geraakt in verband met bepaalde onfortuinlijke beroeringen in de hemelen. Duizenden van deze nuttige schepselen gingen verloren ten tijde van de Lucifer-opstand in Satania. Uw plaatselijke stelsel beschikt thans weer over het volle aantal van deze wezens, want de verliezen door de Lucifer-rebellie zijn pas kort geleden aangevuld.

Er bestaan twee duidelijk onderscheiden typen Morontia-Metgezellen: het ene is ondernemend en het andere meer teruggetrokken, maar voor het overige zijn zij gelijk in status. Het zijn geen seksuele schepselen, maar zij leggen een liefde voor elkaar aan de dag die ontroerend en schoon is. En ofschoon zij in de materiële (menselijke) zin niet echt samenleven, zijn zij nauw verwant aan de rassen der mensen in de orde van geschapen bestaan. De middenschepselen van de werelden zijn uw naaste verwanten; daarna komen de morontia-cherubijnen en na hen de Morontia-Metgezellen.

Deze metgezellen zijn ontroerend liefdevolle en bekoorlijke sociale wezens. Zij bezitten een duidelijke persoonlijkheid, en wanneer ge hen op de woningwerelden ontmoet en hen als een klasse hebt leren herkennen, zult ge hun individualiteit spoedig onderscheiden. Stervelingen lijken allemaal op elkaar, en tegelijkertijd bezit elk van u een duidelijke, herkenbare persoonlijkheid.

Ge kunt u enigszins een idee vormen van de aard van het werk van deze Morontia-Metgezellen aan de hand van de volgende klassificatie van hun activiteiten in een plaatselijk stelsel:

1. *Pelgrim-behoeders* krijgen geen specifieke plichten opgelegd bij hun omgang met de morontia-voortgaanden. Deze metgezellen zijn verantwoordelijk voor het geheel van de morontia-loopbaan en zijn daarom de coördinatoren van het werk van alle andere dienstverlenende wezens op de morontia- en overgangswerelden.

2. *Pelgrim-Ontvangers en Vrije Gezellen.* Dit zijn de sociale metgezellen van de nieuw aangekomenen op de woningwerelden. Eén van hen zal zeker klaar staan om u te verwelkomen wanneer ge op de eerste woningwereld ontwaakt uit de eerste overgangsslaap der tijd, wanneer ge ervaart hoe ge uit de dood van het vlees opstaat in het morontia-leven. En vanaf het tijdstip dat ge aldus formeel welkom wordt geheten bij uw ontwaken, tot aan de dag dat ge het plaatselijke universum verlaat als een geest van het eerste stadium, zijn deze Morontia-Metgezellen aldoor bij u.

Metgezellen worden niet permanent aan individuele stervelingen toegewezen. Een opklimmende sterveling op een van de woningwerelden of hogere werelden kan heel goed bij meerdere opeenvolgende gelegenheden telkens een andere metgezel hebben en ook lange perioden zonder metgezel doorbrengen. Dit alles hangt af van de vereisten en ook van de hoeveelheid beschikbare metgezellen.

3. *Gastheren voor Hemelse Bezoekers.* Deze minzame schepselen wijden zich aan het onthaal van de groepen bovenmenselijke bezoekende studenten en andere hemelingen die zich toevallig op de overgangswerelden ophouden. Ge zult ruimschoots gelegenheid hebben om bezoeken af te leggen binnen ieder gebied dat ge experiëntieel bereikt. Bezoekende studenten worden op alle bewoonde planeten toegelaten, zelfs op de planeten in isolatie.

4. *Coördinatoren en Verbindingsleiders.* Deze metgezellen wijden zich aan het vergemakkelijken van morontia-omgang en aan het voorkomen van verwarring. Zij geven onderricht in sociaal gedrag en morontia-voortgang, en verzorgen het onderwijs en andere groepsactiviteiten voor de opklimmende stervelingen. Zij beschikken over uitgestrekte terreinen waar zij hun leerlingen verzamelen en van tijd tot tijd verzoeken zij de hemelse kunstenaars en de reversie-leiders om hun programma's te verluchtigen. Bij uw voortgang zult ge in nauw contact komen met deze metgezellen, en ge zult op beide groepen buitengewoon gesteld raken. Of ge zult omgaan met

een ondernemend of een teruggetrokken type metgezel is een kwestie van toeval.

5. *Tolken en vertalers.* Tijdens de eerste fase van uw loopbaan op de woningwerelden zult ge dikwijls hulp zoeken bij de tolken en vertalers. Zij kennen en spreken alle talen van een plaatselijk universum; zij zijn de kenners van de talen van de gebieden.

Ge zult niet automatisch nieuwe talen verwerven: daar zult ge een taal op bijna precies dezelfde manier leren als hier op aarde, en deze schitterende wezens zullen uw taalleraren zijn. Op de woningwerelden zult ge eerst de taal van Satania bestuderen, en vervolgens de taal van Nebadon. En terwijl ge u in deze nieuwe talen bekwaamt, zullen de Morontia-Metgezellen uw efficiënte tolken en geduldige vertalers zijn. Op geen van deze werelden zult ge ooit een bezoeker ontmoeten zonder dat een der Morontia-Metgezellen als tolk zal kunnen optreden.

6. *Supervisoren van Excursies en Reversie.* Deze metgezellen zullen u vergezellen op de langere reizen naar de hoofdkwartierwereld en naar de werelden der overgangscultuur die deze omringen. Zij ontwerpen, leiden en zien toe op al dergelijke individuele en groepstochten langs de stelselwerelden voor opleiding en cultuur.

7. *Beheerders van Terreinen en Gebouwen.* Zelfs de materiële en morontiale gebouwen nemen toe in volmaaktheid en grootsheid naarmate ge verder komt in uw loopbaan langs de woningwerelden. Individueel en groepsgewijs wordt u toegestaan bepaalde veranderingen aan te brengen in de verblijven die u als hoofdkwartier worden toegewezen voor de duur van uw oponthoud op de verschillende woningwerelden. Veel van de activiteiten op deze werelden vinden plaats in de open omsloten ruimten van de cirkels, vierkanten en driehoeken met hun verschillende benamingen. De meeste bouwwerken op de woningwerelden hebben geen dak, het zijn omheinde ruimten die schitterend zijn gebouwd en verfijnd gedecoreerd. Door de klimaatsomstandigheden en andere fysieke omstandigheden op de architectonische werelden zijn daken volkomen overbodig.

Deze beheerders van de overgangsfasen van het opklimmende leven zijn de allerhoogste autoriteiten in het beheer van morontiazaken. Zij zijn voor dit werk geschapen, en totdat de Allerhoogste feitelijk zal zijn geworden, zullen zij altijd Morontia-Metgezellen blijven; zij verrichten nooit andere taken.

Naarmate stelsels en universa bestendigd worden in licht en leven, houden de woningwerelden steeds meer op te functioneren als overgangswerelden voor morontia-opleiding. Meer en meer richten dan de volkomenen hun nieuwe opleidingsregime in, dat tot doel lijkt te hebben het kosmische bewustzijn van het huidige niveau van het groot universum over te dragen naar het niveau van de toekomstige universa in de buitenruimte. Het is de bestemming van de Morontia-Metgezellen om steeds meer in verbinding met de volkomenen te gaan functioneren, en op talrijke andere gebieden die op dit moment nog niet op Urantia zijn geopenbaard.

Ge kunt wel voorzien dat deze wezens waarschijnlijk veel zullen gaan bijdragen tot uw genoegen op de woningwerelden, of ge daar nu lang of kort zult verblijven. Op uw hele tocht naar Salvington zult ge het genoegen van hun gezelschap blijven smaken. Technisch gezien zijn zij niet van wezenlijk belang voor welk onderdeel van uw ervaring van overleving dan ook. Ge zoudt Salvington wel zonder hen kunnen bereiken, maar ge zoudt hen zeer missen. Zij zijn de persoonlijkheidsluxe bij uw opgaande loopbaan in het plaatselijk universum.

4. DE REVERSIE-LEIDERS

Vrolijke blijdschap en het equivalent van de glimlach zijn even universeel als muziek. Er bestaan een morontiaal en een geestelijk equivalent van vrolijkheid en lachen. Het opklimmende leven is ongeveer gelijkelijk verdeeld tussen werk en spel – vrijheid van taken.

Hemelse ontspanning en bovenmenselijke humor zijn zeer verschillend van hun menselijke parallellen, maar wij genieten allen werkelijk van een vorm van beide en voor ons, in onze staat, doen deze werkelijk ongeveer hetzelfde wat ideale humor voor u op Urantia kan doen. De Morontia-Metgezellen zijn knappe spelleiders, en zij worden op hoogst kundige wijze ondersteund door de reversieleiders.

Ge zult het werk van de reversie-leiders waarschijnlijk het beste begrijpen indien wij hen vergelijken met de hogere typen humoristen op Urantia, ofschoon dit een uiterst grove en ietwat ongelukkige manier is om u een idee te geven van de functie van deze leiders van verandering en ontspanning, deze wezens die in dienst staan van de verheven humor van de gebieden van morontia en van geest.

Nu we het over geest-humor hebben, laat mij u dan eerst vertellen wat het *niet* is. Geest-scherts wordt nooit gekleurd door het accentueren van het ongeluk van de zwakken en dwalenden. Ze is evenmin ooit godslasterlijk ten opzichte van de rechtschapenheid en glorie van goddelijkheid. Onze humor kent drie algemene niveaus van appreciatie:

1. *Grappen die met herinneringen te maken hebben.* Geestigheden die voortkomen uit de herinnering aan voorbije episodes in onze ervaring van strijd, worsteling en soms bangheid, en van dikwijls dwaze, kinderlijke angst. Voor ons spruit deze fase van humor voort uit het diepliggende, blijvende vermogen om herinneringsmateriaal uit het verleden te putten, waardoor de zware lasten van het heden een aangenaam aroma krijgen en ook anderszins kunnen worden verlicht.

2. *Humor die met het heden te maken heeft.* De zinloosheid van veel wat ons zo vaak ernstige zorg baart, de vreugde bij het ontdekken van de onbelangrijkheid van een groot deel van onze ernstige persoonlijke bezorgdheid. Wij waarderen deze fase van humor het meest wanneer wij het best in staat zijn om de zorgen over het heden met een korrel zout te nemen ten bate van de zekerheden van de toekomst.

3. *Profetische vreugde.* Het is voor stervelingen misschien moeilijk zich deze fase van humor voor te stellen, maar wij ontlenen speciale voldoening aan de verzekering 'dat alle dingen tezamen werken ten goede' – voor geesten en morontianen evenzeer als voor stervelingen. Dit aspect van hemelse humor komt voort uit ons geloof in de liefhebbende alzorg van onze superieuren en in de goddelijke stabiliteit van onze Allerhoogste Leiders.

De reversie-leiders van de gebieden zijn echter niet uitsluitend betrokken bij het uitbeelden van de hoge humor van de intelligente wezens der verschillende orden, zij houden zich ook bezig met het leiding geven aan verstrooiing, geestelijke recreatie en morontia-vermaak. En in dit verband werken de hemelse kunstenaars van harte mee.

De reversie-leiders zelf zijn niet als groep geschapen; het is een gerecruteerd korps bestaande uit wezens die variëren van in Havona geborenen en de heerscharen van boodschappers in de ruimte en de dienende geesten van de tijd, tot de morontia-voortgaanden uit de evolutionaire werelden. Het zijn allen vrijwilligers en zij wijden zich aan het werk van het bijstaan van hun metgezellen bij het bereiken van verandering van denken en rust voor het bewustzijn, want die geesteshoudingen helpen bijzonder goed om uitgeputte energieën terug te winnen.

Wanneer men gedeeltelijk is uitgeput door inspanningen om verder te komen en in afwachting is van nieuwe energieladingen, verschaft het opnieuw beleven van wat in andere tijden en eeuwen tot stand is gebracht een welkom genoegen. *Het ophalen van herinneringen aan de vroege ervaringen van het ras of de orde geeft rust.* Dit is dan ook precies de reden waarom deze kunstenaars reversie-leiders worden – genoemd zij helpen het geheugen terug te gaan naar een vroegere ontwikkelingstoestand of naar een minder ervaren staat van zijn.

Alle wezens genieten van deze soort reversie, behalve zij die inherente Scheppers zijn en dientengevolge zichzelf automatisch verjongen, en bepaalde zeer gespecialiseerde typen schepselen, zoals de krachtcentra en de fysische controleurs, die in al hun reacties altijd en eeuwig door en door zakelijk zijn. Dit periodieke loslaten van de spanning die plichtsvervulling met zich meebrengt, is een vast onderdeel van het leven op alle werelden in heel het universum van universa, maar niet op het Paradijs-Eiland. Wezens die thuishoren in de centrale woonplaats kunnen niet uitgeput raken en behoeven derhalve niet van nieuwe energie te worden voorzien. Bij zulke wezens van eeuwige Paradijs-volmaaktheid kan er ook niet een dergelijk teruggaan naar evolutionaire ervaringen plaatsvinden.

De meesten van ons zijn door de lagere bestaansstadia opgekomen via progressieve niveaus van onze orden, en het is verfrissend en tot op zekere hoogte amusant om terug te kijken op bepaalde episoden in onze vroegste ervaring. Er ligt iets rustgevends in de beschouwing van dat wat tot de oudheid van de eigen orde behoort en voortleeft als herinneringseigendom van het bewustzijn. De toekomst betekent worsteling en vordering; de toekomst spreekt van werk, inspanning en prestatie, maar het verleden smaakt naar dingen die reeds bemeesterd en bereikt zijn; het beschouwen van het verleden geeft onspanning en zo'n zorgeloze terugblik dat er geest-vrolijkheid ontstaat en een morontia-bewustzijnstoestand die grenst aan hilariteit.

Zelfs de humor van stervelingen wordt het sterkst wanneer er een beeld wordt geschetst van episoden die net iets onder de huidige staat van ontwikkeling liggen, of wanneer uw vermeende superieuren worden afgeschilderd terwijl ze het slachtoffer worden van ervaringen die over het algemeen worden geassocieerd met degenen die op een vermeend lagere trede staan. Gij bewoners van Urantia hebt veel vulgairs en veel onaardigs in uw humor laten sluipen, maar over het geheel kunnen wij u gelukwensen met een betrekkelijk goed ontwikkeld gevoel voor humor. Sommige rassen op uw wereld zijn gezegend met een rijke humor-ader en worden in hun aardse loopbaan daar zeer door geholpen. Ge hebt blijkbaar wat humor betreft veel geërfd van Adam, veel meer dan wat op het gebied van muziek of beeldende kunst behouden is gebleven.

Heel Satania ontvangt tijdens de uren van spel, de perioden dat de bewoners zich verfrissen door het oproepen van herinneringen aan een lager stadium van bestaan, de weldaad van de vrolijke humor van een korps reversie-leiders dat van Urantia afkomstig is. Het gevoel voor hemelse humor vergezelt ons altijd, zelfs wanneer we bezig zijn met de moeilijkste opdrachten. Het helpt ons om een al te sterke ontwikkeling van het gevoel van eigen gewichtigheid te vermijden. Maar we laten het geen vrij spel, we 'vermaken ons' niet, zoals gij het zoudt noemen, behalve wanneer we in reces zijn van de belangrijke opdrachten van onze respectieve orden.

Wanneer we in de verleiding komen om onze eigen gewichtigheid al te ernstig te nemen, en dan stilhouden om de oneindigheid van de grootsheid en grandeur van onze Makers te beschouwen, wordt onze zelfverheerlijking buitengewoon belachelijk, zelfs bijna grappig. Een van de functies van humor is om ons allen te helpen onszelf minder ernstig te nemen. *Humor is het goddelijke tegengif voor de verheffing van het ego.*

De behoefte aan ontspanning en afleiding door humor is het grootst bij die orden van opklimmende wezens die onderhevig zijn aan langdurige spanningen bij hun worsteling om omhoog te komen. De twee uiterste levensvormen hebben weinig behoefte aan humorvolle afleiding. De primitieve mens is er niet toe in staat, en wezens van Paradijs-volmaaktheid hebben er geen behoefte aan. De heerscharen van Havona zijn van nature een vreugdige, opwekkende groep persoonlijkheden die in de allerhoogste mate gelukkig zijn.

Op het Paradijs maakt de kwaliteit van de godsverering reversie-activiteiten overbodig. Maar bij hen die hun loopbaan ver beneden het doel der Paradijs-volmaaktheid aanvangen, is er veel ruimte voor het dienstbetoon van de reversie-leiders.

Hoe hoger het soort sterveling, hoe groter de spanning en hoe groter de capaciteit voor humor en de noodzaak ertoe. In de geest-wereld is het tegengestelde het geval: hoe hoger wij opklimmen, hoe kleiner de behoefte aan de afleiding van reversie-ervaringen. Maar wannneer we de ladder van het geest-leven afdalen, vanaf het Paradijs tot aan de serafijnse heerscharen, treedt er een toenemende behoefte op aan de missie van scherts en het dienstbetoon van vrolijkheid. De wezens die de verfrissing van periodieke reversie tot de intellectuele status van hun vroegere ervaring het meest nodig hebben, zijn de hogere typen van het menselijke soort, de morontianen, de engelen en de Materiële Zonen, alsmede alle persoonlijkheden van vergelijkbare typen.

Humor dient te functioneren als een automatische veiligheidsklep tegen het opbouwen van excessieve druk die kan optreden door de eentonigheid van langdurige, ernstige zelfbeschouwing samen met de intense worsteling om vooruit te komen in ontwikkeling en om edele prestaties te leveren. Humor dient ook om het onverwachte effect te verminderen van feiten of van waarheid – vaststaande, harde feiten en buigzame, immer levende waarheid. Of het nu om een feit of om waarheid gaat, door humor vat de sterfelijke persoonlijkheid die nooit zeker weet wat hij het volgende moment zal tegenkomen, snel de onverwachte aard van de situatie – ziet hij de kern ervan, en verwerft hij inzicht.

Ofschoon de humor op Urantia uiterst grof is en zeer onartistiek, dient hij wel een waardevol doel als een verzekering tegen ziekte en ook als een bevrijding van emotionele druk, waardoor schadelijke nerveuze spanning en al te ernstige zelfbeschouwing wordt voorkomen. Humor en spel – ontspanning – zijn nooit reacties die uit progressieve inspanning bestaan. Het zijn altijd echo's van een blik achterom, een herinnering aan het verleden. Zelfs op Urantia en in de staat waarin ge nu zijt, merkt ge altijd het verjongende effect wanneer ge voor een korte tijd de zware inspanning om nieuwere, hogere intellectuele prestaties te leveren kunt onderbreken en kunt terugkeren tot de eenvoudiger bezigheden van uw voorvaderen.

De beginselen van het spelleven op Urantia zijn in filosofische zin deugdelijk en blijven van toepassing gedurende uw gehele
opklimmende leven, in de circuits van Havona, tot aan de eeuwige
kusten van het Paradijs. Als opklimmende wezens zijt ge in het bezit
van persoonlijke herinneringen aan alle eerdere, lagere bestaansfasen, en zonder zulke identiteitsherinneringen aan het verleden zou er
geen basis zijn voor de humor van het heden, of het nu de lach van
stervelingen is of morontia-vrolijkheid. Het is dit oproepen van ervaringen uit het verleden dat de basis legt voor afleiding en vermaak
in het heden. En zo zult ge genieten van de hemelse equivalenten van
uw aardse humor tijdens de hele weg omhoog van uw lange morontia-loopbaan, en de loopbaan daarna, die steeds geestelijker wordt.
En dat deel van God (de Richter) dat een eeuwig deel wordt van de
persoonlijkheid van een opklimmende sterveling, voegt de boven-
tonen van goddelijkheid en zelfs het geestelijk lachen toe aan de
vreugdevolle uitingen van de opklimmende stervelingen uit tijd en
ruimte.

5. DE LERAREN VAN DE WONINGWERELDEN

De Woningwereld-Leraren zijn een korps verlaten maar verheerlijkte cherubijnen en sanobijnen. Wanneer een pelgrim uit de
tijd van een proefwereld in de ruimte voortgaat naar de woningwerelden en de werelden van morontia-opleiding die met deze
verbonden zijn, wordt hij vergezeld door zijn persoonlijke of groeps-
serafijn, de bestemmingsbehoeder. Op de werelden van het sterfelijk
bestaan wordt de serafijn bekwaam terzijde gestaan door cherubijnen en sanobijnen; maar wanneer haar sterfelijke pupil uit de boeien
van het vlees wordt verlost en de opklimmingsloopbaan aanvangt,
wanneer het post-materiële leven, ofwel morontia-leven begint, dan
heeft de begeleidende serafijn de bijstand van haar vroegere luite-
nants, de cherubijnen en sanobijnen, niet meer nodig.

Deze verlaten assistenten van de dienende serafijnen worden
dikwijls naar hun hoofdkwartier in het universum geroepen, en hier
gaan zij de innige omhelzing van de Moeder-Geest van het Universum binnen, om vervolgens uit te gaan naar de opleidingswerelden
van de stelsels als Woningwereld-Leraren. Deze leraren bezoeken
dikwijls de materiële werelden en zijn werkzaam vanaf de laagste
woningwerelden tot aan de hoogste opleidingswerelden die ver-

bonden zijn aan het hoofdkwartier van het universum. Wanneer zij hierom verzoeken, mogen zij teruggaan naar hun vroegere associërende werk bij de dienende serafijnen.

Er zijn vele miljarden van deze leraren in Satania, en hun aantal neemt steeds toe omdat er in de meerderheid der gevallen wanneer een serafijn zich binnenwaarts begeeft met een sterveling die met zijn Richter is gefuseerd, zowel een cherubijn als een sanobijn achterblijft.

Zoals de meeste andere instructeurs worden Woningwereld-Leraren aangesteld door de Melchizedeks. In het algemeen staan zij onder toezicht van de Morontia-Metgezellen, maar als individuen en als leraren staan zijn onder toezicht van de waarnemende hoofden van de scholen of werelden waar zij als instructeurs werkzaam zijn.

Deze gevorderde cherubijnen werken gewoonlijk in paren, zoals zij ook deden toen zij toegevoegd waren aan de serafijnen. Van nature staan zij zeer dicht bij het morontia-type van bestaan, het zijn leraren met een aangeboren vriendelijkheid voor opklimmende stervelingen, en zij geven zeer efficiënt leiding aan het programma van het onderwijssysteem op de woning- en morontia-werelden.

In de scholen van het morontia-leven houden deze leraren zich bezig met individueel onderricht, en met onderwijs in groeps-, klasse- en massaal verband. Op de woningwerelden zijn deze scholen georganiseerd in drie algemene groeperingen van honderd afdelingen elk: de scholen voor denken, de scholen voor voelen en de scholen voor handelen. Wanneer ge de constellatie bereikt, komen hier de scholen voor ethiek, de scholen voor bestuur en de scholen voor sociale aanpassing bij. Op de hoofdkwartierwerelden van het universum zult ge onderricht worden aan de scholen voor filosofie, goddelijkheid en zuivere geestelijkheid.

De dingen die ge wel op aarde had kunnen leren, maar niet geleerd hebt, moet ge u nu eigen maken onder het toeziend oog van deze getrouwe, geduldige leraren. Er zijn geen koninklijke wegen, er is geen kortere weg en er lopen geen gemakkelijke paden naar het Paradijs. Wat de individuele variaties op de route ook mogen zijn, ge leert de lessen van de ene wereld voor ge doorgaat naar een volgende; dit is althans het geval wanneer ge eenmaal uw geboortewereld hebt verlaten.

Een der doeleinden van de morontia-loopbaan is om bij de overlevende stervelingen blijvend de sporen uit te roeien van zulke dierlijke trekken als aarzeling en uitstel, ontwijkend gedrag, onoprechtheid, het willen vermijden van problemen, onbillijkheid en gemakzucht. Het leven op de woningwerelden leert de jonge morontia-leerlingen al vroeg dat uitstel in geen enkel opzicht afstel betekent. Na het leven in het vlees staat de tijd niet langer tot uw beschikking als een techniek om bepaalde situaties te ontduiken of om onaangename verplichtingen te omzeilen.

De Woningwereld-Leraren beginnen hun dienst op de laagste oponthoudswereld, en wanneer zij ervaring hebben opgedaan gaan zij verder, via de onderwijswerelden van het stelsel en de constellatie, naar de opleidingswerelden van Salvington. Ze worden niet aan een speciale discipline onderworpen alvorens of nadat zij door de Moeder-Geest van het Universum zijn omhelsd. Zij zijn al opgeleid voor hun werk toen zij dienst deden als medewerkers van de serafijnen op de geboortewerelden van hun leerlingen die nu op de woningwerelden verblijven. Zij hebben reeds werkelijke ervaring gehad met deze voortgaande stervelingen op de bewoonde werelden. Zij zijn praktische, meevoelende leraren, wijze, begripvolle instructeurs, en bekwame, efficiënte gidsen. Zij zijn geheel op de hoogte van de plannen voor de opklimming en zijn door en door ervaren in de beginfasen van de loopbaan van voortgang.

Vele ouderen onder deze leraren, zij die lang dienst hebben gedaan op de werelden van het circuit rond Salvington, worden opnieuw omhelsd door de Moeder-Geest van het Universum en uit deze tweede omhelzing komen deze cherubijnen en sanobijnen tevoorschijn met de status van serafijnen.

6. DE SERAFIJNEN VAN DE MORONTIA-WERELDEN – DE OVERGANGSDIENAREN

Ofschoon alle orden der engelen, van de planetaire helpers tot de allerhoogste serafijnen, dienen op de morontia-werelden, worden de overgangsdienaren meer uitsluitend met deze activiteiten belast. Deze engelen horen tot de zesde orde van serafijnse dienaren, en hun dienstbetoon bestaat uit het vergemakkelijken van de overgang van materiële, sterfelijke schepselen uit het tijdelijke leven in het vlees naar de eerste stadia van morontia-bestaan op de zeven woningwerelden.

Ge dient te begrijpen dat het morontia-leven van een opklimmende sterveling werkelijk aanvangt op de bewoonde werelden bij de conceptie van de ziel, op het moment wanneer in het schepsel-bewustzijn met morele status de geest-Richter komt inwonen. Vanaf dat moment heeft de sterfelijke ziel de potentiële capaciteit om op bovensterfelijke wijze te functioneren, zelfs om erkend te worden op de hogere niveaus van de morontia-werelden in het plaatselijk universum.

Ge zult u echter pas bewust worden van het dienstbetoon van de overgangsserafijnen bij het bereiken van de woningwerelden, waar zij onvermoeibaar arbeiden om hun sterfelijke pupillen vooruitgang te doen boeken. Zij zijn aangesteld om dienst te doen in de volgende zeven divisies:

1. *Serafijnse Evangelisten.* Op het moment dat ge tot bewustzijn komt op de woningwerelden, wordt ge in de archieven van het stelsel gerubriceerd als een evoluerende geest. Weliswaar zijt ge in werkelijkheid nog geen geest, maar ge zijt niet langer een sterfelijk of materieel wezen; ge hebt een aanvang gemaakt met de vóór-geestelijke loopbaan en zijt naar behoren toegelaten tot het morontia-leven.

Op de woningwerelden zullen de serafijnse evangelisten u helpen een verstandige keuze te maken tussen de facultatieve routes naar Edentia, Salvington, Uversa en Havona. Indien een aantal van deze routes gelijkelijk aanbevelenswaardig is, zullen deze u voorgelegd worden en zult ge toestemming krijgen om die route te kiezen die u het meeste trekt. Deze serafijnen doen dan aanbevelingen aan de vierentwintig raadslieden op Jerusem aangaande de koers die iedere opklimmende ziel het meest tot voordeel zal strekken.

Ge zult niet onbeperkt vrij zijn in uw keuze inzake uw toekomstige koers, maar ge moogt wel kiezen binnen de grenzen van wat de overgangsdienaren en hun superieuren in hun wijsheid bepalen dat het meest geschikt is voor uw toekomstige geestelijke niveau. De geest-wereld wordt bestuurd volgens het principe dat uw vrije wilskeuze wordt gerespecteerd, mits de koers die ge kiest niet nadelig is voor uzelf of schadelijk voor uw metgezellen.

Deze serafijnse evangelisten wijden zich aan de verkondiging van het evangelie van eeuwige progressie, de triomf van het bereiken van volmaaktheid. Op de woningwerelden verkondigen zij de grote wet dat goedheid bewaard blijft en domineert: geen enkele daad die goed is, gaat ooit geheel verloren. Zo'n daad kan wel lang worden tegengewerkt, maar wordt nooit geheel te niet gedaan, en heeft eeuwige kracht naargelang de goddelijkheid van de motivatie waaruit hij werd verricht.

Zelfs op Urantia raden zij de menselijke leraren van waarheid en rechtschapenheid om zich te houden aan de prediking van 'de goedheid van God, die tot berouw leidt,' aan de verkondiging van 'de liefde van God, die alle vrees uitdrijft.' Precies zo zijn de volgende waarheden op uw wereld verkondigd:

De Goden zijn mijn hoeders; ik zal niet verdwalen;
Zij aan zij leiden zij mij langs de schone wegen en door de heerlijke verfrissing van het eeuwig leven.
In deze Goddelijke Tegenwoordigheid zal ik niet hongeren naar voedsel noch dorsten naar water.
Al daal ik af naar de vallei der onzekerheid of klim ik op naar de werelden van de twijfel,
Al beweeg ik mij in eenzaamheid of tezamen met mijn soort genoten,
Al triomfeer ik in de koren van het licht of struikel ik op de eenzame plaatsen op de werelden,
Uw goede geest zal mij dienen, en uw heerlijke engel zal mij vertroosten.
Al daal ik neer in de diepten der duisternis en de dood zelve,
Ik zal aan u niet twijfelen noch u vrezen,
Want ik weet dat gij mij in de volheid der tijd en de heerlijkheid van uw naam
Op zult richten en bij u zult doen nederzitten op de tinnen in den hoge.

Dit is het verhaal dat de herdersjongen werd toegefluisterd in de nacht. Hij kon het nietwoord voor woord onthouden, maar gaf het zo goed als hij het zich kon herinneren weer, vrijwel in de woorden waarin het vandaag nog is vastgelegd.

Deze serafijnen zijn ook degenen die aan het gehele stelsel, evenals aan de individuele opklimmende, het evangelie verkondigen van het bereiken van volmaaktheid. Zelfs nu, in het jonge stelsel

Satania, behelzen hun onderrichtingen en plannen reeds voorzieningen voor de toekomstige tijdperken, wanneer de woningwerelden niet meer dienst zullen doen als treden waarlangs men de werelden in den hoge bereikt.

2. *Raciale tolken.* De rassen der stervelingen zijn niet alle gelijk. Weliswaar loopt er een planetair patroon door de fysieke, mentale en geestelijke natuur en de neigingen van de verscheidene rassen van een bepaalde wereld, maar er zijn ook duidelijke raciale typen, en de nakomelingen van deze verschillende menselijke grondtypen worden door zeer bepaalde sociale neigingen gekenmerkt. Op de werelden in de tijd bevorderen de serafijnse tolken der rassen de inspanningen van de commissarissen voor de rassen om de uiteenlopende gezichtspunten van de verschillende rassen met elkaar te harmoniseren en zij zijn ook nog werkzaam op de woningwerelden, waar dezelfde verschillen dikwijls in zekere mate blijven bestaan. Op een verwarde planeet zoals Urantia, hebben deze schitterende wezens nauwelijks eerlijk de gelegenheid gehad om hun werkzaamheden te verrichten, maar zij zijn de bekwame sociologen en verstandige etnische adviseurs van de eerste hemel.

Wanneer ge de verklaring over 'de hemel' en de 'hemel der hemelen' in u om laat gaan, is de hemel zoals de meesten van uw profeten zich die voorstelden, de eerste woningwereld van het plaatselijk stelsel. Toen de apostel vertelde dat hij werd 'opgetrokken tot in de derde hemel,' verwees hij naar die ervaring waarbij zijn Richter tijdens de slaap uit hem werd losgemaakt en in deze ongewone toestand een projectie maakte naar de derde van de zeven woningwerelden. Sommigen van uw wijze mannen hebben het visioen gezien van de grotere hemel, 'de hemel der hemelen' waarvan de zevenvoudige woningwereld-ervaring pas de eerste was; de tweede is Jerusem, de derde Edentia en haar satellieten, de vierde Salvington en de onderrichtwerelden die haar omringen, de vijfde Uversa, de zesde Havona en de zevende, het Paradijs.

3. *Serafijnen van de bewustzijnsplanning.* Deze serafijnen wijden zich aan het doeltreffend samenbrengen van morontia-wezens in groepen en de organisatie van het teamwork van deze wezens op de woningwerelden. Zij zijn de psychologen van de eerste hemel. Deze speciale divisie serafijnse dienaren heeft voor het merendeel eerder ervaring opgedaan als beschermengelen van de kinderen van

de tijd, maar om de een of andere reden zijn hun pupillen op de woningwerelden niet tot personalisatie gekomen, of anders zijn zij tot overleving gekomen door middel van de techniek van fusie met de Geest.

De serafijnen van de bewustzijnsplanning hebben tot taak om de natuur, ervaring en status te bestuderen van de Richter-zielen die onderweg zijn via de woningwerelden en om het gemakkelijker te maken om dezen in groepen aan te stellen en vorderingen te doen maken. Maar deze serafijnen intrigeren niet, manipuleren niet en maken ook anderszins geen misbruik van de onwetenheid of andere beperkingen van studenten op de woningwerelden. Zij zijn volkomen billijk en hoogst rechtvaardig. Zij respecteren uw pasgeboren morontia-wil; zij beschouwen u als onafhankelijke wilswezens en zij trachten u aan te moedigen u snel te ontwikkelen en snelle vorderingen te maken. Bij hen staat ge oog in oog met ware vrienden en begrijpende raadgevers, engelen die werkelijk in staat zijn u te helpen 'uzelf te zien zoals anderen u zien,' en 'uzelf te kennen zoals de engelen u kennen.'

Zelfs op Urantia onderrichten deze serafijnen de eeuwige waarheid dat indien uw eigen bewustzijn u geen goede diensten bewijst, ge het kunt inruilen voor het bewustzijn van Jezus van Nazaret, die u altijd goede diensten bewijst.

4. *Morontia-Raadslieden.* Deze dienaren dragen deze naam omdat zij worden aangesteld om de overlevende stervelingen van de werelden waar mensen ontstaan – zielen die onderweg zijn naar de hogere academies op het hoofdkwartier van het stelsel – te onderrichten, te leiden en te raden. Dit zijn de leraren van degenen die inzicht trachten te verwerven in de experiëntiële eenheid van uiteenlopende levensniveaus, zij die trachten de integratie van betekenissen en de vereniging van waarden tot stand te brengen. Dit is de functie van de filosofie in het sterfelijke leven, en van mota op de morontia-werelden.

Mota is meer dan een superieure filosofie, het verhoudt zich tot de filosofie als twee ogen tot één: het heeft een stereoscopisch effect op betekenissen en waarden. De materiële mens ziet het universum als het ware met één enkel oog – plat. Studenten op de woningwerelden verwerven een kosmisch perspectief – diepte – door de waarnemingen van het morontia-leven te superponeren op de waarnemingen van het fysieke leven. En zij worden grotendeels in staat gesteld om deze materiële en morontiale gezichtspunten waarlijk scherp te stellen door het onvermoeibare dienstbetoon van hun serafijnse raadgevers, die de woningwereld-studenten en de morontia-voortgaanden zeer geduldig onderrichten. Vele onderwijzende raadgevers van de allerhoogste orde der serafijnen zijn hun loopbaan begonnen als adviseurs van de pas bevrijde zielen van stervelingen uit de tijd.

5. *Technici.* Dit zijn de serafijnen die nieuwe opklimmenden helpen zich aan te passen aan de nieuwe, betrekkelijk vreemde omgeving van de morontia-werelden. Het leven op de overgangs-werelden brengt werkelijk contact met zich mee met de energieën en materialen van zowel het fysische niveau als het morontia-ni-veau, en tot op zekere hoogte ook met geestelijke werkelijkheden. Opklimmenden moeten acclimatiseren op ieder nieuw morontia-niveau, en hierbij worden zij steeds zeer geholpen door de serafijnse technici. Deze serafijnen treden op als verbinding met de Morontia-Krachtsupervisoren en met de Meester-Fysische Controleurs, en zij hebben veelomvattende werkzaamheden als instructeurs van de op-klimmende pelgrims inzake de natuur van de energieën waarvan op de overgangswerelden gebruik wordt gemaakt. Zij dienen als door-kruisers van de ruimte in noodgevallen en verrichten talrijke andere reguliere en speciale plichten.

6. *Registrator-Leraren.* Deze serafijnen zijn de registrators van de verrichtingen in het grensgebied tussen het geestelijke en het fysieke, van de betrekkingen tussen mensen en engelen, van de mo-rontia-verrichtingen in de lagere gebieden van het universum. Zij doen ook dienst als instructeurs inzake de efficiënte en effectieve technieken om feiten vast te leggen. Er schuilt een zekere artisticiteit in het intelligent verzamelen en coördineren van gegevens die in on-derling verband staan en deze kunst verdiept zich in samenwerking met de hemelse kunstenaars; zelfs de opklimmende stervelingen vinden zo aansluiting bij de registrerende serafijnen.

De registrators van alle serafijnse orden besteden een bepaalde hoeveelheid tijd aan het onderricht en de opleiding van de moron-tia-voortgaanden. Deze engelen, die de bewaarders zijn van de feiten van de tijd, zijn ideale instructeurs van allen die op zoek zijn naar feiten. Voordat ge Jerusem verlaat, zal u de geschiedenis van Satania en zijn 619 bewoonde werelden zeer wel bekend zijn, en dit verhaal zal u grotendeels worden verteld door de serafijnse registrators.

Deze engelen vormen allen schakels in de keten van registrators die reikt van de laagste tot de hoogste bewaarders van de feiten van de tijd en de waarheden der eeuwigheid. Op een dag zullen zij u leren om zowel waarheid als feiten te zoeken, en zowel uw ziel als uw bewustzijn uit te breiden. Zelfs nu al moet ge leren om net zo goed de tuin van uw hart te besproeien als om naar de droge grond van kennis te zoeken. Uiterlijke gestalten zijn zonder waarde wanneer de lessen geleerd zijn. Er kan geen kuiken ontstaan zonder de eierschaal, en geen enkele eierschaal is nog van enige waarde wanneer het kuiken is uitgebroed. Maar soms is de dwaling zo groot, dat wanneer zij door openbaring zou worden gerectificeerd, het noodlottig zou zijn voor die langzaam aan de dag tredende waarheden die onmisbaar zijn om haar experiëntieel omver te werpen. Wanneer kinderen hun eigen idealen hebben, wrik die dan niet los, maar laat ze groeien. En terwijl ge leert te denken als volwassen mensen, zoudt ge ook moeten leren bidden als kinderen.

De wet is het leven zelf en bestaat niet uit de regels volgens welke men het dient te leiden. Het kwaad is een wetsovertreding, niet een inbreuk op de gedragsregels aangaande het leven, dat de wet is. Onwaarheid is niet een kwestie van verteltechniek, maar iets dat expres beraamd is als een verdraaiing van de waarheid. Het scheppen van nieuwe beelden uit oude feiten, de herformulering van het leven der ouders in de levens van kinderen – dit zijn de artistieke triomfen der waarheid. De allergeringste vertekening die beraamd is met een onware bedoeling, de minste verdraaiing of perversie van hetgeen principe is – dat is onwaarheid. Maar de fetisj van gefactualiseerde waarheid, versteende waarheid, de ijzeren ring van zogenaamde onveranderlijke waarheid, houdt de mens als een blinde gevangen in een gesloten cirkel van koude feiten. Men kan technisch gelijk hebben wat de feiten betreft, en tegelijk voor eeuwig ongelijk hebben inzake de waarheid.

7. *Hulpverlenende Reservisten.* Op de eerste woningwereld wordt een groot korps overgangsserafijnen van alle orden in gereedheid gehouden. Na de bestemmingsbehoeders zijn deze overgangsdienaren serafijnen van de orde die de mens het dichtst nabij komt, en veel van uw vrije uren zult ge met hen doorbrengen. Engelen scheppen behagen in dienstverlening, en wanneer ze niet

zijn ingedeeld dienen zij vaak als vrijwilliger. De ziel van menige opklimmende sterveling is voor het eerst ontvlamd door het goddelijke
vuur van de wil-om-te-dienen, door persoonlijke vriendschap met
de vrijwillig dienenden die tot de serafijnse reservisten behoren.

Van hen zult ge leren om door druk stabiliteit en zekerheid
te doen ontstaan, om getrouw en eerlijk te zijn, en bovenal vrolijk;
om uitdagingen zonder klagen te aanvaarden en moeilijkheden en
onzekerheden zonder vrees onder ogen te zien. Zij zullen u vragen:
indien ge faalt, zult ge dan onversaagd opstaan om een nieuwe poging te doen? Indien ge slaagt, zult ge dan steeds evenwichtig blijven
– een gestabiliseerde, vergeestelijkte houding handhaven – bij elke
inspanning in de lange worsteling om de boeien der materiële traagheid te verbreken, en de vrijheid van het geest-bestaan te bereiken?

Evenals stervelingen hebben deze engelen vele teleurstellingen
op hun naam staan en zij zullen u duidelijk maken dat uw teleurstel-
lendste teleurstellingen soms uw grootste zegeningen zijn geworden.
Als een zaad wordt gezaaid moet het soms eerst sterven – de dood
van uw vurigst gekoesterde hoop – voordat het herboren kan worden
teneinde de vruchten van nieuw leven en nieuwe kansen te kunnen
voortbrengen. Van hen zult ge ook leren om minder te lijden onder
verdriet en teleurstelling, ten eerste door minder persoonlijke plannen te maken waarbij andere persoonlijkheden betrokken zijn, en
vervolgens door uw lot te aanvaarden wanneer ge getrouw uw plicht
hebt gedaan.

Ge zult leren dat ge uw lasten verzwaart en de kans op succes
vermindert wanneer ge uzelf te ernstig neemt. Het werk van de wereld van uw status – deze wereld of de volgende – komt vóór alles.
Zeer belangrijk is het voorbereidingswerk voor de volgende, hogere
wereld, maar niets is zo belangrijk als het werk van de wereld waar
ge daadwerkelijk leeft. Maar ofschoon het *werk* belangrijk is, is het
zelf dit niet. Wanneer ge u belangrijk voelt, verliest ge energie aan
de slijtage van de waardigheid van het ego, zodat er weinig energie
overblijft voor het werk. Het gevoel van eigen gewichtigheid put on-
rijpe schepselen uit, niet de gewichtigheid van hun werk; het is het
element van het zelf dat uitput, niet de inspanning om prestaties te
leveren. Ge kunt gewichtig werk doen indien ge niet een gevoel van
eigen gewichtigheid ontwikkelt; ge kunt verscheidene dingen even
gemakkelijk doen als één ding, indien ge uzelf er buiten laat. Verscheidenheid geeft ontspanning; eentonigheid is wat vermoeit en

uitput. Dag in dag uit is dan hetzelfde – niets meer dan leven, ofwel het alternatief van de dood.

7. MORONTIA-MOTA

De lagere niveaus van morontia-mota sluiten onmiddellijk aan bij de hogere niveaus van de menselijke filosofie. Op de eerste woningwereld is het gebruikelijk de minder gevorderde studenden te onderrichten door de methode der parallellie – dat wil zeggen dat in de ene kolom de eenvoudiger denkbeelden van de inhoud van mota worden aangeboden, terwijl in de tegenoverliggende kolom analoge uitspraken uit de filosofie van stervelingen worden aangehaald.

Toen ik niet lang geleden een opdracht uitvoerde op de eerste woningwereld van Satania, was ik in de gelegenheid om deze methode van onderricht gade te slaan, en ofschoon ik u de mota-inhoud van de les niet mag voorleggen, is mij wel toestemming verleend om de acht-entwintig uitspraken uit de menselijke filosofie vast te leggen, die door deze morontia-instructeur werden gebruikt als illustratiemateriaal om deze nieuwe woningwereld-bewoners te helpen bij hun eerste pogingen om de betekenis en zin van mota te begrijpen. Deze illustraties uit de menselijke filosofie waren de volgende:

1. Een vertoon van gespecialiseerde kundigheid betekent nog niet het bezit van geestelijke capaciteit. Schranderheid is geen substituut voor waar karakter.

2. Slechts weinigen leven in overeenstemming met het geloof dat zij werkelijk hebben. Onberedeneerde vrees is een van de voornaamste vormen van intellectueel bedrog die jegens de zich ontwikkelende sterfelijke ziel kunnen worden gepleegd.

3. Inherente capaciteiten kunnen niet worden overschreden: een halve litermaat kan nooit een hele liter bevatten. Een geest-denkbeeld kan niet mechanisch in de matrijs van het materiële geheugen worden geperst.

4. Slechts weinige stervelingen durven ook maar bij benadering de som der persoonlijkheids-tegoeden op te nemen, die door het gecombineerde dienstbetoon van de natuur en van genade tot stand zijn gekomen. De meeste verarmde zielen zijn waarlijk rijk, maar weigeren dit te geloven.

5. Moeilijkheden kunnen de middelmatigen uitdagen en de vreesachtigen verslaan, maar zij zullen de ware kinderen der Meest Verhevenen slechts stimuleren.

6. Voorrechten te genieten zonder misbruik, vrijheid te hebben zonder losbandigheid, macht te bezitten en standvastig te weigeren deze te gebruiken ter zelfverheffing – dit zijn de tekenen van hoge beschaving.

7. Blinde, onvoorziene ongelukken doen zich in de kosmos niet voor. De hemelse wezens verlenen echter geen bijstand aan het lagere wezen dat weigert naar zijn inzicht in de waarheid te handelen.

8. Inspanning brengt niet altijd vreugde voort, maar er bestaat geen geluk zonder intelligente inspanning.

9. Actie brengt kracht voort; gematigdheid mondt uit in charme.

10. Rechtschapenheid doet de harmonische accoorden van waarheid klinken, en deze melodie vibreert door de gehele kosmos en wordt zelfs door de Oneindige als zodanig herkend.

11. De zwakken doen zich te goed aan goede voornemens, maar de sterken handelen. Het leven is niet meer dan een dagtaak – doe het goed. Aan ons is de daad, de gevolgen zijn voor God.

12. De grootste ramp in de kosmos is nooit rampen gekend te hebben. Stervelingen verwerven alleen wijsheid door het ervaren van beproevingen.

13. Sterren worden het best waargenomen vanuit de eenzame isolatie van experiëntiële diepten, niet vanaf de verlichte, extatische bergtoppen.

14. Wek bij uw metgezellen de begeerte naar waarheid op; geef alleen raad als erom gevraagd wordt.

15. Gemaaktheid is de lachwekkende inspanning van onwetenden om wijs te lijken, de poging van de onvruchtbare ziel om rijk te schijnen.

16. Ge kunt geen geestelijke waarheid waarnemen totdat ge haar voelend ervaart, en vele waarheden worden niet werkelijk gevoeld, behalve in tegenspoed.

17. Ambitie is gevaarlijk totdat zij volledig gesocialiseerd is. Geen enkele deugd hebt ge waarlijk verworven totdat uw daden u deze waardig maken.

18. Ongeduld is vergif voor de geest; boosheid is als een steen die in een wespennest wordt geslingerd.

19. Angst moet worden opgegeven. De teleurstellingen die het moeilijkst zijn te verdragen, zijn de teleurstellingen die nooit bewaarheid worden.

20. Alleen een dichter kan poëzie ontwaren in het gewone proza van het alledaags bestaan.

21. Iedere kunst heeft de hoge missie om door haar illusies een voorafschaduwing te geven van een hogere universum-realiteit, om de emoties van de tijd uit te kristalliseren tot de gedachten der eeuwigheid.

22. De evoluerende ziel wordt niet goddelijk gemaakt door wat zij doet, maar door wat zij streeft te doen.

23. De dood heeft niets toegevoegd aan het intellectueel bezit of aan het geestelijk talent, maar hij heeft aan de experiëntiële status wel de bewustheid van overlevingtoegevoegd.

24. De bestemming der eeuwigheid wordt van moment tot moment bepaald door wat er in het leven van dag tot dag tot stand wordt gebracht. De daden van vandaag zijn de bestemming van morgen.

25. Grootsheid ligt niet zozeer in het bezit van kracht, als wel in een wijs en goddelijk gebruik van dergelijke kracht.

26. Kennis kunt ge alleen bezitten door haar te delen; zij wordt behoed door wijsheid en gesocialiseerd door liefde.

27. Vooruitgang vereist ontwikkeling van de individualiteit; middelmatigheid streeft naar bestendiging door standaardisatie.

28. De twistzieke verdediging van een propositie is omgekeerd evenredig aan de waarheid die zij bevat.

Dit is de aard van het werk van de nieuweling op de eerste woningwereld, terwijl de meer gevorderde leerlingen op de latere werelden zich de hogere niveaus van kosmisch inzicht en morontia-mota eigenmaken.

8. DE MORONTIA-VOORTGAANDEN

Vanaf het moment dat de opleiding op de woningwerelden wordt afgesloten totdat geest-status wordt bereikt in de loopbaan door het superuniversum, worden opklimmende stervelingen morontia-voortgaanden genoemd. De tocht door dit heerlijke leven in het grensgebied zal een onvergetelijke ervaring en een verrukkelijke herinnering zijn. Deze tocht vormt het evolutionaire voorportaal tot het geest-leven en het uiteindelijk bereiken van schepsel-volmaaktheid, waardoor opklimmenden het doel der tijd bereiken – het vinden van God op het Paradijs.

Er schuilt een welomlijnde, goddelijke bedoeling in dit gehele plan van morontia-progressie en latere geest-progressie, deze uitgebreide opleidingsschool van het universum voor opklimmende schepselen. Het is de opzet van de Scheppers om de schepselen in de tijd een trapsgewijs gestructureerde gelegenheid te bieden om zich de details van de werking en het bestuur van het groot universum eigen te maken, en deze lange training wordt het best doorlopen door de overlevende sterveling geleidelijk op te laten klimmen, en hem daadwerkelijk te laten deelnemen in iedere trede van de opklimming.

Het plan voor de overleving van stervelingen heeft een praktisch, nuttig oogmerk; al deze goddelijke arbeid die voor u wordt verricht en en de zorgvuldige opleiding die ge ontvangt, hebben niet alleen tot doel u tot overleving te brengen om alleen maar maar eindeloze zaligheid en eeuwige zielerust te kunnen genieten. Er ligt een doel van transcendente dienstbaarheid verscholen achter de horizon van het huidige universum-tijdperk. Indien het slechts de opzet van de Goden zou zijn om u mee te nemen op één lange, eeuwige vreugde-excursie, zouden zij zeker niet voor zulk een groot gedeelte van het gehele universum één enorme, gecompliceerde praktische opleidingsschool hebben gemaakt, een aanzienlijk deel van de hemelse schepping hebben gerecruteerd als leraren en instructeurs, en zouden zij vervolgens niet eeuw na eeuw bezig zijn om u één voor één door deze gigantische experiëntiële opleidingsschool van het universum heen te loodsen. De bevordering van het plan voor de progressie van stervelingen lijkt een van de voornaamste taken van het huidige georganiseerde universum, en de meerderheid der ontelbare orden geschapen verstandelijke wezens houdt zich direct of indirect bezig met de voortgang van een of andere fase van dit progressieve plan van volmaking.

Bij het bestijgen van de opgaande ladder van levend bestaan, van de sterfelijke mens tot de omarming door de Godheid, leeft ge daadwerkelijk het leven van alle fasen en alle stadia van vervolmaakt schepsel-bestaan die binnen de beperkingen van het huidige universum-tijdperk mogelijk zijn. Tussen de sterfelijke mens tot de volkomene op het Paradijs ligt alles wat nu kan zijn – wordt alles omsloten wat thans mogelijk is voor de levende orden der intelligente, vervolmaakte, eindige geschapen wezens. Indien het de toekomstige bestemming van de Paradijs-volkomenen is om dienst te doen in de nieuwe universa die thans ontstaan, is aldus gewaarborgd dat er in deze nieuwe, toekomstige schepping geen geschapen orden van experiëntiële wezens zullen zijn, wier levens geheel verschillend zullen zijn van de levens die sterfelijke volkomenen op de een of andere wereld geleid hebben als een onderdeel van hun opklimmingstraining, als één van de stadia in hun eeuwenlange vooruitgang van dier tot engel, van engel tot geest en van geest tot God.

[Aangeboden door een Aartsengel van Nebadon.]

VEERTIEN

DE BEWOONDE WERELDEN

(VERHANDELING 49)

ALLE door stervelingen bewoonde werelden zijn naar oorsprong en natuur evolutionair. Deze werelden zijn de broedgronden, de evolutionaire wieg, van de rassen der stervelingen in tijd en ruimte. Iedere eenheid van het opklimmingsleven is een ware opleidingsschool voor het stadium van bestaan dat er onmiddellijk op volgt, en dit geldt voor ieder stadium in 's mensen progressieve opklimming naar het Paradijs – evenzeer voor de eerste sterfelijke ervaring op een evolutionaire planeet, als voor de laatste school van de Melchizedeks in hun hoofdkwartier in het universum, een school die pas door opklimmende stervelingen wordt bezocht vlak voor zij overgaan naar het regime van het superuniversum en zover zijn gekomen dat zij geesten van het eerste stadium worden.

Alle bewoonde werelden zijn ten behoeve van het hemelse bestuur samengebracht in de basis-eenheden der plaatselijke stelsels, en elk van deze plaatselijke stelsels omvat niet meer dan ongeveer duizend evolutionaire werelden. Deze beperking is een verordening van de Ouden der Dagen en geldt voor eigenlijke evolutionaire planeten waar stervelingen met overlevingsstatus wonen. Noch werelden die finaal bestendigd zijn in licht en leven, noch planeten in het pre-menselijke stadium van levensontwikkeling worden tot deze groep gerekend.

Satania zelf is een onvoltooid stelsel dat slechts 619 bewoonde werelden omvat. Zulke planeten worden in serie genummerd, in de volgorde waarin zij als bewoonde werelden, door wilsschepselen bewoonde werelden, worden geregistreerd. Zo kreeg Urantia het nummer 606 van Satania, dat wil zeggen, de zeshonderdzesde wereld in dit plaatselijke stelsel waar het lange evolutionaire levensproces is geculmineerd in het verschijnen van mensen. Er zijn zesendertig onbewoonde planeten die het stadium naderen dat zij met leven begiftigd kunnen worden, en verscheidene werelden worden op dit moment in gereedheid gebracht voor de Levendragers. Er zijn bijna tweehonderd werelden die zich thans zo ontwikkelen dat zij binnen enkele miljoenen jaren klaar zullen zijn voor de implantatie van leven.

Niet alle planeten zijn geschikt om stervelingen te herbergen. Kleine planeten die snel rond hun as wentelen, zijn totaal ongeschikt als habitat voor levensvormen. In verscheidene materiële stelsels van Satania zijn de planeten die rond de centrale zon wentelen te groot voor bewoning, aangezien hun grote massa een drukkende zwaartekracht veroorzaakt. Veel van deze enorme werelden hebben satellieten, soms wel een half dozijn of meer, en deze manen hebben dikwijls bijna de afmeting van Urantia, zodat zij bijna ideaal zijn voor bewoning.

De oudste bewoonde wereld van Satania, wereld nummer één, is Anova, een van de vierenveertig satellieten die rond een enorme donkere planeet wentelen, maar blootstaan aan de verschillende soorten licht van drie naburige zonnen. Anova is in een vergevorderd stadium van progressieve civilisatie.

1. HET PLANETAIRE LEVEN

De universa in tijd en ruimte kennen een geleidelijke ontwikkeling; de progressie van het leven – aards of hemels – is willekeurig noch magisch. De kosmische evolutie is misschien niet altijd begrijpelijk (voorspelbaar), maar onder geen beding toevallig.

De biologische eenheid van het materiële leven is de protoplasma-cel, de onderlinge associatie van chemische, elektrische en andere basis-energieën. De chemische formules zijn in ieder stelsel verschillend en de reproductie-techniek van levende cellen is in ieder plaatselijk universum enigszins anders, maar de Levendragers zijn altijd de levende katalysatoren die de primordiale reacties van het materiële leven op gang brengen; zij zetten de energiecircuits van levende materie in beweging.

Alle werelden van een plaatselijk universum vertonen een onmiskenbare fysische verwantschap, maar niettemin heeft iedere planeet zijn eigen scala van levensvormen, want geen twee werelden zijn precies gelijk wat betreft de planten en dieren waarmee zij zijn begiftigd. Deze planetaire variaties in de levenstypen van het stelsel zijn het gevolg van de beslissingen van de Levendragers. Deze wezens zijn echter grillig noch willekeurig; de universa worden naar recht en orde bestuurd. De wetten van Nebadon zijn de goddelijke mandaten van Salvington, en de evolutionaire levensorde in Satania is in overeenstemming met het evolutionaire patroon van Nebadon.

Evolutie is de regel bij de ontwikkeling van mensen, maar het proces zelf varieert sterk van wereld tot wereld. Het leven wordt soms in gang gezet in één centrum, en soms in drie, zoals op Urantia is gebeurd. Op de atmosferische werelden heeft het gewoonlijk zijn oorsprong in de zee, maar niet altijd; veel hangt af van de fysische status van een planeet. De Levendragers hebben een grote vrijheid van handelen bij hun functie als initiators van het leven.

Bij de ontwikkeling van het planetaire leven gaat de plantaardige vorm altijd aan de dierlijke vorm vooraf en is reeds volledig ontwikkeld voordat de dierlijke patronen zich differentiëren. Alle diersoorten worden ontwikkeld uit de basis-patronen van het voorgaande plantenrijk van levende dingen; zij worden niet afzonderlijk georganiseerd.

De vroege stadia van de evolutie van het leven zijn niet geheel zoals u zich deze thans voorstelt. *De sterfelijke mens is geen evolutionaire toevalligheid.* Er bestaat een nauwkeurig systeem, een universele wet, die de ontvouwing van het planetaire levensplan op de werelden in de ruimte bepaalt. De tijd en het voortbrengen van grote aantallen van een soort zijn niet de bepalende invloeden in deze ontvouwing. Muizen vermenigvuldigen zich veel sneller dan olifanten, en toch ontwikkelen olifanten zich sneller dan muizen.

Het proces van planetaire evolutie is ordelijk en beheerst. De ontwikkeling van hogere organismen uit lagere groepen levensvormen is niet toevallig. Soms wordt de evolutionaire vooruitgang tijdelijk vertraagd wanneer bepaalde gunstige linies van levensplasma, die door een daartoe uitgekozen soort werden gedragen, worden vernietigd. Vaak zijn er vele eeuwen nodig om de schade in te halen die wordt veroorzaakt door het verlies van een enkel superieur element in de menselijke erfmassa. Deze geselecteerde, superieure elementen in het levende protoplasma moeten angstvallig en intelligent bewaakt worden, wanneer zij eenmaal verschijnen. En op de meeste bewoonde werelden wordt dit superieure levenspotentieel veel hoger gewaardeerd dan op Urantia.

2. PLANETAIRE FYSIEKE SOORTEN

Er is een standaard basispatroon van plantaardig en dierlijk leven in elk stelsel. De Levendragers zien zich echter dikwijls voor de noodzaak gesteld deze basispatronen te modificeren, deze aan te passen aan de uiteenlopende fysische omstandigheden waarmee zij op talrijke werelden in de ruimte worden geconfonteerd. Zij bevorderen een algemeen stelsel-type van sterfelijke schepselen, maar er zijn zeven duidelijk onderscheiden lichamelijke typen, alsook vele duizenden ondergeschikte varianten van deze zeven in het oog lopende differentiaties:

1. atmosferische typen;
2. elementaire typen;
3. zwaartekracht-typen;
4. temperatuur-typen;
5. elektrische typen;
6. energie opnemende typen;
7. ongenoemde typen.

In het stelsel Satania komen al deze typen voor, plus talrijke groepen die tussen deze typen in liggen, hoewel sommige ervan slechts zeer spaarzaam vertegenwoordigd zijn.

1. *De atmosferische typen.* De fysieke verschillen tussen de werelden die door stervelingen worden bewoond, worden hoofdzakelijk bepaald door de aard van de atmosfeer. Andere invloeden die bijdragen tot de differentiatie van het planetaire leven zijn van betrekkelijk gering belang.

De huidige atmosferische status van Urantia is welhaast ideaal voor het ademende soort mensen, maar het type mens kan zo worden gemodificeerd, dat hij op zowel de superatmosferische als de subatmosferische planeten kan leven. Deze modificaties zijn ook mogelijk in het dierlijke leven, dat op de diverse bewoonde werelden een grote mate van verscheidenheid vertoont. Er vindt zeer uitgebreide modificatie van dierlijke levensorden plaats, zowel op de sub- als de super-atmosferische werelden.

Van de atmosferische typen in Satania zijn ongeveer twee-eeneenhalf procent sub-ademenden, ongeveer vijf procent super-ademenden, en meer dan eenennegentig procent midden-ademenden; samen bewonen zij achtennegentig en een half procent van de werelden in Satania.

Wezens zoals de rassen op Urantia worden tot de midden-ademenden gerekend; gij vertegenwoordigt de gemiddelde of typische ademende orde van sterfelijk bestaan. Indien er intelligente schepselen zouden bestaan op een planeet met een atmosfeer zoals die van uw naaste buurplaneet Venus, zouden zij behoren tot de groep der super-ademenden, terwijl de bewoners van een planeet met een zo dunne atmosfeer als die van uw verste buur Mars, sub-ademenden zouden worden genoemd.

Indien stervelingen een planeet zonder lucht, zoals uw maan, zouden bewonen, zouden zij behoren tot de afzonderlijke orde der niet-ademenden. Dit type vertegenwoordigt een radicale of extreme aanpassing aan de planetaire omgeving en wordt hier apart behandeld. Niet-ademenden zijn de bewoners van de resterende anderhalf procent van de werelden van Satania.

2. *De elementaire typen.* Deze differentiaties hebben te maken met de relatie van stervelingen tot water, lucht en land, en er zijn vier typen intelligent leven te onderscheiden naar hun relatie tot deze habitats. De Urantia-rassen behoren tot de landorde.

Het is u geheel onmogelijk u een voorstelling te maken van de natuurlijke omstandigheden die zich gedurende de vroege tijdperken op sommige werelden voordoen. Deze ongewone omstandigheden maken het voor het evoluerende dierlijke leven noodzakelijk om langere perioden door te brengen in de zeehabitat, zijn bakermat, dan op de planeten die al zeer vroeg een gastvrije land-en-atmosfeer omgeving bieden. Omgekeerd is het soms nuttig op bepaalde werelden van de super-ademenden, wanneer deze planeten niet te groot zijn, te zorgen voor een type sterveling dat zich gemakkelijk door de atmosfeer kan verplaatsen. Deze lucht-navigators komen soms tussen de watergroepen en de landgroepen in; zij leven altijd in zekere mate op de grond, en evolueren ten slotte tot landbewoners. Maar op sommige werelden blijven zij eeuwenlang vliegen, zelfs nadat ze wezens van het land-type zijn geworden.

Het is zowel verbazingwekkend als amusant om te zien hoe in het ene geval de vroege civilisatie van een primitief ras van menselijke wezens in de lucht en in de boomtoppen plaatsvindt, en in een ander geval in de ondiepe wateren van beschutte, tropische bassins, alsook op de bodem, kanten en oevers van deze zee-tuinen der allereerste rassen op dergelijke buitengewone werelden. Zelfs op Urantia is er een lange tijd geweest waarin de primitieve mens zichzelf in stand hield en zijn primitieve civilisatie vooruitbracht door grotendeels in de boomtoppen te leven, zoals zijn vroegere in bomen levende voorvaderen. Op Urantia hebt ge ook nog steeds een groep zeer kleine zoogdieren (de familie der vleermuizen) die luchtnavigators zijn, en uw zeehonden en walvissen, die hun habitat in de zee hebben, behoren eveneens tot de orde der zoogdieren.

In Satania zijn de elementaire typen onderverdeeld in zeven procent watertypen, tien procent luchttypen, zeventig procent landtypen en dertien procent gecombineerde land-en-lucht typen. Doch deze modificaties van vroege intelligente schepselen zijn geen menselijke vissen of menselijke vogels. Zij behoren tot de menselijke en de voormenselijke typen, en zijn geen supervissen of verheerlijkte vogels, maar duidelijk stervelingen.

3. *De zwaartekracht-typen.* Door middel van modificaties van het scheppingsontwerp worden intelligente wezens zo gevormd dat zij vrijelijk kunnen functioneren op werelden die zowel kleiner als groter zijn dan Urantia, waarbij zij dus tot op zekere hoogte worden aangepast aan de zwaartekracht van die planeten, wier grootte of dichtheid niet ideaal zijn.

De verschillende planetaire typen stervelingen variëren in lengte, maar het gemiddelde in Nebadon ligt rond de twee meter. Bepaalde grotere werelden zijn bevolkt door wezens die slechts circa vijfenzeventig centimeter lang zijn. De lengte van stervelingen varieert van deze grootte, via de gemiddelde lengte op de planeten van gemiddelde grootte, tot ongeveer drie meter op de kleine bewoonde werelden. In Satania komt slechts één ras voor dat minder dan één meter twintig lang is. Twintig procent van de bewoonde werelden in Satania is bevolkt door stervelingen van de gemodificeerde zwaartekracht-typen, die de grote en kleine planeten bewonen.

4. *De temperatuur-typen.* Het is mogelijk levende wezens te scheppen die bestand zijn tegen zowel veel hogere als veel lagere temperaturen dan de levenssfeer van de rassen op Urantia. Naar de klassificatie met betrekking tot warmte-regulatie bestaan er vijf duidelijk onderscheiden orden van wezens. In dit gamma nemen de rassen van Urantia de derde plaats in. Dertig procent van de werelden van Satania is bevolkt door rassen van gemodificeerde temperatuur-typen. Vergeleken met Urantianen, die hun plaats hebben in de groep der gemiddelde temperaturen, behoort twaalf procent tot het hogere temperatuurbereik, en achttien tot het lagere.

5. *De elektrische typen.* Het elektrische, magnetische en elektronische gedrag van de werelden vertoont een grote verscheidenheid. Er bestaan tien ontwerpen van sterfelijk leven, die op verschillende wijzen zijn aangepast teneinde de distinctieve energie der werelden te kunnen weerstaan. Deze tien variëteiten reageren ook enigszins verschillend op de chemische straling van gewoon zonlicht. Maar deze geringe fysieke variaties zijn in geen enkel opzicht van invloed op het intellectuele of het geestelijke leven.

Van de elektrische groeperingen van sterfelijk leven behoort bijna drieëntwintig procent tot klasse nummer vier, de groep die op Urantia bestaat. Deze typen zijn als volgt verdeeld: nummer 1, één procent; nummer 2, twee procent; nummer 3, vijf procent; nummer 4, drieëntwintig procent; nummer 5, zevenentwintig procent; nummer 6, vierentwintig procent; nummer 7, acht procent; nummer 8, vijf procent; nummer 9, drie procent; nummer 10, twee procent – in hele percentages.

6. *Energie opnemende typen.* Niet alle werelden zijn gelijk in de wijze van energie-opname. Niet alle bewoonde werelden hebben een atmosferische oceaan die geschikt is voor de respiratorische uitwisseling van gassen, zoals Urantia die heeft. Gedurende de vroegste en laatste stadia van vele planeten, zouden wezens van uw huidige orde niet kunnen bestaan. Wanneer de respiratorische factoren van een planeet zeer hoog of zeer laag zijn, maar alle andere voorwaarden voor intelligente levensvormen voldoende zijn, vestigen de Levendragers op dergelijke werelden dan ook dikwijls een gemodificeerde vorm van sterfelijk bestaan, wezens die in staat zijn de uitwisselingen van hun levensproces direct te doen plaatsvinden door middel

van licht-energie en de rechtstreekse kracht-transmutaties van de Meester-Fysische Controleurs.

Er zijn zes verschillende typen voeding voor dieren en stervelingen: de sub-ademenden maken gebruik van het eerste soort voeding, de zeebewoners van de tweede, en de midden-ademenden, zoals op Urantia, van het derde soort. De super-ademenden maken gebruik van het vierde soort energie-opname, terwijl de niet-ademenden de vijfde orde van voedsel en energie benutten. De zesde techniek van energie-opname komt alleen bij de middenschepselen voor.

7. *De ongenoemde typen.* Er zijn nog talrijke andere fysieke variaties in planetair leven, maar al deze verschillen bestaan uitsluitend uit anatomische modificaties, fysiologische differentiaties en elektro-chemische aanpassingen. Dergelijke verschillen hebben niet te maken met het intellectuele of het geestelijke leven.

3. DE WERELDEN DER NIET-ADEMENDEN

De meerderheid der bewoonde planeten is bevolkt door intelligente wezens van het ademende type. Er bestaan echter ook orden van stervelingen die in staat zijn op werelden met weinig of geen lucht te leven. Onder de bewoonde werelden in Orvonton beslaat dit type nog geen zeven procent. In Nebadon bedraagt dit percentage nog geen drie. In geheel Satania zijn er slechts negen van deze werelden.

Er zijn in Satania maar zo heel weinig werelden die door het niet-ademende type worden bewoond, omdat er in deze pas recentelijk georganiseerde sectie van Norlatiadek nog een overvloed aan meteorische ruimtelichamen aanwezig is. Werelden zonder beschermende wrijvingsatmosfeer staan bloot aan een onophoudelijk bombardement van deze zwerfstenen. Zelfs sommige kometen bestaan uit zwermen meteoren, maar als regel zijn het kleinere lichamen van uiteengevallen materie.

Vele miljoenen meteorieten komen dagelijks met een snelheid van bijna driehonderd kilometer per seconde de atmosfeer van Urantia binnen. Op de werelden der niet-ademenden moeten de gevorderde rassen vele maatregelen treffen om zich te beschermen tegen beschadiging door meteoren: zij bouwen elektrische installaties die zo werken dat zij de metoren opslokken of afketsen. Wanneer zij zich buiten deze beschermde zones begeven, stellen zij zich aan groot gevaar bloot. Deze werelden zijn ook onderhevig aan ramp-zalige elektrische onweren van een natuur die op Urantia onbekend is. Gedurende dergelijke perioden van enorme energie-fluctuaties moeten de bewoners zich in veiligheid stellen in hun speciale bouw-werken die dienen als beschermende isolatie.

Het leven op de werelden der niet-ademenden is fundamenteel anders dan op Urantia. De niet-ademenden eten geen voedsel en drinken geen water zoals de rassen op Urantia. De reacties van het zenuwstelsel, het mechanisme dat de warmte en de stofwisseling van deze gespecialiseerde volken reguleert, verschillen radicaal van deze functies bij de stervelingen op Urantia. Behalve de voortplanting is bijna iedere levensdaad anders, en zelfs de methoden der voortplan-ting zijn enigszins verschillend.

Op de werelden der niet-ademenden zijn de diersoorten radi-caal anders dan op de atmosferische planeten. Het niet-ademende levensplan verschilt van de techniek van bestaan op een atmosferi-sche wereld; zelfs in de overleving zijn deze volken anders, want zij zijn kandidaten voor fusie met de Geest. Niettemin genieten deze wezens van het leven en voeren zij de activiteiten van hun gebied uit onder dezelfde betrekkelijke beproevingen en vreugden die worden ondervonden door de stervelingen die op atmosferische werelden wonen. In bewustzijn en karakter verschillen de niet-ademenden niet van stervelingen van andere typen.

Ge zoudt buitengewoon veel belang stellen in het planetaire ge-drag van deze soort stervelingen omdat wezens van een dergelijk ras een wereld dichtbij Urantia bewonen.

4. EVOLUTIONAIRE WILSSCHEPSELEN

Er zijn grote verschillen tussen de stervelingen van de verschil-lende werelden, zelfs tussen degenen die tot hetzelfde intellectuele en fysieke type behoren, maar alle stervelingen met de waardigheid van wil zijn rechtopgaande dieren, tweevoetigen.

Er bestaan zes evolutionaire grondrassen: drie primaire – rood, geel en blauw – en drie secundaire – oranje, groen en indigo. De meeste bewoonde werelden kennen al deze rassen, maar vele plane-ten met stervelingen die drie hersendelen bezitten, herbergen alleen de drie primaire typen. Sommige plaatselijke stelsels kennen even-eens alleen deze drie rassen.

Het aantal speciale fysieke zintuigen waarmee de gemiddelde mens is begiftigd bedraagt twaalf, ofschoon de speciale zintuigen van de stervelingen met drie hersendelen een enigszins wijder bereik hebben dan die van de typen met een of twee hersendelen; zij kunnen aanzienlijk meer zien en horen dan de rassen van Urantia.

De jongen worden over het algemeen als eenlingen geboren, meerlingen zijn uitzonderingen en het gezinsleven is op alle typen planeten tamelijk gelijk. De gelijkheid der geslachten is regel op alle gevorderde werelden: man en vrouw zijn gelijk in mentale gaven en geestelijke status. In onze ogen heeft een planeet pas de staat van barbarij achter zich gelaten wanneer de ene sexe de andere niet meer tiranniseert. Dit aspect van de ervaring van schepselen verbetert altijd sterk na de komst van een Materiële Zoon en Dochter.

Seizoenen en temperatuurswisselingen komen voor op alle planeten die door zonnen worden verlicht en verwarmd. Op alle atmosferische werelden komt landbouw algemeen voor; het bewerken van de bodem is de enige bezigheid die de voortschrijdende rassen van al dergelijke planeten gemeen hebben.

Mensen moeten in hun vroege dagen allen dezelfde algemene strijd leveren met microscopische vijanden die gij thans doormaakt op Urantia, ofschoon misschien niet op zo uitgebreide schaal. De levensduur varieert op de verschillende planeten van vijfentwintig jaar op de primitieve werelden, tot bijna vijfhonderd op de meer gevorderde, oudere werelden.

Mensen leven allen in groepen, zowel in stammen als in rassen. Deze groepsafscheidingen zijn inherent aan hun oorsprong en aanleg. Dergelijke neigingen kunnen alleen gemodificeerd worden door voortschrijdende civilisatie en door geleidelijke vergeestelijking. De sociale, economische en bestuurlijke problemen van de bewoonde werelden variëren naargelang de ouderdom van de planeten en de mate waarin zij zijn beïnvloed door de achtereenvolgende perioden dat de goddelijke Zonen er verblijfhouden.

Bewustzijn is de schenking van de Oneindige Geest en functioneert geheel gelijk in uiteenlopende leefmilieus. Stervelingen hebben een bewustzijn dat onderling verwant is, niettegenstaande bepaalde structurele en chemische verschillen die de fysieke natuur der wilsschepselen van de plaatselijke stelsels kenmerken. Ongeacht persoonlijke of fysieke planetaire verschillen, is het mentale leven van al deze verscheidene orden stervelingen zeer gelijksoortig, en hun loopbaan onmiddellijk na de dood is vrijwel geheel dezelfde.

Maar sterfelijk bewustzijn zonder onsterfelijke geest kan niet overleven. Het bewustzijn van de mens is sterfelijk; alleen de geschonken geest is onsterfelijk. Overleving is afhankelijk van vergeestelijking door het dienstbetoon van de Richter – van de geboorte en evolutie van de onsterfelijke ziel. Er moet zich althans geen antagonisme hebben ontwikkeld ten aanzien van de missie van de Richter – het tot stand brengen van de geestelijke transformatie van het materiële bewustzijn.

5. DE PLANETAIRE REEKSEN VAN STERVELINGEN

Het zal ietwat moeilijk zijn u een adequaat beeld te schetsen van de planetaire reeksen van stervelingen, omdat ge zo weinig hierover weet en omdat er zo vele variaties bestaan. Sterfelijke schepselen kunnen echter vanuit talrijke gezichtspunten worden bestudeerd, waaronder de volgende:

1. de aanpassing aan het planetaire leefmilieu;

2. de reeks der hersentypen;

3. de reeks van geest-ontvankelijkheid;

4. de tijdvakken van planetaire stervelingen;

5. de opeenvolgende series van verwante schepselen;

6. de reeks van fusie met de Richter;

7. de methoden om aan de aarde te ontkomen.

De bewoonde werelden in de zeven superuniversa zijn bevolkt door stervelingen die gelijktijdig kunnen worden ingedeeld bij één of meer categorieën van elk van deze zeven algemene klassen van evolutionair geschapen leven. Maar zelfs in deze algemene indelingen is geen plaats voor wezens als de midsonieten of voor bepaalde andere vormen van intelligent leven. Zoals de bewoonde werelden in deze beschrijvingen zijn voorgesteld, zijn zij bevolkt door evolutionaire sterfelijke schepselen, maar er zijn ook andere levensvormen.

1. *De aanpassing aan het planetaire leefmilieu.* Er zijn drie algemene groepen bewoonde werelden, gezien vanuit het standpunt van

de aanpassing van het geschapen leven aan het planetaire leefmilieu: de groep met normale aanpassing, de groep met radicale aanpassing, en de experimentele groep.

Normale aanpassingen aan de omstandigheden op de planeten volgen de algemene fysische patronen die reeds eerder ter sprake zijn gekomen. De werelden van de niet-ademenden zijn kenmerkend voor de radicale of extreme aanpassing, maar andere typen maken ook deel uit van deze groep. Experimentele werelden zijn gewoonlijk ideaal ingericht voor de levensvormen die typerend zijn voor deze decimale planeten, en hier trachten de Levendragers heilzame variaties in de standaard-levensontwerpen te doen ontstaan. Omdat uw wereld een experimentele planeet is, verschilt zij opvallend van haar zusterwerelden in Satania; er zijn vele levensvormen op Urantia verschenen die elders niet worden aangetroffen, en op dezelfde wijze ontbreken er op uw planeet vele typen die elders algemeen voorkomen.

In het universum Nebadon zijn alle werelden waar modificaties in het leven zijn aangebracht, serieel met elkaar verbonden en vormen zij een speciaal domein van universum-zaken dat de aandacht heeft van hiertoe aangestelde bestuurders. Al deze experimentele werelden worden periodiek geïnspecteerd door een korps universum-leidslieden, welks chef de veteraan-volkomene is die in Satania bekend staat als Tabamantia.

2. *De reeks der hersentypen.* De enige fysieke uniformiteit van stervelingen bestaat uit de hersenen en het zenuwstelsel; niettemin zijn er drie grondvormen van organisatie van het hersenmechanisme: de typen met een, twee of drie hersendelen. Urantianen behoren tot het type met twee hersendelen en zijn enigszins fantasievoller, avontuurlijker en filosofischer dan de stervelingen met één hersendeel, maar iets minder geestelijk, ethisch en godvruchtig dan de orden met drie hersendelen. Deze verschillen in de hersenen kenmerken zelfs de voormenselijke vormen van dierlijk bestaan.

Uitgaande van het Urantia-type van hersenschors met zijn twee hersenhelften, kunt ge door analogie wel iets begrijpen van het soort met slechts één hersendeel. Ge kunt u het derde hersendeel van de orden met drie hersendelen het beste voorstellen als een evolutie van uw lagere of rudimentaire hersenvorm, die ontwikkeld is tot het punt waar zij hoofdzakelijk de fysische activiteiten beheerst, waarbij de twee hogere hersendelen vrijblijven om zich met hogere activiteiten bezig te houden: het ene voor intellectuele functies en het andere voor de activiteiten van de Gedachtenrichter ten behoeve van het creëren van geestelijke duplicaten.

Terwijl de aardse prestaties van de rassen met één hersendeel enigszins beperkt zijn in vergelijking met die van de orden met twee hersenhelften, vertonen de oudere planeten van de groep met drie hersendelen civilisaties die Urantianen zouden verbazen en u wanneer u zich met hen zoudt vergelijken, enigszins beschaamd zouden doen staan. In hun mechanische ontwikkeling en materiële civilisatie en zelfs in hun intellectuele vorderingen, kunnen de werelden van stervelingen met twee hersenhelften de werelden der stervelingen met drie hersendelen evenaren. Maar in de hogere beheersing van het bewustzijn en de ontwikkeling van de wisselwerking tussen het intellectuele en het geestelijke staat ge enigszins beneden hen.

Bij al deze vergelijkende schattingen van de intellectuele vooruitgang of de geestelijke verworvenheden van een wereld of groep werelden moet men, om fair te zijn, rekening houden met de ouderdom van een planeet; veel, zeer veel hangt af van de ouderdom, de hulp van de biologische verheffers, en de hierop volgende missies van de verschillende orden der goddelijke Zonen.

Ofschoon de volkeren met drie hersendelen tot een enigszins hogere planetaire evolutie in staat zijn dan de orden met één hersendeel en die met twee hersenhelften, hebben zij alle hetzelfde type levensplasma en lijken zij in de uitvoering van hun planetaire activiteiten sterk op elkaar, net zoals mensen op Urantia. Deze drie typen stervelingen zijn over alle werelden van de plaatselijke stelsels verspreid. De omstandigheden op de planeten hebben in de meerderheid der gevallen zeer weinig te maken gehad met de beslissingen van de Levendragers om deze uiteenlopende orden stervelingen op de verschillende werelden te projecteren – het is een privilege van de Levendragers om op deze wijze plannen te maken en deze ook uit te voeren.

Deze drie orden zijn elkaars gelijken in de opklimmingsloopbaan. Elk moet dezelfde ladder van intellectuele ontwikkeling beklimmen, en elk moet dezelfde geestelijke proeven van vooruitgang afleggen. Het stelsel-bestuur van en de constellatie-supervisie op deze verschillende werelden zijn uniform vrij van discriminatie – zelfs het bewind van de Planetaire Vorsten is overal identiek.

3. *De reeks van geest-ontvankelijkheid.* Er bestaan drie groepen ontworpen bewustzijn overeenkomstig het contact met geest-zaken. Deze klassificatie slaat niet op de orden van stervelingen met één, twee of drie hersendelen; zij slaat in de eerste plaats op de chemie van de klieren, en in het bijzonder op de organisatie van bepaalde klieren die vergelijkbaar zijn met de pijnappelklier. Op sommige werelden hebben de rassen één zo'n klier, op andere twee, zoals de Urantianen, terwijl op nog weer andere werelden de rassen drie van deze uitzonderlijke klieren hebben. De inherente verbeeldingskracht en de geestelijke ontvankelijkheid worden duidelijk beïnvloed door deze uiteenlopende chemische eigenschappen.

Van de typen met geest-ontvankelijkheid behoort vijfenzestig procent tot de tweede groep, zoals ook de rassen op Urantia. Twaalf procent behoort tot het eerste soort, en is van nature minder ontvankelijk, terwijl drieëntwintig procent tijdens het aardse leven meer tot het geestelijke geneigd is. Dergelijke verschillen overleven de natuurlijke dood echter niet. Al deze raciale verschillen hebben alleen te maken met het leven in het vlees.

4. *De tijdvakken der planetaire stervelingen.* Deze klassificatie houdt rekening met de opeenvolging van dispensaties, zoals zij van invloed zijn op de aardse status van de mens en het hemelse dienstbetoon dat hij ontvangt.

De aanzet tot leven op de planeten wordt gegeven door de Levendragers, en dezen behoeden de ontwikkeling van het leven tot enige tijd na de evolutionaire verschijning van de sterfelijke mens. Voordat de Levendragers een planeet verlaten, installeren zij naar behoren een Planetaire Vorst als heerser over dit gebied. Samen met deze heerser arriveert er een volledig contingent ondergeschikte hulptroepen en dienende helpers, en tegelijk met zijn aankomst vindt ook de eerste berechting van de levenden en de doden plaats.

Wanneer er menselijke groeperingen onstaan, arriveert deze Planetaire Vorst om de menselijke civilisatie in te luiden en de menselijke samenleving te focaliseren. Uw verwarde wereld is geen maatstaf voor de eerste periode van de regering van Planetaire Vorsten, want het was nog maar in het begin van zulk een bestuur op Urantia dat uw Planetaire Vorst, Caligastia, zich achter de opstand schaarde van Lucifer, de Stelsel-Soeverein. Nadien heeft uw planeet immer een stormachtige koers gevaren.

Op een normale evolutionaire wereld bereikt de vooruitgang der rassen haar natuurlijke biologische hoogtepunt tijdens het regime van de Planetaire Vorst, en kort daarna stuurt de Stelsel-Soeverein een Materiële Zoon en Dochter naar die planeet. Deze ge ï mporteerde wezens doen dienst als biologische verheffers – hun nalatigheid op Urantia heeft de geschiedenis van uw planeet nog ernstiger gecompliceerd.

Wanneer de intellectuele en ethische vooruitgang van een mensenras de grenzen der evolutionaire ontwikkeling heeft bereikt, komt er een Avonal-Zoon van het Paradijs op een magistraatsmissie; en nog weer later, wanneer de geestelijke status van zulk een wereld de grens nadert van wat van nature bereikbaar is, wordt de planeet bezocht door een zelfschenking-Zoon van het Paradijs. De belangrijkste missie van een zelfschenking-Zoon is het vaststellen van de status van de planeet, het uitzenden van de Geest van Waarheid zodat deze op de planeet kan functioneren, en aldus het bewerkstelligen van de universele komst van de Gedachtenrichters.

Hier wijkt Urantia opnieuw af. Er heeft nimmer een magistraatsmissie plaatsgevonden op uw wereld en uw zelfschenking-Zoon behoorde evenmin tot de orde der Avonals; uw planeet heeft de buitengewone eer genoten dat zij de thuisplaneet is geworden van de Soevereine Zoon, Michael van Nebadon, als sterveling.

Ten gevolge van het dienstbetoon van alle opeenvolgende orden goddelijke zonen, beginnen de bewoonde werelden en de vooruitgaande rassen die deze bewonen, het hoogtepunt van de planetaire evolutie te bereiken. Zulke werelden worden nu rijp voor de culminerende missie, de komst van de Leraar-Zonen van de Triniteit. Dit tijdvak van de Leraar-Zonen is het voorportaal van het finale tijdperk van de planeet, het evolutionaire utopia, het tijdperk van licht en leven.

Deze klassificatie van mensen zal in een navolgende verhandeling speciale aandacht krijgen.

5. *De opeenvolgende series van verwante schepselen.* Planeten zijn niet alleen verticaal georganiseerd tot stelsels, constellaties en zo voort, maar het bestuur van het universum voorziet ook in horizontale groeperingen naar soort, reeks en andere betrekkingen. Dit laterale bestuur van het universum houdt meer in het bijzonder verband met de coördinatie van activiteiten die van verwante

aard zijn en die op verschillende werelden onafhankelijk van elkaar zijn gecultiveerd. Deze verwante klassen van universum-schepselen worden periodiek geïnspecteerd door bepaalde samengestelde korpsen van hoge persoonlijkheden onder leiding van volkomenen met langdurige ervaring.

Deze verwantschapsfactoren zijn manifest op alle niveaus, want opeenvolgende verwantschapsseries bestaan bij niet-menselijke persoonlijkheden evenals bij sterfelijke schepselen – zelfs bij persoonlijkheden tussen menselijke en bovenmenselijke orden in. Intelligente wezens zijn verticaal verwant en vormen twaalf grote groepen, die alle uit zeven grote afdelingen bestaan. De coördinatie van deze op unieke wijze verwante groepen levende wezens wordt waarschijnlijk tot stand gebracht door een techniek van de Allerhoogste die wij niet geheel begrijpen.

6. *De reeks die met de Richter fuseert.* De geestelijke klassificatie of groepering waartoe alle stervelingen gedurende hun ervaring vóór de fusie behoren, wordt geheel bepaald door de relatie tussen de status van de persoonlijkheid en de inwonende Geheimnisvolle Mentor. Bijna negentig procent van de bewoonde werelden van Nebadon wordt bevolkt door stervelingen die met de Richter kunnen fuseren, dit in tegenstelling tot een nabij gelegen universum, waar slechts iets meer dan de helft der werelden wezens herbergt bij wie Richters inwonen, en die kandidaten zijn voor de eeuwige fusie.

7. *Technieken om aan de aarde te ontkomen.* In de grond is er slechts één manier waarop individueel menselijk leven op de bewoonde werelden kan worden geïnitieerd, en dit is door de voortplanting van schepselen en de natuurlijke geboorte. Er zijn echter talrijke technieken waardoor de mens aan zijn aardse status ontsnapt en toegang krijgt tot de zich binnenwaarts bewegende stroom van opklimmenden naar het Paradijs.

6. HET ONTKOMEN AAN DE AARDE

Stervelingen van alle verschillende fysieke typen en planetaire reeksen genieten gelijkelijk het dienstbetoon van Gedachtenrichters, beschermengelen en de verschillende orden der heerscharen van boodschappers van de Oneindige Geest. Allen worden gelijkelijk uit de banden van het vlees bevrijd door de emancipatie der natuurlijke dood, en allen gaan vandaar gelijkelijk naar de morontia-werelden van geestelijke evolutie en bewustzijnsvooruitgang.

Van tijd tot tijd worden er, op voorstel van de planetaire autoriteiten of de heersers van het stelsel, speciale opstandingen van de slapende overlevenden georganiseerd. Deze opstandingen, waarbij niet allen, maar 'velen van hen die in het stof slapen, ontwaken', vinden ten minste eenmaal per millennium, naar de planetaire tijdrekening, plaats. Deze speciale opstandingen vormen de aanleiding om speciale groepen opklimmenden te mobiliseren voor het verrichten van speciale diensten binnen het plan voor de opklimming van stervelingen in het plaatselijk universum. Zowel praktische redenen als gevoelsbanden hangen samen met deze speciale opstandingen.

Gedurende alle vroege tijdperken van een bewoonde wereld worden velen naar de woningwerelden geroepen ten tijde van de speciale en de millennium-opstandingen, maar de meeste overlevenden worden gerepersonaliseerd bij het inluiden van een nieuwe dispensatie die gepaard gaat met de aankomst van een goddelijke Zoon die op de planeet zal dienen.

1. *Stervelingen van de orde die groepsgewijs tot overleving komt bij een nieuwe dispensatie.* Wanneer de eerste Richter op een bewoonde wereld arriveert, doen ook de beschermserafijnen hun intrede. Dezen zijn onmisbaar bij het ontkomen aan de aarde. Gedurende de gehele periode van de stilstand van het leven van de slapende overlevenden, worden de geestelijke waarden en eeuwige werkelijkheden van hun nieuw ontwikkelde, onsterfelijke zielen als een heilige verantwoordelijkheid bewaard door de persoonlijke beschermserafijnen of door de groeps-beschermserafijnen.

De groepsbeschermers die zijn toegewezen aan de slapende overlevenden, functioneren altijd samen met de oordeel-Zonen bij hun aankomst op de werelden. 'Hij zal zijn engelen u itzenden, en zij zullen zijn uitverkorenen bijeenvergaderen uit de vier windstreken.' Samen met iedere serafijn die is aangesteld bij de repersonalisatie van een slapende sterveling, functioneert ook de teruggekeerde Richter, hetzelfde onsterfelijke Vader-fragment dat in de sterveling leefde tijdens de dagen in het vlees, en zo wordt de identiteit hersteld en de persoonlijkheid weer tot leven gebracht. Gedurende de slaap van hun subject doen deze wachtende Richters dienst op Divinington; zij wonen in deze tussenperiode nooit bij een ander sterfelijk bewustzijn in.

Terwijl op de oudere werelden waar stervelingen leven, die hoog ontwikkelde en uitnemend geestelijke mensentypen worden geherbergd die nagenoeg geheel zijn vrijgesteld van het morontia-leven, worden de vroegere tijdperken van de rassen van dierlijke oorsprong gekenmerkt door primitieve stervelingen, die zo onvolgroeid zijn dat de fusie met hun Richter onmogelijk is. De opwekking van deze stervelingen wordt tot stand gebracht door de beschermserafijn in verbinding met een geïndividualiseerd deel van de onsterfelijke geest van de Derde Bron en Centrum.

Zo worden de slapende overlevenden van een planetair tijdperk gerepersonaliseerd bij de appèls van de nieuwe dispensatie. Maar wat betreft de persoonlijkheden van een bepaald gebied die niet te redden zijn, daar verschijnt geen onsterfelijke geest die samen met de groepsbeschermers der bestemming zou kunnen functioneren, en dit vormt de beëindiging van het bestaan van deze schepselen. Ofschoon deze gebeurtenissen in sommige van uw geschriften worden afgeschilderd als zouden zij plaatsvinden op de planeten waar deze stervelingen sterven, vinden zij in werkelijkheid alle plaats op de woningwerelden.

2. *Stervelingen van de orden der individuele opklimming.* De individuele vooruitgang van mensen wordt gemeten naar hun successieve bereiken en doorlopen (beheersen) van de zeven kosmische cirkels. Deze cirkels der sterfelijke progressie zijn niveaus van onderling verbonden waarden van intellectuele, sociale, en geestelijke aard en van kosmisch inzicht. Stervelingen beginnen in de zevende cirkel en streven naar de eerste, en allen die de derde cirkel hebben bereikt, krijgen onmiddellijk persoonlijke bestemmingsbehoeders toegewezen. Deze stervelingen kunnen onafhankelijk van de gerechtelijke uitspraken die met nieuwe dispensaties of andere omstandigheden samenhangen, in het morontia-leven worden gerepersonaliseerd.

Gedurende de vroege tijdperken van een evolutionaire wereld worden er maar weinig stervelingen op de derde dag beoordeeld. Maar bij het verstrijken der eeuwen krijgen de vorderende stervelingen steeds meer persoonlijke bestemmingsbehoeders toegewezen, en aldus worden er steeds grotere aantallen van deze evoluerende schepselen gerepersonaliseerd op de eerste woningwereld, drie dagen na hun natuurlijke dood. Bij deze gelegenheid is de terugkeer van de Richter het teken van het ontwaken van de menselijke ziel, en dit is de repersonalisatie van de dode, even letterlijk als wanneer de doden en masse bij name worden opgeroepen aan het einde van een dispensatie op de evolutionaire werelden.

Er zijn drie groepen individuele opklimmenden. De minder gevorderden landen op de aanvangs- of eerste woningwereld. De meer gevorderde groep kan zijn morontia-loopbaan op iedere tussenliggende woningwereld aanvangen, naargelang de planetaire vooruitgang die eerder is gemaakt. De meest gevorderden van deze orden beginnen op de zevende woningwereld werkelijk aan hun morontia-ervaring.

3. *Stervelingen van de orden van opklimming die een proeftijd doormaken en afhankelijk zijn.* In de ogen van het universum vormt de komst van een Richter de identiteit, en alle wezens die inwoning genieten staan op de justitiële appèllijsten. Maar het leven in de tijd op de evolutionaire werelden is onzeker, en velen sterven in hun jeugd voordat zij de loopbaan naar het Paradijs hebben gekozen. Deze kinderen en jongeren bij wie Richters inwonen, volgen de ouder die de meest gevorderde geestelijke status heeft, en gaan dus naar de wereld der volkomenen van het stelsel (de proef-kinderbewaarplaats) op de derde dag, bij een speciale opstanding, of bij de reguliere millennium-appèls en de appèls bij nieuwe dispensa ties.

Kinderen die sterven als ze nog te jong zijn om een Gedachtenrichter te hebben, worden op de volkomenen-wereld van het plaatselijke stelsel gerepersonaliseerd op het moment dat een van hun beide ouders op de woningwerelden aankomt. Een kind verkrijgt fysieke entiteit bij zijn geboorte als sterveling, maar wat de overleving betreft, worden alle Richterloze kinderen beschouwd als nog verbonden aan hun ouders.

Na verloop van tijd komen Gedachtenrichters bij deze kleintjes inwonen, terwijl het serafijnse dienstbetoon aan de beide groepen der orden die een proeftijd doormaken en afhankelijk zijn, in het algemeen gelijk is aan het dienstbetoon dat de meest gevorderde ouder ontvangt, of gelijkwaardig aan dat van de ouder in het geval dat slechts één ouder tot overleving komt. Aan hen die de derde cirkel bereiken, worden persoonlijke beschermers verleend, ongeacht de status van hun ouders.

Soortgelijke proef-kinderbewaarplaatsen worden op de volkomenen-werelden van de constellatie en de hoofdkwartierwereld van het universum in stand gehouden voor de Richterloze kinderen van de primaire en secundaire gemodificeerde orden van opklimmenden.

4. *Stervelingen van de secundaire gemodificeerde orden van opklimming.* Dit zijn de voortschrijdende mensen van de tussen-liggende evolutionaire werelden. Als regel zijn dezen niet immuun voor de natuurlijke dood, maar zij zijn vrijgesteld van het doorlopen van de zeven woningwerelden.

De minst vervolmaakte groep ontwaakt opnieuw op het hoofdkwartier van hun plaatselijke stelsel, en slaat alleen de woning-werelden over. De tussengroep gaat naar de opleidingswerelden van de constellatie, en slaat het gehele morontia-regime van het plaatse-lijke stelsel over. Nog later in de planetaire tijdperken van geestelijk streven ontwaken vele overlevenden op de hoofdkwartierwereld van de constellatie en beginnen daar aan de opklimming naar het Paradijs.

Maar voordat deze groepen op weg mogen gaan, moeten zij als instructeurs terugreizen naar de werelden die zij gemist hebben, en doen zij veelsoortige ervaringen op als leraren in die gebieden die zij als leerlingen hebben overgeslagen. Vervolgens gaan zij allen door naar het Paradijs langs de verordineerde routes waarlangs stervelin-gen voortgang kunnen maken.

5. *Stervelingen van de primaire gemodificeerde orde van opklim-ming.* Deze stervelingen behoren tot het soort evolutionair leven dat met de Richter is gefuseerd, maar zij vertegenwoordigen meestal de laatste fasen van menselijke ontwikkeling op een evoluerende we-reld. Deze verheerlijkte wezens behoeven niet door de poort van de dood te gaan; zij ondergaan de greep van de Zoon: zij worden uit het midden der levenden weggenomen en verschijnen onmiddellijk in de tegenwoordigheid van de Soevereine Zoon op het hoofdkwartier van het plaatselijke universum.

Dit zijn de stervelingen die tijdens het sterfelijk leven met hun Richter fuseren, en deze met de Richter gefuseerde persoonlijk-heden doorkruisen de ruimte vrijelijk voordat zij bekleed worden met een morontia-gestalte. Deze gefuseerde zielen worden door de Richter rechtstreeks vervoerd naar de opstandingsgebouwen op de hogere morontia-werelden, waar zij net als alle andere stervelingen die aankomen uit de evolutionaire werelden, hun eerste morontia-kleed ontvangen.

Tot deze primaire gemodificeerde orde van sterfelijke opklimming kunnen individuen behoren van alle planetaire reeksen van het laagste tot het hoogste stadium der werelden waar fusie met de Richter plaatsvindt, maar de orde functioneert vaker op de oudere werelden, wanneer deze de weldaden hebben ontvangen van de talrijke malen dat de goddelijke Zonen daar hebben vertoefd.

Wanneer het planetaire tijdvak van licht en leven is ingesteld, gaan velen naar de morontia-werelden van het universum via de primaire gemodificeerde orde van overgang. Later in de gevorderde stadia van gestabiliseerd bestaan, als de meerderheid der stervelingen die een gebied verlaten tot deze klasse behoort, wordt de planeet beschouwd als behorend tot deze reeks. De natuurlijke dood komt steeds minder frequent voor op deze werelden die reeds lang bestendigd zijn in licht en leven.

[Aangeboden door een Melchizedek van de School voor Planetair Bestuur op Jerusem.]

VIJFTIEN

DE WERELDEN
VAN LICHT EN LEVEN

(VERHANDELING 55)

HET tijdperk van licht en leven is het finale niveau van de evolutionaire ontwikkeling die een wereld in tijd en ruimte kan bereiken. Vanaf de vroege dagen van de primitieve mens heeft zulk een bewoonde wereld de opeenvolgende planetaire tijdperken doorgemaakt – de tijdperken vóór en na de Planetaire Vorst, het tijdperk na Adam, het tijdperk na de Magistraat-Zoon, en het tijdperk na de zelfschenking-Zoon. En vervolgens wordt zulk een wereld gereed gemaakt voor het toppunt van evolutionaire verworvenheid, de bestendigde status van licht en leven, door het dienstbetoon van de opeenvolgende planetaire missies van de Leraar-Zonen van de Triniteit met hun steeds meer omvattende openbaringen van goddelijke waarheid en kosmische wijsheid. Bij hun inspanningen om het laatste planetaire tijdperk in te stellen, worden de Leraar-Zonen altijd bijgestaan door de Schitterende Avondsterren, en soms ook door de Melchizedeks.

Deze era van licht en leven, die door de Leraar-Zonen wordt ingeluid bij de afsluiting van hun laatste planetaire missie, duurt onbepaald voort op de bewoonde werelden. Elk verder stadium van de bestendigde status kan door de gerechtelijke acties van de Magistraat-Zonen worden onderverdeeld in een serie dispensaties, maar al deze gerechtelijke acties zijn zuiver technisch en modificeren de loop der planetaire gebeurtenissen geenszins.

Alleen die planeten die zover komen dat zij in de hoofdcircuits van het superuniversum bestaan, zijn verzekerd van continue overleving, maar voorzover wij weten, zijn deze in licht en leven bestendigde werelden voorbestemd om altijd, in de eeuwige tijdperken van alle toekomstige tijd, door te gaan.

Er zijn zeven stadia in de ontvouwing van de era van licht en leven op een evolutionaire wereld; in dit verband moeten wij vermelden dat de werelden van de stervelingen die met de Geest fuseren, evolueren langs lijnen die identiek zijn aan die van de serie die met de Richter fuseert. Deze zeven stadia van licht en leven zijn de volgende:

1. het eerste of planetaire stadium;

2. het tweede of stelsel-stadium;

3. het derde of constellatie-stadium;

4. het vierde of plaatselijk universum-stadium;

5. het vijfde of kleine sector-stadium;

6. het zesde of grote sector-stadium;

7. het zevende of superuniversum-stadium.

Aan het slot van deze verhandeling worden deze stadia van voortschrijdende ontwikkeling beschreven voorzover zij verband houden met de organisatie van het universum, maar iedere wereld kan de planetaire waarden van ieder stadium bereiken, geheel onafhankelijk van de ontwikkeling van andere werelden of van de superplanetaire niveaus van universum-be stuur.

1. DE MORONTIA-TEMPEL

De aanwezigheid van een morontia-tempel in de hoofdstad van een bewoonde wereld is het bewijs dat zulk een wereld is toegelaten tot de bestendigde tijdperken van licht en leven. Voordat de Leraar-Zonen een wereld verlaten bij de afsluiting van hun laatste missie, inaugureren zij dit finale tijdperk dat door evolutie wordt bereikt: zij hebben de leiding op de dag dat 'de heilige tempel op aarde neerdaalt.' Deze gebeurtenis, die het teken is dat de dageraad van het tijdvak van licht en leven is aangebroken, wordt altijd vereerd met de persoonlijke aanwezigheid van de zelfschenking-Zoon van het Paradijs van de planeet, die deze grote dag komt bijwonen. Daar,

in die tempel van onvergelijkelijke schoonheid, wordt de Lanonandek-Zoon die van oudsher Planetair Vorst is geweest, door deze
zelfschenking-Zoon van het Paradijs uitgeroepen tot de nieuwe Planetaire Soeverein en wordt deze getrouwe Zoon bekleed met nieuwe
volmachten en groter gezag over de planetaire zaken. De Stelsel-
Soeverein is eveneens aanwezig en voert het woord ter bevestiging
van deze verklaringen.

Een morontia-tempel bestaat uit drie delen. In het centrum
bevindt zich het heiligdom van de zelfschenking-Zoon van het Paradijs. Rechts zetelt de vroegere Planetaire Vorst, thans de Planetaire
Soeverein, en wanneer deze Lanonandek-Zoon in deze tempel aanwezig is, is hij zichtbaar voor de meer geestelijke individuen van dat
gebied. Links zetelt het tijdelijke hoofd van de volkomenen die aan
de planeet zijn verbonden.

Ofschoon er over de planetaire tempels is gesproken als 'neerdalende uit de hemel,' wordt er in werkelijkheid geen echt materiaal
overgebracht uit het hoofdkwartier van het stelsel. De architectuur
van elke tempel wordt in miniatuur uitgewerkt op de hoofdwereld
van het stelsel, en wanneer deze plannen zijn goedgekeurd, brengen
de Morontia-Krachtsupervisoren deze vervolgens naar de planeet.
In samenwerking met de Meester-Fysische Controleurs wordt de
morontia-tempel hier dan volgens het bestek door hen gebouwd.

De gemiddelde morontia-tempel biedt zitplaats aan ongeveer driehonderdduizend toeschouwers. Deze gebouwen worden
niet gebruikt voor de eredienst, het spel, of voor de ontvangst van
nieuwsberichten, maar zijn bestemd voor de speciale ceremoniën
van de planeet, zoals communicaties met de Stelsel-Soeverein of met
de Meest Verhevenen, speciale visualisatie-ceremoniën die zijn bedoeld om de persoonlijkheidstegenwoordigheid van geestwezens te
onthullen, en voor stille kosmische contemplatie. De scholen voor
kosmische filosofie houden hier hun offciële diploma-uitreikingen,
en hier ontvangen de stervelingen van het gebied ook blijken van
planetaire erkentelijkheid voor prestaties op het gebied van sociale
dienstverlening op hoog niveau, en voor andere opmerkelijke vaardigheden die zij zich eigen hebben gemaakt.

Zulk een morontia-tempel doet tevens dienst als plaats waar
men samenkomt om getuige te zijn van de translatie van levende
stervelingen naar het morontia-bestaan. Omdat de translatie-tem-

pel uit morontia-materiaal bestaat, wordt zij niet vernietigd door de laaiende glorie van het verterende vuur dat het fysische lichaam van de stervelingen die hierdoor hun finale fusie met hun goddelijke Richters ervaren, geheel vernietigt. Op een grote wereld zijn deze lichtflitsen van vertrek bijna voortdurend te zien, en naarmate het aantal translaties toeneemt, wordt er in verschillende streken van de planeet gezorgd voor aanvullende tempels van het morontia-leven. Kort geleden verbleef ik op een wereld in het verre noorden, waar vijfentwintig morontia-tempels in werking waren.

Op werelden die nog niet bestendigd zijn, planeten zonder morontia-tempels, vinden deze fusie-lichtflitsen vaak plaats in de atmosfeer van de planeet, waarheen het materiële lichaam van een kandidaat voor translatie wordt opgeheven door de middenschepselen en de fysische controleurs.

2. DOOD EN TRANSLATIE

De natuurlijke lichamelijke dood is geen onvermijdelijkheid voor stervelingen. De meerderheid der gevorderde evolutionaire wezens, burgers van werelden die existeren in de finale era van licht en leven, sterft niet; zij worden rechtstreeks van het leven in het vlees overgebracht naar het morontia-bestaan.

Deze ervaring van translatie van het materiële leven naar de morontia-staat – fusie van de onsterfelijke ziel met de inwonende Richter – neemt in frequentie toe in evenredigheid met de evolutionaire vooruitgang van de planeet. In het eerst bereiken slechts weinig stervelingen in ieder tijdperk translatie-niveaus van geestelijke vooruitgang, maar bij het begin van de opeenvolgende tijdperken van de Leraar-Zonen vinden er steeds meer fusies met de Richter plaats vóór de beëindiging van de steeds langere levens van deze voortschrijdende stervelingen. Tegen de tijd van de laatste missie van de Leraar-Zonen is ongeveer een kwart van deze verheven stervelingen vrijgesteld van de natuurlijke dood.

Later in de era van licht en leven voelen de middenschepselen of hun medewerkers dat de toestand van waarschijnlijke ziel-Richter vereniging nabij is, en geven zij dit te kennen aan de bestemmingsbehoeders; dezen delen deze zaken op hun beurt mede aan de groep volkomenen onder wier jurisdictie deze sterveling functioneert en vervolgens wordt zulk een sterveling door de Planetaire Soeverein opgeroepen om al zijn planetaire werkzaamheden neer te leggen, de wereld van zijn oorsprong vaarwel te zeggen en zich te begeven naar de binnenste tempel van de Planetaire Soeverein, om aldaar de morontia-overgang af te wachten, de translatieflits van het materiële domein der evolutie naar het morontia-niveau van voor-geestelijke voortgang.

Wanneer de familie, de vrienden en degenen met wie zulk een fusiekandidaat heeft samengewerkt, bijeen zijn in de morontia-tempel, worden zij opgesteld rond het centrale podium waarop de fusiekandidaten rusten en zich onderwijl vrijelijk onderhouden met hun verzamelde vrienden. Tussen het podium en de materiële stervelingen wordt een kring gevormd van interveniërende hemelse persoonlijkheden om de stervelingen te beschermen tegen de inwerking van de energieën die manifest worden op het ogenblik van de 'levensflits' waardoor de kandidaat voor de opklimming wordt verlost uit de banden van het materiële vlees, en waardoor voor zulk een evolutionaire sterveling alles wordt gedaan wat de natuurlijke dood doet voor degenen die hierdoor uit het vlees worden verlost.

Er kunnen vele fusiekandidaten terzelfdertijd in de ruime tempel worden verzameld. Het is een prachtige gebeurtenis wanneer stervelingen zo samenkomen om getuige te zijn van de opstijging van hun beminden in geestelijke vlammen, en een sterk contrast met de eerdere tijdperken, wanneer stervelingen hun doden nog moeten toevertrouwen aan de omhelzing van de aardse elementen! De taferelen van wenen en klagen die kenmerkend zijn voor de vroegere tijdvakken in de menselijke evolutie, worden nu vervangen door extatische vreugde en het verhevenste enthousiasme bij het voorlopige afscheid dat deze Godkennende stervelingen van hun beminden nemen, wanneer zij van hun materiële associaties worden weggenomen door het geestelijke vuur van verterende grootsheid en opstijgende glorie. Op werelden die bestendigd zijn in licht en leven zijn 'uitvaarten' gelegenheden van de allerhoogste vreugde, diepe voldoening en onuitsprekelijke hoop.

De zielen van deze voortschrijdende stervelingen worden in toenemende mate vervuld van geloof, hoop en zekerheid. De geest onder degenen die zich rondom het translatie-heiligdom verzamelen, lijkt op die waarin waarin vreugdevolle vrienden en familieleden bijeenkomen om de officiële diploma-uitreiking van een hunner bij

te wonen, of om getuige te zijn als een van hen een belangrijke onderscheiding ontvangt. Het zou dan ook beslist nuttig zijn indien
minder gevorderde stervelingen de natuurlijke dood met iets van
dezelfde opgewektheid en vrolijkheid zouden kunnen leren zien.

Sterfelijke waarnemers kunnen na de fusieflits niets meer
zien van hun overgebrachte metgezellen. Deze overgebrachte zielen worden door de Richters rechtstreeks getransporteerd naar de
opstandingshal van de morontia-opleidingswereld die voor hen de
juiste is. De verrichtingen die verband houden met de translatie van
levende mensen naar de morontia-wereld staan onder toezicht van
een aartsengel, die op zulk een wereld wordt aangesteld op de dag
dat deze voor het eerst in licht en leven wordt bestendigd.

Tegen de tijd dat een wereld het vierde stadium van licht en
leven bereikt, verlaat meer dan de helft der stervelingen de planeet
door translatie vanuit het midden der levenden. Dit afnemen van
de dood gaat steeds door, maar ik ken geen enkel stelsel waar de
bewoonde werelden, zelfs indien zij reeds lang bestendigd zijn in
leven, geheel vrij zijn van de natuurlijke dood als methode om te
ontkomen aan de banden van het vlees. Totdat een dergelijk hoge
staat van planetaire evolutie uniform wordt bereikt, moeten de
morontia-opleidingswerelden van het plaatselijk universum dienst
blijven doen als werelden voor het onderricht en de cultuur van de
evoluerende morontia-voortgaanden. De eliminatie van de dood
is in theorie mogelijk, maar heeft volgens mijn waarneming nog
niet plaatsgevonden. Wellicht kan deze status bereikt worden in de
successieve tijdvakken van het zevende stadium van bestendigd planetair leven, die nog ver in het verschiet liggen.

De zielen die worden overgebracht van de bestendigde werelden
welke hun bloeitijd hebben bereikt, doorlopen de woningwerelden
niet. Evenmin verblijven zij als studenten op de morontia-werelden
van het stelsel of de constellatie. Zij maken geen enkele vroege fase
van het morontia-leven door. Dit zijn de enige opklimmende stervelingen die de morontia-overgang van het materiële bestaan naar
de status van half-geest aldus bijna geheel overslaan. Zulke *door de
Zoon gegrepen* stervelingen doen hun eerste ervaring in de loopbaan
der opklimming op in de diensten van de voortgangswerelden van
het hoofdkwartier van het universum. Van deze studiewerelden van
Salvington gaan zij vervolgens als leraren terug naar de werelden die

zij hebben overgeslagen, om daarna binnenwaarts te gaan naar het Paradijs, volgens de vastgestelde route der sterfelijke opklimming.

Als ge in staat zoudt zijn een planeet te bezoeken die in een gevorderd stadium van ontwikkeling is, zoudt ge al snel de redenen begrijpen waarom de opklimmende stervelingen op de woningwerelden en de hogere morontia-werelden op onderscheidende wijzen worden ontvangen. Ge zoudt gemakkelijk begrijpen dat wezens die vanuit dergelijke hoog ontwikkelde werelden doorgaan, veel eerder gereed zijn om hun opklimming naar het Paradijs te hervatten, dan de gemiddelde sterveling die aankomt van zo'n wanordelijke en achtergebleven wereld als Urantia.

Ongeacht het niveau van planetaire ontwikkeling van waaruit mensen ook opklimmen naar de morontia-werelden, verschaffen de zeven woningwerelden hun ruimschoots de gelegenheid om door ervaring als leraar-studenten alles te leren wat zij niet hebben kunnen meemaken vanwege de gevorderde status van hun geboorteplaneet.

Het universum is onfeilbaar in de toepassing van deze methoden tot egalisatie, die ontworpen zijn om zeker te stellen dat geen enkele opklimmende iets zal worden onthouden wat essentieel is voor zijn opklimmingservaring.

3. DE GOUDEN EEUWEN

Gedurende dit tijdperk van licht en leven gedijt een wereld steeds meer onder het vaderlijke bewind van de Planetaire Soeverein. Inmiddels ontwikkelen de werelden zich, geholpen door de stuwkracht van één taal, één religie, en op normale werelden, één ras. Dit tijdperk echter is niet volmaakt. Deze werelden kennen nog steeds goed uitgeruste hospitalen, tehuizen waar zieken worden verzorgd. De problemen van de zorg voor toevallige verwondingen en de onontkoombare gebreken waarmee het verval der ouderdom en de stoornissen der seniliteit gepaard gaan, duren nog voort. Ziekten zijn nog niet geheel overwonnen, en de dieren der aarde zijn ook nog niet volmaakt getemd, maar zulke werelden zijn als het Paradijs vergeleken met de vroege perioden van de primitieve mens gedurende het tijdperk vóór de Planetaire Vorst. Indien ge plotseling zoudt kunnen worden getransporteerd naar een planeet in dit ontwikkelingsstadium, zoudt ge dit gebied instinctief beschrijven als de hemel op aarde.

In dit hele tijdperk van betrekkelijke vooruitgang en volmaakt-heid blijft er een menselijke regering in functie die de materiële zaken regelt. De publieke activiteiten van een wereld in het eerste stadium van licht en leven die ik kortgeleden bezocht, werden gefinancierd door middel van het heffen van tienden. Iedere volwassen werker – en alle gezonde burgers verrichtten een of andere arbeid – stortte tien procent van zijn inkomen of winst in de publieke schatkist, en dit werd als volgt besteed:

1. Drie procent werd uitgegeven aan de bevordering van waar-heid – wetenschap,

    onderwijs, en filosofie.

2. Drie procent werd besteed aan schoonheid – spel, sociale vrijetijdsbesteding en kunst.

3. Drie procent werd gewijd aan goedheid – sociale dienstver-lening, altruïsme en religie.

4. Eén procent was bestemd voor de reserves van de verzeke-ringen tegen het risico van arbeidsongeschiktheid ten gevolge van ongevallen, ziekte, ouderdom of onafwendbare rampen.

De natuurlijke hulpbronnnen van deze planeet werden beheerd als sociale bezittingen – eigendommen van de gemeenschap.

Op deze wereld was de hoogste onderscheiding die een burger kon ontvangen de orde van 'de allerhoogste dienstverlening,' en dit was het enige blijk van erkentelijkheid dat in de morontia-tempel werd uitgereikt. Deze erkenning viel ten deel aan hen die zich lange tijd hadden onderscheiden op een bepaald terrein van supermate-riële ontdekkingen of planetaire maatschappelijke dienstverlening.

De sociale en bestuurlijke posten werden voor het meren-deel door mannen en vrouwen gezamenlijk bekleed. Het meeste onderricht werd ook gezamenlijk gegeven, en alle gerechtelijke ver-trouwenszaken werden evenzo door dergelijke geassocieerde paren afgehandeld.

Op deze schitterende werelden duurt de vruchtbaarheidsperi-ode niet lang. Het is beter als het leeftijdsverschil tussen de kinderen in een gezin niet al te groot is. Wanneer zij in leeftijd dicht op elkaar volgen, kunnen kinderen veel meer bijdragen tot hun onderlinge op-voeding. Op deze werelden worden zij dan ook schitterend opgevoed door middel van verschillende competitieve systemen, waardoor zij hun best doen prestaties te leveren op de geavanceerde terreinen en onderafdelingen daarvan, waar zij zich waarheid, schoonheid en goedheid op uiteenlopende manieren eigen leren maken. Ge behoeft niet bang te zijn dat er zelfs op zulke verheerlijkte werelden niet een overvloed aan kwaad zal zijn, werkelijk en potentieel kwaad, als stimulans voor het kiezen tussen waarheid en dwaling, goed en kwaad, zonde en rechtvaardigheid.

Niettemin kleeft er een zeker onvermijdelijk nadeel aan het sterfelijk bestaan op zulke gevorderde evolutionaire planeten. Wanneer een bestendigde wereld voorbij het derde stadium van licht en leven komt, is het de bestemming van alle opklimmenden om voordat zij de kleine sector bereiken, tijdelijk te worden aangesteld op een planeet die de vroege stadia van evolutie doorloopt.

Elk van deze opeenvolgende tijdperken vertegenwoordigt vorderingen in alle fasen van voltooiing van de planeet. In het eerste tijdperk van licht werd de openbaring van waarheid uitgebreid om het functioneren van het universum van universa te kunnen omvatten, terwijl de Godheidsstudie van het tweede tijdperk een poging is om zich het proteïsche begrip van de natuur, de missie, het dienstbetoon, de deelgenootschappen, de oorsprong en de bestemming van de Schepper-Zonen, het eerste niveau van God de Zevenvoudige, eigen te maken.

Een planeet van de afmeting van Urantia heeft, wanneer zij tamelijk vast bestendigd is, ongeveer honderd sub-administratieve centra. Deze ondergeschikte centra staan onder leiding van een der volgende groepen bevoegde bestuurders:

1. jonge Materiële Zonen en Dochters die vanuit het hoofdkwartier van het stelsel worden overgebracht om op te treden als assistenten van de regerende Adam en Eva;

2. het nageslacht van de semi-sterfelijke staf van de Planetaire Vorst dat op bepaalde werelden is voortgebracht om deze en soortgelijke verantwoordelijkheden te dragen;

3. het rechtstreekse planetaire nageslacht van Adam en Eva;

4. gematerialiseerde en vermenselijkte middenschepselen;

5. stervelingen met de status van Richter-fusie, die op eigen verzoek tijdelijk van translatie worden vrijgesteld op bevel van de

Gepersonaliseerde Richter die de leiding heeft in het universum, zodat zij op de planeet bepaalde belangrijke bestuursposten kunnen blijven bekleden;

6. speciaal opgeleide stervelingen van de planetaire bestuursscholen, die ook de onderscheiding van allerhoogste dienstverlening van de morontia-tempel hebben ontvangen;

7. bepaalde kiescommissies van drie burgers die aan de juiste kwalificaties voldoen en soms op aanwijzing van de Planetaire Soeverein door de burgers worden gekozen, wegens hun speciale bekwaamheid om een bepaalde taak te vervullen waaraan in die speciale planetaire sector behoefte is.

De grote handicap waarmee Urantia zich geconfronteerd ziet bij het bereiken van de hoge planetaire bestemming van licht en leven, bestaat uit de problemen van ziekte, degeneratie, oorlog, veelkleurigheid van ras en veeltaligheid.

Geen enkele evolutionaire wereld kan verwachten verder te komen dan het eerste stadium van bestendiging in licht totdat zij één taal, één religie en één filosofie heeft verworven. Als de mensen van één ras zijn, wordt deze prestatie veel eenvoudiger, maar de vele volkeren van Urantia sluiten het bereiken van hogere stadia niet uit.

4. AANPASSINGEN IN HET BESTUUR

In de opeenvolgende tijdperken van hun bestendigde bestaan gaan de bewoonde werelden schitterend vooruit onder het wijze, meevoelende bestuur van het vrijwilligerskorps der Volkomenheid, opklimmenden die het Paradijs hebben bereikt en zijn teruggekomen om hun broeders in het vlees bij te staan. Deze volkomenen zijn actief in samenwerking met de Leraar-Zonen van de Triniteit, maar hun werkelijke participatie in de zaken van de wereld begint pas als de morontia-tempel op aarde verschijnt.

Na de formele inauguratie van de planetaire dienst van het Korps der Volkomenheid trekken de hemelse heerscharen zich voor het merendeel terug. De serafijnse bestemmingsbehoeders zetten echter hun persoonlijk dienstbetoon aan de voortschrijdende stervelingen in licht voort. Gedurende de bestendigde tijdperken arriveren zulke engelen zelfs in steeds grotere getale, aangezien steeds grotere groepen mensen de derde kosmische cirkel van coördinatieve menselijke bekwaamheid bereiken tijdens hun leven op de planeet.

Dit is slechts de eerste der opeenvolgende bestuurlijke aanpassingen die het gevolg zijn van de ontvouwing van de opeenvolgende tijdperken van steeds briljantere prestaties op de bewoonde werelden terwijl zij van het eerste naar het zevende stadium van bestendigd bestaan gaan.

1. *Het eerste stadium van licht en leven.* Een wereld in dit eerste bestendigde stadium wordt bestuurd door drie regeerders:

    a. de Planetaire Soeverein, die weldra geadviseerd zal worden door een raadgevendeLeraar-Zoon van de Triniteit, naar alle waarschijnlijkheid het hoofd van het laatste korpsvan dergelijke Zonen dat op de planeet zal functioneren;

    b. het hoofd van het planetaire korps volkomenen;

    c. Adam en Eva, die gezamenlijk functioneren teneinde het tweevoudig leiderschapvan de Soevereine Vorst en het hoofd der volkomenen te verenigen.

Als tolken voor de serafijnse behoeders en de volkomenen treden de verheven, bevrijde middenschepselen op. Een van de laatste daden van de Leraar-Zonen der Triniteit op hun afsluitende missie is de bevrijding van de middenschepselen van het gebied en hun bevordering (of herstel) tot gevorderde planetaire status, waarbij zij worden aangesteld op verantwoordelijke posities in het nieuwe bestuur van de bestendigde planeet. Er zijn reeds zulke veranderingen tot stand gebracht in het gezichtsvermogen van de mens, dat stervelingen in staat zijn om deze voorheen onzichtbare neven uit het vroege bewind van Adam te herkennen. Dit wordt mogelijk gemaakt door de laatste ontdekkingen in de natuurkunde, in verbinding met de uitbreiding van de planetaire functies van de Meester-Fysische Controleurs.

De Stelsel-Soeverein is bevoegd om middenschepselen op ieder moment na het eerste be- stendigde stadium van hun taak te ontheffen, zodat zij kunnen vermenselijken in het morontiale met de hulp van de Levendragers en de fysische controleurs, en wanneer zij Gedachtenrichters hebben ontvangen, kunnen beginnen aan hun opklimming naar het Paradijs.

In het derde stadium en daarna functioneren sommige middenwezens nog steeds, hoofdzakelijk als contactpersoonlijkheden voor de volkomenen, maar bij het aanbreken van ieder nieuw stadium van licht en leven worden de middenschepselen grotendeels vervangen door verbindingsdienaren van nieuwe orden: slechts zeer weinigen blijven langer dan het vierde stadium van licht. Het zevende stadium zal getuige zijn van de komst van de eerste absoniete dienaren van het Paradijs, die in de plaats van bepaalde universumschepselen hun diensten zullen verlenen.

2. *Het tweede stadium van licht en leven.* Dit tijdvak wordt op de werelden gemarkeerd door de aankomst van een Levendrager die de planetaire regeerders vrijwillig komt adviseren inzake de verdere inspanningen om het ras der stervelingen te zuiveren en te stabiliseren. Aldus nemen de Levendragers actief deel aan de verdere evolutie – op fysisch, sociaal en economisch gebied – van het ras der mensen. Vervolgens vindt onder hun toezicht ook de verdere zuivering van de geslachten der mensen plaats door drastische eliminatie van de achtergebleven, hardnekkige restanten van inferieur potentieel van intellectuele, filosofische, kosmische een geestelijke aard. Zij die op een bewoonde wereld leven ontwerpen en implanteren, zijn geheel competent als adviseurs van de Materiële Zonen en Dochters die het volle, onbetwiste gezag hebben om het evoluerende ras van alle schadelijke invloeden te zuiveren.

Vanaf het tweede stadium doen de Leraar-Zonen gedurende de hele loopbaan van een bestendigde planeet dienst als raadslieden voor de volkomenen. Tijdens dergelijke missies dienen zij als vrijwilligers en niet in opdracht, en zij doen uitsluitend dienst bij het korps der volkomenen, zij het dat zij, indien de Stelsel-Soeverein hiermee instemt, ook gevraagd kunnen worden om de Planetaire Adam en Eva te adviseren.

3. *Het derde stadium van licht en leven.* Gedurende dit tijdvak komen de bewoonde werelden tot een nieuwe appreciatie van de Ouden der Dagen, de tweede fase van God de Zevenvoudige, en gaan de vertegenwoordigers van deze regeerders van het superuniversum nieuwe betrekkingen aan met het bestuur van de planeet.

In ieder volgend tijdperk van bestendigd bestaan gaan de volkomenen meer functies bekleden. Er bestaat een nauw werkverband tussen de volkomenen, de Avondsterren (de superengelen) en de Leraar-Zonen van de Triniteit.

In dit of het volgende tijdperk wordt er een Leraar-Zoon, bijgestaan door het kwartet van dienende geesten, toegevoegd aan de

gekozen hoofdbestuurder der stervelingen, die nu een deelgenootschap aangaat met de Planetaire Soeverein als medebestuurder van
de zaken der wereld. Deze sterfelijke hoofdbestuurders doen vijfentwintig jaar planetaire tijd dienst, en het is deze nieuwe ontwikkeling
die het voor de Planetaire Adam en Eva gemakkelijk maakt om in de
volgende tijdperken te verzoeken de wereld waar zij zo lang aangesteld zijn geweest, te mogen verlaten.

De kwartetten van dienende geesten bestaan uit het serafijnse
hoofd van de wereld, de secorafijnse raadsman uit het superuniversum, de aartsengel van translaties en de omniafijn die werkzaam is
als de persoonlijke vertegenwoordiger van de Aangestelde Wachter
die op het hoofdkwartier van het stelsel is gestationeerd. Deze adviseurs bieden echter nooit hun raad aan tenzij hierom wordt gevraagd.

4. *Het vierde stadium van licht en leven.* De Leraar-Zonen van
de Triniteit verschijnen nu in nieuwe functies op de werelden. Geassisteerd door de schepsel-getrinitiseerde zonen die reeds lang met
hun orde zijn geassocieerd, komen zij nu naar de werelden als vrijwillige raadslieden en adviseurs van de Planetaire Soeverein en zijn
deelgenoten. Dergelijke paren – Paradijs-Havona-getrinitiseerde
zonen en opgaande getrinitiseerde zonen – vertegenwoordigen verschillende universum-standpunten en uiteenlopende vormen van
persoonlijke ervaring, die hoogst nuttig zijn voor de regeerders van
de planeten.

Op ieder moment na dit tijdperk kunnen de Planetaire Adam
en Eva de Soevereine Schepper-Zoon verzoeken ontheven te worden van hun planetaire taken, zodat zij aan hun opklimming naar
het Paradijs kunnen beginnen. Zij kunnen evenwel ook op de planeet blijven als bestuurders van de nu verschijnende orde van steeds
geestelijker samenleving, die bestaat uit gevorderde stervelingen die
trachten het filosofische onderricht te begrijpen van de volkomenen, dat wordt beschreven door de Schitterende Avondsterren. Deze
laatsten worden thans op deze werelden aangesteld om in paren
samen te werken met de seconafijnen uit het hoofdkwartier van het
superuniversum.

De volkomenen houden zich voornamelijk bezig met het in
gang zetten van de nieuwe, bovenmateriële activiteiten der samenleving – activiteiten van sociale, culturele, filosofische, kosmische en
geestelijke aard. Voorzover wij kunnen waarnemen, zullen zij met

dit dienstbetoon voortgaan tot ver in het zevende tijdvak van evolutionaire stabiliteit, wanneer zij wellicht zullen uitgaan om dienst te doen in de buitenruimte. Wij vermoeden dat hun plaats hierna mogelijkerwijs zal worden ingenomen door absoniete wezens van het Paradijs.

5. *Het vijfde stadium van licht en leven.* De herordeningen van dit stadium van het bestendigde bestaan hebben bijna uitsluitend te maken met de fysische domeinen en zijn de primaire zorg van de Meester-Fysische Controleurs.

6. *Het zesde stadium van licht en leven* ziet de ontwikkeling van nieuwe functies van de bewustzijnscircuits van het gebied. Kosmische wijsheid lijkt constitutief te worden in het universumdienstbetoon van bewustzijn.

7. *Het zevende stadium van licht en leven.* Reeds vroeg in het zevende tijdvak voegt zich een vrijwillige, door de Ouden der Dagen gezonden adviseur bij de Triniteitsleraar die raads- man is van de Planetaire Soeverein, en nog later worden deze twee aangevuld met een derde raadsman, afkomstig van de Allerhoogste Uitvoerend Bestuurder van het superuniver sum.

Gedurende dit tijdvak, zo niet eerder, worden Adam en Eva altijd van hun planetaire taken ontheven. Indien er een Materiële Zoon deel uitmaakt van het korps der volkomenen, dan kan deze de medewerker worden van de hoofdbestuurder der stervelingen, en soms is het een Melchizedek die zich aanbiedt om in deze kwaliteit te functioneren. Indien er een middenwezen onder de volkomenen is, worden alle leden van die orde die op de planeet zijn achtergebleven, onmiddellijk ontheven van hun taken.

Wanneer zij worden ontslagen uit hun eeuwenlange aanstelling kunnen een Planetaire Adam en Eva een loopbaan kiezen uit de volgende mogelijkheden:

1. Zij kunnen om planetair ontslag verzoeken en vanuit het hoofdkwartier van het universum onmiddellijk beginnen aan de Paradijs-loopbaan, waarbij zij Gedachtenrichters ontvangen bij de afsluiting van hun morontia-ervaring.

2. Zeer dikwijls zullen een Planetaire Adam en Eva, terwijl zij nog dienst doen op een planeet die bestendigd is in licht, Richters ontvangen op het moment dat er Richters worden verleend aan som-

mige van hun geïmporteerde kinderen die in zuivere lijn van hen afstammen en die vrijwillig voor een bepaalde termijn dienstdoen op de planeet. Vervolgens kunnen zij allen naar het hoofdkwartier van het universum gaan en daar hun Paradijs-loopbaan aanvangen.

3. Een Planetaire Adam en Eva kunnen er de voorkeur aan geven om – net als de Materiële Zonen en Dochters uit de hoofdwereld van het stelsel – rechtstreeks naar de midsoniete wereld te gaan voor een kort verblijf aldaar, teneinde daar hun Richters te ontvangen.

4. Zij kunnen besluiten terug te gaan naar het hoofdkwartier van het stelsel om daar voor een bepaalde tijd zitting te nemen in het hoogste gerechtshof; na deze periode van dienstverlening zullen zij Richters ontvangen en beginnen aan de opklimming naar het Paradijs.

5. Zij kunnen verkiezen om na hun bestuurlijke taken terug te keren naar hun geboortewereld, teneinde daar een tijdlang dienst te doen als leraren en de inwoning van Richters te ontvangen op het moment dat zij worden overgebracht naar het hoofdkwartier van het universum.

Gedurende al deze tijdvakken oefenen de geïmporteerde assisterende Materiële Zonen en Dochters een enorme invloed uit op de vooruitgang van de sociale en de economische orde. Zij zijn potentieel onsterfelijk, althans tot het moment dat zij verkiezen te vermenselijken, Richters te ontvangen en op weg te gaan naar het Paradijs.

Op de evolutionaire werelden moet een wezen vermenselijken om een Gedachtenrichter te kunnen ontvangen. Alle opklimmende leden van het Sterfelijke Korps der Volkomenen zijn door Richters ingewoond geweest en zijn met hun Richters gefuseerd, behalve serafijnen; dezen genieten Vader-inwoning door een ander type geest op het moment dat zij in dit korps worden opgenomen.

5. HET HOOGTEPUNT DER MATERIËLE ONTWIKKELING

Sterfelijke schepselen die leven op een door zonde geteisterde, door kwaad beheerste, egoïstische, geïsoleerde wereld als Urantia, kunnen zich nauwelijks een voorstelling maken van de fysische volmaaktheid, het intellectuele peil en de geestelijke ontwikkeling die de kenmerken zijn van deze geavanceerde tijdvakken van evolutie op een zondeloze wereld.

De gevorderde stadia van een wereld die is bestendigd in licht en leven vormen het hoogtepunt der evolutionaire materiële ontwikkeling. Op deze gecultiveerde werelden hebben de ledigheid en wrijving van de vroege primitieve tijdperken het toneel verlaten. Armoede en sociale ongelijkheid zijn bijna verdwenen, degeneratie bestaat niet meer en misdadigheid komt nog maar zelden voor. Krankzinnigheid wordt praktisch niet meer aangetroffen en zwakzinnigheid is nu een zeldzaamheid geworden.

De economische, sociale en bestuurlijke status van deze werelden is van een hoge, vervolmaakte orde. Wetenschap, kunst en industrie floreren, en de maatschappij is een soepel lopend mechanisme van hoog materieel, intellectueel en cultureel niveau. De industrie heeft nu een andere bestemming gekregen en staat in dienst van de hogere doelstellingen van zulk een luisterrijke civilisatie. Het economische leven op zulk een wereld is ethisch geworden.

Oorlog behoort thans tot het verleden, en er bestaan geen legers of politiemachten meer. Regeringen zijn langzaam aan het verdwijnen. Zelfbeheersing maakt door mensen aangenomen wetten langzaam overbodig. In een middenfase van vorderende civilisatie is de mate van burgerlijk bestuur en statutaire regulering omgekeerd evenredig aan de moraal en geestelijkheid van de burgers.

De scholen gaan enorm vooruit en wijden zich aan de oefening van het bewustzijn en de groei van de ziel. De kunstcentra zijn schitterend en het muziekleven luisterrijk. De tempels voor godsverering en de scholen voor filosofie en experiëntiële religie die eraan zijn verbonden, zijn schone en grootse scheppingen. De amfitheaters waar men in de open lucht samenkomt voor godsverering, zijn even subliem in de eenvoud van hun kunstzinnige decoratie.

De voorzieningen voor westrijden, humor en andere fasen van persoonlijke en groepsprestaties zijn ruim en passend. Een speciaal kenmerk van de competitieve activiteiten op zulk een hoog gecultiveerde wereld bestaat uit de inspanningen van individuen en groepen om uit te blinken in de wetenschappen en filosofieën van de kosmologie. Literatuur en redenaarskunst maken een bloeitijd door en de taal gaat zo vooruit, dat zij zowel denkbeelden gaat symboliseren als ideeën tot uitdrukking brengt. Het leven is verfrissend eenvoudig; de mens heeft ten slotte een hoge staat van mechanische ontwikkeling gecoördineerd met een inspirerend intellectueel niveau, en heeft beide overschaduwd door geestelijke prestaties van een voortreffelijk niveau. Het najagen van geluk is een ervaring van vreugde en voldoening.

6. DE INDIVIDUELE STERVELING

Naarmate werelden verder komen in de bestendigde status van licht en leven, wordt de samenleving steeds vreedzamer. Ofschoon niet minder afhankelijk van en toegewijd aan zijn familie, is het individu altruïstischer en broederlijker geworden.

Op Urantia, en zoals ge nu zijt, kunt ge maar weinig besef hebben van de gevorderde status en progressieve natuur van de verlichte rassen op deze vervolmaakte werelden. Deze mensen zijn de bloem der evolutionaire rassen. Zulke wezens zijn echter nog steeds sterfelijk; zij blijven ademen, eten, slapen en drinken. Deze grootse evolutie is niet de hemel, maar wel een verheven voorafschaduwing van de goddelijke werelden van de opklimming naar het Paradijs.

Op een normale wereld is de biologische fitheid van het ras der stervelingen tijdens de tijdvakken na Adam reeds lang op een hoog niveau gebracht, en nu zet zich de fysische evolutie van de mens gedurende alle bestendigde era's voort. Zowel het gezicht als het gehoor worden uitgebreid. Inmiddels is het bevolkingsaantal stationair geworden. De voortplanting wordt geregeld naar de behoeften van de planeet en naar aangeboren erfelijke gaven: de stervelingen op een planeet in dit tijdperk zijn onderverdeeld in vijf tot tien groeperingen, en de lagere groepen mogen slechts de helft van het kindertal van de hogere groepen voortbrengen. De voortgaande verbetering van een dergelijk prachtig ras, door de gehele era van licht en leven heen, is grotendeels een zaak van de selektieve reproductie van de raciale elementen welke superieure kwaliteiten vertonen van sociale, filosofische, kosmische en geestelijke aard.

De Richters blijven komen zoals in vroegere evolutionaire era's en naarmate de eeuwen verstrijken, kunnen deze stervelingen steeds beter communiceren met het inwonende Vader-fragment. De assistent-bewustzijnsgeesten zijn nog steeds werkzaam tijdens de embryonale fase en de voor-geestelijke stadia van ontwikkeling. De Heilige Geest en het dienstbetoon van engelen zijn zelfs nog effectiever naargelang de opeenvolgende tijdvakken van het bestendigde leven worden doorlopen. In het vierde stadium van licht en leven lijken de gevorderde stervelingen een aanzienlijke mate van bewust contact te ervaren met de geest-tegenwoordigheid van de Meester-Geest onder wiens superuniversum-jurisdictie zij vallen, terwijl de filosofie van zulk een wereld zich concentreert op de poging om de nieuwe openbaringen van God de Allerhoogste te verstaan. Meer dan de helft van de menselijke bewoners van planeten van deze gevorderde status ervaren translatie naar de morontia-toestand vanuit het midden der de levenden. Ja zeker, 'de oude dingen gaan voorbij; ziet, alle dingen worden nieuw.'

Wij zijn van mening dat de fysische evolutie haar volle ontwikkeling zal hebben bereikt tegen het einde van het vijfde stadium van de era van licht en leven. Wij merken op dat de bovengrenzen van geestelijke ontwikkeling die met het evoluerende menselijke bewustzijn is geassocieerd, worden bepaald door het niveau van vereende morontia-waarden en kosmische betekenissen waar fusie met de Richter plaatsvindt. Maar wat wijsheid betreft, nemen wij aan, ofschoon we het niet werkelijk weten, dat er nooit een limiet kan zijn aan de intellectuele evolutie en het verwerven van wijsheid. Op een wereld in het zevende stadium kan wijsheid het materiële potentieel uitputten, het gebied van het mota-inzicht ingaan, en uiteindelijk zelfs absoniete grootsheid smaken.

Wij nemen waar dat mensen op deze hoog ontwikkelde werelden die reeds lang het zevende stadium hebben bereikt, de taal van het plaatselijk universum geheel leren beheersen voordat de translatie plaatsvindt; ik heb een aantal zeer oude planeten bezocht waar abandonters de oudere stervelingen onderrichten in de taal van het superuniversum. Op deze werelden heb ik bovendien de methode gezien waardoor de absoniete persoonlijkheden de tegenwoordigheid van de volkomenen in de morontia-tempel onthullen.

Dit is het verhaal van het schitterende doel van het strevende mensdom op de evolutionaire werelden. Dit alles vindt zelfs plaats voordat mensen aan hun morontia-loopbaan beginnen: deze prachtige ontwikkeling ligt geheel binnen het bereik van materiële stervelingen op de bewoonde werelden, het allereerste stadium van die eindeloze, onbegrijpelijke loopbaan van opklimming naar het Paradijs en het bereiken van goddelijkheid.

Maar kunt ge u ook maar enigszins voorstellen welke soort evolutionaire stervelingen thans opklimt van werelden die reeds lang verkeren in het zevende tijdvak van bestendigd licht en leven? Zulke stervelingen gaan door naar de morontia-werelden van het hoofdkwartier van het plaatselijk universum, teneinde daar hun loopbaan van opklimming aan te vangen.

Indien de stervelingen van het verontruste Urantia slechts één van deze meer gevorderde werelden konden zien die reeds lang in licht en leven zijn bestendigd, zouden zij de wijsheid van het evolutionaire scheppingsplan nooit meer in twijfel trekken. Ook indien er geen toekomst van eeuwige voortgang van schepselen zou zijn, zouden de luisterrijke evolutionaire bekwaamheden van de sterfelijke rassen op zulke bestendigde werelden die het vervolmaakte niveau hebben bereikt, de schepping van de mens op de werelden in tijd en ruimte nog ruimschoots rechtvaardigen.

Wij vragen ons vaak af of, indien het groot universum in licht en leven bestendigd zal zijn, de opgaande, verfijnde stervelingen nog steeds bestemd zullen zijn voor de Korpsen der Volkomenheid. Wij weten dit echter niet.

7. HET EERSTE OF PLANETAIRE STADIUM

Dit tijdvak begint met de verschijning van de morontia-tempel in het nieuwe planetaire hoofdkwartier en duurt tot het gehele stelsel in licht en leven is bestendigd. Dit tijdperk wordt door de Leraar-Zonen van de Triniteit ingeluid aan het einde van hun opeenvolgende wereldmissies, wanneer de Planetaire Vorst, in opdracht en in de persoonlijke tegenwoordigheid van de geschonken Paradijs-Zoon van die wereld, wordt verheven tot de status van Planetair Soeverein. Samenvallend hiermede beginnen de volkomenen actief deel te nemen aan de zaken van de planeet.

Naar het zichtbare uiterlijk te oordelen zijn de Materiële Zoon en Dochter, de Planetaire Adam en Eva, de feitelijke regeerders of bestuurders van zo'n wereld die in licht en leven is bestendigd. De voleindigden zijn onzichtbaar, evenals de Soevereine Vorst, behalve als hij in de morontia-tempel is. De feitelijke, daadwerkelijke hoofden van het bewind over de planeet zijn daarom de Materiële Zoon en Dochter. De kennis van deze regelingen heeft overal in de gebieden van het universum prestige verleend aan het idee van koningen en koninginnen. En koningen en koninginnen zijn een groot succes onder deze ideale omstandigheden, wanneer een wereld zulke hoge persoonlijkheden kan opdragen om namens nog hogere, maar onzichtbare regeerders op te treden.

Wanneer er zulk een tijdvak op uw wereld is bereikt, zal Machiventa Melchizedek, thans plaatsvervangend Planetair Vorst van Urantia, ongetwijfeld plaatsnemen in de zetel van de Planetaire Soeverein. Op Jerusem wordt reeds lang verondersteld dat hij vergezeld zal worden door een zoon en dochter van de Adam en Eva van Urantia, die nu nog op Edentia worden vastgehouden als pupillen van de Meest Verhevenen van Norlatiadek. Deze kinderen van Adam zouden op deze manier op Urantia dienst kunnen doen in samenwerking met de Melchizedek-Soeverein, aangezien hun bijna 37.000 jaar geleden, toen zij op Urantia afstand deden van hun materiële lichaam ter voorbereiding op hun transport naar Edentia, het vermogen tot voortplanting werd ontnomen.

Dit bestendigde tijdperk duurt steeds voort, totdat iedere bewoonde planeet in het stelsel de era van stabilisatie heeft bereikt. En dan, als de jongste wereld – de laatste die licht en leven bereikt – deze bestendigde staat in stelsel-jaren een millennium lang heeft ervaren, treedt voor het gehele stelsel de gestabiliseerde status in, en worden de individuele werelden het stelsel-tijdperk van de era van licht en leven binnengeleid.

8. HET TWEEDE OF STELSEL-STADIUM

Wanneer een heel stelsel bestendigd wordt in leven, wordt er een nieuwe regeringsorde ingesteld. De Planetaire Soevereinen worden lid van het stelsel-conclaaf en dit nieuwe be-stuurslichaam dat onderworpen is aan het veto van de Constellatie-Vaders, vormt het allerhoogste gezag. Zulk een stelsel van bewoonde werelden wordt nagenoeg autonoom. De wetgevende vergadering van het stelsel wordt op de hoofdkwartierwereld gevestigd, en iedere planeet stuurt hier haar eigen tien vertegenwoordigers naar toe. Rechtbanken worden nu op de hoofdwerelden van het stelsel gevestigd, en alleen beroepszaken worden verwezen naar het hoofdkwartier van het universum.

Bij de bestendiging van het stelsel wordt de Aangestelde Wachter, de vertegenwoordiger van de Allerhoogste Bestuurder van het superuniversum, de vrijwillige adviseur van het hoogste gerechtshof van het stelsel en feitelijke voorzitter van de nieuwe wetgevende vergadering.

Wanneer een heel stelsel in licht en leven is bestendigd, zullen de Stelsel-Soevereinen niet langer komen en gaan. Nu blijft een stelsel-soeverein permanent aan het hoofd van zijn stelsel. De assistent-soevereinen blijven elkaar afwisselen, zoals in eerdere tijdperken.

Gedurende dit tijdvak van stabilisatie komen er voor het eerst middenzoon-schepselen van de hoofdkwartierwerelden van het universum waar zij verblijfhouden, om op te treden als raadslieden van de raadgevende vergaderingen en adviseurs van de scheidsrechterlijke rechtbanken. Deze middenzoon-schepselen houden zich ook bezig met bepaalde pogingen om nieuwe mota-betekenissen van allerhoogste waarde in te prenten in de onderwijs-ondernemingen waarvoor zij samen met de volkomenen verantwoordelijkheid dragen. Wat de Materiële Zonen biologisch gedaan hebben voor de rassen der stervelingen, doen de midsoniete schepselen nu voor deze verenigde en verheerlijkte mensen op de gebieden van steeds vorderende filosofie en vergeestelijkt denken.

Op de bewoonde werelden worden de Leraar-Zonen vrijwillige medewerkers van de volkomenen en deze zelfde Leraar-Zonen vergezellen de volkomenen ook naar de woningwerelden, wanneer die werelden niet meer als onderscheidende ontvangstwerelden gebruikt zullen worden bij de bestendiging van een heel stelsel in licht en leven: dit is althans het geval tegen de tijd dat de hele constellatie aldus is geëvolueerd. Maar in Nebadon zijn er geen groepen die reeds zover zijn gevorderd.

Wij hebben geen toestemming u te onthullen wat de aard van het werk der volkomenen zal zijn die toezicht zullen houden op dergelijke woningwerelden die een nieuwe bestemming hebben gekregen. Wij hebben u echter reeds meegedeeld dat er overal in de universa verschillende typen intelligente schepselen voorkomen, die in deze verhandelingen niet zijn beschreven.

Nu de stelsels een voor een bestendigd worden in licht, ingevolge de vooruitgang van hun samenstellende werelden, komt de tijd dat het laatste stelsel in een gegeven constellatie stabilisatie bereikt, en dat de bestuurders van het universum – de Meester Zoon,

de Eenheid der Dagen, en de Blinkende Morgenster – op de hoofdwereld van de constellatie arriveren om de Meest Verhevenen uit te
roepen tot onbeperkte regeerders van de zojuist vervolmaakte familie van honderd bestendigde stelsels van bewoonde werelden.

9. HET DERDE OF CONSTELLATIE-STADIUM

De vereniging van een hele constellatie van bestendigde stelsels gaat vergezeld van nieuwe indelingen van het uitvoerend gezag
en nieuwe aanpassingen in het bestuur van het universum. Dit
tijdvak is getuige van gevorderde prestaties op iedere bewoonde wereld, maar wordt in het bijzonder gekenmerkt door aanpassingen
op het hoofdkwartier van de constellatie, waaronder een aanmerkelijke modificatie in de verhoudingen met zowel de supervisoren
van de stelsels als de regering van het plaatselijk universum. In dit
tijdperk worden vele activiteiten van de constellatie en het universum overgebracht naar de hoofdwerelden van de stelsels, en gaan de
vertegenwoordigers van het superuniversum nieuwe, nauwere betrekkingen aan met de regeerders van de planeten, de stelsels en het
universum. Deze nieuwe vormen van samenwerking gaan gepaard
met de vestiging van bepaalde bestuurders van het superuniversum
op de hoofdwerelden van de constellatie als vrijwillige adviseurs van
de Meest Verheven Vaders.

Wanneer een constellatie aldus is bestendigd in licht houdt de
wetgevende functie op, en functioneert in plaats hiervan het huis
van Stelsel-Soevereinen, voorgezeten door de Meest Verhevenen.
Nu onderhandelen dergelijke bestuurlijke groepen voor het eerst
rechtstreeks met de regering van het superuniversum over zaken die
te maken hebben met Havona-en Paradijs-betrekkingen. Voor het
overige blijft de constellatie als tevoren verbonden met het plaatselijk universum. Van het ene stadium van het bestendigde leven tot
het volgende blijven de univitatia de morontia-werelden van de constellatie besturen.

Naarmate de eeuwen verstrijken, nemen de Constellatie-Vaders
steeds meer de gespecialiseerde bestuurlijke of toezichthoudende
functies op zich die tevoren waren gecentraliseerd op het hoofdkwartier van het universum. Tegen de tijd dat het zesde stadium van
stabilisatie wordt bereikt, zullen deze verenigde constellaties de positie van bijna volledige autonomie hebben bereikt. Bij de intrede

van het zevende stadium van bestendigdheid zullen deze regeerders ongetwijfeld worden verheven tot de ware waardigheid die door hun titel, de Meest Verhevenen, wordt aangegeven. In praktisch alle opzichten zullen de constellaties dan rechtstreeks te maken hebben met de regeerders van het superuniversum, terwijl de regering van het plaatselijk universum zal worden uitgebreid om de verantwoordelijkheden van nieuwe verplichtingen ten opzichte van het groot universum op zich te kunnen nemen.

10. HET VIERDE OF PLAATSELIJK UNIVERSUM-STADIUM

Wanneer een universum bestendigd wordt in licht en leven, wentelt het al spoedig mee in de vaste circuits van het superuniversum, en proclameren de Ouden der Dagen de instelling van *de allerhoogste raad met onbeperkt gezag*. Dit nieuwe bestuurslichaam bestaat uit de honderd Getrouwen der Dagen onder voorzitterschap van de Eenheid der Dagen, en de eerste handeling van deze allerhoogste raad is de erkenning van de voortdurende soevereiniteit van de Meester-Schepper-Zoon.

Het bestuur van het universum, voorzover het Gabriël en de Vader-Melchizedek aangaat, blijft in alle opzichten onveranderd. Deze raad met onbeperkt gezag houdt zich hoofdzakelijk bezig met de nieuwe problemen en nieuwe omstandigheden die voortvloeien uit de gevorderde status van licht en leven.

De Medewerkende Inspecteur mobiliseert nu alle Aangestelde Wachters en voegt hen samen tot het *stabilisatie-korps van het plaatselijk universum*. Hij vraagt de Vader-Melchizedek om samen met hem toezicht te houden op dit korps. En nu wordt voor de eerste maal een korps Geïnspireerde Triniteitsgeesten toegevoegd aan de dienst van de Eenheid der Dagen.

De bestendiging van een heel plaatselijk universum in licht en leven luidt diepgaande aanpassingen in het gehele bestuurssysteem in, van de individuele bewoonde werelden tot en met het hoofdkwartier van het universum. Nieuwe betrekkingen worden aangegaan met de constellaties en stelsels. De Moeder-Geest van het plaatselijk universum ervaart nieuwe verbindingsrelaties met de Meester-Geest van het superuniversum, en Gabriël stelt rechtstreeks contact in met de Ouden der Dagen, dat effectief wordt wanneer en zolang de Meester-Zoon afwezig zou zijn van de hoofdkwartierwereld.

In dit en de volgende tijdperken blijven de Magistraat-Zonen werkzaam als berechters van dispensaties, terwijl honderd van deze Avonal-Zonen van het Paradijs de nieuwe hoge raad vormen van de Blinkende Morgenster op de hoofdwereld van het universum. Later zal een van deze Magistraat-Zonen, op verzoek van de Stelsel-Soevereinen, de allerhoogste raadsman worden die op de hoofdkwartierwereld van elk plaatselijk stelsel gestationeerd blijft, totdat het zevende stadium van eenheid wordt bereikt.

Gedurende dit tijdperk adviseren de Leraar-Zonen van de Triniteit niet alleen vrijwillig de Planetaire Soevereinen, maar zij verlenen op overeenkomstige wijze ook, in drietallen, hun diensten aan de Constellatie-Vaders. En tenslotte vinden deze Zonen hun eigen plaats in het plaatselijke universum, want nu vallen zij niet meer onder de jurisdictie van de plaatselijke schepping en worden zij aangesteld bij de dienst van de allerhoogste raad van onbeperkt gezag.

Voor het eerst erkent het volkomenenkorps thans de rechtsbevoegdheid van een autoriteit buiten het Paradijs, de allerhoogste raad. Tot dan toe hebben de volkomenen aan deze zijde van het Paradijs geen supervisie erkend.

De Schepper-Zonen van zulke bestendigde universa brengen veel van hun tijd door op het Paradijs en de werelden die met het Paradijs zijn verbonden, en besteden veel tijd aan het adviseren van de talrijke groepen volkomenen die overal in de plaatselijke schepping dienst doen. Op deze manier zal de mens van Michael een vollediger broederschap van omgang met de verheerlijkte volkomen stervelingen kennen.

Speculaties aangaande de functie van deze Schepper-Zonen in verband met de universa in de buitenruimte waarvan het voorbereidende vormingsproces nu aan de gang is, zijn geheel nutteloos. Toch houden wij ons allen van tijd tot tijd bezig met zulke vooronderstellingen. Wanneer dit vierde ontwikkelingsstadium wordt bereikt, wordt de Schepper-Zoon vrijgesteld van bestuurlijke taken; de Goddelijke Hulp en Bijstand doet haar dienstbetoon steeds meer samengaan met dat van de Meester-Geest van het superuniversum en dat van de Oneindige Geest. Er lijkt zich een nieuwe, sublieme verhouding te ontwikkelen tussen de Schepper-Zoon, de Scheppende Geest, de Avondsterren, de Leraar-Zonen, en het steeds groeiende korps volkomenen.

Mocht Michael ooit Nebadon verlaten, dan zou Gabriël ongetwijfeld hoofdbestuurder worden, met de Vader Melchizedek als zijn medewerker. Tegelijkertijd zou aan alle orden van permanente burgers, zoals de Materiële Zonen, univitatia, midsoniete wezens, susatia, en met de Geest gefuseerde stervelingen, nieuwe status verleend worden. Maar zolang de evolutie doorgaat, zullen de serafijnen en de aartsengelen nodig blijven bij het bestuur van het universum.

Wij zijn echter wel zeker van de volgende twee aspecten van onze speculaties: indien de Schepper-Zonen bestemd zijn voor de universa in de buitenruimte, dan zal hun Goddelijke Hulp en Bijstand hen ongetwijfeld vergezellen. Wij zijn er even zeker van dat de Melchizedeks bij de universa van hun oorsprong zullen blijven. Wij zijn van mening dat de Melchizedeks bestemd zijn om een steeds verantwoordelijker rol te spelen in de regering en het bestuur van een plaatselijk universum.

11. DE STADIA VAN DE KLEINE SECTOR EN DE GROTE SECTOR

De kleine en grote sectoren van het superuniversum spelen geen rechtstreekse rol in het plan van de bestendiging in licht en leven. Deze evolutionaire progressie is in de eerste plaats eigen aan het plaatselijk universum als eenheid, en betreft alleen de samenstellende delen van een plaatselijk universum. Een superuniversum is bestendigd in licht en leven wanneer alle plaatselijke universa waaruit het bestaat op deze wijze vervolmaakt zijn. Maar geen van de zeven superuniversa heeft een niveau van progressie bereikt dat dit zelfs ook maar benadert.

Het tijdperk van de kleine sector. In zoverre als waarnemingen ertoe kunnen doordringen, heeft het vijfde of kleine sector-stadium van stabilisatie uitsluitend te maken met de fysische status en de coordinatieve bestendiging van de honderd onderling geassocieerde plaatselijke universa in de vaste circuits van het superuniversum. Klaarblijkelijk hebben alleen de kracht-centra en hun medewerkers met deze hergroeperingen van de materiële schepping te maken.

Het tijdperk van de grote sector. Ten aanzien van het zesde stadium, ofwel de stabilisatie van de grote sector, kunnen wij slechts gissingen maken, want nog niemand van ons heeft ooit zo'n gebeurtenis meegemaakt. Niettemin kunnen wij wel veel postuleren ten aanzien van de bestuurlijke en andere aanpassingen die zulk een gevorderde status van bewoonde werelden en hun universumgroeperingen waarschijnlijk met zich mee zouden brengen. Aangezien de kleine sector-status te maken heeft met coördinatief fysisch evenwicht, concluderen wij dat de vereniging van de grote sector te maken zal hebben met het bereiken van bepaalde nieuwe intellectuele niveaus, wellicht zekere gevorderde prestaties in de allerhoogste realisatie van kosmische wijsheid.

Wij kunnen conclusies trekken inzake de aanpassingen die de realisatie van tot nu toe nog niet bereikte niveaus van evolutionaire vooruitgang waarschijnlijk zouden vergezellen, door de gevolgen te observeren van dergelijke prestaties op de individuele werelden en in de ervaring van individuele stervelingen die op deze oudere, hoog ontwikkelde werelden leven.

Het moge duidelijk zijn dat de bestuurlijke mechanismen en regeringsmethoden van een universum of een superuniversum op geen enkele wijze een beperking of vertraging kunnen inhouden van de evolutionaire ontwikkeling of geestelijke vooruitgang van een individuele bewoonde planeet of van enige individuele sterveling op zulk een wereld.

In sommige oudere universa treffen wij werelden aan die bestendigd zijn in het vijfde en zesde stadium van licht en leven – zelfs reeds ver in het zevende tijdvak – terwijl hun plaatselijke stelsels nog niet in licht zijn bestendigd. Jongere planeten kunnen de eenwording van een stelsel wel vertragen, maar dit betekent niet de minste belemmering voor de vooruitgang van een oudere, gevorderde wereld. Evenmin kunnen, zelfs op een geïsoleerde wereld, beperkingen in en door de omgeving verhinderen dat de individuele sterveling tot persoonlijke prestaties komt; Jezus van Nazaret, als mens onder de mensen, bereikte meer dan negentienhonderd jaar geleden persoonlijk de status van licht en leven op Urantia.

Juist door het observeren van hetgeen plaatsvindt op reeds lang bestendigde werelden komen wij tot redelijk betrouwbare conclusies ten aanzien van wat er zal gebeuren wanneer een heel superuniversum in licht is bestendigd, zelfs als we niet met zekerheid de gebeurtenis van de stabilisatie der zeven superuniversa kunnen postuleren.

12. HET ZEVENDE OF SUPERUNIVERSUM-STADIUM

Wij kunnen niet met zekerheid voorspellen wat er zou plaatsvinden wanneer een super- universum in licht bestendigd zou worden, omdat een dergelijke gebeurtenis nog nooit een feit is geworden. Uit het onderricht van de Melchizedeks, dat nog nooit is weerlegd, leiden wij af dat er veelomvattende veranderingen zouden plaatsvinden in de gehele organisatie en het gehele bestuur van iedere eenheid in de scheppingen in tijd en ruimte, van de bewoonde werelden tot en met het hoofdkwartier van het superuniversum.

Over het algemeen geloven wij dat het de bedoeling is dat er grote aantallen van de overigens niet-gebonden schepsel-getrinitiseerde zonen verzameld worden op de hoofdkwartieren en de hoofdwerelden van de onderafdelingen van de bestendigde superuniversa. Dit gebeurt misschien in afwachting van de aankomst, te eniger tijd, van wezens uit de buiten-ruimte, die onderweg zijn naar binnen, naar Havona en het Paradijs, maar werkelijk weten doen wij dit niet.

Wij geloven dat indien en wanneer een superuniversum in licht en leven bestendigd zou zijn, de thans raadgevende Ongekwalificeerde Supervisoren van de Allerhoogste het hoge bestuurslichaam zouden vormen op de hoofdkwartierwereld van het superuniversum. Dit zijn de persoonlijkheden die in staat zijn om in rechtstreeks contact te treden met de absoniete bestuurders die onmiddellijk actief zullen zijn in het bestendigde superuniversum. Ofschoon deze Ongekwalificeerde Supervisoren reeds lang gefunctioneerd hebben als adviseurs en raadslieden in gevorderde evolutionaire scheppingseenheden, nemen zij pas bestuurlijke verantwoordelijkheden op zich wanneer het gezag van de Allerhoogste soeverein wordt.

De Ongekwalificeerde Supervisoren van de Allerhoogste die op meer uitgebreide schaal gedurende dit tijdvak functioneren, zijn niet eindig, absoniet, uiteindelijk of oneindig: zij zijn allerhoogste macht en vertegenwoordigen alleen God de Allerhoogste. Zij zijn de verpersoonlijking van tijd-ruimte allerhoogste macht en functioneren daarom niet in Havona. Zij functioneren alleen als allerhoogste verenigers. Zij *zijn* wellicht betrokken bij de techniek der universumreflectiviteit, maar dit weten wij niet zeker.

Geen van ons kan zich een bevredigende voorstelling maken van wat er zal gebeuren wanneer het groot universum (de zeven superuniversa in hun afhankelijkheid van Havona) geheel bestendigd wordt in licht en leven. Wanneer dit plaatsvindt, zal het in de annalen der eeuwigheid ongetwijfeld de meest ingrijpende gebeurtenis zijn sinds het verschijnen van het centrale universum. Sommigen zijn van mening dat de Allerhoogste zelve tevoorschijn zal treden uit het Havona-mysterie dat zijn geest-persoon omhult, en op het hoofdkwartier van het zevende superuniversum zal gaan resideren als almachtig, experiëntieel soeverein van de vervolmaakte scheppingen in tijd en ruimte. Maar wij weten het werkelijk niet.

[Aangeboden door een Machtige Boodschapper, tijdelijk toegevoegd aan de Raad van Aartsengelen op Urantia.]

ZESTIEN

STAATSBESTUUR OP EEN NABURIGE PLANEET

(VERHANDELING 72)

ET toestemming van Lanaforge en instemming der Allerhoogsten van Edentia ben ik gemachtigd u iets te vertellen over het sociale, morele en politieke leven van het meest ontwikkelde volk dat woont op een niet zo veraf gelegen planeet die tot het Satania-stelsel behoort.

Van alle werelden van Satania die geïsoleerd raakten wegens hun deelname aan de opstand van Lucifer, lijkt deze planeet in haar geschiedenis het meest op Urantia. De vergelijkbaarheid van de twee werelden vormt ongetwijfeld de verklaring waarom toestemming voor deze uitzonderlijke beschrijving werd verleend, want het is zeer ongebruikelijk dat de bestuurders van het stelsel toestaan dat op de ene planeet de zaken van een andere planeet worden verhaald.

Deze planeet werd evenals Urantia op een dwaalspoor gebracht door de trouweloosheid van haar Planetaire Vorst in verband met de rebellie van Lucifer. De planeet ontving een Materiële Zoon kort nadat Adam naar Urantia was gekomen, en deze Zoon was eveneens nalatig en liet deze wereld in afzondering achter, aangezien er nooit een Magistraat-Zoon aan haar volkeren is geschonken.

1. DE CONTINENTALE NATIE

Ondanks al deze planetaire handicaps ontwikkelt zich een zeer hoge beschaving op een afgezonderd continent dat ongeveer zo groot is als Australië. Deze natie telt ongeveer 140 miljoen zielen. De

A

bevolking is van gemengd ras, overwegend blauw en geel, met meer violet dan het zogenaamde blanke ras van Urantia. Deze verschillende rassen zijn nog niet geheel vermengd, maar zij verbroederen zich voorspoedig en gaan goed met elkaar om. De gemiddelde levensduur op dit continent is thans negentig jaar, vijftien procent hoger dan bij enig ander volk op de planeet.

Het industriële proces van deze natie ondervindt zekere grote voordelen ten gevolge van de unieke topografie van het continent. De hoge bergen waar gedurende acht maanden van het jaar zware regens vallen, liggen precies in het midden van het land. Deze natuurlijke schikking begunstigt het gebruik van waterkracht en vergemakkelijkt ten zeerste de irrigatie van het droge westelijke deel van het continent.

Deze mensen kunnen in eigen behoeften voorzien, dat wil zeggen dat zij voor onbeperkte tijd kunnen leven zonder iets uit de hen omringende naties in te voeren. Zij beschikken over overvloedige natuurlijke hulpbronnen en hebben door wetenschappelijke methoden geleerd de tekorten in hun noodzakelijke levensbehoeften te compenseren. Zij bedrijven een levendige binnenlandse handel, doch weinig handel met het buitenland vanwege de algemene vijandigheid van hun minder progressieve buren.

Deze continentale natie volgde in het algemeen de evolutionaire richting van de planeet: de ontwikkeling van het tribale stadium tot het optreden van krachtige heersers en koningen besloeg duizenden jaren. De absolute vorsten werden opgevolgd door vele verschillende vormen van bestuur – mislukte republieken, gemeenschapsstaten en dictators kwamen en gingen in eindeloze overvloed. Deze ontwikkeling zette zich voort tot ongeveer vijfhonderd jaar geleden, toen gedurende een politiek woelige periode, één lid van het machtige dictatoriale driemanschap dat over de natie heerste, innerlijk veranderde. Hij bood aan af te treden op voorwaarde dat een van de andere heersers, de laagste in rang van de twee overblijvenden, ook zijn dictatorschap zou neerleggen. En zo werd de soevereiniteit over het continent in de handen van één heerser gelegd. De tot eenheid gebrachte staat boekte onder een krachtig monarchaal bewind gedurende meer dan honderd jaar grote vooruitgang, en in deze periode ontwikkelde zich een meesterlijk vrijheidshandvest.

De hierop volgende overgang van een monarchie naar een representatieve regeringsvorm voltrok zich geleidelijk, waarbij de koningen als zuiver sociale of gevoelsmatige boegbeelden aanbleven en ten slotte verdwenen toen de mannelijke afstammelingen uitstorven. De huidige republiek bestaat nu precies tweehonderd jaar en in deze tijd heeft er een doorlopende ontwikkeling plaatsgevonden in de richting van de bestuursmethoden welke hierna zullen worden beschreven en waarvan de laatste ontwikkelingen op industrieel en politiek gebied in de afgelopen tien jaar hebben plaatsgevonden.

2. DE POLITIEKE ORGANISATIE

Deze continentale natie heeft thans een representatief bestuur en een centraal gelegen nationale hoofdstad. De centrale regering bestaat uit een krachtige federatie van honderd betrekkelijk onafhankelijke staten. Deze staten kiezen hun gouverneurs en wetgevers voor tien jaar en dezen zijn geen van allen herkiesbaar. De staatsrechters worden door de gouverneurs voor het leven benoemd; deze benoemingen worden bevestigd door de wetgevende vergaderingen die bestaan uit één vertegenwoordiger voor iedere honderdduizend burgers.

Er zijn vijf verschillende soorten stedelijk bestuur, afhankelijk van de grootte van de stad, maar geen enkele stad mag meer dan één miljoen inwoners hebben. In het algemeen zijn deze gemeentelijke bestuursstelsels zeer eenvoudig, direct en economisch. De weinige functies van het stadsbestuur worden vurig begeerd door de hoogste typen burgers.

De federale overheid omvat drie gelijkwaardige afdelingen: de uitvoerende, de wetgevende en de rechterlijke macht. De president van de federatie wordt iedere zes jaar gekozen via algemene verkiezingen in het gehele grondgebied. Hij is niet herkiesbaar, tenzij tenminste vijfenzeventig wetgevende lichamen van de staten, met instemming van de gouverneurs van die staten, hierom verzoeken en dan slechts voor één termijn. Hij wordt geadviseerd door een superkabinet, samengesteld uit alle voormalige presidenten die nog in leven zijn.

De wetgevende macht omvat drie huizen:

1. Het *hogerhuis* wordt gekozen door burgers die werkzaam zijn in de industrie, de vrije beroepen, de landbouw en door andere groepen werknemers die overeenkomstig hun economische functie stemmen.

2. Het *lagerhuis* wordt gekozen door bepaalde organisaties in de samenleving die de sociale, politieke en filosofische groepen omvatten welke niet tot de industrie of de vrije beroepen behoren. Alle burgers van goede naam nemen deel aan de verkiezing van beide soorten vertegenwoordigers. Zij worden evenwel verschillend ingedeeld, afhankelijk van de omstandigheid of de verkiezing betrekking heeft op het hogerhuis of het lagerhuis.

3. Het *derde huis* – de senatoren onder de staatslieden – omvat de veteranen uit de staatsdienst en vele eminente personen die worden voorgedragen door de president, de regionale (subfederale) gouverneurs, door het hoofd van het hoogste gerechtshof en door de voorzitters der beide wetgevende huizen. Deze groep is beperkt tot honderd leden en wordt gekozen door een meerderheid der senatoren zelf. Het lidmaatschap is voor het leven en wanneer er vacatures zijn wordt de kandidaat die het grootste aantal stemmen krijgt daardoor onmiddellijk verkozen verklaard. De taak van dit lichaam is zuiver adviserend, doch het beïnvloedt in sterke mate de publieke opinie en oefent een krachtige invloed uit op alle takken van bestuur.

Zeer veel van het federale bestuurswerk wordt uitgevoerd door de tien regionale (subfederale) overheden, ieder gebied bestaand uit een associatie van tien staten. Deze regionale afdelingen hebben uitsluitend uitvoerende en administratieve taken en geen wetgevende of rechterlijke functies. De tien regionale gouverneurs worden persoonlijk door de president benoemd en hun ambtstermijn valt samen met de zijne – zes jaar. Het federale hooggerechtshof keurt de benoeming van deze tien regionale gouverneurs goed, en hoewel zij niet opnieuw kunnen worden benoemd, wordt een aftredende gouverneur automatisch ambtgenoot en adviseur van zijn opvolger. Voor het overige kiezen deze regionale gouverneurs hun eigen kabinet van bestuursfunctionarissen.

De rechtspleging in deze staat geschiedt door twee belangrijke stelsels van rechtscolleges – de rechtbanken en de sociaal-economische hoven. De rechtbanken functioneren op de volgende drie niveaus:

1. *lagere rechtbanken* voor de gemeentelijke en plaatselijke rechtspraak, tegen wier uitspraken in beroep kan worden gegaan bij de hoge rechtscolleges van de staat;

2. *hoge gerechtshoven der staten,* wier uitspraken bindend zijn in alle zaken waarbij de federale overheid niet betrokken is of waarbij geen burgerlijke rechten en vrijheden in het geding zijn;

3. *de federale hoge raad* – de hoogste rechtbank voor de beslechting van nationale geschillen en de appèlzaken die van de staatsrechtbanken komen. Dit hoogste rechtscollege bestaat uit twaalf mannen, ouder dan veertig jaar en jonger dan vijfenzeventig, die twee of meer jaren hebben gediend bij een staatsrechtbank en op deze hoge post worden benoemd door de president met instemming van de meerderheid van zowel het superkabinet als van het derde huis van de wetgevende vergadering. Alle beslissingen van deze hoogste rechterlijke instantie worden genomen met een meerderheid van tenminste tweederden van de stemmen.

De sociaal-economische gerechtshoven kennen de volgende drie afdelingen:

1. *ouderlijke hoven,* verbonden aan de wetgevende en uitvoerende afdelingen van het gezins- en sociale stelsel;

2. *onderwijshoven* – de gerechtelijke lichamen die zijn verbonden met de staats- en regionale schoolsystemen en geassocieerd met de uitvoerende en wetgevende takken van de bestuursinstellingen voor het onderwijs;

3. *industriële hoven* – de regionale rechtbanken met volle bevoegdheden voor de beslechting van alle economische geschillen.

De federale hoge raad doet geen uitspraken over sociaal-economische zaken, behalve indien het derde huis der wetgevende macht, dat der senatoren, zulks met driekwart der stemmen verlangt. Voor het overige zijn alle beslissingen van de ouderlijke, onderwijs- en industriële hoven definitief.

3. HET GEZINSLEVEN

Op dit continent is het bij de wet verboden dat twee gezinnen onder één dak leven. En aangezien groepswoningen bij de wet zijn verboden, zijn de meeste gebouwen met apartementen afgebroken. De ongehuwden leven nog gezamenlijk in clubs, hotels en andere groepswoningen. De kleinst toegestane bouwterreinen voor huizen zijn ongeveer vierduizend zeshonderd vierkante meter groot. Alle land en andere eigendom dat wordt gebruikt voor bewoning is vrij van belasting tot tien maal het kleinst toegestane bouwperceel.

Het gezinsleven van deze mensen is gedurende de laatste eeuw sterk verbeterd. De deelname van ouders aan de cursussen voor kinderopvoeding die in de scholen voor ouders worden gegeven, is verplicht, zowel voor vaders als voor moeders. Zelfs de boeren die in kleine nederzettingen op het land leven, volgen deze cursussen schriftelijk; eens in de tien dagen bezoeken zij nabijgelegen centra voor mondeling onderricht – iedere twee weken, want zij hebben een week van vijf dagen.

Het gemiddelde aantal kinderen per gezin is vijf, en de kinderen staan geheel onder toezicht van hun ouders en in geval van overlijden van één of van beiden, onder toezicht van voogden, die worden aangewezen door de ouderlijke hoven. Een gezin beschouwt het als een grote eer als het de voogdij over een volle wees krijgt toegewezen. Er worden vergelijkende examens gehouden onder ouderparen, en de wees wordt toegewezen aan het gezin waarvan de ouders de beste kwalificaties blijken te bezitten.

Deze mensen beschouwen het gezin als de fundamentele instelling van hun civilisatie. Men gaat ervan uit dat een kind het meest waardevolle deel van zijn of haar opvoeding en karaktervorming van de ouders en thuis ontvangt, en vaders wijden bijna evenveel aandacht aan de ontwikkeling van de kinderen als moeders.

Alle seksuele voorlichting wordt in het gezin door de ouders of door wettige voogden gegeven. Moreel onderricht wordt tijdens de rustpauzen in de school-werkplaatsen door de leraren gegeven, doch dit is niet het geval met de religieuze opvoeding die geacht wordt het uitsluitend voorrecht van de ouders te zijn, aangezien de religie als een integraal deel van het gezinsleven wordt beschouwd. Zuiver religieus onderricht wordt in het openbaar alleen gegeven in de tempels der wijsbegeerte, want exclusief godsdienstige instellingen, zoals de kerken van Urantia, zijn bij dit volk niet tot ontwikkeling gekomen. In hun levensbeschouwing is religie het streven naar het kennen van God en het betonen van liefde aan de medemens door hem te dienen, maar dit is niet kenmerkend voor de godsdienstige status van de andere naties op deze planeet. De religie is bij deze mensen zo geheel en al een zaak van het gezin, dat er geen openbare plaatsen zijn die uitsluitend voor godsdienstige samenkomsten zijn bestemd.

Kerk en staat zijn, politiek gezien, zoals Urantianen plegen te zeggen, volledig gescheiden, maar religie en filosofie overlappen elkaar op een merkwaardige wijze.

Tot twintig jaar geleden stonden de geestelijke leraren (te vergelijken met de pastores op Urantia) die ieder gezin periodiek bezoeken om bij de kinderen na te gaan of zij naar behoren door hun ouders zijn onderricht, onder toezicht van de regering. Deze geestelijke adviseurs en inspecteurs staan nu onder leiding van de kortelings gevormde Stichting voor Geestelijke Vooruitgang, een instelling die wordt ondersteund uit vrijwillige bijdragen. Mogelijk zal deze instelling zich niet verder ontwikkelen tot na de komst van een Magistraat-Zoon uit het Paradijs.

Kinderen blijven volgens de wet ondergeschikt aan hun ouders totdat zij vijftien jaar zijn, wanneer zij voor het eerst worden ingewijd in de verantwoordelijkheden die zij als burgers hebben. Daarna worden er iedere vijf jaar, gedurende vijf opeenvolgende perioden, voor deze leeftijdsgroepen soortgelijke openbare oefeningen gehouden, waarbij hun verplichtingen ten opzichte van hun ouders minder worden naargelang zij nieuwe burgerlijke en sociale verantwoordelijkheden ten opzichte van de staat op zich nemen. Het stemrecht wordt verleend op de leeftijd van twintig jaar, het recht om zonder toestemming van de ouders te huwen wordt niet verleend voor het vijfentwintigste jaar en de kinderen moeten het ouderlijk huis verlaten bij het bereiken van de leeftijd van dertig jaar.

De wetten inzake huwelijk en echtscheiding zijn in de gehele natie gelijk. Een huwelijk vóór het twintigste levensjaar – de leeftijd waarop men stemrecht krijgt – is niet toegestaan. De toestemming om te trouwen wordt pas gegeven als het voornemen hiertoe een jaar tevoren is aangekondigd en wanneer de bruid en bruidegom getuigschriften overleggen dat zij naar behoren in de scholen voor het ouderschap zijn onderricht inzake de verantwoordelijkheden van het huwelijksleven.

De wettelijke voorschriften betreffende echtscheiding zijn nogal soepel, maar de ouderlijke hoven spreken pas één jaar nadat de aanvraag daartoe is vastgelegd echtscheidingen uit, en het jaar is op deze planeet aanmerkelijk langer dan op Urantia. Ondanks hun soepele echtscheidingswetten is het huidige aantal echtscheidingen slechts een tiende van dat van de geciviliseerde volken op Urantia.

4. HET ONDERWIJSSTELSELS

Het onderwijs is bij deze natie verplicht en jongens en meisjes gaan samen naar de lagere scholen die zij volgen van hun vijfde tot hun achttiende jaar. Deze scholen verschillen enorm van de instellingen op Urantia. Er zijn geen klaslokalen, er wordt slechts één studievak tegelijk gevolgd en na de eerste drie jaar worden alle leerlingen assistent-onderwijzers die de leerlingen die jonger zijn dan zijzelf lesgeven. Boeken worden alleen maar gebruikt om informatie te krijgen die behulpzaam zal zijn om de vraagstukken die zich voordoen in de schoolwerkplaatsen en op de schoolboerderijen op te lossen. Veel meubelen die op het continent worden gebruikt en de vele mechanische apparaten – dit is de grote eeuw van uitvindingen en mechanisatie – worden in deze werkplaatsen gemaakt. Naast iedere werkplaats ligt een werkbibliotheek waar de leerling de noodzakelijke naslagwerken kan raadplegen. Land- en tuinbouw worden eveneens gedurende de gehele onderwijsperiode onderwezen op de uitgestrekte boerderijen die aan iedere plaatselijke school grenzen.

Zwakzinnige kinderen worden alleen opgeleid voor landbouw en veeteelt en worden voor het leven toevertrouwd aan speciale voogdij-kolonies waar zij naar geslacht worden gescheiden ter voorkoming van ouderschap, hetgeen alle subnormale personen wordt ontzegd. Deze beperkende maatregelen worden reeds vijfenzeventig jaar toegepast; beslissingen tot opneming worden genomen door de ouderlijke hoven.

Iedereen neemt elk jaar één maand vakantie. De lagere scholen zijn gedurende negen van de tien maanden van het jaar geopend, terwijl de vakantie reizend wordt doorgebracht met ouders of vrienden. Dit reizen vormt een onderdeel van het onderwijsprogramma voor volwassenen en wordt gedurende het gehele leven voortgezet; de fondsen voor deze uitgaven worden langs dezelfde wegen vergaard als die voor de ouderdomsverzekering.

Een kwart van de schooltijd wordt gewijd aan spel – atletiekwedstrijden – waarbij de leerlingen na de plaatselijke wedstrijden, via landelijke en regionale krachtmetingen, doorgaan naar de nationale wedstrijden in behendigheid en dapperheid. Op dezelfde wijze vragen de welsprekendheid- en muziekwedstrijden en de krachtmetingen op het gebied van de natuurwetenschap en de filosofie de aandacht van studenten van de lagere sociale afdelingen tot en met de concoursen om nationale huldeblijken.

Het bestuur van de school is een evenbeeld van het nationale bestuur, met drie onderling verbonden afdelingen waarbij de onderwijsstaf functioneert als de derde of adviserende, wetgevende afdeling. Het voornaamste doel van het onderwijs op dit continent is elke leerling tot een zelfstandig burger te maken.

Ieder kind dat op zijn achttiende jaar het diploma van de lagere school behaalt, is een geschoold vakman. Vervolgens begint de boekenstudie en het verwerven van speciale kennis, ofwel in de scholen voor volwassenen, ofwel in de academies. Wanneer een talentvolle leerling zijn werk binnen de gestelde termijn afmaakt, wordt hem een beloning toegekend in de vorm van tijd en middelen waarmee hij een of ander favoriet studieproject naar eigen keuze kan uitvoeren. Het gehele onderwijssysteem is opgezet om het individu op adequate wijze op te leiden.

5. INDUSTRIËLE ORGANISATIE

De industriële situatie bij dit volk is nog ver van hun idealen; kapitaal en arbeid leveren nog steeds problemen op, maar beide worden geleidelijk aangepast aan het plan tot oprechte samenwerking. Op dit unieke continent worden de arbeiders in toenemende mate aandeelhouders in alle industriële ondernemingen; iedere intelligente arbeider wordt langzamerhand een kleine kapitalist.

De sociale tegenstellingen nemen af en de goede wil neemt snel toe. Er zijn geen ernstige economische problemen ontstaan bij het afschaffen van de slavernij (meer dan honderd jaar geleden) aangezien deze regeling geleidelijk werd uitgevoerd door per jaar twee procent vrij te laten. De slaven die slaagden voor geestelijke, zedelijke en lichamelijke proeven werd burgerschap verleend; velen van deze ontwikkelde slaven waren krijgsgevangenen of kinderen van krijgsgevangenen. Ongeveer vijftig jaar geleden deporteerden zij de laatsten van hun zwakkere slaven en nog recenter hebben zij zich tot taak gesteld het aantal van hun gedegenereerde en verdorven klassen te verminderen.

Deze mensen hebben kortgeleden nieuwe methoden ontwikkeld om industriële geschillen te regelen en economische wantoestanden te corrigeren en dit zijn opmerkelijke verbeteringen ten opzichte van hun eerdere methoden om zulke problemen op te lossen. Geweld als methode om persoonlijke of industriële geschillen te beslechten is verboden. Lonen, winsten en andere economische vraagstukken zijn niet star geregeld, maar worden in het algemeen beheerst door de industriële wetgevende machten, terwijl alle geschillen die zich op industrieel gebied voordoen, worden berecht door de industriële hoven.

De industriële gerechtshoven bestaan nog maar dertig jaar, maar zij functioneren zeer bevredigend. Door de jongste ontwikkeling stellen de industriële hoven voortaan wettelijke compensaties vast die in drie delen uiteenvallen:

1. wettelijk toegestane rentetarieven voor geïnvesteerd kapitaal;

2. redelijke salarissen voor in de industrie aangewende vakkundigheid;

3. behoorlijke en billijke arbeidslonen.

In eerste instantie zullen deze worden voldaan volgens contracten; in geval van verminderde verdiensten zullen zij tijdelijk proportioneel worden gereduceerd. Bovendien zullen daarna alle verdiensten boven deze vaste lasten als dividend worden beschouwd dat evenredig zal worden verdeeld over alle drie de afdelingen: kapitaal, vakkundigheid en arbeid.

Iedere tien jaar worden door de regionale bewindslieden de wettelijke dagelijkse uren voor betaalde arbeid aangepast en vastgesteld. De industrie heeft thans een vijfdaagse week, waarbij op vier dagen wordt gewerkt en één dag vrijaf wordt gegeven. Deze mensen werken zes uur per werkdag en, evenals de studenten, negen van de tien maanden die het jaar telt. De vakantie wordt meestal doorgebracht met reizen en door de recente ontwikkeling van nieuwe vervoersmethoden raakt de gehele natie ingesteld op reizen. Ongeveer acht maanden per jaar is het klimaat prettig om te reizen en deze gunstige omstandigheid wordt maximaal benut.

Tweehonderd jaar geleden was het winstmotief volkomen overheersend in de industrie, maar thans maakt het snel plaats voor andere, hogere stuwende krachten. Op dit continent heerst felle concurrentie, maar veel van deze wedijver is van de industrie overgeheveld naar sport en spel, vakkundigheid, wetenschappelijke prestaties en naar intellectuele verworvenheden. De competitie speelt haar actiefste rol in de sociale dienstbaarheid en in loyaliteit aan de overheid. Bij deze mensen worden overheidsfuncties thans snel het belangrijkste doel van hun ambitie. De rijkste man op het continent werkt zes uur per dag in het kantoor van zijn machinefabriek, waarna hij zich naar de plaatselijke afdeling van de school voor staatkunde spoedt, waar hij zich tracht te bekwamen voor een overheidsambt.

De arbeid krijgt steeds meer aanzien op dit continent en alle burgers boven de achttien jaar die daartoe lichamelijk in staat zijn, werken thuis of op boerderijen, in een bepaalde, erkende bedrijfstak, bij publieke werken waar de tijdelijk werklozen worden opgenomen, of anders in het korps dwangarbeiders in de mijnen.

Deze mensen beginnen ook een nieuwe vorm van sociale afkeer te ontwikkelen – een afkeer van nietsdoen en ook van onverdiende rijkdom. Langzaam maar zeker worden zij hun machines de baas. Eens streden ook zij voor politieke vrijheid en daarna voor economische vrijheid. Nu gaan ze van beide de vruchten plukken, terwijl zij bovendien hun welverdiende vrije tijd beginnen te waarderen, welke voor meer zelfverwerkelijking kan worden aangewend.

6. OUDERDOMSVERZEKERING

Deze natie spant zich vastberaden in om het soort liefdadigheid dat het zelfrespect ondermijnt, te vervangen door waardige, door de overheid gegarandeerde verzekeringen voor de oude dag. Deze natie verschaft ieder kind een opleiding en iedere volwassene een werkkring; daarom kan deze natie zo'n verzekeringsstelsel ter bescherming van de lichamelijk zwakken en bejaarden met goed gevolg uitvoeren.

Bij dit volk moeten alle personen met betaalde werkzaamheden zich op hun vijfenzestigste jaar terugtrekken, tenzij zij een vergunning van de staatscommissaris voor de arbeid verkrijgen, welke hun het recht geeft tot hun zeventigste jaar te blijven werken. Deze leeftijdsgrens geldt niet voor overheidsfunctionarissen en filosofen. Degenen die arbeidsongeschikt of blijvend invalide zijn, kunnen op iedere leeftijd door een gerechtelijke uitspraak, bekrachtigd door de commissaris voor de pensioenen van de regionale overheid, op de lijst van gepensioneerden worden geplaatst.

De fondsen voor ouderdomspensioenen worden uit vier bronnen verkregen:

1. per maand worden de inkomsten van één dag door de federale overheid voor dit doel als belasting geheven, en in dit land werkt iedereen;

2. erflatingen – vele rijke burgers laten voor dit doel fondsen na;

3. de opbrengsten van dwangarbeid in de staatsmijnen. Na aftrek van wat de dienstplichtigen voor eigen onderhoud behoeven en hun eigen bijdragen voor hun pensioen, worden alle opbrengsten van hun arbeid overgedragen aan dit pensioenfonds;

4. inkomsten uit natuurlijke bronnen. Alle natuurlijke rijkdom op het continent is in handen van de federale overheid en de inkomsten daaruit worden voor sociale doeleinden gebruikt, zoals de preventie van ziekten, opleidingen voor geniale leerlingen en de uitgaven voor veelbelovende personen in de scholen voor staatkunde. De helft van de inkomsten uit natuurlijke bronnen wordt in het fonds voor ouderdomspensioenen gestort.

Ofschoon de verzekeringsinstellingen van de staat en van de regio's voorzien in vele vormen van beschermende verzekeringen, worden de ouderdomspensioenen uitsluitend door de federale overheid beheerd, middels de tien regionale departementen.

Deze overheidsfondsen worden sinds lange tijd op eerlijke wijze beheerd. Naast hoogverraad en moord hebben de zwaarste straffen die de gerechtshoven opleggen, betrekking op schending van publiek vertrouwen. Sociale en politieke trouweloosheid worden thans beschouwd als de afschuwelijkste van alle misdaden.

7. HET BELASTINGSTELSEL

De federale overheid is uitsluitend paternalistisch in het beheer van de ouderdomspensioenen en het cultiveren van begaafdheid en creatieve oorspronkelijkheid; de regeringen van de staten houden zich iets meer bezig met de individuele burger, terwijl de plaatselijke overheden veel meer paternalistisch of socialistisch zijn. De stad (of een onderdeel daarvan) bemoeit zich met zaken als gezondheid, hygiëne, bouwverordeningen, verfraaiingen, de watervoorziening, verlichting, verwarming, recreatie, muziek en communicatie.

In de gehele industrie wordt vóór alles aandacht geschonken aan de gezondheid; bepaalde aspecten van het lichamelijk welzijn worden beschouwd als prerogatieven van de industrie en de gemeenschap, doch de persoonlijke gezondheidsproblemen en die van het gezin zijn uitsluitend persoonlijke zaken. In de geneeskunde, evenals in alle andere zuiver persoonlijke aangelegenheden, is het steeds meer het voornemen van de overheid om zich van inmenging te onthouden.

Steden zijn niet bevoegd belasting te heffen, en evenmin kunnen zij schulden aangaan. Zij ontvangen per hoofd van hun bevolking toelagen uit de staatskas en moeten deze inkomsten aanvullen uit de opbrengsten van hun socialistische ondernemingen en van de vergunningen voor verschillende commerciële activiteiten.

De lokale voorzieningen voor snel vervoer, die het in de praktijk mogelijk maken de grenzen van de stad ver uit te breiden, staan onder toezicht van de gemeente. De stedelijke brandweerafdelingen worden in stand gehouden door de stichtingen voor de preventie van en verzekering tegen brandschade en alle gebouwen in de stad of op het platteland zijn reeds meer dan vijfenzeventig jaar brandvrij.

Er zijn geen gemeentelijke ordebewaarders; de politiemacht wordt in stand gehouden door de overheden van de staten. Dit korps wordt bijna in zijn geheel gerekruteerd uit de ongetrouwde mannen tussen vijfentwintig en vijftig jaar. De meeste staten heffen een vrij hoge vrijgezellenbelasting welke wordt kwijtgescholden aan alle mannen die dienstnemen bij de staatspolitie. De staten hebben een politiemacht die thans gemiddeld slechts een tiende is van die van vijftig jaar geleden.

Er is weinig of geen uniformiteit in de belastingstelsels van de honderd betrekkelijk vrije en soevereine staten, aangezien de economische en overige omstandigheden in de verschillende delen van het continent sterk variëren. Iedere staat heeft tien fundamentele grondwettelijke bepalingen die niet kunnen worden gewijzigd zonder toestemming van het federale hoge gerechtshof, en een van deze artikelen verbiedt het heffen van een belasting van meer dan één procent van de waarde van enig eigendom per jaar; woonerven, zowel in de stad als op het platteland, zijn hiervan vrijgesteld.

De federale overheid kan geen schulden aangaan, en een referendum met een meerderheid van driekwart der stemmen is vereist voordat een staat een lening kan sluiten, behalve voor oorlogsdoel-einden. Aangezien de federale overheid geen schuld kan aangaan, is in het geval van oorlog de Nationale Raad voor de Defensie gemachtigd de staten naar behoefte aan te slaan voor geld, manschappen en materiaal. Doch geen enkele schuld mag een langere looptijd hebben dan vijfentwintig jaar.

Het inkomen om voor de instandhouding van de federale overheid wordt uit de volgende vijf bronnen verkregen:

1. *Invoerrechten*. Alle importen zijn onderhevig aan invoerrechten die ten doel hebben de levensstandaard van dit continent, die veel hoger ligt dan van iedere andere natie op de planeet, te beschermen. Deze invoerrechten worden vastgesteld door het hoogste industriële hof nadat beide huizen van het industriële congres de aanbevelingen hebben goedgekeurd van de president van economische zaken, die door deze twee wetgevende organen gezamenlijk wordt aangesteld. Het hogerhuis voor het bedrijfsleven wordt gekozen door de werkers, het lagerhuis door de vertegenwoordigers van het kapitaal.

2. *Aandelen in opbrengsten*. De federale overheid bevordert uitvindingen en oorspronkelijke creaties in de tien regionale laboratoria, waarbij hulp wordt geboden aan alle soorten begaafde personen – kunstenaars, schrijvers en wetenschapsbeoefenaars – en hun patenten worden beschermd. In ruil daarvoor krijgt de overheid de helft van de opbrengsten die voortvloeien uit al dergelijke uitvindingen en scheppingen, ongeacht of het machines, boeken, kunstbeoefening, planten of dieren betreft.

3. *Successierechten*. De federale overheid heft progressieve successierechten van één tot vijftig procent, afhankelijk van de omvang van de nalatenschap alsook van andere omstandigheden.

4. *Militaire uitrusting*. De regering verwerft een belangrijke som gelds uit het verpachten van leger- en marine-uitrustingen voor commercieel en recreatief gebruik.

5. *Natuurlijke hulpbronnen*. De inkomsten uit natuurlijke hulpbronnen worden gestort in de nationale schatkist, indien zij niet geheel nodig zijn voor speciale doeleinden zoals aangegeven in het handvest van het federale staatsbestel.

Federale bestedingen, behalve de oorlogsfondsen die worden vastgesteld door de Nationale Raad van Defensie, worden eerst voorgesteld door het wetgevende hogerhuis, daarna moet het lagerhuis zijn instemming geven, en vervolgens worden zij goedgekeurd door de president en ten slotte bekrachtigd door de federale commissie van honderd voor de begroting. De leden van deze commissie worden voorgedragen door de gouverneurs van de staten en gekozen door de wetgevende vergaderingen der staten voor een periode van vierentwintig jaar, waarbij elke zes jaar een vierde deel van hen wordt gekozen. Iedere zes jaar kiest dit lichaam door een stemming met driekwart meerderheid één uit hun midden tot hoofd, en deze wordt hierdoor thesaurier-generaal van de federale schatkist.

8. DE SPECIALE ACADEMIES

Naast het programma voor het verplichte basisonderwijs dat van de leeftijden van vijf tot achttien jaar wordt gegeven, bestaan er de volgende speciale scholen:

1. *Academies voor staatkunde.* Deze scholen kennen drie categorieën: nationale, regionale en staatsacademies. De overheidsdiensten van de natie zijn verdeeld in vier afdelingen. De eerste afdeling van publike verantwoordelijkheid behoort hoofdzakelijk tot de nationale regering en alle functionarissen van deze groep moeten afgestudeerden zijn van zowel de regionale als de nationale scholen voor staatkunde. In de tweede afdeling kunnen individuele personen politieke functies aanvaarden of voor functies worden gekozen of benoemd, wanneer zij zijn afgestudeerd aan een der tien regionale scholen voor staatkunde; hun taken behelzen verantwoordelijkheden in het regionale bestuur of bij de regeringen der staten. De derde afdeling omvat verantwoordelijkheden in de staten en van zulke beambten wordt alleen verlangd dat zij afgestudeerd zijn aan de staatsscholen voor staatkunde. De ambtenaren van de vierde en laatste afdeling behoeven geen graad in de staatkunde te hebben, aangezien men in deze functies uitsluitend wordt benoemd. Zij vervullen de minder belangrijke functies van assistenten en secretarissen, en voeren technische opdrachten uit voor de verschillende geleerde ambtsdragers in het bestuursapparaat der overheid.

Rechters in de lagere en in de staatsrechtbanken zijn afgestudeerd aan de staatsscholen voor staatkunde. Rechters in de regionale rechtscolleges voor sociale zaken, het onderwijs en industriële zaken hebben de regionale scholen doorlopen. Rechters in het federale hooggerechtshof moeten al deze scholen voor staatkunde hebben doorlopen.

2. *Academies voor filosofie.* Deze scholen zijn verbonden met de tempels der wijsbegeerte en min of meer geassocieerd met de religie als openbare functie.

3. *Wetenschappelijke instellingen.* Deze technische scholen werken meer in coördinatie met de industrie dan met het onderwijsstelsel, en zijn bestuurlijk onderverdeeld in vijftien afdelingen.

4. *Academies voor beroepsopleidingen.* Deze speciale instellingen voorzien in de technische opleiding voor de verschillende geleerde beroepen, twaalf in getal.

5. *Leger- en marine-academies.* In de buurt van de nationale hoofdkwartieren en in de vijfentwintig militaire centra aan de kust worden instituten in stand gehouden die zich wijden aan de militaire opleiding van vrijwilligers van achttien tot dertig jaar. Tot het vijfentwintigste jaar is toestemming der ouders vereist om tot deze scholen te worden toegelaten.

9. HET STELSEL VAN ALGEMEEN KIESRECHT

Ofschoon de kandidaten voor alle openbare functies moeten zijn afgestudeerd aan de academies voor staatkunde van de staten, de regio's of van de federatie, hebben de vooruitstrevende leiders van deze natie een ernstige zwakte ontdekt in hun stelsel van algemeen kiesrecht en ongeveer vijftig jaar geleden wettelijke voorzieningen getroffen voor een gemodificeerd kiesstelsel met de volgende kenmerken:

1. Iedere man en vrouw van twintig jaar en ouder mag één stem uitbrengen. Bij het bereiken van deze leeftijd moeten alle burgers het lidmaatschap aanvaarden van twee kiezersgroepen: zij moeten zich bij de eerste groep voegen overeenkomstig hun economische functie – industrieel, ambachtelijk, agrarisch, of de handel; zij worden opgenomen in de tweede groep overeenkomstig hun politieke, filosofische en sociale gezindheid. Alle werkenden behoren op deze wijze tot een economische groep burgers met stemrecht en deze gilden zijn, evenals de niet-economische associaties, groten-

deels ingericht zoals de nationale overheid, met haar drievoudige verdeling der staatsmacht. De registratie in deze groepen kan twaalf jaar lang niet worden gewijzigd.

2. Op voordracht van de gouverneurs der staten of van de regionale bewindslieden en in opdracht van de hoge regionale raden, kunnen aan personen die zich buitengwoon verdienstelijk hebben gemaakt voor de samenleving, of die buitengewone wijsheid aan de dag hebben gelegd in overheidsdienst, extra stemmen worden toegekend; echter niet vaker dan iedere vijf jaar en niet meer dan negen van dergelijke extra stemmen. Het hoogste aantal stemmen dat iedere kiezer met meer stemmen mag uitbrengen is tien. Beoefenaars der wetenschap, uitvinders, leraren, filosofen en geestelijke leiders worden ook op deze wijze erkend en geëerd met grotere politieke invloed. Deze hogere burgerlijke voorrechten worden door de staat en door de hoge regionale raden op ongeveer dezelfde wijze verleend als de graden die worden toegekend door de speciale academies, en zij die de symbolen van deze burgerlijke erkenning ontvangen, zijn er trots op deze toe te voegen aan de lijst van hun persoonlijke verworvenheden, naast hun andere titels.

3. Personen die veroordeeld zijn tot dwangarbeid in de mijnen en overheidsdienaren die worden onderhouden uit de belastingfondsen, kunnen gedurende hun diensttijd geen stemrecht uitoefenen. Dit geldt niet voor oudere personen die op vijfenzestigjarige leeftijd met pensioen kunnen gaan.

4. Er zijn vijf klassen van stemgerechtigden overeenkomstig de gemiddelde jaarlijkse belasting die in een periode van vijf jaar is betaald. Mensen die veel belasting betalen, krijgen maximaal vijf extra stemmen. Deze toekenning staat los van iedere andere erkenning, doch in geen geval kan iemand meer dan tien stemmen uitbrengen.

5. Toen dit kiesstelsel werd aangenomen, werd de verkiezing per territorium afgeschaft ten gunste van het economische of functionele stelsel. Alle burgers stemmen nu als leden van industriële, sociale of wetenschappelijke groepen, ongeacht hun woonplaats. Zodoende bestaat het electoraat uit geconsolideerde, saamhorige en intelligente groepen die slechts hun beste leden kiezen voor bestuurlijke taken en verantwoordelijkheden. Er bestaat één uitzondering in dit stelsel van functioneel of groepsstemrecht: de verkiezing van een

federale president iedere zes jaar door middel van nationale verkiezingen, waarbij geen enkele burger meer dan één stem uitbrengt.

Op deze wijze wordt, behalve bij de verkiezing van de president, het stemrecht uitgeoefend door economische, professionele, intellectuele en sociale groeperingen van de bevolking. De ideale staat is organisch opgebouwd en iedere vrije, intelligente groep burgers vertegenwoordigt een levend, functionerend orgaan binnen het grotere bestuursorganisme.

De scholen voor staatkunde hebben de bevoegdheid stappen te ondernemen bij de staatsrechtbanken die er toe kunnen leiden dat het kiesrecht wordt ontnomen aan ieder zwakzinnig, werkeloos, onverschillig of misdadig individu. Deze mensen zien in dat, wanneer vijftig procent van een natie inferieur of zwakzinnig is en stemrecht heeft, zo'n natie ten ondergang is gedoemd. Zij geloven dat de overheersing van middelmatige mensen tot de ondergang van iedere natie voert. Stemmen is verplicht en er worden zware boetes opgelegd aan allen die nalaten hun stem uit te brengen.

10. HET OPTREDEN TEGEN CRIMINALITEIT

De wijze waarop dit volk tegen criminaliteit, krankzinnigheid en degeneratie optreedt, zal ofschoon zij de meeste Urantianen in sommige opzichten welgevallig zal zijn, anderen ongetwijfeld blijken tegen de borst te stuiten. Gewone misdadigers en de zwakzinnigen worden, naar geslacht, in verschillende landbouwkolonies ondergebracht en kunnen ruimschoots in eigen behoeften voorzien. De ernstige gevallen van recidivisme en de ongeneeslijk krankzinnigen worden door de rechtbanken veroordeeld tot de dood in gaskamers. Naast moord worden talrijke misdaden, waaronder schending van door de overheid geschonken vertrouwen, met de dood gestraft en de gerechtelijke bestraffing is zeker en snel.

Deze mensen gaan van de negatieve era van het recht over naar de positieve. Kortgeleden zijn zij zelfs zover gegaan, dat zij trachten misdaad te voorkomen door degenen van wie wordt aangenomen dat zij potentiële moordenaars en zware misdadigers zijn, te veroordelen tot levenslange dienstplicht in de strafkolonies. Wanneer dergelijke veroordeelden later aantonen dat zij normaler zijn geworden, kunnen zij voorwaardelijk worden vrijgelaten of kan hun gratie worden verleend. Het percentage moorden op dit continent bedraagt slechts één procent van dat bij de overige naties.

Inspanningen om de voortplanting van misdadigers en zwakzinnigen te voorkomen, zijn meer dan honderd jaar geleden begonnen en hebben reeds bevredigende resultaten opgeleverd. Er zijn geen gevangenissen of krankzinnigeninrichtingen. Dit komt alleen al doordat de grootte van deze groepen slechts een tiende is van vergelijkbare groepen op Urantia.

11. MILITAIRE PARATHEID

Afgestudeerden van de federale militaire academies kunnen door de voorzitter van de Nationale Raad van Defensie in zeven rangen worden aangesteld als 'bewakers van de civilisatie,' overeenkomstig hun bekwaamheid en ervaring. Deze raad bestaat uit vijfentwintig leden, voorgedragen door de hoogste ouderlijke, onderwijs- en industriële gerechtshoven, bekrachtigd door het federale hoge gerechtshof, en wordt ambtshalve voorgezeten door de stafchef van gecoördineerde militaire zaken. De leden doen dienst tot hun zeventigste jaar.

De cursussen die deze officieren volgen, duren vier jaar en gaan steeds gepaard met het zich bekwamen in een vak of beroep. Er wordt nooit een militaire opleiding gegeven zonder dat deze industriële, wetenschappelijke of professionele scholing daaraan wordt verbonden. Wanneer de militaire opleiding klaar is, heeft de persoon gedurende zijn vierjarige cursus de helft van het onderwijs genoten dat in elk van de speciale academies wordt gegeven, waar de cursussen eveneens vier jaar duren. Op deze wijze wordt het ontstaan van een klasse van beroepsmilitairen vermeden, doordat een groot aantal mannen deze mogelijkheid krijgt om zichzelf te onderhouden terwijl zij reeds de eerste helft van een technische of professionele opleiding krijgt.

De militaire dienst in vredestijd is geheel vrijwillig en men neemt in alle takken dienst voor vier jaar, tijdens welke iedere man een of andere speciale studierichting kiest naast de beheersing van de krijgskunst. De opleiding in muziek is een van de voornaamste bezigheden van de centrale militaire scholen en van de vijfentwintig oefenkampen die verspreid liggen in de periferie van het continent. In tijden van industriële slapte worden vele duizenden werklozen automatisch ingezet bij de opbouw van militaire verdedigingswerken van het continent ter land, ter zee en in de lucht.

Hoewel deze mensen een krachtige defensie in stand houden als verdediging tegen aanvallen door omringende vijandige volken, moet tot hun eer gezegd worden dat deze militaire middelen meer dan honderd jaar lang niet in een aanvalsoorlog zijn gebruikt. Zij zijn zo geciviliseerd, dat zij de civilisatie krachtig kunnen verdedigen zonder toe te geven aan de verleiding hun krijgsmacht agressief te gebruiken. Er zijn geen burgeroorlogen geweest sinds de stichting van de verenigde continentale staat, doch gedurende de laatste twee eeuwen zijn deze mensen genoodzaakt geweest om op te treden in negen hevige verdedigingsoorlogen, waarvan er drie gericht waren tegen machtige federaties van wereldmachten. Ofschoon deze natie een adequate verdediging tegen aanvallen van vijandige buren in stand houdt, schenkt ze veel meer aandacht aan de opleiding van staatslieden, wetenschapsbeoefenaren en filosofen.

Wanneer zij vrede hebben met de wereld, worden alle mobiele verdedigingswerktuigen vrijwel geheel gebruikt ten behoeve van de nijverheid, de handel en de recreatie. Wanneer de oorlog wordt verklaard, wordt de gehele natie gemobiliseerd. Gedurende de periode van vijandelijkheden gelden de militaire lonen voor de gehele industrie en worden de chefs van alle militaire afdelingen lid van het presidentiële kabinet.

12. DE ANDERE NATIES

Hoewel de samenleving en het bestuur van dit uitzonderlijke volk in vele opzichten superieur zijn aan die van de naties op Urantia, moet wel worden gezegd dat op andere continenten (er zijn er elf op deze planeet) de overheden bepaald inferieur zijn aan die van de meer ontwikkelde naties op Urantia.

Juist nu is deze superieure regering voornemens door middel van ambassadeurs betrekkingen aan te gaan met de minder ontwikkelde volken en voor het eerst is er een groot religieus leider opgestaan die pleit voor het zenden van missionarissen naar de omliggende naties. Wij vrezen dat zij op het punt staan dezelfde fout te begaan die zo vele anderen hebben gemaakt wanneer zij hebben getracht een hogere cultuur en religie op te leggen aan andere rassen. Wat zou er niet voor prachtigs gedaan kunnen worden op deze wereld indien deze continentale natie er toe zou overgaan om de besten uit de naburige volken naar zich toe te trekken en dezen, na hen te hebben onderricht, als cultuurboden naar hun onwetende broeders terug te zenden! Natuurlijk is het zo dat indien er spoedig een Magistraat-Zoon naar deze ontwikkelde natie zou komen, er op deze wereld snel grote dingen zouden kunnen gebeuren.

Dit relaas over de aangelegenheden van een naburige planeet wordt u met speciale toestemming gedaan, met de bedoeling om de civilisatie te bevorderen, en de evolutie van het staatsbestuur te versterken. Wij zouden veel meer kunnen vertellen dat Urantianen ongetwijfeld zou interesseren en intrigeren, maar deze onthulling is het uiterste waartoe wij volgens ons mandaat mogen gaan.

Urantianen moeten evenwel bedenken dat hun zusterplaneet in de Satania-familie niet het voordeel heeft gehad van magistraats- of zelfschenkingsmissies van de Paradijs-Zonen. Evenmin zijn de diverse volken van Urantia zo verschillend van elkaar door onge- lijkheid van cultuur, als de continentale natie van haar planetaire soortgenoten.

De uitstorting van de Geest van Waarheid legt de geestelijke grondslag voor de verwezenlijking van grote prestaties ten behoeve van het menselijk ras op de wereld der zelfschenking. Daarom is Urantia veel beter voorbereid voor een meer onmiddellijke verwer- kelijking van een planetaire regering, met alle wetten, mechanismen, symbolen, conventies en taal die daarbij horen. Dit alles nu zou in zeer sterke mate kunnen bijdragen tot het stichten van een wereld- omvattende, wettelijk geregelde vrede en zou ertoe kunnen leiden dat er te eniger tijd een echt tijdperk van geestelijke inspanning aan- breekt; zo'n tijdperk nu is de planetaire drempel naar de utopische tijdperken van licht en leven.

[Aangeboden door een Melchizedek van Nebadon.]

DE TITELS VAN DE VERHANDELINGEN

A

DEEL II:
HET PLAATSELIJK UNIVERSUM

DEEL III:
DE GESCHIEDENIS VAN URANTIA

DEEL IV:
HET LEVEN EN ONDERRICHT VAN JEZUS

Het Urantia Boek

www.ingramcontent.com/pod-product-compliance
Lightning Source LLC
LaVergne TN
LVHW041151080426
835511LV00006B/552